臺灣歷史與文化 研究輯刊

十五編

第4冊

清代臺灣的軍事與社會
——以武力控制為核心的討論（第二冊）

許毓良 著

花木蘭文化事業有限公司

國家圖書館出版品預行編目資料

清代臺灣的軍事與社會——以武力控制為核心的討論（第二冊）
／許毓良 著 — 初版 — 新北市：花木蘭文化事業有限公司，
2019〔民108〕
目 2+258 面；19×26 公分
（臺灣歷史與文化研究輯刊十五編；第4冊）
ISBN 978-986-485-606-0（精裝）
1. 軍事社會學 2. 清領時期
733.08   108000358

ISBN-978-986-485-606-0

9 789864 856060

臺灣歷史與文化研究輯刊
十五編　第 四 冊   ISBN：978-986-485-606-0

清代臺灣的軍事與社會
——以武力控制爲核心的討論（第二冊）

作　　者　許毓良
總 編 輯　杜潔祥
副總編輯　楊嘉樂
編　　輯　許郁翎、王筑　美術編輯　陳逸婷
出　　版　花木蘭文化事業有限公司
發 行 人　高小娟
聯絡地址　235 新北市中和區中安街七二號十三樓
　　　　　電話：02-2923-1455／傳眞：02-2923-1452
網　　址　http://www.huamulan.tw 信箱 hml 810518@gmail.com
印　　刷　普羅文化出版廣告事業
初　　版　2019年3月
全書字數　787723 字
定　　價　十五編 25 冊（精裝）台幣 60,000 元

清代臺灣的軍事與社會
——以武力控制爲核心的討論（第二冊）

許毓良　著

目

次

第三章　武力以外的統治策略

第一節　行政、司法的制約

　　除了武力之外，司法也是統治者控制人民的重要手段。由於傳統中國的司法是附屬於行政體系中，因此有必要再兼論各職司官員與吏役的運作。〔註1〕臺灣在被清廷收入版圖後，不少新制隨即實施。行政、司法制度的更迭，則是代表性的案例。前者在府、縣之外（臺灣在鄭成功統治期間已設過府縣），出現「道」的層級；後者以清律的條文為準，成為官方施政的依據。簡言之就是要把臺灣，轉化成有如內地省轄的行政區域一般，以便利統治。當然在此過程當中，結構上的弊病也隨之出現。就行政層面來說，吏役取巧屢破壞官府統治的威信；就法律層面來說，包攬詞訟的棍徒使公權力面臨到質疑。這二個問題若處理不好，原本可以讓社會穩定的潛在因素將適得其反。清廷如何盡力消除因它們而起，所造成統治上的危機，則是本文所關心的重點。

　　領臺之初百廢待舉，康熙二十三年（1684）首任諸羅知縣季麒光指出當時臺地有三大患——賦稅之重大、民兵之難辨、蔭佔（隱田）之未清。〔註2〕看來初期被奉派來臺官員，非有一定的幹才否則不足以應付時局。康熙三十年（1691）奉旨臺灣各官，自道員以下，俱照廣西南寧等府之例，將品級相

〔註1〕織田萬，《清國行政法汎論（1909年漢譯本）》（臺北：華世出版社，1979年3月）。

〔註2〕陳壽祺，《福建通志臺灣府》，臺灣銀行文獻叢刊第八四種，1960年8月，頁156～158。

當現任官員內，揀選調補，三年俸滿即陞。若無品級相當堪補之員，仍歸吏部銓選。〔註3〕這是清廷首次對臺灣職官派任的定制，主旨就是避免初任且毫無經驗的官員，無法在臺勝任愉快。不過又考慮到該島遠隔重洋，爲避免奉調的官員士氣低落，遂以三年期滿陞官做爲鼓勵。至於武職官亦是如此。康熙四十二年（1703）福建陸路提督梁鼐在其奏章中提到，舊例調臺將弁必須要諳練海道、熟悉風土者，並在福建本營三年俸滿才有資格。〔註4〕梁氏是一位能臣，從他可以從提臣被擢陞爲總督，就已經證明聖祖對其信任。〔註5〕大體而言包括梁鼐在位的初治二十年期間，清廷對臺灣的控制還算穩定。然此局勢是否能繼續維持，正考驗著官府的能力。

康熙五十九年（1720）編纂的《臺灣縣志·輿地》，在風俗項下有一寫實的記載。書中說道：「訟師者，黠民也。臺多習訟，其弊多訟師主之。蓋村民何知？惟訟師一力擔承，故訟遂不可止。欲使民相安於無事者，亟除訟師之害，則幾矣。」〔註6〕由此可知官府所掌握的司法解釋權，現正遭受到一批名爲訟師的人強烈挑戰，使得百姓不能相安無事。刻板印象總認爲清代法律主要關心的是刑事、行政事務，而不是民事。美國學者黃宗智（Philip Huang）在其研究中反駁此一觀點，並從實際案例分析，說明民事案件已佔州、縣法庭承辦案件總數的三分之一。訟師的出現顯然跟民事案件增多有關，但要注意的是他們不是「訟棍」。清律對此有詳細區分──訟師的行爲包括教唆詞訟、爲人作狀，或受雇誣告；訟棍則是串通胥吏，撥弄鄉愚，恐嚇詐財之積慣者。〔註7〕雖然黃氏的結論，被人批評過份強調民間調解和衙門裁判之間的差異和對立〔註8〕；但他認爲過多的民事案件，帶給官府統治上的壓力，基本上是中肯的。

那麼官府衙門的人事如何呢？除了州、縣職官外，還包括：書吏、差

〔註3〕陳淑均，《噶瑪蘭廳志》，臺灣銀行文獻叢刊第一六○種，1963 年 3 月，頁54。

〔註4〕中國第一歷史檔案館編，《康熙朝漢文硃批奏摺彙編（第一冊）》（北京：檔案出版社，1984 年 5 月）。

〔註5〕朱彭壽著、何雙生點校，《舊典備徵》（北京：中華書局，1997 年 12 月二刷），頁23。

〔註6〕陳文達，《臺灣縣志》，臺灣銀行文獻叢刊第一○三種，1961 年 6 月，頁 60。

〔註7〕黃宗智，《民事審判與民間調解：清代的表達與實踐》（北京：中國社會科學出版社，1998 年 5 月），頁 2、11、133、146。

〔註8〕梁治平，《清代習慣法：社會與國家》（北京：中國政法大學出版社，1999 年10 月），頁 11。

役、幕友、長隨。當然若要廣義解釋司法的參與者，更包括：鄰右、家族、鄉閭、保甲、里甲、團練、紳衿、居停、行主、代書等人物。〔註9〕康熙六十年（1721）爆發的朱一貴事件，導火線是因爲臺灣知府王珍暴虐所致。朝廷爲進一步監督臺灣官員，同年發佈上諭，每年至京差滿、漢御史各一人前往臺灣巡察。此御史往來行走，彼處一切消息可得速聞；然地方事務，御史不必管理。〔註10〕隔年福建名士藍鼎元在朱案善後時，提到臺中時事可慮者三——米貴兵單、各官窮蹙、政務懈散。〔註11〕值得注意的是，時人最爲詬病的胥役亂法，在臺灣反而不見記載。不見記載並不代表沒有，或許是跟其它地方相較，臺灣的情況不那麼嚴重，然「政務懈散」卻透露出官員疲態乍現。

雍正元年（1723）甫即位的世宗，立刻發佈對道員、知府、知縣，地方三位最重要正印官的上諭。他認爲道員官歷僉司，贊襄藩臬、承流宣化。守、巡兩道首當潔己惠民，凡府、州、縣之廉潔貪污俱宜細加察訪，不時密詳督、撫以憑舉劾地方。有土豪武斷尤宜禁戢剪除，衛良除莠乃稱其實。如果只知道趨承大吏，或只圖下屬陋規，一切吏治民生概置不問，貪庸陋劣殊負朝廷設官之意。至於知府扮演的是督撫、監司之耳目，州牧、縣令之表率，承流於上、宣化於下，所繫重矣。如果知府能廉正自持、屏絕賄賂，則督撫、監司必不致肆行需索，而州牧縣令亦不敢肆意貪婪。其他如：勸農課桑以厚風俗，禁戢強暴以安善良，平情聽斷以清訟獄，更是應盡的職責。至於知縣乃爲親民之官，職司貢賦訟獄，品秩雖低責任卻大。平常需在縣境興仁興讓、教忠教孝；做到物阜民安、刑輕訟簡的要求。如果罔念民瘼、恣意貪婪，或朘削肥家，或濫型逞虐，或借刻以爲清，或恃才而多事，或諂媚上司以貪位，或任縱胥吏以擾民，或徇私逞欲以虧帑，在在國法難饒。〔註12〕

世宗已經把他理想中的官員，做一清楚地描述，同時也點出官員可能發生的負面行爲。然這一切對於士習有無發生作用呢？雍正朝是臺灣文、武職

〔註 9〕 張偉仁，《清代法制研究（輯一冊一）》（臺北：中央研究院歷史語言研究所，1983 年 9 月），頁 143。

〔註10〕 臺灣銀行經濟研究室編，《清會典臺灣事例》，臺灣銀行文獻叢刊第二二六種，1965 年 5 月，頁 192。

〔註11〕 藍鼎元，《東征集》，臺灣銀行文獻叢刊第一二種，1958 年 2 月，頁 73。

〔註12〕 中國第一歷史檔案館編，《雍正朝漢文諭旨匯編（一）》（桂林：廣西師範大學出版社，1999 年 3 月），頁 9～11。

官定制的關鍵階段。屬於文職官員的行政區劃，從臺廈道改爲臺灣道開始，轄下的一府三縣也成一府四縣二廳。屬於武職官員的營制，則從一鎮二協十一營，變爲一鎮三協十四營。該制維持了85年，直到嘉慶十五年（1810）才又更動。事實上臺灣所患的，主要是文、武官員不能和衷的問題。〔註13〕雖說該缺失不是臺灣獨有，但巡臺御史的出現，卻在這問題上有讓人意想不到的發展。不過以嚴厲著稱的世宗，並沒有注意到這點。或許是巡臺御史制度剛行不久，又充當皇帝的耳目，御史之權反倒加重。例如：雍正五年（1727）原本屬於道臺職權的學政，現交由巡臺御史掌理。雍正九年（1731）上諭巡臺御史新舊兼用，滿漢御史均留任一年，遂成二年一換。〔註14〕

當時原籍福建漳浦的禮部尚書蔡世遠，夙嫻臺灣情勢，在他看來臺灣爲一難治之地。主要原因是當地少有土著之民，都是從閩、粵移民而來的無賴子弟。官員們平時不知教化，甚至不愛教化只貪圖私利；長久下來臺俗侈靡蕩逸無法禁止，官民更無相繫之情。〔註15〕更何況臺灣動固易亂、靜亦易治，不難治於土番，而難於治理「奸民」，解決之道首重化奸爲良。〔註16〕「化奸爲良」的工作就交給同知以下的官員執行，但爲避免他們因貪酷乖張激起民變，再規定府、道以上官員有連坐之責。〔註17〕當然除了申明紀律之外，對於調臺官員士氣的提升亦有所獎勵。雍正八年（1730）福建按察使李玉鉉原本奏請，嗣後臺灣官員缺額由當地任滿一年以上者調補。〔註18〕雖然世宗否決該議，但在雍正十一年（1733）覆准縮短臺地任官年限。規定除臺灣道仍需三年任滿外，其餘轄下官員只要任滿二年，並再候半年辦理移交，即可回內地以應陞之缺任用。〔註19〕

朝廷對於臺灣官員整飭的苦心有了成效。雍正三年（1725）根據巡臺漢

〔註13〕劉良璧，《重修福建臺灣府志》，臺灣銀行文獻叢刊第七四種，1961年3月，頁29～30。

〔註14〕《清會典臺灣事例》，頁192。

〔註15〕余文儀，《續修臺灣府志》，臺灣銀行文獻叢刊第一二一種，1962年4月，頁776。

〔註16〕佚名，《清初海疆圖說》，臺灣銀行文獻叢刊第一五五種，1962年9月，頁99。

〔註17〕中國第一歷史檔案館編，《雍正朝漢文硃批奏摺彙編（第二十五冊）》（上海：江蘇古籍出版社，1991年3月），頁302～303。

〔註18〕中國第一歷史檔案館編，《雍正朝漢文硃批奏摺彙編（第十八冊）》（上海：江蘇古籍出版社，1991年3月），頁1024～1026。

〔註19〕《噶瑪蘭廳志》，頁54。

御史景考祥的回奏，臺灣三年前的治安狀況，只能以「民之舊習未改，兵之強悍未除，匪類潛踪難盡搜獲，有司雖竭力盡心不能挽回」。然現在官風丕變，除了彰化知縣談經正甫到任未便考覈外，其餘各官多是才守兼優實心辦事之員。〔註20〕不過在官箴稍有起色之後，卻有另一股歪風逐漸生成，那就是差役作惡。同時期藍鼎元在與臺廈道吳昌祚討論臺事時，指出臺中胥役比內地更熾。通常一名皂快，身旁跟有數十名幫丁（編制外的衙役）。一票之差就要向對方索賄六、七十貫，或百貫不等。並且胥役權勢還高過鄉紳，皂快狐假虎威還甚於長官。他還提醒道臺衙門差役，最善於窺伺長官意旨，每每招搖撞騙、見事生風不可不防。〔註21〕再根據雍正十一年（1733）臺灣道張嗣昌的描述，臺屬各縣均設立捕館，多係流棍以「鷹捕」、「里捕」之名充當。有時會再招集無賴棍徒為爪牙，名曰幫捕，在各處捕風捉影亂拏平民。尤其專拏曾經有案，今已改過之小竊；不稟長官，擅行鎖禁捕館，恣意苛索銀錢。〔註22〕

吏役的妄為很容易破壞官府統治的威信。雖然文人常對他們嗤之以鼻，但他們又都是行政的執行者，因此有深入討論的必要。美國學者 Bradly W. Reed 的觀點頗為有趣，他透過對四川巴縣檔案的研究，認為差役扮演清廷和當地社群之間的關係（人）。該說有別於傳統看法——中間人角色扮演應是地方仕紳，然他所持的理由——吏役才是長期跟百姓相處的人物。〔註23〕批評者或許認為川省的個案，能否說明其他地區的情況。不過 Bradly 的理由倒頗值得深思，因為他可以解釋為什麼胥役禁革不掉的原因。原來官員有任期，吏役無任期；官員需迴避，吏役免迴避。其實衙門事務的運作，都要靠他們從中協助。再加上傳統中國行政與司法權是合而為一，在缺乏制衡機制的情況下，吏役可以依附在衙門之下，儼然成為公權力的化身。臺灣官場上的風氣稍有改善，但吏役作威作福之風卻已形成。這說明官與吏的關係並非絕對的對立，兩者的共生關係使得導正吏役多流於為空談。

同樣結構性的問題，也發生在司法之中。康熙朝為患的訟師，到了雍正

〔註20〕洪安全主編，《清宮宮中檔奏摺臺灣史料（一）》（臺北：故宮博物院，2001年11月），頁388～391。

〔註21〕藍鼎元，《平臺紀略》，臺灣銀行文獻叢刊第一四種，1958年4月，頁50。

〔註22〕張嗣昌，《巡臺錄》，乾隆元年刻本，北京大學圖書館藏。

〔註23〕Reed W. Bradly, *TALONS AND TEETH: County Clerks and Runners in the Qing Dynasty* (California: Stanford University Press, 2000), pp. xiii~xix.

朝不減反增。根據雍正六年（1728）巡臺漢御史夏之芳奏報，臺灣文武生員往往散處孤村遠社，借倚功名包攬事情、武斷鄉曲，或串通各衙門胥役專作訟師，種種非爲貽害地方不淺。〔註 24〕日本學者夫馬進認爲產生「好訟之風」、「健訟之風」的根本原因，在於訴訟制度本身就是一種向民眾開放的制度。無論訴訟費用如何之高，只要有夠打官司的錢財，任何人都可以提訴訟。〔註 25〕這可給了訟師與胥役生財的管道，然需留意的是兩者勾串的行爲，通常只能在民事審判，或者在調處息訟至才能發揮作用。〔註 26〕對屬於統治之道的刑律、會典、省例、則例等行政法執行，訟師與胥役影響的程度有限。〔註 27〕所以說當時司法雖談不上法治，但做爲法制——以法制人的工具是可以。〔註 28〕

事實上官方對此亦頗下功夫。就律例本身條文研究而言，早在康熙十三年（1674）就有名爲《讀律配驪》之作專門探討。〔註 29〕就刑事審判所該注意的事項而言，康熙六十年（1721）編纂的《紙上經綸》，算是清初時人經驗傳授的早期作品。〔註 30〕就刑律的修訂本身而言，前文曾提及的秘密結社之風，就是官方極注意的對象。雍正三年（1725）規定：凡異姓人歃血、訂盟、焚表，結拜兄弟者，不分人數多寡，照謀叛未行律論處，爲首者絞監候。〔註 31〕至於州、縣官處事的準則而言，當時重臣河東總督田文鏡，欽遵世宗聖諭所撰寫的二十條目錄，就是朝廷所要求循吏的典範。其內容包括：到任、交盤、關防、宣講聖諭律條、放告、催科、借糶倉穀、弭盜、驗傷、聽斷、堂事、防胥吏、愼延幕賓、待紳士、免行戶、謹差下鄉、勸農桑、嚴禁

〔註 24〕洪安全主編，《清宮宮中檔奏摺臺灣史料（三）》（臺北：故宮博物院，2001年 11 月），頁 1746。

〔註 25〕夫馬進，〈明清時代的訟師與訴訟制度〉，《明清時期的民事審判與民間契約》（北京：法律出版社，1998 年 10 月），頁 418。

〔註 26〕鄭秦，《清代司法審判制度研究》（長沙：湖南教育出版社，1988 年 5 月），頁 205～241。

〔註 27〕參閱蘇亦工，《明清律典與條例》（北京：中國政法大學出版社，2000 年 1 月）。

〔註 28〕吳吉遠，《清代地方政府的司法職能研究》（北京：中國社會科學出版社，1998 年 6 月），頁 8～10。

〔註 29〕王明德，《讀律佩驪》（北京：法律出版社，2001 年 1 月）。

〔註 30〕吳宏，《紙上經綸》：摘自郭成偉等，《明清公牘秘本五種》（北京：中國政法大學出版社，1999 年 1 月），頁 140～260。

〔註 31〕莊吉發，《清代臺灣會黨史研究》（臺北：南天書局有限公司，1999 年 5 月），頁 219。

獄、講讀律例、操守。〔註32〕有此可知清初官方對法制，始終都有一套準繩在運作；而實際操作有它寬猛相濟的一面，謹防的工作就是避免「官逼民反」的事件發生。

如果把任何民變動亂的起因，都看成「官逼民反」的結果，那麼它透露著武力與行政、司法密切的依存關係。官逼民反爆發的時間，可以解釋被統治者受不了行政、司法高壓的控制，所揭竿而起的事件。然之後引發的民變規模，到底呈現曇花一現還是野火燎原，端看官民武力強弱決定。清廷對此一直防範，地方官員三年一次大計的考核中，對於貪酷、浮燥、輕浮、暴戾、貪戾、貪劣、貪殘、貪婪之官均列爲題劾的重點。〔註33〕巡臺御史本來就應負責此工作，但到了乾隆朝情況有點改變。乾隆五年（1740）巡臺漢御史楊二酉自爆內幕，他的奏文中提到先前調臺的滿、漢御史，彼此性情多不相投。若遇事則挾怨偏私，使得文、武員弁亦隨之各立崖岸，諸事掣肘貽誤地方。〔註34〕此後督、撫對巡臺御史密劾的個案開始出現。乾隆十二年（1747）福建巡撫陳大受疏言指出，巡臺御史出巡南、北二路，向派臺、鳳、諸、彰四縣人夫，又濫准詞訟、額設胥役，並有奸民掛名依附生事確有不法。〔註35〕由於陳氏的劾勅，不僅使得自乾隆五年以來的歷任巡臺御史，不是遭到革職就是革職留任，也讓高宗認眞思考巡臺御史存廢的問題。〔註36〕該案交由大學士、九卿詳議後，鑒於不以個案而因噎廢食，應維持舊制不須撤回。只是日後巡臺御史爲避免擾民，每年於農隙時分路各巡察一次即可，毋庸多帶僕隸以省煩費。〔註37〕

乾隆十七年（1752）上諭巡臺御史從二年一換，改爲三年一換；事竣即刻回京，不需在臺灣停留。這一道命令讓巡臺御史權力削減不少，不過巡臺御史的制度——滿、漢二人舊例，本身就有設計上的缺陷。朝廷原意是想讓

〔註32〕田文鏡，《欽頒州縣事宜》；摘自郭成偉主編，《官箴書點評與官箴文化研究》（北京：中國法制出版社，2000年12月），頁107～141。

〔註33〕李鵬年等編，《清代六部成語詞典》（天津：天津人民出版社，1994年2月二刷），頁57～58。

〔註34〕乾隆朝漢文錄副（軍機處錄副），檔號：0062-002，微縮號：003-2248，中國第一歷史檔案館藏。

〔註35〕李桓編，《國朝耆獻類徵（138）》（臺北：明文書局，1985年5月），頁839。

〔註36〕臺灣銀行經濟研究室編，《臺案彙錄乙集》，臺灣銀行文獻叢刊第一七三種，1963年6月，頁101～103。

〔註37〕洪安全主編，《清宮廷寄檔臺灣史料（一）》（臺北：故宮博物院，1998年10月），頁9；《清會典臺灣事例》，頁193。

二者彼此制衡，孰料卻造成對立。乾隆二十九年（1764）巡臺漢御史李宜青遭高宗申斥，其原因就是奏陳帶有偏見，且不與滿御史永慶商議遽逕自入奏。〔註38〕福建布政使顏希深抓住這個機會，又重提廢除巡臺御史制度的舊案。〔註39〕此時高宗如何再看待這個問題呢？以「雞肋」來形容亦不為過。其實朝廷已知道巡臺御史原屬有名無實，只是遽行裁撤則地方官遠隔海洋無人稽察，日久不免廢弛。因此現在巡臺御史的派任不拘時間，可照三年一期派往，也可暫停派往，也可數次後再行派往，有司須隨時請旨候辦。〔註40〕爾後巡臺御史的表現每下愈況，乾隆四十六年（1781）巡臺滿漢御史塞岱、雷輪以辦理敷衍交部議處，高宗諭令巡臺御史可不必派往。此二人可謂該職的最後二位御史。不過巡臺御史的制度要到乾隆五十二年（1787）才廢除，改由督撫、提臣每年輪值赴臺巡閱。〔註41〕

　　至於臺灣各廳、縣行政工作，有無繁簡的區別呢？其實官方自有一套四字標準來衡量，它們是：衝、繁、疲、難四字屬於最要缺，僅有三字者為要缺，僅有二字者為中缺，僅有一字者為簡缺。臺灣道被視為衝、繁、疲、難最要缺，也是閩省唯一最要缺的道臺，他的職責是督理番民稽察沿海。〔註42〕臺灣知府屬於衝、繁、難要缺。〔註43〕北路理番同知、南路海防同知均為要缺。〔註44〕淡水廳同知、澎湖廳通判屬於中缺。〔註45〕臺灣知縣屬於衝、繁、難要缺。鳳山縣屬於繁、難中缺。諸羅縣屬於繁、難中缺。彰化縣屬於繁、難中缺。〔註46〕事務繁簡已區分出各行政區重要性的層級。大體來說臺灣道、府、縣與海防同知同城，各職官都在要缺以上，所以該縣為全臺第一要地。彰化縣本為中缺，但有屬於要缺的理番同知駐紮，因此重要性次

〔註38〕 中國第一歷史檔案館編，《乾隆朝上諭檔（第三冊）》（北京：檔案出版社，1991 年 6 月），頁 485。

〔註39〕 國立故宮博物院，《宮中檔乾隆朝奏摺（第二十四輯）》（臺北：故宮博物院，1984 年 4 月），頁 490。

〔註40〕 蔣良騏，《十二朝東華錄（乾隆朝）》（臺北：文海出版社，1968 年 8 月），頁 795。

〔註41〕 《清會典臺灣事例》，頁 194～195。

〔註42〕 不著編人，《滿漢縉紳全本》，清乾隆二十八年同陞閣書坊刻本，北京國家圖書館藏。

〔註43〕 不著編人，《搢紳全書》，清乾隆四十七年刻本，北京國家圖書館藏。

〔註44〕 不著編人，《縉紳全書》，清乾隆三十九年五本堂刻本，北京國家圖書館藏。

〔註45〕 不著編人，《乾隆搢紳全書》，清乾隆刻本，北京國家圖書館藏。

〔註46〕 不著編人，《乾隆縉紳全本》，清乾隆刻本，北京國家圖書館藏。

之。其餘的地方均爲中缺之地，且都是繁、難二字，基本上就是屬於一般民政事務。

　　另外在文職官員的銓選方面，均維持跟之前同樣的制度。不過乾隆三十六年（1771）閩浙總督崔應階，鑒於臺灣閩粵移民相處不睦，惟恐粵籍文員會袒護同鄉奏請迴避。對此高宗與陛見的金門鎮總兵龔宣問對後，初步不表同意。旋再經廷議達成定案，嗣後只有粵省惠、潮、嘉三屬人員不與調臺，其餘文職均照武職不避閩人之例。〔註 47〕大抵在中期以後，臺灣官風又逐漸腐化、政務又開始懈怠。連續舉發的貪污案件算是一個標準。乾隆四十六年（1781）閩浙總督陳輝祖叅劾臺灣道俞成、臺灣知府萬綿前、理番同知史崧壽，罪名分別是包庇吏役勒索知府、漫無覺察、同城不舉等。同年福建巡撫楊魁叅奏向有「宦績」的卸任海防同知劉亨基，指責他對臺運米穀積壓一案不夠盡心。〔註 48〕乾隆六十年（1795）在福州將軍魁倫的主導下，大興福建虧空弊案之獄。〔註 49〕此案株連甚廣，主犯閩浙總督覺羅伍拉納、福建巡撫浦霖、布政使伊轍布（病故）、按察使錢受椿均處以斬立決。之後案情有如瓜蔓抄般傳開，臺灣官員有道臺楊廷理涉案，而楊氏遂被判決永不敘用。〔註 50〕

　　胥役和訟師不法的問題仍持續未解。乾隆十二年（1747）巡臺御史白瀛奏言，臺地現有一種奸民，只要遇到地方官稍稍執法，即奔赴巡臺御史衙門捏款越訴，希圖利用御史與府、縣權力的矛盾從中獲利。〔註 51〕白瀛還算是謹守分際的官員，但其他御史可不一樣，常在接受申訴後遂引發擅理民詞的爭議。然而這種「奸民」是由誰來扮演呢？其實還是訟師。這問題嚴重到官府不得不制定專例對付。乾隆三十八年（1773）福建按察使廣德發出憲牌，通飭閩省府、州官員轉行遵照，清查所有誣告舊案務須確核情罪，並嚴追訟師照律辦理。而爲了獎勵各縣官能實力查辦，再規定能訪拏到訟師一名者，

〔註 47〕《十二朝東華錄（乾隆朝）》，頁 976。

〔註 48〕洪安全主編，《清宮諭旨檔臺灣史料（一）》（臺北：故宮博物院，1996 年 10月），頁 83～87。

〔註 49〕陳康祺著，褚家偉、張文玲點校，《郎潛紀聞四筆》（北京：中華書局，1997年 12 月二刷），頁 141～142。

〔註 50〕牛創平、牛冀青編，《清代一二品官員經濟犯罪案件實錄》（北京：中國法制出版社，2000 年 5 月），頁 341～360。

〔註 51〕國學文獻館主編，《臺灣研究資料彙編（第一輯・第二十五冊）》（臺北：聯經出版社，1993 年 9 月），頁 10705～10710。

記功一次。一年內拏獲五名以上者，改記大功一次。一年內拏獲十名以上者，府、州亦跟著記大功一次。但如果終年無獲，府、州、縣各記大過一次。〔註52〕在臬司雷厲風行之下，此次「獵訟行動」想必有所收穫。或許已達嚇阻之效，在日後的公、私記錄中，訟師惡行惡狀的描述少有再出現。

至於吏役的整飭稍需花費功夫，這是因爲要針對不同的惡行，再制定不同的法律。乾隆二十四年（1759）臺灣道楊景素稟稱，臺郡向有里差、社差等，整年居住里、社。名爲與鄉保管事採買納糧、催納各番丁餉，實際上多與通、土串同派累。更有捕役一項，原本要分路專管；如遇搶竊等案，悉係責成該役緝捕。不料多同流合污，流匪反受其包庇。於是由藩、臬二司詳查，再由撫憲發佈命令全數禁革。同年閩撫吳士功偵知有名爲「白役」（編制外的衙役）。此輩平常巧附衙蠹，若聽到接票辦案，即跟在差役之後；各持鎖鏈蜂擁至民家，一登其門如狼虎般多方索詐。官府對於白役的懲罰是相當嚴峻，拏獲者皆處杖斃之刑。〔註53〕

事實上對差役的整頓是有成效。乾隆三十一年（1766）閩浙總督蘇昌特爲臺灣民壯奏陳。「民壯」就是皂、壯、快三班差役以外的編制。臺灣道衙門原有編制 50 名，府衙門編制 40 名，縣衙門編制 30 名。其任務就是學習鳥鎗、拏緝盜匪、保護城池與倉庫。然雍正十一年（1733）前任閩督郝玉麟，認爲他們都是流寓頂充，恐有勾結匪類不法情事，於是全數撤換改由營兵擔任。不過蘇昌認爲此時環境不同，臺地民人皆耕勤安生，非復當年無賴者比。於是奏准恢復淡水廳、臺灣、鳳山、諸羅、彰化四縣的民壯，各衙門一律編制 40 名。〔註54〕乾隆三十九至四十七年（1774～1782）臺灣掃蕩小刀會期間，竟然也從中拏獲數名廳、縣衙役，他們包括：理番廳役林興、陳才、彰化縣書吏陳文、差役黃尾。〔註55〕該案的破獲說明了吏役不僅是貪瀆收賄而已，透過會黨內部的人際網絡，能再進行組織化的犯罪。所以說「合法掩護非法」，已成爲乾隆後期差役作惡的模式。乾隆四十八年（1783）覆准鑒於臺灣兵役，屢次假借句緝罪犯爲名，或因催糧巡哨等事，多方抑勒、擾害閭

〔註52〕 佚名，《福建省例》，臺灣銀行文獻叢刊第一九九種，1964 年 6 月，頁 905～906、1118。

〔註53〕 《福建省例》，頁 849～851。

〔註54〕 乾隆朝漢文錄副（軍機處錄副），檔號：0444，微縮號：030，中國第一歷史檔案館藏。

〔註55〕 《清代臺灣會黨史研究》，頁 97～98。

閣。爾後查出即便沒有詐贓情事，亦照兇惡棍徒例發遣；倘借端詐贓，從重嚴加治罪。〔註56〕

　　胥役本身游走在法律邊緣還不夠，有時也勾結長官身邊的親信圖利。乾隆五十年（1785）福建有司偵知境內有無賴棍徒，平常游手好閒不務正業，專以訛詐為事。動輒勾通奸保、蠹役，商及州、縣長隨，百計圖謀尋釁滋擾。「長隨」就是長官的家丁、僕役。他們原本不負責任何公務，但為什麼會成共犯結構的一角呢？這就是胥役冀圖運用人情，想要私下交易肆行不法。然省例對此處罰並不嚴重，一干人等若被查獲，頂多責革、責逐而已。〔註57〕乾隆五十一年（1786）督憲為恐濫差滋擾，明令日後差役值勤，嚴格執行「一票一差」制度。原來清代衙門所設的監獄，以監禁重刑犯為主，輕罪人犯令當地地保保候審理。孰料不肖官員擅設倉舖店所，做為私禁輕罪人犯之用。此時「白役」與之勾結，一票數差亂拘小民，投入私囹後即勒索分肥。〔註58〕乾隆五十三年（1788）林爽文事件後，全臺歷經一場整頓。閩撫徐嗣曾對臺地差役膽敢私設班館早有注意，尤其對擅置刑板拶指、句黨殃民之役均處以斬決，嚴重者則需要立碑示禁（淡水廳竹南保）。〔註59〕不過最重要的是高宗對蠹役屢禁不絕的評論，他認為：此等自認為地方官之耳目，不肖官員縱其貪婪，昏聵官員受其蒙蔽，以致讓他們有恃無恐擾害良善。〔註60〕

　　高宗的一席話點出了官員與吏役的共生關係，特別是對那些辦事能力較差的官員，反而非常需要吏役的幫忙。因此表面上法令對惡吏、惡差限制不少，但若官員不嚴格執行，或甚至有求於他們，再多的法令也是枉然。原籍閩縣的福建名儒鄭光策，對臺灣官場風氣有獨到的看法。他認為臺灣孤懸海外，官司體制極尊。凡屬在官無不憑藉權勢以欺凌鄉里，於是刁詐無賴者喜充吏書；正役一而散役則十，散役十則幫役則百。一縣之中以千百之虎狼肆其蠶食，民由何安？〔註61〕乾隆五十三年（1788）再奉上諭，嗣後閩省督撫、

〔註56〕《清會典臺灣事例》，頁27～28。
〔註57〕《福建省例》，頁942～943。
〔註58〕《福建省例》，頁950～951。
〔註59〕邱秀堂編，《臺灣北部碑文集成》（臺北：臺北市文獻委員會，1986年6月），頁4。
〔註60〕不著編人，《清實錄——高宗純皇帝實錄（二五）》（北京：中華書局，1985年11月），頁701～702。
〔註61〕陳壽祺，《福建通志臺灣府》，臺灣銀行文獻叢刊第八四種，1960年8月，頁817。

提臣巡閱臺灣，毋沿途需索並以嚴禁從役爲第一要務。〔註62〕爲上者如此的注意，短時間內應該讓下屬各官有所警惕。例如：乾隆五十五年（1790）閩浙總督覺羅伍拉納回奏禁革班館等事，提及臺灣鎮總兵官奎林及道、府遇事嚴治，已讓胥役斂跡。〔註63〕乾隆五十八年（1793）福建巡撫浦霖回奏時，亦提及臺灣鎮、道對胥役遇事嚴懲，頗令宵小畏法、班館根除。〔註64〕

乾隆朝另一件行政、司法的大事，就是大清律例編纂完成。清入關以後法律多沿襲前明，順治三年（1646）修成的《大清律集解附例》，爲清代第一部成文法典。雍正五年（1727）又在此律文基礎上，編入現行則例供其對照。高宗即位後鑒於律、例條文龐雜，必須進一步加以整理，遂命禮部尚書三泰主理其事。該工作在乾隆五年（1740）完成，共修定律文 436 條，附增例文 1,409 條，保留比引條例 30 條，遂定名爲《欽定大清律例》。〔註65〕在這內容當中關於統治之道的刑律，就佔了 170 條，爲整體的四分之一強。舉其用重典者如：謀反大逆、謀逆、強盜、竊盜、盜賊窩主、共謀爲盜等。舉其訴訟大要者如：越訴、誣告、教唆詞訟、軍民約會詞訟。舉其整飭官箴者如：官吏受財、坐贓致罪、家人求索、因公科斂、官吏聽許財物等。〔註66〕當然除了清律之外，各部編纂的則例也是被要求執行。例如：以維護地方治安情況來說，皆屬於《兵部則例・詰禁》規定的範圍。其內容的保甲、緝盜、緝私、禁賭爲首要禁除的工作。〔註67〕其他甚至還定有臺灣專例，如：臺灣生番突出殺人之案，扣限六個月糾疏；逾時不獲地方官降一級留任，再限一年緝拏。拏獲者開復，未獲者調用。又臺灣兵民不法，文員可以究治兵丁，武員可以移送民人（以往須會同）。若彼此推諉文武皆罰俸一年，徇縱者照徇庇例議處。另外在刑部規定方面，臺灣承審盜、命、雜案，廳縣限四、三、二月解府。臺灣府連海洋程途併算，盜、命、雜案亦限四、三、二月解司。所有

〔註62〕中國第一歷史檔案館、人民大學清史研究所合編，《天地會（五）》（北京：人民大學出版社，1986 年 5 月），頁 129。

〔註63〕臺灣銀行經濟研究室編，《臺案彙錄丁集》，臺灣銀行文獻叢刊第一七八種，1963 年 9 月，頁 95～96。

〔註64〕乾隆朝漢文錄副（軍機處錄副），檔號：1445-031，微縮號：099-0052，中國第一歷史檔案館藏。

〔註65〕徐本等編，田濤、鄭秦點校，《大清律例》（北京：法律出版社，1999 年 9 月），頁 1～5。

〔註66〕沈之奇撰，李俊、懷效鋒點校，《大清律輯註（上、下）》（北京：法律出版社，2000 年 1 月）。

〔註67〕不著編人，《兵部則例□□卷》，清乾隆內（務）府抄本，北京國家圖書館藏。

案件按察使司限一個月解督、撫。督、撫則限一個月內咨題。不過若遇命盜搶竊重案，臺灣府審理後須先解臺灣道勘問，然後再解按察使司，花費的時間可以由府審限內通融扣算。〔註68〕再者審判定讞後如果被處以充軍，還要依《五軍道里表》決定發交二千里附近、二千五百里近邊、三千里邊遠、還是四千里極邊之地。〔註69〕

　　在高宗的眼中，破壞地方治安的四惡——盜賊、賭博、打架、娼妓，則是立刻要剪除的對象。〔註70〕當然官員在執行中，難免會有眼高手低的毛病，其中以緝捕的流弊最為嚴重。因為條例對督捕的時限催促過急，於是「吃案」隱匿之風大盛，或者誣拏良民為盜以應付上司，無形中也助長胥役的氣燄。〔註71〕平心而論清代仕宦不是件容易的事，而科舉也不一定能選出良官來，更何況還可以靠捐貲、身蔭、軍功的方式入仕。〔註72〕此時又有教人為官的大作出現——《學治臆說》、《佐治藥言》。不同於先前田文鏡遵旨奉頒的版本，二書都是出自以佐幕出名的汪輝祖，累積數十年經驗的成果。〔註73〕看來清代的官員仕途是否順遂，能否找到好的幕友佐理是習習相關。

　　嘉慶十二年（1807）嘉義縣學教諭謝金鑾，針對清廷治臺之道寫了一篇〈泉漳治法論〉抒發己見。文中提到：

> ……夫民有屈抑則訟之官者，勢也；乃訟之官，而官不能治，曰犯不到案者，悍而不可捕也。捕矣，到案矣，又或賄之，而不持其平也。民以為信矣，官不能捕，吾將自捕之；於是乎有擄禁之事，有私刑拷掠斃命滅屍之事。以為犯罪而官不能治，則雖斃命滅屍無懼也。俄而信矣，斃命滅屍者，可不到案矣。到案而賄以免矣，於是乎群相效尤，寖成風俗……。〔註74〕

　　由此敘述可一窺當時臺灣官府公權力破產的情況。在司法不能維持社會

〔註68〕沈書城，《則例便覽》；摘自四庫未收書輯刊編纂委員會編，《四庫未收書輯刊（貳輯・貳拾柒冊）》（北京：北京出版社，2000年1月），頁322、387。
〔註69〕尹繼善等，《欽定五軍道里表》，清乾隆三十二年刻本，北京大學圖書館藏。
〔註70〕佚名，《乾隆諭摺》，清抄本，北京國家圖書館分館藏。
〔註71〕朱紹侯，《中國古代治安史》（開封：河南大學出版社，1994年12月），頁764～765。
〔註72〕林川夫主編，《民俗臺灣（第四輯）》（臺北：武陵出版社，1999年10月三刷），頁221～223。
〔註73〕林宗崗編，《中國官訓經典》（北京：紅旗出版社，1996年9月），頁169～345。
〔註74〕丁日健，《治臺必告錄》，臺灣銀行文獻叢刊第一七種，1959年7月，頁98。

一定的公平性之下，被統治者私自武裝是必須的。不過有一點也必須注意，那就是兩造在衝突前後，都有告官的程序；若結果不使雙方感到滿意，私下的動武才有可能發生。例如：用水的糾紛常是動武的導火線，但若眞的引發鬥毆、械鬥，彼此也要付出一定程度的代價。所以雙方若能以訴訟的方式解決問題，均是一個大家可以接受的選擇。〔註75〕

　　根據張晉藩的研究，嘉慶朝的刑律有適時調整過。首先在自首規定上，比以前採更寬大的方式處理，不管是「因變逸出」或「畏罪投回」都可以得到免死的發落。其次是再重申保甲的重要，並加強文、武職的連坐處分。〔註76〕然這些從寬的處分，仍不包括對會黨成員的減刑。林爽文事件使得天地會聲名大噪，事後清廷也立下臺灣專例，凡敢復興天地會者首犯斬立決、從犯絞立決。嘉慶十六年（1811）這條專例擴及閩粵省份，只有稍做修改——若平日並無爲匪，僅止一時隨同入會，可免其死罪改發配新疆。〔註77〕至於胥役爲惡，此時的記錄不多。嘉慶十七年（1812）任職澎湖廳通判後陞淡水廳同知吳性誠，曾作有〈諭戒書役口號〉四首。觀其大意就是道德勸說，勸戒胥役們不要以爲身居海島一隅，就可以囂凌詞訟充做蟊氓鼠雀。〔註78〕比較值得重視是臺灣引發的鎮道之爭。前文已提及臺灣文、武職官共事不合，彼此之大員臺灣道與臺灣鎮總兵官更時而相輕。嘉慶二十五年（1820）臺灣道葉世倬以決因時，屈位於臺灣鎮總兵官之次而力爭。若從品秩來看道臺正四品，低位於（掛印）總兵正二品。然臺灣道在乾隆十七（1752）收回學政權後，三十二年（1767）復加兵備銜，五十一年（1786）復加按察使銜，使得整體的職權已擴張許多，因此才有葉氏「不平」之鳴。〔註79〕

　　進至道光朝行政結構性的問題再次浮現，然這次的主角是胥役——幕友——長隨。清廷對於久革的班館，是否再死灰復燃一向注意。道光二年（1822）御史黃中模奏言，查禁各省州縣私設班館一事。黃氏並沒有說明是哪一省班館之風再起，然宣宗的諭示仍是申明舊例，要督撫們詳加調查、違

〔註75〕溫振華、戴寶村，《淡水河流域變遷史》（板橋：臺北縣立文化中心，1999 年3 月初版二刷），頁 85。

〔註76〕張晉藩，《清朝法制史》（北京：法律出版社，1994 年 4 月），頁 631～638。

〔註77〕《清代臺灣會黨史研究》，頁 220。

〔註78〕伊能嘉矩，《臺灣文化志（中譯本・上卷）》（臺中：臺灣省文獻委員會，1985 年 11 月），頁 288～289。

〔註79〕陳康祺著，晉石點校，《郎潛紀聞初筆、二筆、三筆（下）》（北京：中華書局，1997 年 12 月二刷），頁 600。

者嚴辦。〔註 80〕或許是這股政治風向,臺灣舉人、貢生、監生、生員紛呈;
而臺灣、鳳山、嘉義縣的奉憲示禁碑,分別在道光四、五、十七年(1824、
1825、1837)被豎立起來。當時三縣遇到的情況類似,衙役們的惡行包括:
在未升堂質訊前先挨一頓刑杖名曰「水錢」、自稱「班數」或「鋪堂」時而羞
辱儒服儒冠之士人、民間詞訟從呈發書吏開始,至少有八處地方需要另給
規費,使得無力者任其宰割。〔註 81〕不過要是遇上縱容差役的長官,地方百
姓可真投訴無門。道光二十年(1840)的一個案例,即刑部侍郎黃爵滋審明
淡水廳同知龍大惇專信丁役舞弊案。根據黃氏調查的結果,淡水廳差役向
來疲玩,有別於他縣特設「功過簿」憑單賞給銀錢。該廳胥役舊設六班二
總,不料龍氏再添設二班——皁、快,六總——副皁總、總皁、總快、木料
總、鐵匠總。〔註 82〕雖然該同知下鄉動輒有一、二百人隨行,但這二年以來
治安稍有改善嗎?答案是沒有,像是新莊街、滬尾街、擺接莊、雞籠頭、三
貂等處,在白晝時已被搶劫數十次,龍氏全不究辦。尤信任糧總胡海,多方
舞弊言聽計從。又分派書差、門丁(長隨)、募友,半留廳治竹塹,半留廳境
第一大聚落艋舺。一官兩署,兩處均得收呈,門丁與差役朋比為奸、招搖撞
騙。〔註 83〕

　　黃爵滋的題本把長官、胥役、長隨、幕友,不法的關係清楚地暴露出來,
然這也是冰山之一角而已。〔註 84〕道光末年甫任臺灣道的徐宗幹,有感於臺
灣胥役作惡之風未除,各寫了一篇文章勸戒,從中可以一窺當時胥役不法的
情事。在書吏方面,包攬詞訟、串通衿棍、挾制官長是一貫的技倆;在差役
方面,凌虐愚弱、魚肉鄉鄰、串通匪徒、擾害良善是常有的惡行。〔註 85〕值
得注意的是幕友此時也成為共犯結構之一。其嚴重程度使得閩浙總督劉韻
珂,在道光二十六年(1846)奏請清釐臺灣閒居幕友。據查當時臺灣府城待

〔註 80〕中國第一歷史檔案館編,《嘉慶道光兩朝上諭檔(二十七)》(桂林:廣西師範
　　　　大學出版社,2000 年 11 月),頁 293。
〔註 81〕臺灣銀行經濟研究室編,《臺灣南部碑文集成》(南投:臺灣省文獻委員會,
　　　　1994 年 7 月,頁 457~460、466~467。
〔註 82〕六班二總的研究參閱戴炎輝,《清代臺灣的鄉治》(臺北:聯經出版事業公司,
　　　　1992 年 5 月三刷),頁 650~662。
〔註 83〕黃爵滋,《黃少司寇奏疏》;摘自諸家,《清奏疏選彙》,臺灣銀行文獻叢刊第
　　　　二五六種,1968 年 11 月,頁 64~72。
〔註 84〕道光二十九年竹塹巡檢擅理民詞,得贓莫計其數;胥役等均為虎作倀,閩撫
　　　　王懿德特立碑示禁。參閱《臺灣北部碑文集成》,頁 20。
〔註 85〕《治臺必告錄》,頁 354~355。

聘幕友已多達 32 人，有司恐他們鑽營求薦貽害地方，將他們全驅逐回內地不准逗留。〔註 86〕這些幕友都是科舉不如意之人，在以幕救貧或以幕濟學的名義下，投入各衙門為官員佐理政務。按照工作內容他們分成刑名、錢穀、挂號、硃墨、征比、帳房、閱卷、奏摺、發審等職務。〔註 87〕在所有幕友當中以刑名與錢穀最為重要，而跟司法有關者當然非刑名幕友莫屬。由於律學不是清代科舉考試的重點，所以入仕後各官員不一定能夠勝任，亟需熟悉刑名之人分其勞。〔註 88〕清廷考慮其功能性後，於隔年在則例中規定：臺灣地方只能有應聘幕友，不能有閒居幕友。地方官如不能認真驅逐，讓內地幕友任意私渡，經督、撫題參後降三級調用，失察則降一級留任。又議准上司濫邀屬員充當幕友進署辦公，革職，濫充幕友之屬員亦革職。〔註 89〕

　　時至清中葉臺灣社會的情況又是如何呢？道光三年（1823）卸任的臺灣知縣姚瑩與繼任者──晉江知縣李愼彝，在往返的書信中提到此問題。姚氏的觀察有五點：其一，泉俗逞強而健鬥、輕死而重財、好訟無情、好勝無理、樗蒲女妓、頑童檳榔、鴉片日寢食而死生之，臺灣人固兼有之。不過臺地一隅除了泉州移民外，還有漳州、嘉應州、潮州，更有番眾；合數郡番漢之民處之，則民難以成民（古人重視原籍）。其二，實行班兵制的結果，抽調福建九郡五十八營的散兵更戍，也是兵難以為兵。所以當地社會是難以和睦，因為民與民不相能，兵與兵不相能，民與兵不相能，番與兵與民皆不相能。其三，內地游手無賴及重罪逋逃者，亦趁隙溷跡雜沓而至；有業者十無二、三，地方人工不足以養，群相聚而為盜賊。其四，內地之民聚族而居，彼此相仇牽於私鬥，但不敢倡亂。臺灣之民不以族分，且以原籍之府分。泉人黨泉、漳人黨漳、粵人黨粵，潮雖粵而黨漳；動輒數十萬計，匪類相聚千百人足以為亂。其五，臺灣各地民風迥異。大抵鳳山之民狡而狠，彰化、嘉義之民富而悍，淡水之民澆，噶瑪蘭之民貧。惟臺灣府、縣幅員短狹，艋舺通商戶多殷實，其民稍為純良易治。然還是有缺點，那就是一唱百和極為善變。若官

〔註 86〕中國第一歷史檔案館編，《嘉慶道光兩朝上諭檔（五十一）》（桂林：廣西師範大學出版社，2000 年 11 月），頁 398。

〔註 87〕郭潤濤，《官府、幕友與書生──「紹興師爺」研究》（北京：中國社會科學出版社，1996 年 4 月），頁 36～116。

〔註 88〕高浣月，《清代刑名幕友研究》（北京：中國政法大學出版社，2000 年 1 月），頁 7～69。

〔註 89〕《清會典臺灣事例》，頁 23。

有一善，則群相入頌悅服；若官一不善，則率詬誶而姦欺。〔註90〕

　　大體上來說，道光朝以後臺灣官場風氣趨向惡化。道光十八年（1838）監察御史杜彥士奏言，臺灣政務有八項事宜最需導正，包括：廳縣官宜嚴加甄別、劣幕之盤踞宜除、胥役之陋規宜禁、陳年積案宜清、總董宜擇正人充當、偷渡之禁宜認真辦理、班兵宜嚴加校閱、鄉邨宜添設義學。〔註91〕同年陞任臺灣道的姚瑩，再舉出臺地三大患——盜賊、械鬥、謀逆，做為治臺施政優先順序。〔註92〕盜賊猖獗一直是清廷治臺棘手的問題，若拿《刑案彙覽》中內地刑事案件排名相比，強盜案僅排名第七。〔註93〕當然前述也談到臺灣盜熾的原因，包括：莠民偷渡、盜役勾結、督捕不力等。當時維護治安的下級官吏，主要是巡檢（從九品）與典史（不入流）。巡檢可以指揮弓兵，弓兵的來源是從當地百姓徵調，其職責可以盤察過往行人。典史位卑受士人所輕，但職權不小有管理監獄或率領衙役巡邏之責。〔註94〕相關史料對於臺地巡檢、典史緝捕盜匪記錄不多，較常見到要求他們在正口之外的港汊稽查商舶。〔註95〕不過不要忘了乾隆朝曾制定的臺灣專例，亦准許武員移送不法民人究官，所以當地治安的維持是文武各司其責。

　　道光二十年（1840）姚瑩上書閩督鄧廷楨、閩撫吳文鎔論及臺事，再度提出對該島治理的心得。他認為現在最難治理的二縣是嘉義縣、彰化縣，其次是臺灣縣與鳳山縣，再次是淡水廳，尚稱易治是噶瑪蘭廳。姚氏的衡量標準是從道光四年（1824）以後，各處發生的械鬥、豎旗案件次數為主。〔註96〕然數年之後臺灣三大患有消除嗎？答案是沒有。道光二十九年（1849）臺灣道徐宗幹，又提出新三大害——盜匪、訟師、蠹役。〔註97〕盜賊仍位居第一

〔註90〕姚瑩，《東槎紀略》，臺灣銀行文獻叢刊第七種，1957年11月，頁110～112。

〔註91〕諸家，《道咸同光四朝奏議（第一冊）》（臺北：臺灣商務印書館，1970年6月），頁434～441。

〔註92〕姚瑩，《中復堂全集（東溟文外後集）》（臺北：文海出版社，1983年10月），頁572。

〔註93〕Derk Boddle & Clarence Morris 著，朱勇譯，《中華帝國的法律（Law in Imperial China）》（南京：江蘇人民出版社，1998年3月三刷），頁160。

〔註94〕郭建，《帝國縮影——中國歷史上的衙門》（上海：學林出版社，1999年12月），頁49、59。

〔註95〕許毓良，《清代臺灣的海防》（北京：社會科學文獻出版社，2003年7月），頁50～51。

〔註96〕《中復堂全集（東溟文外後集）》，頁697～701。

〔註97〕徐宗幹，《斯未信齋文編》，臺灣銀行文獻叢刊第八七種，1960年8月，頁

害榜首,屢除不盡。徐氏在和鳳山知縣高鴻非討論弭盜時,也爲這難題傷神。他認爲解決之道只有二種:一曰散,但誅首犯,餘悉免罪。二曰攻,調派所有的民壯、番丁、兵役痛加剿洗。然無論有哪一種方法,都是官去賊來終無了局的情況。〔註98〕同年徐宗幹與雲貴總督林則徐書信論及臺事時,總結治臺心得表示:「臺地之難,險不在風濤,而在官累;患不在盜賊,而在兵冗;憂不在番夷,而在民困。販運漏巵之貨有去無來,逋逃漏網之徒有來無去,曠土少而游民多。如水中一邱,蒿莠叢生,非焚薙來,將不能容,是以有『三年一反之諺』」。〔註99〕這眞是一針見血的評論,反省了傳統印象中,臺地多亂是因爲作奸犯科之民太多的關係;事實是官、兵舉措無方,又不顧及民生才導致的結果。

臺灣官員銓選的制度也在道光朝有重大的變革。道光四年(1824)吏部規定,臺灣道與臺灣知府出缺俱由吏部請旨簡用;其餘各缺著令督、撫於內地屬員內,揀選賢能之員調補陞用。臺灣道、府、同知、通判、知縣任期改爲五年。府經歷、縣丞、雜識等官任期也改爲五年,但免除粵省不准選調之規定。五年任滿,道員、知府給咨送部引見,候旨陞用。同知、通判、知縣俱遇有臺灣應陞之缺,該督、撫即行具題陞補。若各官到任未滿五年,概不得以他缺題咨陞調,均等該員等論俸推陞扣滿五年後,再按班陞選。〔註100〕任期延長是改制的特色,雖然清廷沒有說明原因爲何,但推測應是跟臺地漸闢有關。蓋因爲先前任期定爲三年,是恐臺灣遠隔重洋、又爲新闢獉莽之地,官員們可能赴任意願不高。但現在情況大不相同,除了島嶼東側和內部山地外,臺灣的開墾已具規模。所以現在需要的是能久任的官員,如此才能培養治臺事務的熟稔度。於是同知、通判、知縣的晉陞,也以直接在島內陞用爲考量。

道光十年(1830)閩浙總督孫爾準奏准臺灣道出巡章程,此法是乾隆末所定將軍、督撫、水陸提臣巡閱臺灣之外,又一新的出巡要求。〔註101〕二年之後御史馮贊勳,另提恢復巡臺御史的案子;但被廷議否決,仍維持福建五

61。

〔註98〕《治臺必告錄》,頁409。

〔註99〕《斯未信齋文編》,頁97。

〔註100〕《噶瑪蘭廳志》,頁56。

〔註101〕中國第一歷史檔案館編,《嘉慶道光兩朝上諭檔(三十五)》(桂林:廣西師範大學出版社,2000年11月),頁36。

位大員、臺灣鎮道，共七位官員定期巡閱的舊例。〔註102〕巡閱不外乎要求吏治，然而什麼是吏治？徐宗幹在與噶瑪蘭通判董正官論臺事時，對此下了定義。他認為就是聽訟、緝捕兩端。爾後在和臺灣知府裕鐸交換意見時，再次提到奸民放膽妄為，刁徒藉口健訟，皆衙署玩役所致。〔註103〕「刁徒」指的就是訟師，他們被官府打壓一陣子，久不見作亂再度復出。不過訟師在角色上已有轉變，常藉訓蒙之便在豎旗時成為的「軍師」，道光十二年（1832）的張丙事件就是代表性個案。〔註104〕其實訟師是根絕不了的一種職業，因為習慣使用方言的人民要進行訴訟，語言是一大問題。先不說狀紙的繕寫，光在大堂上以官話問答就有困難。〔註105〕雖然清中葉有部分洋人，羨慕起中國的民事審判制度，認為無陪審團、無律師，均是西方國家學習的好榜樣。〔註106〕然從實際操作面來看，竟有擅受民詞、收取規費、索賄貪污、訟役沆瀣一氣等現象，都遠非他們所能想像。

　　咸豐朝美國傳教士 D. J. MacGowan 研究當時司法制度，認為中國法律對於臣民的生命嚴加保護，少數死刑非得到皇帝的批准不得執行。〔註107〕此看法見仁見智，不過該措施很快就被打破。由於太平天國軍興的原因，清廷為讓各路督、撫用兵便宜行事，從咸豐三年（1853）以後暫准「就地正法」章程。原本的構想是等軍務肅清以後，再收回此等權力。不料日後各省局勢動盪，雖有御史奏請停止該章程，但終無結果。〔註108〕地方督、撫的反對是主要的原因。然為什麼他們敢反對旨意呢？那是因為歷經平亂的過程，朝廷除了把部分的司法權下放外，軍權（防軍）與財政權（釐金）也釋出，遂造成地方督、撫勢大的局面。〔註109〕臺灣官員受到這大環境變遷，在任免上一定

〔註102〕中國第一歷史檔案館編，《嘉慶道光兩朝上諭檔（三十七）》（桂林：廣西師範大學出版社，2000 年 11 月），頁 346～347。

〔註103〕《治臺必告錄》，頁 401、412。

〔註104〕洪安全主編，《清宮諭旨檔臺灣史料（五）》（臺北：故宮博物院，1997 年 10 月），頁 4001。

〔註105〕《治臺必告錄》，頁 403。

〔註106〕亨特（William C. Hunter）著，沈正邦譯，《舊中國雜記（Bits of old China）》（廣州：廣東人民出版社，1992 年 12 月），頁 130～131。

〔註107〕《中華帝國的法律（Law in Imperial China）》，頁 104～105。

〔註108〕莊吉發，《清代秘密會黨史研究》（臺北：文史哲出版社，1994 年 11 月），頁 295。

〔註109〕何烈，《清咸、同時期的財政》（臺北：國立編譯館中華叢書編審委員會，1981 年 7 月），頁 419～464。

也會受到影響。例如：上文提到同知、通判、知縣的擢陞，是受到督、撫的題補。如果督、撫有著政治派系的考量，那麼在用人上或多或少會出現畛域之分。這問題會在日後成形的湘、淮二系中顯現出來。至於胥役的整頓，該時期幾乎沒有任何作為可言。然各職司差役的人數應有所固定，大抵道臺配有十三班、知府六班、縣四班。〔註110〕這些班役由於都祭祀老虎，因此百姓多以「虎老爹」的渾名相稱。〔註111〕

同治五年（1866）閩浙總督左宗棠甫上任，準備大刀闊斧刷新吏治。他對臺灣官場收賄風氣之盛尤感不滿，根據調查臺灣道是所有陋規的最大受益者，每年除收受節、壽禮外，洋藥、樟腦規費概籠入己。其次是臺灣知府，也是除了受節、壽禮外，專據鹽利。再次是廳、縣，最多有收至二萬餘兩者。風氣如此武員也跟著貪污，自副將至守備各職有的已歷十二任，少者也有八、九任，全無交接結報，被侵吞款項不知若干。〔註112〕左氏治閩頗受好評，跟其他督、撫比較起來，三年多的任期未聞有苛索濫徵之舉，因此他是有資格肅貪。其實閩省風氣紳弱官強，若官員肆行貪瀆，紳權幾乎沒有可以相抗衡的力量。〔註113〕可惜左氏晚年意氣太重，尤與淮系官員處不融洽，此缺點會在未來的政治事件中爆發開來。〔註114〕同治八年（1869）有識時務者提出臺灣政務五大缺失，包括：督撫信任不專、鎮將執拗不和、屬員賢愚不齊、經費縮瑟不多、輿論同異不定。〔註115〕

英國 Elles 洋行職員必麒麟（W.A. Pickering）對臺灣官場劣質風氣描述極為傳神。他說：福建的大員們已經很久沒有巡閱臺灣了，突然省城發出一道命令指示有總督要巡閱（其實是水師提督李成謀）。全島各處立即引發騷動，農人與工人被迫離開自己的工作崗位，奉命穿上官軍的制服手執武器充做人數。水師戰船都是高齡超過三十年的老帆船，為了這次巡閱還得把擱

〔註110〕增田福太郎著，古亭書屋編譯，《臺灣漢民族的司法神──城隍信仰的體系》（臺北：眾文圖書股份有限公司，1999年10月），頁134。
〔註111〕諸家，《臺灣雜詠合刻》，臺灣銀行文獻叢刊第二八種，1958年9月，頁8。
〔註112〕左宗棠，《左文襄公奏牘》，臺灣銀行文獻叢刊第八八種，1960年10月，頁12。
〔註113〕何剛德著，張國寧點校，《客座偶談》（太原：山西古籍出版社，1997年7月），頁120～121。
〔註114〕薛福成著，傅一標點，《庸庵筆記》（重慶：重慶出版社，1999年10月），頁54～56。
〔註115〕盛康，《皇朝經世文編續編》（臺北：文海出版社，1973年12月），頁3473～3490。

淺海岸的它們，重新拖到船廠油漆粉刷……。〔註116〕這樣的批評著實困窘，但詳查同治九年（1870）福建各大員的考語可不是這樣。例如：福建水師提督李成謀，年方45歲，器識沈毅、操守端節，視重洋如枕席，**日涉風濤水師改觀，人才迭出**。福建陸路提督江長貴，年方55歲，久歷戎行，戰功懋著，營伍亦尚諳練；惟甫到閩省，地方情形未甚熟悉，措置稍欠允當。臺灣鎮總兵官楊在元，年方33歲，膽識俱優，**趨向不苟，遇事立圖整頓**，克任怨勞，營制海防措施悉當。臺灣道黎兆棠，年方41歲，明幹有為，辦理通商洞中竅要，**惟心術不甚平正，措置地方事宜間有恃才任性之處**，尚需確查察看。臺灣知府陳思燏，年方40歲，器局開展、心係才長、圖治甚勘、不苟不略。〔註117〕

同治十年（1870）各員的考語稍有改變。例如：福建水師提督李成謀，年方46歲，沈毅勇敢，經理營務諸極認真，**惜不識字是其所短**。福建陸路提督江長貴，年方56歲，稍諳戎機，長於訓練；**惟省南（漳、泉）一帶民風強悍**，撫馭宜嚴，該提督稍嫌長厚。臺灣鎮總兵官林宜華，年方48歲，署任未及三個月，例不出考。臺灣道定保，年方56歲，才明守潔辦事認真。惟臺灣民氣不馴，素稱難治；且多華洋交涉事件，隨機應變措理尤難。**該員謹飭有餘於臺地，尚不甚相宜**，現會同遴員俟得其人，再行具奏。臺灣知府周懋琦，年方36歲，署任未及三個月，例不出考。〔註118〕

整體來看閩省督、撫所給的考評，還沒有淪落到虛應故事的地步。不過必麒麟所見所聞，怎麼與考語的形容天差地遠呢？這就是官僚行政層級處事的落差。督、撫出評的依據是按各官平常的表現，不是對各管內部事務做仔細的調查。不過值得注意的是，大多數臺灣鎮、道、知府的年齡，都屬三、四十歲壯年階段。尤其是臺灣鎮總兵官年齡更是偏低，除了楊在元、林宜華外，同治五年（1866）任職的劉明燈是32歲，同治七年（1868）任職的朱德明是 33 歲。「年輕」對處理以繁雜著稱的臺事，比較有精力上的幫助。另外同治九、十年間，廳縣官開缺太多也是一特殊現象。例如：淡水廳同知陳培桂緝盜不力被罷黜，改由鹿港同知周式濂接任。臺灣知府陳思燏病故，改由福寧知府周懋琦接任。嘉義知縣章觀文被革職，由漳浦知縣斌敏接任。海防

〔註116〕必麒麟（W. A. Pickering）著，吳明遠譯，《老臺灣（Pioneering in Formosa）》
　　　　（臺北：臺灣銀行經濟研究室，1959 年 1 月），頁 46～47。
〔註117〕文煜等撰，《閩浙總督奏稿》，同治抄本，北京大學圖書館藏。
〔註118〕同上。

同知孫壽銘病故,由遇缺即補之黃維煊接任。〔註119〕

　　臺灣知府周懋琦頗有幹才,他到任後亟思整頓,在同治十一年(1872)與水師提督李成謀議覆臺事八點,包括:1.請設臺北府與移臺灣府至彰化。2.移臺灣鎮總兵衙署於彰化。3.挑選福寧、興化山民與臺灣番丁、粵籍移民入山開墾。4.擬請丈量以升丁課。5.嚴保甲以絕遁逃。6.齊賢才以清積弊。7.禁陋規以厚津貼。8.綜出產以充國裕。〔註120〕不過他在政務的實際執行力上,沒有像他所提的主張一樣積極。同治十二年(1873)閩督李鶴年、閩撫王凱泰奏言,臺灣現在最需要趕辦的事務,就是清釐陳年積案。〔註121〕其實積案不止發生在臺灣,晚清約從同治朝開始,各省的積案逐漸成爲常態。〔註122〕然而臺灣從道光朝就開始有積案出現,過了半個世紀後老問題又再度浮現,不免讓人對司法的公信力大打折扣。或許是司法審理的速度不符合人民的期望,此時期臺灣又出現一怪象,就是武職與文職佐雜竟私設刑具擅受民詞。《福建省例》對此是嚴格禁止,並明令臺灣文武大小官員必恪守官箴,但這也反映了百姓「病急亂投醫」的心態。〔註123〕

　　同治十三年(1874)牡丹社事件爆發,清廷特命船政大臣沈葆楨爲欽差大臣,來臺與日本處理交涉事宜。沈氏在同年六月抵臺,在了解臺灣情勢後,於九月給北洋大臣李鴻章的書信中,透露了該地政務之疲難非閩撫移駐不可的想法。〔註124〕十一月沈氏向朝廷上〈請移駐巡撫摺〉,欲把想法化爲政策。〔註125〕該案在隔年初奏准,但沒有實施,因爲福建督、撫有不同的意見。王凱泰認爲若把巡撫移駐臺灣,則福建內地政務無法兼顧,所以另提「冬春駐臺、夏秋駐省」的建議。此案再與沈氏磋商後復奏,於年底奏准依議辦理。〔註126〕閩撫半年移駐臺灣是件大事,因爲他可以就近監督各官。以往鎮、道分別代表臺灣文武最高的官階,也因巡撫坐鎮而產生權力結構的變化。

〔註119〕文煜等撰,《閩浙總督奏稿》,同治抄本,北京大學圖書館藏。
〔註120〕《皇朝經世文編續編》,頁 3491～3498。
〔註121〕臺灣銀行經濟研究室編,《清季申報臺灣紀事輯錄(一)》(南投:臺灣省文獻委員會,1994 年 7 月),頁 31～32。
〔註122〕趙曉華,《晚清訟獄制度的社會考察》(北京:中國人民大學出版社,2001 年 4 月),頁 81～115。
〔註123〕《福建省例》,頁 1039～1040。
〔註124〕沈葆楨,《沈文肅公牘》(南投:臺灣省文獻委員會,1998 年 3 月),頁 209。
〔註125〕沈葆楨,《福建臺灣奏摺》,臺灣銀行文獻叢刊第二九種,1959 年 2 月,頁 1。
〔註126〕陳在正,《臺灣海疆史研究》(廈門:廈門大學出版社,2001 年 3 月),頁 137。

　　光緒朝是清治下的臺灣最重要的一個階段，因爲臺灣建省的議案終於在此獲得實現。其實在建省以前，清廷對臺灣的行政劃分就有一番更制；建省後只不過在不足處，更形強化而已。然這一切必須細說從頭。光緒元年（1875）臺灣行政區又歷經重大變革。原本嘉慶十五年（1810）設置噶瑪蘭廳後，臺灣廳、縣已有65年沒有調整。此次牡丹社事件讓清廷思考北部的重要性，決定添設臺北府，下轄宜蘭縣、淡水縣、新竹縣。後二者其實就是原淡水廳的區域，宜蘭縣的前身就是噶瑪蘭廳。廳的長官是同知或通判，品秩爲正五與正六品，然知縣爲正七品。升格的結果不是比原來的官階爲低嗎？其實不然。通、同爲分府，被視爲閑曹；遂有同知爲「點頭大老爺」，通判爲「搖頭大老爺」之謔。〔註127〕同年沈葆楨、李鶴年、王凱泰與福州將軍文煜聯名上奏更制，最重要的理由就是廳衙詞訟受到干擾。由於是分府的關係刁健者可以逕自控府，一奉准提則累月窮年，被誣者早爲官司傾家蕩產；若不准提則廳案由胥役把持，苦主無可控訴而械聞之釁萌蘗。如果廳改制成縣，按清律地方百姓不准「越訴」，只能在縣先進行訴訟，於司法審理上較能杜絕此弊。光緒三年（1877）福州將軍兼署閩督文煜回奏，宜蘭縣（原奏稱噶瑪蘭）積案已銷至九成，可見得有收其實效。〔註128〕除了廳縣外，南、北路海防理番同知也改制。前者移駐卑南，更名爲南路撫民理番同知；後者移駐水沙連，更名爲中路撫民理番同知。〔註129〕

　　改制後的臺灣官員被賦予一項重責大任——開山撫番。不過此重大的政策，卻因吏治問題叢生而蒙上一層陰影。光緒元年（1875）閩撫王凱泰評論臺灣情勢，他認爲該地積習已久，武員之權較重於文員，然文、武往往不協。〔註130〕隔年接任閩撫的丁日昌更用「臺灣吏治暗無天日」來形容。〔註131〕丁氏此言是有實據，自閩撫奏准半年駐省、半年駐臺後，他是第一位奉命的大員。丁氏來臺以後對貪酷各官，以及胥役亂法亟思整頓。對於前者，嚴祭

〔註127〕徐一士著，張繼紅點校，《近代筆記過眼錄》（太原：山西古籍出版社，1996年9月），頁169。

〔註128〕洪安全主編，《清宮月摺檔臺灣史料（三）》（臺北：故宮博物院，1994年10月），頁2019～2025、2489～2490。

〔註129〕《福建臺灣奏摺》，頁60。

〔註130〕臺灣銀行經濟研究室編，《臺案彙錄壬集》，臺灣銀行文獻叢刊第二二七種，1966年5月，頁43。

〔註131〕洪安全主編，《清宮月摺檔臺灣史料（四）》（臺北：故宮博物院，1995年8月），頁2766。

臺灣知縣白鷺卿、彰化知縣朱幹隆,以及接替朱氏的彭鋻;嘉義知縣楊寶吳,以及接替楊氏職位的何鑾;署北路協副將樂文祥。對於後者,訪得嘉義縣陋規,新官到任書吏必有點規,金額多至四、五千圓至一萬餘圓不等。又拏獲本爲賊黨的臺灣縣役林升,常年魚肉鄉民索詐民財以填慾望,在提訊明確後立即杖斃以儆其餘。〔註 132〕巡撫分駐臺、閩二地,雖可以就近監督臺灣官員辦事,但丁日昌實際履行後發現,閩撫本身的的公文不能全行攜至臺灣批示,因案吊查往覆需時也給了撫衙吏胥舞弊的機會。〔註 133〕

　　光緒三年(1877)侍讀學士張佩綸特別針對臺灣開山撫番的近況,提出屬於自己的看法。他認爲閩撫分駐臺、閩二地,反而不能把所有的事情辦好。現在應該簡任「聰強果斷、練達忠純而澹於榮利」之大臣督辦全臺事務。〔註 134〕事實上前一年刑部左侍郎袁保恆,就曾提出臺灣設省的建議,可惜被北洋大臣李鴻章以臺地餉源、兵事,俱與閩省聯成一氣爲由反對否決。〔註 135〕張氏的建議或許想在這取得一折衷方案,以欽差專辦的方式解決百廢待舉的臺事。光緒四年(1878)任總理衙門大臣的恭親王奕訢,議覆丁日昌所提的奏案。原來丁氏建議停止巡撫半年駐省、半年駐臺的規定,改照舊章由督、撫輪流巡臺。該案獲得奏准而且標準更寬,督、撫不必拘定隔年一次,也不必限定冬春駐臺、夏秋駐省,只要二者隨時斟酌情形輪流前往即可。〔註 136〕此舉可說又恢復成老樣子,在失去閩撫坐鎮後,臺灣道、府的能力就更顯重要。

　　審視光緒三年(1877)閩浙總督何璟出具考語,他對臺灣道夏獻綸的品評是:「年方 41 歲,深毅果敢、肆應之才;**惜精明有過刻處**,再能躁釋矜平可期遠到」。對臺灣知府張夢元的品評是:「年方 49 歲,才識優長,辦事警敏,能勝繁劇之任。」對臺北知府林達泉的品評是:「年方 46 歲,器識宏遠,才

〔註 132〕陳衍,《臺灣通紀》,臺灣銀行文獻叢刊第一二〇種,1961 年 8 月,頁 205;臺灣銀行經濟研究室編,《清季申報臺灣紀事輯錄》(南投:臺灣省文獻委員會,1994 年 7 月),頁 679～683。

〔註 133〕《清宮月摺檔臺灣史料(三)》,頁 2409～2410。

〔註 134〕張佩綸,《澗于集》;摘自諸家,《清奏疏選彙》,臺灣銀行文獻叢刊第二五六種,1968 年 11 月,頁 76～77。

〔註 135〕李鴻章,《李文忠公選集》,臺灣銀行文獻叢刊第一三一種,1961 年 12 月,頁 200。

〔註 136〕不著編人,《清光緒朝中日交涉史料(上冊)》(臺北:文海出版社,1963 年 5 月),頁 13。

守兼長，**論臺北事宜言切實，不好高鶩遠，措施當有條理**。」光緒四年（1878）閩浙總督何璟再出具考語，他對臺灣道夏獻綸的品評是：「年方 42 歲，精明果毅、器宇深沉，**久於臺灣，足資坐鎮**，才氣亦皆能涵養。」對臺灣知府張夢元的品評是：「年方 50 歲，閱歷已深，**才多而未免巧取，再加篤實斯爲粹品**。」對臺北知府陳星聚的品評是：「年方 62 歲，篤實明穩，人亦正派，紳民愛戴，不愧循良。」〔註137〕光緒五年（1879）閩浙總督何璟再出具考語，他對臺灣道張夢元的品評是：「年方 51 歲，歷練精明，近來實事求是，**雖嚴毅不如夏獻綸，而署理數月軍民尚皆翕服**。」對臺灣知府周懋琦的品評是：「年方 44 歲，能耐勞苦是其長，好矜才氣是其短，屢加告戒近頗就範，熟悉臺地軍民相安。」對臺北知府陳星聚的品評是：「年方 63 歲，廉潔持己慈惠愛民，實爲閩省中循良之吏。」光緒六年（1880）閩浙總督何璟再出具考語，他對臺灣道張夢元的品評是：「年方 52 歲，察理明通，用心精細，處理中外民番事務，初不露才揚己，皆能籌度得宜。」對臺北知府趙均的品評是：「年方 52 歲，才優識裕吏事精詳。」（臺灣知府甫請以趙均調補尚未奉准覆部）。光緒七年（1881）閩浙總督何璟再出具考語，他對臺灣道劉璈的品評是：「年方 51 歲，**性情雖尚有偏執，而講求吏治，曉暢戎機，實道員中出色之人**。」對臺北知府陳星聚的品評是：「年方 65 歲，精力甚健勤甚廉明。」對臺灣知府袁聞柝的品評是：「年方 60 歲，勤謹清廉、民番愛戴。」光緒八年（1882）閩浙總督何璟再出具考語，他對臺灣道劉璈的品評是：「年方 53 歲，**敢作敢爲，惟好任用私人，頗滋物議**。」對臺北知府陳星聚的品評是：「年方 66 歲，老成愼重，純心仁愛，輿論翕然，可稱循吏。」〔註138〕

　　前述各官的考語若與同治朝比較，可以發現二個不同點。其一，他們的年齡層都偏高，幾乎都是五、六十歲的中老年人。雖然考語中不乏有老成持重的稱讚，但臺灣現正執行開山撫番，少有的衝勁可能不利於該政策的執行。其二，歷年的考語一屆較一屆簡單，除了特別突出的人物，例如：臺灣道劉璈個人風格太強多點評語外，其餘多一語帶過。劉璈的施政已有毀譽參半的現象出現。由於閩撫已不移駐臺灣，臺灣道仍爲當地品秩最高的文官。劉璈的舉措尚不會對他本人帶來任何危險，但有沒有辦法持續維持該局面將受到

〔註137〕中國第一歷史檔案館編，《光緒朝硃批奏摺（第二輯內政）》（北京：中華書局，1995 年 2 月），頁 514～515、783～785。

〔註138〕中國第一歷史檔案館編，《光緒朝硃批奏摺（第三輯內政）》（北京：中華書局，1995 年 2 月），頁 239～240、496、499～500、706～707、890。

嚴厲的考驗。

　　光緒四年（1878）根據《申報》的報導，同年臺灣被就地正法達三十人之眾，他們都是丁日昌駐臺時所懲辦的。〔註 139〕看來光緒初期，臺灣司法有過重典下的腥風血雨。臺灣與福建相異，前者是土匪多，所以有兇惡棍徒專例；後者是竊賊多，所以有肅竊專例。〔註 140〕乙未割臺後日本殖民者曾在 1901 年，對「傳聞」的嘉義土匪首魁林武理做過訪談。據林氏表示要讓土匪在臺絕跡，幾無良策可言；只有殲其首魁，讓部屬自然消散才是上策。〔註 141〕土匪橫行的區域，使得武力成爲官府維持社會秩序，或百姓自保的必要手段。光緒七年（1881）福建巡撫勒方錡巡閱臺灣三個月，收到詞稟六百餘張，其中十分之五、六被判爲駕捏之辭。另外各縣控案多者千起，少者數百起，日積月累塵牘紛紜，胥役因緣爲弊。〔註 142〕美國學者 Mark A. Allee 利用《淡新檔案》，研究十九世紀北臺灣的司法運作狀況，得出中葉以後臺灣民眾已習於利用地方衙門，做爲解決民事糾紛的重要手段。其訴訟的案件包括：盜竊、抗租、爭界、爭財。〔註 143〕Allee 的觀點讓我們了解到當時司法的一個側面——民事，但如果他能把官府積案與誣控的問題，也一併列入討論或許結論會跟精彩。

　　光緒十年（1884）遠在北京的官場上發生一大事，即軍機處的幾位大臣，如：恭親王奕訢、大學士寶鋆、吏部尚書李鴻藻、兵部尚書景廉全遭屛斥，改由禮親王世鐸、額勒和布、閻敬銘、張之萬、孫毓汶、許庚身入值。世人謂時局江河日下，有國家敗亡之徵兆。〔註 144〕這場政治變局對臺灣來說，其影響不是馬上顯而易見。原因除了正處於中法戰爭無暇他顧外，該島本身也興起一場攸關湘、淮對決的風暴。原來政治派系中屬於淮系的劉銘傳，雖然賞有巡撫銜且被任命督辦臺灣事務，但是與湘系的臺灣道劉璈遇事每不合。

〔註 139〕《清季申報臺灣紀事輯錄》，頁 774～775。
〔註 140〕華友根，《薛允升的古律研究與改革——中國近代修訂新律的先導》（上海：上海社會科學出版社，1999 年 12 月），頁 48。
〔註 141〕臺灣慣習研究會原著，《臺灣慣習記事（中譯本）・第壹卷上》（南投：臺灣省文獻委員會，1984 年 6 月），頁 21。
〔註 142〕《清宮月摺檔臺灣史料（四）》，頁 3275。
〔註 143〕陳秋坤，〈晚清法律與地方社會——以十九世紀臺灣北部爲例〉，《臺灣史研究》，第 2 卷第 1 期，頁 205～212。
〔註 144〕楊壽枏輯，寧志榮點校，《雲在山房叢書三種》（太原：山西古籍出版社，1996 年 9 月），頁 24～25。

當中還有湘系大將——督辦福建軍務之欽差大臣左宗棠，趁隙掣肘劉銘傳，使得二造關係非常緊張。〔註145〕不過事情的發展卻有二點戲劇性的變化，一是臺灣在戰爭結束後，因清廷重新認識其重要性，決定升格成省。二是建省後的首任巡撫由劉銘傳擔任，淮系在這波政治角力中勝出。

　　事實上臺灣建省的提案，則是左宗棠在中法戰爭結束不久具明上奏。左氏或許沒料到政治上的宿敵——劉銘傳，竟然搭上政治順風車又更上一層。然即便如此，建省後湘系有橫加阻撓嗎？答案是沒有，不僅沒有屬於湘系的楊昌濬還多方支援協餉。〔註146〕再加上劉銘傳多任用同屬淮系出身，或親淮系的部屬，並獲得淮系的領導者——李鴻章的支持，臺灣建省的遠景看似一片坦途。而所有的建省事務中，與行政、司法有關的，就是行政區域再度調整。光緒十二年六月（1886.7）劉銘傳上奏首次提到政區應該重劃的事宜，他認為彰化、嘉義、淡水、新竹縣境太大，可以再分出四、五個廳縣來。隔年八月確定臺灣劃分成三府一直隸州三廳十一縣。〔註147〕然而各州、廳、縣的四字，卻在光緒十四年十月（1888.11）由閩浙總督卞寶第與劉銘傳上奏後確立。〔註148〕當時的標準是：臺灣府做為省治，屬衝、繁、疲、難最要缺。下轄四縣一廳——臺灣縣亦為衝、繁、疲、難最要缺；彰化縣為繁、難中缺；雲林縣為難字簡缺；苗栗縣為衝字簡缺；埔里社廳為調字缺。臺南府（舊臺灣府）為衝、繁、難要缺，下轄四縣一廳——安平縣亦為衝、繁、難要缺；鳳山縣為繁、難中缺；嘉義縣為繁、難中缺；恆春縣為疲、難中缺；澎湖廳為簡字缺。臺北府為衝、繁、難要缺（原為衝繁），下轄三縣一廳——淡水縣亦為衝字簡缺；新竹縣為疲、難中缺；宜蘭縣為疲、難中缺；基隆廳為衝、繁中缺。臺東直隸州為衝、繁、疲、難最要缺。〔註149〕

　　光緒十七年（1891）邵友濂接替劉銘傳為第二任巡撫，針對上述的府、縣四字有一番調整，其原因是欲把省治從臺灣府遷往臺北府。爾後奏准臺

〔註145〕許雪姬，〈二劉之爭與晚清臺灣政局〉，《近代史研究所集刊》，第14期，1985年6月，頁127～161。

〔註146〕陳孔立主編，《臺灣研究十年》（臺北：博遠出版社，1991年11月），頁409～460。

〔註147〕劉銘傳撰，馬昌華、翁飛點校，《劉銘傳文集》（合肥：黃山書社，1997年7月），頁214～222。

〔註148〕中國第一歷史檔案館編，《光緒朝硃批奏摺（第一輯內政）》（北京：中華書局，1995年2月），頁143。

〔註149〕趙爾巽等著，《清史稿》（北京：中華書局，1998年1月），頁627～628。

北府原衝、繁、難要缺,改爲衝、繁、疲、難最要缺。淡水縣充做附廓,亦改爲衝、繁、疲、難最要缺。臺灣府還是最要缺,但臺灣縣刪去一字,成繁、疲、難要缺。由於臺灣府府衙暫設立在彰化縣,所以彰化縣升爲衝、繁、難要缺。鳳山、嘉義縣原係中缺,但尙稱難治遂改爲繁、疲、難要缺。〔註150〕由此可見截至光緒二十一年(1895)割臺爲止,臺灣的北、中、南行政地位變化不大。例如:臺南府與安平、鳳山、嘉義縣均爲要缺,不改長期以來南部行政地位的重要性。臺灣府與臺北府是新竄升的行政區,但除了做爲它們的首縣或首臺,可以連帶一併升格外,其餘的廳縣以中、簡缺居多。〔註151〕

至於各縣衙門的編制與人數則不一,新竹縣留下來的記錄爲八房十總,人數爲 116 名。安平縣分爲門政司事、堂事司事、直堂司事、招房司事等,人數有 400 餘名之譜。〔註152〕那麼這些胥役們在建省後有收斂其惡行嗎?當然沒有。光緒十九年(1893)彰化文士洪繻在〈問民間疾苦對〉,就痛斥丁役胡作非爲;然始作俑者還是縣官任人不當,使得幕賓、吏役可以上下其手。〔註153〕另外還要留意的是,建省後爲便宜行事,巡撫衙門以委員的方式成立許多局,包括:善後、稅釐、機器、軍裝、文報、通商、官醫、郵政、電報,以及各路撫墾局。〔註154〕這些單位雖然有利於處理煩雜的省務,但畢竟不是經制而是臨時的編制。所以當主政者有興趣辦理時,它們是炙手可熱;然一旦失去熱忱,各局就成爲冗員充斥的機構。臺灣建省後,新設立的巡撫、布政使大員,以及各府、州、廳、縣,充其量只是改變舊有的權力架構,但還談不上行政、司法結構的轉變。〔註155〕胥役、幕友問題的存在,則是一個很好的指標,而這也是清廷官僚制度的極限。

〔註150〕莊吉發,《清史論集(三)》(臺北:文史哲出版社,1998 年 10 月),頁 264。

〔註151〕徐一士著,郭建平點校,《一士談薈》(太原:山西古籍出版社,1996 年 9 月),頁 6〜10。

〔註152〕佚名,《新竹縣制度考》,臺灣銀行文獻叢刊第一〇一種,1961 年 3 月,頁 2〜4;佚名,《安平縣雜記》,臺灣銀行文獻叢刊第五二種,1959 年 8 月,頁 45。

〔註153〕洪棄生,《洪棄生先生遺書(六)》(臺北:成文出版社,1970 年 4 月),頁 2667〜2727。

〔註154〕《劉銘傳文集》,頁 235〜237。

〔註155〕唐贊袞,《臺陽見聞錄》,臺灣銀行文獻叢刊第三〇種,1958 年 11 月,頁 12〜19。

　　綜合上述從康熙二十三至四十九年閩督姚鼐離任（1684～1710），是清初二十餘年的穩定時期。此後至雍正三年（1710～1725），統治之道開始出現脫序的現象；然再歷經一番整頓後，時至乾隆五年（1740）吏治漸有起色。不過因爲滿、漢巡臺御史的不合，也讓臺灣文、武官員各立涯岸，造成官方控制力的減弱。這種負面的發展要到乾隆五十三年（1788），再歷經一次整頓後始有起色。之後到嘉慶十二年（1807）嘉義縣學教諭謝金鑾痛批公權力不彰爲止，基本上還算平遂。但是爾後一直到光緒二十一年割臺，臺灣官方受困於積案未清的影響，致使公信力大受打擊。另外還有一件很重要的事，也是在這一段時期臺灣吏治疲軟的明證。根據筆者在北京中國第一歷史檔案館摘抄《黃冊》資料時發現，從嘉慶九年（1804）開始到光緒二十一年，臺灣不再送報倉貯穀數數據。從嘉慶二十五年（1820）開始到光緒二十一年，臺灣不再送報民數數據（參閱參考書目黃冊）。當時全國各省、各府，只有福建內地在嘉慶十七至道光十年（1812～1830）的民數未及趕報，不像臺灣的官員敢長期疲頑下去。怪不得閩浙總督左宗棠抵任後，曾提到全國吏治以閩省最壞，閩省吏治以臺灣最壞的評語。〔註156〕

　　由於行政、司法不彰，官方爲了達到穩定社會的效果，施以嚴刑峻法是免不了。〔註157〕然這種只讓被統治者畏法，卻不一定能養成守法，且更會造就更多人玩法。於是胥役、訟師趁時而起。對於前者，只有在康熙朝未見其作惡的記錄外，從雍正開始一直到光緒都不乏其例。對於後者，史料記載其作惡的時段，集中在康熙五十九年至乾隆三十八年（1720～1773）、道光十年至光緒二十一年（1830～1895）。依據美國學者 Gilbert Rozman 的研究顯示，十九世紀中國各級行政機構，就處於墮落、腐敗的狀態。〔註158〕該說與臺灣官場劣質發展的趨勢頗爲吻合，然事實上臺灣是有一個機會導正此風，那就是光緒十一年（1885）臺灣建省。當時許多歐美觀察家認爲，由於督、撫權力擴張，各省有權募集軍隊、發行硬幣、籌集貸款；因此得出一個結論──省是「自治的」。〔註159〕在北臺灣傳教有年的加拿大籍長老教會牧師馬偕（G.

〔註156〕軍機處錄副奏摺──農民運動類，案卷號：3297，膠片號：135，中國第一歷史檔案館藏。

〔註157〕亨利‧諾曼著，鄧海平譯，《龍旗下的臣民──近代中國社會與禮俗》（北京：光明日報出版社，2000 年 6 月），頁 251～264。

〔註158〕吉爾伯特‧羅茲曼（Gilbert Rozman）主編，《中國的現代化（The Modernization of China）》（南京：江蘇人民出版社，1998 年 3 月），頁 108。

〔註159〕S.斯普林克爾，張守東譯，《清代法制導論──從社會學角度加以分析》（北

L. MacKay），對此有一段中肯的評論：他認爲貪污已經是公開的秘密，並且
是上行下效的行爲，其機會主要是對司法權的濫用。〔註 160〕看來臺灣的吏治
越到清末越見沉疴，如果僅以行政、司法來約束被統治者已是不可能事，武
力對於清廷控制臺灣社會也越來越重要。

第二節　武科與軍功人員的協力

　　清代臺灣是一個科舉試行較晚的地區，文風趕不上福建內地的結果，讓
士子受到輕視，遂有「臺灣蟳無黃」之蔑語。〔註 161〕也由此亦衍生出嘲弄臺
灣文人的笑談，藉以諷刺該地文人酸迂之氣。〔註 162〕然而實情眞是如此嗎？
至少在武科取士的成績上，臺灣有相當不錯的表現——即以一個府，共出一
名武探花、三名武解元的記錄。〔註 163〕刻板印象總以文科科考上榜人數多
寡，來衡量地方文風興盛與否，同樣的道理能適用於武科科考嗎？形式上是
可以肯定。臺灣當時共取中 10 名武進士、297 位武舉人，代表該地確有尙武
之風（參閱表六十）。〔註 164〕針對科考的影響，尹章義提出「科舉社群」的
看法，強調有志追求功名者，因循序上考的的規定，增加對朝廷的向心力。
〔註 165〕的確從文武進士、文武舉人、文生員的表現來看是如此，但是在武生
員（簡稱武生）方面，就不見得有相同的作法。事實上清代臺灣的亂事，不
乏有武生參與或發起的案例。光緒十年（1884）臺灣府學訓導王元穉就認爲，
部分武生素質低劣，常與不肖汛弁串通，魚肉鄉里比比皆是，國家三年取武

　　　　京：中國政法大學出版社，2000 年 10 月），頁 51。
〔註 160〕馬偕（G. L. MacKay），周學普譯，《臺灣六記（From Far Formosa）》（臺北：
　　　　臺灣銀行經濟研究室，1960 年 1 月），頁 44～47。
〔註 161〕連橫，《臺灣通史》，臺灣銀行文獻叢刊第一二八種，1962 年 2 月，頁 981。
〔註 162〕青城子著，于志斌標點，《亦復如是》（重慶：重慶出版社，1999 年 5 月），
　　　　頁 125。
〔註 163〕蔣師轍，《臺灣通志》，臺灣銀行文獻叢刊第一三〇種，1962 年 5 月，頁 404、
　　　　406。
〔註 164〕清代臺灣歷史上取中文進士 29 人，文舉人 251 人，沒有出現解元。文進士人
　　　　數是武進士近三倍，文舉人人數與武舉人伯仲之間，表面上看文科略勝一
　　　　籌。不過要知道文科，除了科考還有貢舉一途，使得求得功名機會增多。參
　　　　閱莊明水等，《臺灣教育簡史》（福州：福建教育出版社，1994 年 7 月），頁
　　　　95～96。
〔註 165〕尹章義，《臺灣開發史研究》（臺北：聯經出版事業公司，1999 年 10 月初版
　　　　三刷），頁 527～583。

生入學，實為民間豢養若干虎狼。〔註166〕王氏沒有說明原因，僅指出現象，而它就是本文討論的重點。至於何謂軍功？簡言之就是隨軍出力，而被朝廷獎賞者。〔註167〕他們不管在地方武力上的號召，或是被獎賞後出任官職，其表現不亞於武科功名者，為不能小覷的一批人物。這也是本文要討論的另一個重點。

清題准武鄉試雖從順治二年（1645）開始，但各省武舉配額似不明朗。直到康熙二十三年（1684）才有定制，當時福建武鄉試名額定為 50 名。爾後名額調降不一，康熙二十六年（1687）有增至 54 名，康熙五十年（1711）有減至 50 名，康熙五十六年（1717）又增至 53 名。〔註168〕有理由相信福建也是一個武風頗盛之處，原因是為應付戰事所需，亟招募或拔擢習武之人擔任軍職。例如：英國倫敦國家圖書館東方部，典藏有二份康熙十三年（1674／三藩之亂開始）前後福建地方官諭示；一份為考選將才示，一份為學道武試示。〔註169〕

康熙二十三年領臺之初，臺灣開科取士尚無表現。遲至康熙二十六年（1687）才在福建陸路提督張雲翼的奏准下，宜照甘肅、寧夏例，於闈場另編字號，額外取中文科舉人一名。〔註170〕然該保障名額的優待，到了康熙三十六年（1697）被閩浙總督郭世隆奏准撤銷，又恢復通省一體勻中。終康熙一朝，因保障名額優待而中舉者有 4 名，通省一體考試而中舉者有 6 名，還未有中進士者。〔註171〕武科考試全無優待，但表現不俗。康熙一朝中武進士者已有 6 名，中武舉者達 54 名之多，其文、武風氣何者較盛已立見分曉（參

〔註166〕 廖毓文，〈王元穉與其「夜雨燈前錄續錄」〉，《臺北文獻》，直字第 11、12 期合刊，1970 年 6 月，頁 39。

〔註167〕 謝金鑾，《續修臺灣縣志》，臺灣銀行文獻叢刊第一四〇種，1962 年 6 月，頁 224；周璽，《彰化縣志》，臺灣銀行文獻叢刊第一五六種，1962 年 11 月，頁 252。

〔註168〕 席裕福，《皇朝政典類纂（光緒廿九年刊本）》（臺北：成文出版社，1969 年 2 月臺一版），頁 6125；不著編人，《康熙五十年辛卯科福建鄉式武舉錄》，清康熙刻本，北京國家圖書館藏；陳文達，《臺灣縣志》，臺灣銀行文獻叢刊第一〇三種，1961 年 6 月，頁 145～146。

〔註169〕 王慶成，《稀見清世史料並考釋》（武漢：武漢出版社，1998 年 7 月），頁 297、300。

〔註170〕 王世禎著，勒斯仁點校，《池北偶談》（北京：中華書局，1997 年 12 月三刷），頁 84～85。

〔註171〕 余文儀，《續修臺灣府志》，臺灣銀行文獻叢刊第一二一種，1962 年 4 月，頁 457～458。

閱表六十）。

　　其實要考中武舉人，並非想像中容易，它有許多考試需要應付。凡初應試之童子名曰武童，須向本縣（州廳）禮房報名，除了塡實三代履歷、籍貫，還要同考五人彼此互結，再請本縣武生出結認保方准應考。初試爲本縣縣官，考分四場或五場。第一、二場試一文一詩，第三場試一詩一賦或一策一論，第四場試以小講三四藝。各場逐一淘汰應試者，童生錄取有定額限制，考中童生名單即送縣（州廳）儒學。有童生的身份才能參加生員考試，儒學署接奉長案後，就要等省垣來府的督學使者（學正）臨試，不過臺灣是以道臺或巡臺御史兼任（見三章一節）。這次考試因是督學院蒞臨，所以名爲院試。〔註172〕武院試分三場，外場試騎射，中鵠者續試，不中者淘汰。內場試步射，僅中一矢或不中者淘汰。後場試硬弓與刀石，通過者再考文字之試。之後督學使者（學正）再按各縣定額取足名數，錄取者就被稱爲武生，發交儒學署隸入學籍。〔註173〕

　　有了武生的資格才能參加鄉試考取武舉人。鄉試舉行的時間是在子、午、卯、酉年的十月。考前一個月，各州縣須解送名冊至省，考試科目與院試相同。頭場亦試騎射，場中豎立三把，各離三十五步，放馬跑圓三回後始射，九箭中四箭者爲合格。二場亦試步射，豎立大把以五十步爲則，務要轂滿精優，九箭中二箭者爲合格。試馬、步箭外，再試八力、十力、十二力弓（一力十斤）；八十觔、一百觔、一百二十觔刀；二百觔、二百五十觔、三百觔刀。弓必開滿，刀必舞花，石必離地一尺者爲合格。三項內只要能過一、二項者，即可入第三場試文墨。以往三場考題試策二道、論一道，但康熙四十九年（1710）改用論二篇，第一篇出《論語》、《孟子》題，第二篇出《孫子》、《吳子》、《司馬法》題。〔註174〕北京國家圖書館典藏有康熙五十年（1711）福建武鄉試錄，那一年臺灣府考中五個名額——即第七名陳士成、第十一名林培、第十三名林大瑜、第四十名顏士駿（見表六十一編號11），整體

〔註172〕十九世紀文科院試每三年舉行二次，武科每三年舉行一次。參閱張仲禮著，李榮昌譯，《中國紳士——關于其在 19 世紀中國社會中作用的研究》（上海：上海社會科學出版社，1998 年 1 月三刷），頁 74。

〔註173〕章中如，《清代考試制度》（上海：黎明書局，1931 年 11 月），頁 4～6、12～13。

〔註174〕以往都是從《武經七書》中出題，但聖祖認爲此書不符「王道」，因此加考《論語》、《孟子》。參閱梁章鉅，《退菴隨筆》（揚州：江蘇廣陵古籍刻印社，1997 年 12 月），頁 319。

表現還算差強人意。〔註175〕

　　有了武舉人的資格才能參加會試、殿試考取武進士。會試舉行的時間是在辰、戌、丑、未年的九月。其應試科目、標準與鄉試相同，北京國圖典藏有康熙四十五年（1706）會試錄，那一年臺灣府臺灣縣武舉葉宏楨，在一百名錄取者中排名第七十三（見表六十編號8）。〔註176〕最後一關則是殿試，其結果做爲任官等第排名的依據。其實武科出路相當優厚，舊制一甲一名授參將（正三品）、二名受遊擊（從三品）、三名授都司（正四品）；二甲均授守備（正五品），三甲均授署守備（從五品）。爾後制度稍改，康熙十一年（1672）議准前半選任營職，後半選任衛職（皇城侍衛）；但也比文進士取中後，出任七品的知縣品秩爲高。同樣地武舉待遇亦優，武舉如果會試落第，可以赴兵部揀選，一、二等以千總（正六品）任用，三等以衛千總（從六品）任用，出路仍然很廣。〔註177〕

　　時人如何看待武科功名者的出身呢？武生率爲農、工子弟，無力攻讀乃以力自備，學藝既成遂得請試。然因家貧故衣冠故敝不成威儀，再加重文輕武的觀念，武生不敢與文者比伍。科考雖有文字之試，也多半被認爲虛應故事。所以同年爲一學（府縣儒學）弟子，均不相通謁。〔註178〕不過這是文武相輕的結果，以朝廷的立場還是二者並重。例如：康熙四十二年（1703）聖祖稱讚本年武進士優者頗多，最重要的是武官須習本地形勢，國家所最重者爲邊疆，簡用武臣跟此大有關係。〔註179〕康熙五十三年（1714）議准文武生員可互鄉試一次，文武舉人可互會試一次，藉以考選文武雙才之士。〔註180〕以上則是考選制度的描述，了解之後可再審視臺灣的情況。

　　從表六十一來看，康熙朝臺灣的武科功名者，有幾點值得注意：首先是武進士任官的去向。6位武進士中，只有許獮與范學海任官。前者擔任侍衛，

〔註175〕不著編人，《康熙五十年辛卯科福建鄉式武舉錄》，清康熙刻本，北京國家圖書館藏。

〔註176〕不著編人，《康熙四十五年武會試錄》，清康熙刻本，北京國家圖書館藏。

〔註177〕許仁圖編，《清史資料彙編補編（中冊2）》（臺北：河洛圖書出版社，1974年）。

〔註178〕馬緒倫著，張繼紅點校，《石屋續瀋》（太原：山西古籍出版社，1995年9月），頁264～267。

〔註179〕不著編人，《清實錄——聖祖仁皇帝實錄（六）》（北京：中華書局，1985年9月），頁164。

〔註180〕況周頤著，郭長保點校，《眉廬叢話》（太原：山西古籍出版社，1995年9月），頁130。

旋改調臺灣鎮標中營遊擊、建寧鎮延平營遊擊。後者授山東兗州鎮壽張營守備，旋署該營遊擊。〔註181〕其二，在武進士的本籍方面，臺灣府與首縣臺灣縣佔有 4 名居冠，鳳山與諸羅各佔 1 名（編號 3、8、10、12、14、17）。其三在武舉人的本籍方面，臺灣府與首縣臺灣縣佔有 31 名亦居冠，鳳山縣佔 16 名居次，諸羅縣佔 8 名再次（編號 1～18）。其四，武舉錄取人數最多的一年，則是在康熙四十四年（1705），一共有 12 名被錄取，臺灣府與首縣臺灣縣佔有 8 名比例最高（編號 7）。其五，首度出現兄弟皆爲武舉的例子。那就是康熙四十四年（1705）中舉的蕭鳳來，以及五十九年（1720）中舉的蕭鳳求（編號 7、18）。〔註182〕

總結上述若以武科功名人數，決定地區性的武風興盛與否，那麼臺灣縣拔得頭籌，次爲鳳山縣、諸羅縣。然武風興盛就代表難以統治嗎？這必須先探討科舉的意義爲何。如果把科舉視爲朝廷收編、選拔地方人才的方法，給予功名屬於應有的攏絡。臺灣縣在科考人數取得絕對優勢，表示該地區習武人才鼎盛。不過官方攏絡之餘，是否有助於統治上的穩定，這還要透過諸多個案觀察。以康熙六十年（1721）朱一貴事件爲例，臺灣武舉人在亂發抵禦、亂後敉平，完全沒有絲毫的表現。〔註183〕唯一與役的武進士，則是出任臺灣鎮標中營遊擊的許猷。但此人在亂初表現平平，可能在官軍反攻的過程中，立有戰功才豁免失土之罪。〔註184〕另外最特別處，該亂成就了「軍功」人物的出現。例如：臺灣縣人陳友隨水師提督施世驃從征，事後敘功授把總，乾隆初累陞至金門鎮標遊擊。鳳山縣人王作興亦隨施世驃從征，事後敘功授把總，乾隆初累陞至臺協水師中營遊擊。鳳山縣人林黃彩，以平亂有功從把總擢陞守備，之後累官至乾隆初年署廣東碣石鎮總兵官。〔註185〕

所以說功名僅是一種榮譽，如果要成爲將才還需歷練，並非單靠科考一蹴可及。不過臺灣武進士、武舉人在朱案的表現，實在令人失望，這使得「武

〔註181〕《續修臺灣府志》，頁 469。
〔註182〕范咸，《重修臺灣府志》，臺灣銀行文獻叢刊第一〇五種，1961 年 11 月，頁 378。
〔註183〕藍鼎元提到官軍在反攻時，有武舉「倪宏範」率兵千人做先鋒；但詳查表六十一並沒有倪氏的記錄，判斷此人應爲福建內地的武舉。參閱藍鼎元，《平臺紀略》，臺灣銀行文獻叢刊第一四種，1958 年 4 月，頁 15。
〔註184〕劉良璧，《重修福建臺灣府志》，臺灣銀行文獻叢刊第七四種，1961 年 3 月，頁 391。
〔註185〕《續修臺灣縣志》，頁 230～231。

風之盛」的招牌顯得無光。那麼他們都在做些什麼呢？有從事拓墾工作，例如：武解元王貞鎬（本姓李）在諸羅縣哆囉嘓（臺南市東山區）代番納餉，招募客民開墾。〔註186〕但最多人充當訟師，這種好動公呈的習性，使得一有爭訟就動輒盈庭，皆因以爲利。〔註187〕雍正三年十月（1725.11）世宗與兵部的一段談話，透露出朱案敉平過程中，從軍效力的武舉都是福建內地之人。〔註188〕雍正十年（1732）世宗也注意到，各省試用的武進士弓馬、營伍不甚諳熟的問題。可是督撫提鎮在題補守備時，仍因襲舊例使得所用非人。〔註189〕武官不似文官，後者在主官能力平平時，還能靠「佐幕」從旁輔助（見三章一節）。然前者戰時需衝鋒陷陣，平時需秣馬厲兵，首重實務經驗操作。因此經由武科舉入仕的武官，逐漸被出身軍功或行伍者超越，並不讓人感到意外。臺灣在雍正朝共取中 13 名武舉人（表六十編號 19～23）。他們在雍正九、十年大甲西社番亂時，仍沒有任何表現。幸好這樣的迴況，在步入乾隆以後將有改變。

　　乾隆元年（1736）甫即位的高宗，對於武鄉試、武會試日期有一調整。其原因是四天、六天的考試安排過於緊湊，於是前者改爲八天，後者改爲十一天，讓考生都能稍息。〔註190〕不過這樣的安排，還不如整頓考場的紀律還來的實際。乾隆六年（1741）福建武闈鄉試，發生一考生夾帶小抄成功，竟以武經中元的弊案。事發後御史陳大玠奏准，廢除文武生員、文武舉人可以互試的規定。〔註191〕事實上乾隆初在湖廣、兩江、貴州、廣東、四川、福建各省武闈考試，即不斷傳出舞弊的事件。各案件中均以武生考文墨時，請鎗手代替、或夾帶小抄居多，只有乾隆十五年（1750）發生在福建的個案較爲特別。因爲犯案侯官縣武生楊日光專門詐騙，遠道而來鄉試的臺灣武生。不過據楊供稱生意還沒有兜攬成功就被拏獲。〔註192〕武生文墨程度差，好像是

〔註186〕藍鼎元，《東征集》，臺灣銀行文獻叢刊第一二種，1958 年 2 月，頁 83。

〔註187〕《平臺紀略》，頁 49。

〔註188〕允祿等編，《清雍正上諭內閣》，雍正九年、乾隆八年兩次內府刻本，北京國家圖書館分館藏。

〔註189〕中國第一歷史檔案館編，《雍正朝漢文諭旨匯編（八）》（桂林：廣西師範大學出版社，1999 年 3 月），頁 252。

〔註190〕不著編人，《兵部則例□□卷・武科》，清乾隆內（務）府抄本，北京國家圖書館藏。

〔註191〕趙爾巽等著，《清史稿》（北京：中華書局，1998 年 1 月），頁 855；《眉廬叢話》，頁 130。

〔註192〕中國第一歷史檔案館，〈乾隆朝武科史料選編〉，《歷史檔案》，總 60 期，1995

習以為常的事情。這可能和武闈取士注重弓馬技藝，不注重內場文策有關。
〔註193〕但不管如何科考弊案，對朝廷的公信力總是一大打擊；取士名不符
實，也失去舉辦考試的意義。

　　乾隆四十二年（1777）兩江總督高晉建議，不妨裁汰內武科考試中的舞
刀項目，改以鳥鎗射擊取代。這本是一個前衛性質的議案，熟料高宗以開放
武生打靶，會使鳥鎗、鉛藥氾濫為由批駁，失去了一個可以帶動火器做為營
伍示範的機會。大體而言各省鄉試中，以福建、廣東二省中舉者技勇弓馬較
為可觀。〔註194〕北京國圖典藏同年度閩省鄉試錄，武解元就是臺灣府諸羅縣
的黃奠邦。黃氏的成績是馬上中四矢、地毯一回、步下中四矢、開弓十二
力、舞刀一百二十斤、掇石三百斤。這樣的成績算是很好，但並非僅一人而
已；排名第 31 名的諸羅縣武生張士敏、32 名臺灣府學武生許士魁、42 名臺
灣府學武生陳賡功也是（表六十編號 42）。所以說致勝的關鍵還是在於文墨。
當時考一論一策。論的題目是「善用兵者，修道而保法」，閩浙總督鐘音閱卷
後批示「詞氣明達」。策的題目就像一篇短文，鐘音雖沒有對所作再有嘉言，
但論的表現足已讓黃氏奪魁。〔註195〕

　　黃奠邦之前還有一位武解元，他就是乾隆三十年（1765）奪魁的張方武
（表六十一編號 37）。此人是彰化縣布嶼西堡、西螺堡（今雲林縣西螺鎮、莿
桐鄉、二崙鄉）大業戶張氏家族的子弟，其伯父就是張士箱，其父為張士
筒。〔註196〕只是張方武在科考上沒有再出亮麗的表現，反而是稍早前——乾
隆四年（1739）臺灣縣武舉蔡莊鷹，以及之後——乾隆五十八年（1793）淡
水廳武生周士超先後考取武進士（表六十編號 26、50）。蔡氏在會試的成績為
第 35 名，殿試時列為二甲第 11 名，授職時得御前正黃旗藍翎侍衛。〔註197〕
藍翎侍衛為正六品職官，雖然僅是「侍衛」，有機會外放時也從守備開始做

　　　年 11 月，頁 19～29。
〔註193〕趙翼著，李解民點校，《簷曝雜記》（北京：中華書局，1997 年 12 月二刷），
　　　頁 29～30。
〔註194〕莊吉發，《清史論集（三）》（臺北：文史哲出版社，1998 年 10 月），頁 221。
〔註195〕不著編人，《乾隆四十二年丁酉科福建武闈鄉試題名錄》，清乾隆刻本，北京
　　　國家圖書館藏。
〔註196〕尹章義，《張士箱家族移民發展史》（臺北：張士箱家族拓展史研纂委員會，
　　　1983 年 7 月），頁 70～71。
〔註197〕王必昌，《重修臺灣縣志》，臺灣銀行文獻叢刊第一一三種，1961 年 11 月，
　　　頁 356。

起，但卻是皇帝身邊的人馬，能充做耳目的功能。〔註 198〕蔡氏已侍衛致仕，沒有再出任外省武官。可是周士超就不同，他是殿試一甲三名武探花出身；按例授二等侍衛，賞戴單眼孔雀翎，品秩為正四品職官。之後外放從遊擊（從三品）開始做起，一路累官至廣東水師提督麾下擔任香山協副將（從二品），為臺灣武科功名者仕宦官階最高的第一人。〔註 199〕

　　從表六十一來看，乾隆朝臺灣的武科功名者，有幾點值得注意：首先是在武舉人的本籍方面，臺灣府與首縣臺灣縣佔有 36 名亦居冠，鳳山縣佔 20 名居次，諸羅縣（含雲林）佔 13 名再次，彰化縣佔 10 名再次，淡水廳佔 1 名殿後（編號 24～52）。其二，武舉錄取人數最多的二年，則是在乾隆三、四十二年（1738 / 1777），分別有 6 名被錄取，臺灣府與首縣臺灣縣分別佔 3 名比例最高（編號 25、42）。其三，首度出現父子皆為武舉的例子。那就是乾隆二十五年（1760）中舉的黃國樑，以及嘉慶十三年（1720）中舉的黃清榮、黃清雅（編號 35、59）。這些武舉部分將要在到來的林爽文事件中大顯身手。除了武進士、武舉人之外，武生逐漸躍上檯面也須留意。所謂「躍上檯面」有負面與正面的意思。對於前者，乾隆十六年（1751）臺灣縣武生李光顯聚眾滋事首開惡例。李自恃武生恣意占管民番田園，以致爭鬧毆差，又復集流棍藏蓄兵械準備爭鬥。此事高宗聞訊大怒，傳旨飭令福建巡撫潘思榘務必嚴辦。〔註 200〕乾隆二十年（1755）高宗再下諭，嚴飭各督、撫俱令府縣儒學更加嚴格督課約束，文武生監如有犯禁，必須按法究治毋徇私邀譽。〔註 201〕說到邀譽，由於武生是最低階的功名者，因此若想在地方獲的名聲，熱心參與公共事物是一條捷徑。現存臺南市孔子廟的〈重修文廟碑〉，以及南區的〈龍潭橋誌〉，分別有 5 位、4 位武生捐銀的記錄。〔註 202〕不過真想獲取名聲，還是需要靠戰功比較實質。

〔註 198〕奕賡，《侍衛瑣言》：收錄許仁圖編，《清史資料彙編補編（上冊）》（臺北：河洛圖書出版社，1974 年），頁 431～432。

〔註 199〕陳朝龍，《新竹縣采訪冊》，臺灣銀行文獻叢刊第一四五種，1962 年 7 月，頁264；楊壽枏輯，寧志榮點校，《雲在山房叢書三種》（太原：山西古籍出版社，1996 年 9 月）；《侍衛瑣言》，頁 432。

〔註 200〕不著編人，《清實錄——高宗純皇帝實錄（一四）》（北京：中華書局，1985年 11 月），頁 15～16。

〔註 201〕中國第一歷史檔案館編，《乾隆朝上諭檔（第二冊）》（北京：檔案出版社，1991 年 6 月），頁 783。

〔註 202〕臺灣銀行經濟研究室編，《臺灣南部碑文集成》（南投：臺灣省文獻委員會，1994 年 7 月，頁 152～153、156～158。

　　乾隆五十一年十一月（1787.1）爆發的林爽文事件，其勢如排山倒海而來，半年之間官軍接連失地，中南部地區僅能死守諸羅縣城、鹿港、鹽水港、臺灣府城。從檔案記錄來看，亂初武舉、武生並沒有及時加入平亂，最早的記載是從乾隆五十二年四月（1787.5）開始。四月初七日（5.23）臺灣鎮總兵官柴大紀回奏，諸羅縣武解元黃奠邦現帶義民在軍前效力，並已擎獲匪犯吳映一名，交由水師提督黃仕簡審問。〔註203〕同月初九日（5.25）柴大紀再奏，臺灣府武舉陳宗器、黃奠邦、武生王得祿，各率義民、社番在嘉義縣城北的牛稠山與敵撕殺。〔註204〕。這一場戰役雙方死傷很多，陳、黃二人奮戰讓高宗頗為賞識，並交待柴大紀要酌量獎賞。〔註205〕四月二十一日（6.6）官軍探得林陣營，欲切斷諸羅縣城與鹽水港文報往返之路，即刻命署遊擊邱能成、陳宗器馳赴柴頭港（嘉義市）；遊擊林光玉、黃奠邦馳赴草麻庄（嘉義市）攔截大敗敵軍。越二日又有千餘敵軍犯南門營盤，遊擊李隆協帶領黃奠邦、武生鍾習信正面迎戰；柴大紀親率陳宗器等從東北繞路截殺，二路均各有斬獲。〔註206〕

　　乾隆五十二年七月十六日（1787.8.28）欽差湖廣總督常青啓奏，聲稱黃奠邦率義民、兵丁押解匪犯二名，鳳山縣武生吳鷹揚亦押匪犯四名來府。〔註207〕隔日福建水師提督藍元枚想出招撫之策，遂令武生陳大用、鍾奇英，分頭前往彰化縣東螺（彰化縣北斗鎮）、西螺（雲林縣西螺鎮）、圳塘（彰化縣溪州鄉）等同安人與漳州人聚落招安。這一次行動據藍氏回報相當成功，之後武生陳飄香、陳大用又奉命前往海豐港、麥仔寮（雲林縣麥寮鄉）沿海村莊曉諭。截至目前為止，武科功名者的表現要比文科還好，高宗龍心大悅之餘諭令，武舉賞以五品職銜，武生給予六品職銜，廩生、生員、貢監給予八品職銜。他們當中以陳宗器、黃奠邦二人，功績最為卓著，高宗已在此時決定在亂後給予官職獎勵。〔註208〕

〔註203〕中國第一歷史檔案館、人民大學清史研究所合編，《天地會（二）》（北京：人民大學出版社，1980年11月），頁189～190。

〔註204〕《天地會（二）》，頁191。

〔註205〕洪安全主編，《清宮諭旨檔臺灣史料（一）》（臺北：故宮博物院，1996年10月），頁362。

〔註206〕《天地會（二）》，頁234～235。

〔註207〕中國第一歷史檔案館、人民大學清史研究所合編，《天地會（三）》（北京：人民大學出版社，1982年12月），頁164。

〔註208〕高宗敕撰，《欽定平定臺灣紀略》，臺灣銀行文獻叢刊第一○二種，1961年6

　　乾隆五十二年十月二十六日（1787.12.5）常青命令粵籍武生鍾文華，帶領義民四百名配合臺灣水師協副將丁朝雄克復東港（屏東縣東港鎮）〔註209〕。這一次的攻擊是林案的尾聲，之後還是有義民協同官軍作戰的記錄，但檔案中已沒有武科功名者參與的記載。針對這項空白，方志倒是有一些敘述可以補強。事實上替朝廷效力的武科功名者，人數沒有那麼少。從其他資料爬梳整理還有：臺灣府武舉鄭鴻善、臺灣府武舉吳天河、臺灣府武舉葉顯明、彰化縣武舉陳飄芳、臺灣府武舉林廷玉、鳳山縣武舉許廷耀、臺灣府武舉鄭應選，再加上諸羅縣武舉黃奠邦、臺灣府武舉陳宗器，共有 9 人之多，佔總數的 1／5（見表六十編號 31、38、42、43、44、45、46／乾隆 15 年以前、53年以後人數不算，武舉總人數共 48 人）。〔註210〕然值得注意的是這群武舉，在方志上被記載的條目是用「軍功」二字。這就很清楚武科與軍功的差別了，原來前者是一種功名的授予，除非考取武進士或落榜時從武弁做起，不然武舉也是一種虛名。軍功則不然，有了軍功通常就是從伍弁開始當起；品秩雖低，但重實務操作，若表現優良陞遷極快。上述提到的鄭鴻善即以臺灣水師協左營千總任用，葉顯名任臺灣北路協千總，鄭應選累官至署福建建寧鎮守備。另外武生的軍功也須記上一筆，例如：臺灣縣武生楊陞時授臺灣水師協中營千總、戴顯群授臺灣北路協把總、杜朝成以把總任用。最特別的是王得祿，他在被授予五品銜以千總用後，一路累官直陞，至嘉慶十四年（1809）出任福建水師提督，為臺灣人任官品秩最高的第一位。〔註211〕

　　軍功仕宦者表現亮眼，不獨在林案之後，早在之前就有出任鎮臺、協臺者。例如：浙江溫州鎮總兵官楊恩、福建閩安協副將後署海壇鎮總兵官魏大猷、福建澄海協副將吳陳勝、福建福寧鎮烽火門水師營參將魏天錫、福建水師提標右營遊擊魏國璜、臺灣水師協中營遊擊王李孟、閩安協右營守備蕭英。〔註212〕甚至也有行伍出身的臺灣府人陳林每，累官至臺灣鎮總兵官。〔註213〕

月，頁 482、484、503、510。

〔註209〕中國第一歷史檔案館、人民大學清史研究所合編，《天地會（四）》（北京：人民大學出版社，1983 年 3 月），頁 143。

〔註210〕《續修臺灣縣志》，頁 225～227；盧德嘉，《鳳山縣采訪冊》，臺灣銀行文獻叢刊第七三種，1960 年 8 月，頁 273。

〔註211〕《續修臺灣縣志》，頁 225～227。

〔註212〕《續修臺灣縣志》，頁 225。

〔註213〕許雪姬，《清代臺灣的綠營》（臺北：中央研究院近代史研究所，1987 年 5 月），頁 442。

不過還是要注意武科功名者，在地方武力的影響性問題。乾隆五十三年六月
（1788.7）高宗在林案弭平後敘功，當時所列義民首名單僅是府城者就有 340
餘名之多。〔註214〕府城義民首人數比例之高，與武舉人數多府城、臺灣縣剛
好成正比。這意謂著什麼呢？他代表該縣的民人武力，已是官方挑選合作對
象時最好的夥伴。或許還可以擴大解釋，林案以後武科功名者，成為官方遇
到地方動亂時首要的合作夥伴。如果真的找不到合適的人選，再尋求其他義
民首的協助。這個案例隨後將發生在乾隆六十年三月（1795.4），彰化縣鹿港
的陳周全事件與鳳山縣石井汛（高雄市燕巢區）的陳光愛事件。前者官方立
刻與武生林國泰合作克復失地，後者則是接獲密報後暗調武生李必魁設計誘
拏。〔註215〕該模式漸成為日後官軍在平定地方亂事的通例。

　　嘉慶朝武科功名者參與地方公共建設，捐題銀兩個案有逐漸增多的趨
勢。例如：嘉慶四年（1799）鳳山縣〈新舊捐銀襄事姓名碑〉刻載武舉 4 名、
武生 12 名，嘉慶八年（1803）〈重修府學文廟閩籍題捐碑記〉刻載武舉 5 名、
武生 21 名，嘉慶十年（1805）〈重修彌陀寺碑記〉刻載武生 6 名，嘉慶十二
年（1807）〈重修龍山寺碑〉刻載武生 3 名，嘉慶十三年（1808）彰化縣〈東
螺西保北斗街碑記〉刻載武舉 1 名，嘉慶二十一年（1816）〈重修魁星閣碑記〉
刻載武舉 2 名、武生 11 名、軍功 9 名，嘉慶二十一年（1816）彰化縣〈彰化
縣城碑記〉刻載武生 1 名，嘉慶二十三年（1816）彰化縣〈重興敬義園捐題
碑〉刻載武生 1 名。亦有武舉、武生為地方開墾，上書知府力爭解禁事，如：
嘉慶二十年（1815）鳳山縣武生李瓊林，與其他人聯名向臺灣知府汪楠陳情，
請求開墾該縣古令埔（屏東縣內埔鄉）未果。〔註216〕

　　從表六十來看，嘉慶朝臺灣的武科功名者，有幾點值得注意：首先是武
進士表現方面，嘉慶元年（1796）登科的吳安邦，之後累官至海壇鎮閩安協
副將。〔註217〕其二是在武舉人的本籍方面，臺灣府與首縣臺灣縣佔有 11 名居
冠，嘉義縣（含雲林）佔 8 名居次，鳳山縣、彰化縣分別佔 7 名再居次，淡

〔註214〕中國第一歷史檔案館、人民大學清史研究所合編，《天地會（五）》（北京：人
　　　　民大學出版社，1986 年 5 月），頁 103～104。
〔註215〕中國第一歷史檔案館、人民大學清史研究所合編，《天地會（六）》（北京：人
　　　　民大學出版社，1987 年 9 月），頁 5；《彰化縣志》，頁 253。
〔註216〕《臺灣南部碑文集成》，頁 182～184、189、206～208、445～446、548～551、
　　　　554；臺灣銀行經濟研究室編，《臺灣中部碑文集成》，臺灣銀行文獻叢刊第一
　　　　五一種，1962 年 9 月，頁 17、25、129。
〔註217〕《臺灣通志》，頁 403。

水廳無人上榜（編號 54～64）。其三，武舉錄取人數最多的一年，則是在嘉慶二十四年（1819），分別有 5 名被錄取，臺灣府與首縣臺灣縣分別佔有 2 名比例最高（編號 64）。其四，再度出現兄弟皆為武舉的例子。那就是嘉慶十三年（1808）中舉的黃清榮、黃清雅（編號 59）。〔註 218〕不過最重要的是，各縣武舉上榜人數已出現微妙的變化。誠然臺灣府與首縣臺灣縣仍穩居第一，但在人數上已經和嘉、鳳、彰三縣差距拉近。並且嘉義縣武舉上榜人數首度超越鳳山縣，彰化縣亦急起直追與鳳山縣拉平。這是否也意謂著「尚武風氣」逐漸北移了呢？其實並不一定，還須從個案討論來審視。

　　嘉慶十～十二年（1805～1807）為閩海盜蔡牽襲臺最嚴重的時期。官軍在備戰抵禦之餘，也亟思尋求對象合作。嘉慶十年十二月一日（1806.1.21）蔡牽率眾登陸府城洲仔尾（臺南市永康區），開啟長達四個月的混戰。此役蔡牽還勾結鳳山縣山賊為內應，準備想裏應外合攻下府城。〔註 219〕根據臺灣總兵官愛新泰的回奏，連續二個月的戰鬥，幸有鳳山縣義民首「武舉」賴熊飛與鍾麟江，率領義民六千人助陣。〔註 220〕本文把武舉括弧的意思是，賴、鍾二人武舉的身份，竟然在《府志》、《通志》、《采訪冊》遍尋不到。然皇帝上諭與鎮臺奏摺的名單出錯可能性極低，或許真的是方志傳抄時漏列也說不定。然無論如何它告訴我們一個事實，那就是官方揀選武力合作的夥伴，武科絕不會缺席。嘉慶十一年三月（1806.4）官軍對敵進行合圍，蔡牽船隊趁大潮突圍出航。此役臺灣縣武舉張文雅，武生林廷邦奮戰不懈；張氏被授予千總一職，林氏被授予千總頂戴。〔註 221〕不過與蔡勾結的山賊還在臺、鳳山地負隅頑抗。四月官軍以優勢兵力清剿，臺灣縣武生林玉和、薛元魁有勞績，亦被賞予六品頂戴，武生方耀漢賞予七品頂戴。〔註 222〕鳳山縣武舉張元英臨陣殞命，即照守備陣亡例撫卹。〔註 223〕彰化縣武生陳大用在蔡

〔註 218〕倪贊元，《雲林縣采訪冊》，臺灣銀行文獻叢刊第三七種，1959 年 2 月，頁 34。

〔註 219〕許毓良，《清代臺灣的海防》（北京：社會科學文獻出版社，2003 年 7 月），頁 167～168。

〔註 220〕洪安全主編，《清宮諭旨檔臺灣史料（三）》（臺北：故宮博物院，1996 年 10 月），頁 1955。

〔註 221〕臺灣銀行經濟研究室編，《臺案彙錄辛集》，臺灣銀行文獻叢刊第二〇五種，1964 年 12 月，頁 81～83。

〔註 222〕洪安全主編，《清宮廷寄檔臺灣史料（二）》（臺北：故宮博物院，1998 年 10 月），頁 726；中國第一歷史檔案館編，《嘉慶道光兩朝上諭檔（十二）》（桂林：廣西師範大學出版社，2000 年 11 月），頁 384～385。

〔註 223〕洪安全主編，《清宮諭旨檔臺灣史料（四）》（臺北：故宮博物院，1997 年 10

牽分遣別支劫掠鹿港時，亦招義民助官；由於陳氏在林爽文事件後已得五品銜，因此現加賞藍翎四品銜。前述的武舉、武生在方志中，全以軍功之名記錄。〔註224〕

　　蔡牽的個案清楚地表示，「尚武風氣」逐漸北移是一種科考形式的表現。在官方的認知中，只要哪裏出現亂事，一定先設法聯絡當地能為朝廷效力的武力。雖然嘉慶朝嘉、彰武舉上榜者大增，但蔡牽作亂的地方仍以南路為主，所以還是由臺、鳳二縣武舉、武生，獲得軍功受到嘉獎的機會居多。這對於想要享有邀譽者來說，參與地方事務遂成另一種選擇。以捐題銀兩碑刻為例，道光朝是武科功名者參與地方公共建設，頻率最多的一個階段。例如：道光二年（1822）彰化縣〈北斗街義塚碑記〉刻載武舉 1 名，道光五年（1825）臺灣縣〈重修大觀音亭廟橋碑記〉刻載武舉 1 名、武生 1 名，道光五年（1825）鳳山縣〈和順流芳碑〉刻載武舉 2 名、武生 3 名，道光八年（1828）鳳山縣〈林氏姑婆祖碑記〉刻載武生 1 名。

　　道光十一年（1831）嘉義縣〈古思碑〉刻載武生 5 名，道光十四年（1834）彰化縣〈奠安宮香資齋糧碑記〉刻載武舉 1 名，道光十五年（1835）臺灣縣〈重建後殿碑記〉刻載武生 1 名、軍功 5 名，道光十六年（1836）臺灣縣〈重修沙淘宮記〉刻載武生 1 名、軍功 1 名，道光十八年（1838）臺灣縣〈缺題碑〉刻載武舉 1 名、武生 10 名、軍功 1 名，道光二十年（1840）彰化縣〈重修彰化縣學題捐碑〉刻載武生 2 名。

　　道光二十一年（1841）臺灣縣〈重修北巷佛祖廟碑記〉刻載武舉 1 名、軍功 3 名，道光二十三年（1843）臺灣縣〈重興開隆宮碑記〉刻載軍功 3 名，道光二十五年（1845）鳳山縣〈新建萃文書院碑記〉刻載武生 1 名，道光二十九年（1849）嘉義縣〈重建大人廟碑〉刻載武生 1 名，道光三十年（1850）臺灣縣〈福德祠重修碑記〉刻載武生 1 名。亦有武生為地方生理，上書知府嚴禁不法事，如：道光二十七年（1847）嘉義縣武生黃忠清，與其他人聯名向臺灣知府全卜年，舉發有奸民在鹽水港假冒官差擄禁勒索，冀望由官憲立碑嚴禁以杜絕歪風。〔註225〕

月），頁 2679。
〔註224〕《續修臺灣縣志》，頁 228～230；《彰化縣志》，頁 254。
〔註225〕《臺灣南部碑文集成》，頁 242、254、265～266、277、292、482、585～586、589、604～605、617、628～629、643～644、654；《臺灣中部碑文集成》，頁31、44、134。

　　不過對照嘉慶、道光朝武科功名者捐題的差別，最大不同之處在於前者
捐題的人數少者四、五人，多者有一、二十人；後者少者僅一、二人，最多
者也只有十人。爲什麼會有這種情形呢？表面上的原因是嘉慶朝，可參與公
共建設的機會，不如道光朝多（8 次）。所以只要有人提議，武科功名者亦隨
大家響應。然此個案在道光朝因次數太多（15 次），所以捐題的人數也被稀釋
掉了。可是還有一個更重要的原因，驅使武科功名者暫拋下這些邀譽；那就
是道光朝是內憂外患嚴重的時代，有更多軍功的機會等著他們追取。

　　道光十二年閏九月（1832.11）爆發的張丙事件，則是道光朝首見大規模
民變。根據臺灣鎮總兵劉廷斌奏報，亂初張陣營在圍攻嘉義縣城時，即有當
地武生何朝仁率義民追賊。之後戰報陸續傳來，在數次與敵對陣決戰時，有
不少武生加入官軍平亂，包括：拏獲股首詹通的嘉義縣武生林騰瑞，跟隨福
建陸路提督馬濟勝作戰的淡水廳武生林朝勳、周殿安，以及臺灣府學武生沈
廷貴、彰化縣武生李捷魁。〔註 226〕道光二十～二十二年（1840～1842）鴉片
戰爭期間，在臺灣道姚瑩的指揮下，亦有不少武科功名者請纓助戰，包括：
臺灣府武舉蔡際會、臺灣縣武舉林國淵、臺灣縣武舉陳高超（表六十編號
67、71、73），以及淡水廳武生林朝勳、林清維、林清華、鄭大安、周奠安，
噶瑪蘭廳陳登元、何國英，彰化縣武生郭麞瑞。〔註 227〕道光二十二年八、九
月（1842.10）間，正當鴉片戰爭接近尾聲時，突有鳳山縣民陳冲豎旗，此亂
幸有該縣武生吳光輝率隊，與其他義民首配合，並協同官軍作戰才能弭平。
〔註 228〕道光二十四、五年（1844～1845）彰、嘉二縣械鬥案，其燎原之勢一
時不可扼止。除了倚靠官兵的彈壓外，二縣武生蕭聯元、林明知、關向榮、
周夢渭、洪國暉、蔡國樑，亦助官軍維持秩序，而分別被賞以千、把總軍職
或頂戴不等。〔註 229〕道光二十九年（1849）臺、鳳二縣亦發生械鬥案，規模
有如彰、嘉之翻版；鳳山縣武舉林得時，武生蘇廷熏，臺灣縣武童鍾昌、王
源濤，也加入官軍維持秩序。〔註 230〕

〔註 226〕洪安全主編，《清宮諭旨檔臺灣史料（五）》（臺北：故宮博物院，1997 年 10
　　　　月），頁 3621、3732、3758、4114；《彰化縣志》，頁 255。
〔註 227〕謝興堯供稿，〈臺人輿論〉：摘自中國社會科學院近代史研究所近代史資料編
　　　　輯組編，《近代史資料》，總 82 號，1992 年 11 月，頁 1～21。
〔註 228〕姚瑩，《東溟奏稿》，臺灣銀行文獻叢刊第四九種，1959 年 6 月，頁 113。
〔註 229〕中國第一歷史檔案館編，《嘉慶道光兩朝上諭檔（五十二）》（桂林：廣西師範
　　　　大學出版社，2000 年 11 月），頁 225～228。
〔註 230〕中國第一歷史檔案館編，《嘉慶道光兩朝上諭檔（五十四）》（桂林：廣西師範

　　道光朝武科功名者替官軍出力，若有異於前朝者應該就是首度有武童出現。再者按方志的記載，整體而言以軍功被賞賜的功名者，不論文科、武科將來仕宦的官階，都不若前朝來的高。其主要原因是內地太平天國軍興，有更多的軍功者等著補缺，候缺的記名提督、總兵、副將不知凡幾，遂排擠掉臺灣軍功者更上一層樓的機會。從表六十來看，道光朝臺灣的武科功名者，有幾點值得注意：首先是武進士表現方面，道光六年（1826）登科的許捷標，則是臺灣最後一位中取的武進士（編號 68）。〔註231〕其二是在武舉人的數目方面，共取中 56 個名額位居第二，僅次於乾隆朝、排名於康熙朝之上。其三在武舉人本籍方面，臺灣府與首縣臺灣縣佔有 20 名居冠，嘉義縣（含雲林）佔 19 名居次，鳳山縣、彰化縣分別佔 4 名再居次，淡水廳佔 9 名再居次，噶瑪蘭廳無人上榜（編號 65～80）。其四，武舉錄取人數最多的一年，是在道光十五年（1835）有 6 名被錄取。當中嘉義縣的成績已追上，分別與臺灣府縣各佔 3 名名額（編號 73）。

　　嘉義縣武舉上榜人數大增，的確讓人為之側目。臺、嘉二縣形式上「尚武風氣」的養成，是否也反映到實質上呢？至少上文茲舉的個案，已讓官方在揀選武力合作夥伴時，不會有找不到對象的困擾。同樣的道理若他們以武犯禁，對官方威脅的程度，也比一般民眾還來的大。道光二十四年（1844）發生的豎旗與抗官案件可以說明。前者是嘉義縣民洪協發動，武生郭崇高暗中支持，根據檔案記載參加者達二千餘人，與官兵接戰六次，陣亡有一千餘人。〔註232〕後者是臺灣縣武生郭光候發動，郭光候就是郭崇高。郭氏在屬縣阻撓抗糧，事發後朝廷認定是聚眾謀逆，嚴飭臺灣鎮道昌伊蘇、熊一本加緊拏獲（該案有冤，見第五章第三節）。〔註233〕當然也不是所有的武生都有謀反的企圖，道光朝的武科功名者跟前朝還有一個不同，就是實際參與拓墾事業的人變多。這在淡水廳尤為普遍，最著名的是金廣福大隘的姜氏家族。例如：姜殿邦、姜殿斌皆為武生出身；竹北一堡的林氏家族，更有武舉林秋華加入九芎林南勢二、三重埔（新竹縣竹東鎮）的墾殖；同堡武生劉維翰承兄長接辦猴洞（新竹縣芎林鄉）等處隘務。〔註234〕

　　　大學出版社，2000 年 11 月），頁 151～153。

〔註231〕《臺灣通志》，頁 403。

〔註232〕胡珠生，《清代洪門史》（瀋陽：遼寧人民出版社，1996 年 5 月），頁 175。

〔註233〕《清宮諭旨檔臺灣史料（五）》，頁 4219、4225～4229。

〔註234〕吳學明，《金廣福墾隘與新竹東南山區的開發 1834～1895》（臺北：國立臺

　　咸豐朝僅十一年，臺灣所取中的武舉也只有 11 名，爲歷朝人數最少的一個階段。雖是如此，但從表六十一來看，仍有幾點值得注意：首先是在武舉人的本籍方面，臺灣府與首縣臺灣縣佔有 4 名居冠，彰化縣佔有 3 名居次，鳳山縣與淡水廳分別佔 2 名再居次，嘉義縣（含雲林）與噶瑪蘭廳無人上榜（編號 81～84）。其二，武舉錄取人數最多的一年，則是在咸豐九年（1859），分別有 7 名被錄取。然這一次各縣分佈很平均，臺灣府與首縣臺灣縣佔有 2 名，彰化縣與淡水廳也分別各佔 2 名，鳳山縣佔 1 名（編號 84）。其四，再度出現兄弟皆爲武舉的例子。那就是咸豐九年（1859）中舉的賴步雲、賴登雲（編號 84）；彰化的鄉親與有榮焉，還把兄弟倆的故鄉定名爲貢旗村。〔註 235〕總的來說臺、鳳、嘉三縣武舉錄取的人數，其成績已沒有以往亮麗，反倒是彰化縣、淡水廳有迎頭趕上之勢。這種科考所表現出形式上「尚武風氣」的北移，將會在同、光朝顯現出來。

　　不過短暫的咸豐朝，民變事件卻不少，這又給了武科功名者建功的機會。咸豐元年（1851）臺灣縣民王湧造謠滋事釀成巨變，該縣武生翁志朝、李朝俊、戴廷耀，以及武童呂達芳隨軍立功，分別賞予頂戴與千總銜不等。〔註 236〕咸豐三年（1853）噶瑪蘭廳民吳磋豎旗，通判董正官殉職，倉促之中該廳武生陳掄元率鄉勇討平始轉危爲安。〔註 237〕同年鳳山縣民林供亦豎旗，其勢亦不可挽兵鋒直逼府城，嘉、彰二縣也受餘匪波及。幸賴臺灣府武舉林朝清、李逢時、李維鴻（表六十編號 74、75、82），以及武生周德輝、王經綸、侯綏邦、陳維清、黃忠清、李得三、李朝英、林朝帶、林逢源、顏國榮；鳳山縣武舉尤拔元（編號 81），以及武生蔡鍾靈、王希賢、趙捷陞；以及嘉義縣武生王朝楹、彰化縣武舉蕭勝雲（編號 76）率隊相助，才能敉平亂事。〔註 238〕咸

　　　　師範大學歷史所，1986 年 2 月），頁 112、301；淡新檔案，第一編行政，第
　　　　七類撫墾，第三款隘務，案碼：17301-17323，頁碼：121681，國立臺灣大學
　　　　圖書館藏。
〔註 235〕戴炎輝，《清代臺灣的鄉治》（臺北：聯經出版事業公司，1992 年 5 月三刷），
　　　　頁 772。
〔註 236〕中國第一歷史檔案館編，《咸豐同治兩朝上諭檔（二）》（桂林：廣西師範大學
　　　　出版社，1998 年 8 月），頁 355。
〔註 237〕陳進傳，《宜蘭傳統漢人家族之研究》（宜蘭：宜蘭縣立文化中心，1995 年 5
　　　　月），頁 103。
〔註 238〕中國第一歷史檔案館編，《咸豐同治兩朝上諭檔（四）》（桂林：廣西師範大學
　　　　出版社，1998 年 8 月），頁 343～347；洪安全主編，《清宮諭旨檔臺灣史料
　　　　（六）》（臺北：故宮博物院，1997 年 10 月），頁 4542、4561。

豐四年（1854）廈門小刀會襲臺，起初出沒於淡水廳香山港（新竹市香山區），後轉往噶瑪蘭廳蘇澳（宜蘭縣蘇澳鎮），最後大軍麋集淡水廳雞籠（基隆市）強攻登岸。此役有該廳武生林啓傳，以及各路義首率隊投效官軍始能克敵。〔註 239〕在所有義首中以彰化縣民林文察表現不凡。此人獲得軍功以後，因緣際會投入武職。咸豐八年（1858）首次率鄉勇援閩，並轉戰福建、浙江一帶，參與圍剿太平軍的戰爭。同治二年（1863）林氏累功陞任福建陸路提督，同年年底又署水師提督（後撤銷），遂成為繼嘉慶朝王得祿之後，第二位由軍功出身擔任提臣的高官。〔註 240〕

　　林文察的崛起充滿戲劇性，對照他的弟弟林文明以彰化縣武生的身份從軍，仕宦僅止於副將的位階（同治三年／1864 任）〔註 241〕；文察的成功打破了自道光以來，臺灣軍功者陞不上提、鎮以上的局面。然最重要的是還不僅於此，林氏可說是臺灣地方武力頭人的代表，在他的號召下除了組織臺勇回閩師援外，同治初年戴潮春事件的敉平半靠林氏之功。這一點也將在第四章第一節中再度提到。另外咸豐朝武科功名者，除了出力獲取軍功外，也可以出錢達此目的，這當中以武生最為普遍。例如：咸豐四年（1854）朝廷平亂的獎賞名單中，即有鳳山縣武生楊大才捐銀 120 兩賞予把總職銜，嘉義縣武生張登三與劉重輝，各捐銀 210、400 兩被賞予千總與守禦所千總銜，彰化縣武生林清輝、黃成德與黃成義、黃克仁，各捐銀 310 兩、210 兩、120 兩，被賞予把總、千總、把總銜。〔註 242〕咸豐六年（1856）臺灣捐輸津米的獎賞名單中，彰化縣武生黃克仁再被賞予千總職銜，臺灣縣武生施龍翔、嘉義縣武生陳廷達被賞予把總職銜。〔註 243〕

　　不過享有邀譽，或甚至擁有武力號召力的武科功名者，在家鄉行事也不是無往不利。抗租是當時臺灣社會普遍存在的問題，也是困擾官府與業戶的

〔註239〕中國第一歷史檔案館編，《咸豐同治兩朝上諭檔（八）》（桂林：廣西師範大學出版社，1998 年 8 月），頁 271。

〔註240〕黃富三，《霧峰林家的興起——從渡海拓荒到封疆大吏（1729～1864）》（臺北：自立晚報，1987 年 10 月），頁 167～173、245～254。

〔註241〕黃富三，《霧峰林家的中挫（1861～1865）》（臺北：自立晚報，1992 年 9 月），頁 10～11。

〔註242〕軍機處錄副奏摺——農民運動類，案卷號：3336，膠片號：137，中國第一歷史檔案館藏。

〔註243〕洪安全主編，《清宮月摺檔臺灣史料（一）》（臺北：故宮博物院，1994 年 10 月），頁 304～305。

問題。臺灣大學所藏《淡新檔案》，收有不少該時期案例的原件。例如：咸豐二年（1852）淡水廳大溪墘庄（桃園市大溪區）業戶武生吳士芬，赴廳治控告「頑佃」（佃戶）姜、徐人等抗納租穀。〔註244〕咸豐六年（1856）淡水廳銅鑼灣武生賴志達，仰同知唐均之命速撥壯勇，協全屯差等速將各佃應完屯租谷石趕緊完納清款。〔註245〕但此事辦理無方，唐均卸任後隔年由馬慶釗接任，馬氏擴大催租動員的對象，涵括舉人、義首、總理等。〔註246〕前述的案例告訴我們二件事：其一，平時官府行政權力仍在，它雖然被詬病效率不彰，但有最起碼的管理能力。所以地方發生紛爭時，還是循司法途徑解決為上策。其二，武力可以做為官方解決部分社會問題的手段，但行使武力之人必須要經由官方授權（或曰控制之下），如果偏離此原則將會成為亟欲被剷除的對象。

　　同治元～三年（1862～1864）的戴潮春事件，則是一個極為有趣的個案。因為反官方與親官方陣營中，都有武科功名者加入。前者有彰化縣筍仔林（南投縣竹山鎮）武生劉參筋入夥，後者有彰化縣草鞋墩（臺中市草屯）武生洪青選、江觀瀾，以及該縣武生張清華加入。〔註247〕其實武科考試發展到了現在，已到了需要檢討其意義的時候。主因是武科規定所考試的項目——弓石刀馬步箭，到底能不能反映當時作戰的需要？時人亦明白在越來越重視火器作戰的時代，武科所列考的項目根本就無用武之地。〔註248〕然就如同文科考試一樣，所考的八股文也非當時治國所需，只是科舉功名早已深值人心難以改變。從表六十一來看，同治朝臺灣取中的武舉為 23 名。臺灣府與首縣臺灣縣佔有 9 名仍位居第一，鳳山縣佔有 5 名位居第二，淡水廳與彰化縣各佔有 3 名位居第三，噶瑪蘭廳首度有人上榜佔有 2 名位居第四，嘉義縣佔有 1 人居

〔註244〕淡新檔案，第二編民事，第二類田房，第二款抗租，案碼：22201-22202，頁碼：200999，國立臺灣大學圖書館藏。

〔註245〕淡新檔案，第一編行政，第七類撫墾，第四款屯務，案碼：17401-17404，頁碼：124683，國立臺灣大學圖書館藏。

〔註246〕淡新檔案校註出版編輯委員會，《淡新檔案（六）：第一編行政／財政類》（臺北：臺灣大學，2001 年 6 月），頁 214～215。

〔註247〕林豪，《東瀛紀事》，臺灣銀行文獻叢刊第八種，1957 年 12 月，頁 52；丁日健，《治臺必告錄》，臺灣銀行文獻叢刊第一七種，1959 年 7 月，頁 525；《清宮諭旨檔臺灣史料（六）》，頁 4649；《霧峰林家的中挫（1861～1865）》，頁 47。

〔註248〕徐凌霄、徐一士，《凌霄一士隨筆（一）》（太原：山西古籍出版社，1997 年 7 月），頁 257。

末（編號 85～89）。北京國圖所藏同治九年（1870）《福建武鄉試錄》，在中試武舉七十名的定額中，臺灣武生成績並不好。該年武解元由興化府莆田縣武生許捷春奪魁，成績是馬中六矢、地毬中、步中六箭、弓十二力、刀一百二十斤、石三百斤。臺灣府學（蘭廳）武生胡捷登排名第 26，前三項相同但弓僅十力、刀一百二十斤、石二百五十斤。縣學生蔡洪儀排名第 63，成績更不理想（編號 88）。〔註 249〕

　　再從戴案來觀察，應該可以發現到一個跡象，那就是完全不見武舉加入行動。事實從同治朝開始，武舉已不像之前那麼熱衷號召鄉民助官。其原因有可能是安於功名已得，有可能是臺灣民變次數銳減，有可能根本沒有能力號召。此時有需要藉由參與地方事務，提高本身在鄉里影響力的武科功名者都是武生。例如：同治四年（1865）淡水廳大溪墘武生葉長青，亦隨各庄總理、保正赴轅以憑諭話。〔註 250〕同治六年（1867）甫上任的淡水廳同知嚴金清，下令廳內竹南二、三、四保頭人，星速馳赴大甲行轅聽候諭辦清釐積案，其中就有銅鑼灣武生賴志達。同治十年（1871）竹南二保銅鑼灣武生李逢年，被控以設立保安局爲由，假公濟私勒索庄民資費。〔註 251〕武生的不法朝廷也有注意，尤其在營伍方面。《則例》明定：各省隨營武生，若由馬、步、守兵考試取中仍食原糧之，武生均一體隨營差操校拔。倘有恃衿滋事者，失察之專管官降一級留任；若徇縱不舉者，降一級調用。〔註 252〕

　　從表六十來看，光緒朝臺灣取中的武舉爲 28 名。這當中有幾個重點值得注意：其一，該階段臺灣的行政區有大幅度的調整，因爲涉及光緒元年（1875）的開山撫番、光緒十一年（1885）臺灣建省。該表第一列所標明的州、廳、縣名稱，即是建省後新的行政區。改制前後最明顯的差別，就是有臺北府武生李應東、更名後的臺南府（原名臺灣府）蘇建邦中舉（編號 94、96）。其二，「尙武風氣」北移終於在該階段實現。按錄取人數比較，臺南府與首縣安平縣，以及鳳山縣的上榜人數才 8 名；但安平縣以北已達 20 名，完全佔有壓

〔註 249〕不著編人，《同治九年庚午科福建省武闈鄉試題名錄》，清抄本，北京國家圖書館藏。

〔註 250〕淡新檔案校註出版編輯委員會，《淡新檔案（七）：第一編行政／財政類》（臺北：臺灣大學，2001 年 6 月），頁 220。

〔註 251〕淡新檔案校註出版編輯委員會，《淡新檔案（三）：第一編行政／民政類》（臺北：臺灣大學，1995 年 10 月），頁 122、143。

〔註 252〕佚名，《兵部處分則例・營伍》，光緒抄本，北京國家圖書館分館藏。

倒性成績（編號 90～98）。不過承上述，此成績的表現已成爲一種形式；它對
地方武力的發展，已不具有決定性的意義。不僅是武舉，連武生都逐漸要退
居檯面。

　　光緒四年（1878）閩浙總督何璟奏准，臺灣文武考試取士仍照舊章辦理，
統歸臺灣道負責。〔註 253〕然由於臺北新設一府，所以武生名額稍有改變。當
時規定：臺灣府取進閩籍武童 16 名、加廣 9 名；粵籍武童 2 名、加廣 1 名。
臺灣、鳳山、嘉義三縣各取進 14 名；臺北府額定取進 7 名、粵籍 2 名、加廣
1 名；淡水、新竹、宜蘭三縣各取進 4 名。建省以後臺灣府更名臺南府，在臺
灣中部新設一府定名臺灣府。其名額的分配，臺北府照舊，臺南府減取至閩
籍武童 13 名、加廣 6 名，粵籍照舊；臺灣府取進閩籍 15 名、加廣 3 名、粵
籍 4 名。〔註 254〕只是臺灣雖已建省，但文、武鄉試並不單獨舉行，仍與福建
省鄉試合考。〔註 255〕

　　從《淡新檔案》來看，武生所扮演的角色仍與同治朝相仿，不外乎充當
地方頭人或抱隘。例如：光緒五年（1879）彰化縣武生吳朝良捐銀三十大
員，與眾人合設永濟義渡。〔註 256〕光緒九年（1883）新竹縣竹北一保武生何
玉鳴，與其他人等僉狀檢舉九芎林莊總理林煥榮瀆職。光緒十年（1884）同
縣竹南三保武生賴嘉賓，亦其他人等僉狀檢舉吞霄街莊總理林愈薰瀆職。
光緒十二年（1886）新竹縣武生陳紹藩，以墾戶陳福成之名義在該縣山區抱
隘。光緒十三年（1887）嘉義縣武生陳祥元與眾鄉民，向知縣羅建祥舉發武
生陳祥鴻、陳春華霸佔魚塭一事，並合行勒石立碑以杜爭端。〔註 257〕光緒
十四年（1888）竹南二保武生劉登洲、劉建勳，與其他人等僉舉謝錫彰擔任
蛤仔市總理。〔註 258〕光緒十五年（1889）清賦完成，從獎賞名單來看更發
現有許多武童參與；單是新竹縣隨同帶丈的 24 名人員中，就有 7 名武童上

〔註 253〕洪安全主編，《清宮月摺檔臺灣史料（四）》（臺北：故宮博物院，1995 年 8
　　　　月），頁 2885。

〔註 254〕洪安全主編，《清宮月摺檔臺灣史料（七）》（臺北：故宮博物院，1995 年 8
　　　　月），頁 5706～5709。

〔註 255〕汪毅夫，《閩臺歷史社會與民俗文化》（廈門：鷺江出版社，2000 年 8 月），
　　　　頁 6。

〔註 256〕《臺灣中部碑文集成》，頁 55。

〔註 257〕《臺灣南部碑文集成》，頁 516～517。

〔註 258〕《淡新檔案（三）：第一編行政／民政類》，頁 198、203、235；淡新檔案，
　　　　第一編行政，第七類撫墾，第三款隘務，案碼：17329，頁碼：122511，國立
　　　　臺灣大學圖書館藏。

榜。〔註259〕

　　至於在戰事助官方面，由於光緒朝統治者與被統治者武力，均有結構性重整（參閱第二章第一、三節），武科功名者基本上已不具影響力。光緒十～十一年（1884～1885）清法戰爭期間，可說是他們最後的一役。當時淡水縣武舉王廷理（中舉時仍爲淡水廳，見表六十編號 89）組織暖暖土勇營 300 餘人，協助欽差劉銘傳在基隆抵禦法軍。〔註260〕鳳山縣武生楊應龍接到臺灣道劉璈札委，命他就地招募一旅 370 人，在旂後塞港佈防。〔註261〕日後隨之而來的開山撫番戰爭，列名功勞簿上雖有許多軍功的獎賞，但都和武科功名者無關，也就不屬於本文討論的範圍了。

　　縱觀清代臺灣武科的發展，其科考所塑造的「尙武風氣」，應是形式大於實質。更清楚地說，它的目的是提供武學者任官的出路而已，並非要培養地方武力一個的領袖人物。再加上中武進士者，或武會試落第願意補弁者，多要離鄉背井前往他處任官，又更不可能在原鄉形成地方武力的頭人。但是臺灣社會多動亂的特性，使得這些武科功名者，會比別人有多立軍功的機會。大抵從乾隆朝開始，武舉、武生就成爲朝廷平亂時，矚意合作的對象。當然二者的表現各有消長、起伏，但不變的是武科功名再加上軍功，遂可判別此人是否爲地方武力領導者的依據。武科功名者、軍功人物的出現，不可否認會讓清廷在統治之道上多添幫手，成爲繼行政司法後，第二個異於軍事以外的統治策略。

第三節　鐵器與硝磺的掌握

　　強盛武力的背後，必定與武器的掌握有著密切的關係。上一節已經提到過，臺灣官府公權力長期不彰，致使民番的身家安全只能自求多福。於是乎對於能製造武器的原料——鐵、硝、磺相當渴求。清廷看準了這一點，多方採取各種管制，目的就是要造成官方壟斷的事實，形成官方武力獨大的局面。然這種理想眞能達到嗎？從《清稗類鈔》描寫到：「臺灣人各一刀，頃刻

〔註259〕淡新檔案校註出版編輯委員會，《淡新檔案（五）：第一編行政／財政類》（臺北：臺灣大學，2001 年 6 月），頁 267～268。
〔註260〕許毓良，〈清法戰爭中的基隆之役——兼論民族英雄墓的由來〉，《臺灣文獻》，第 54 卷第 1 期，2003 年 3 月，頁 312。
〔註261〕洪安全主編，《清宮月摺檔臺灣史料（五）》（臺北：故宮博物院，1995 年 8 月），頁 4011。

不離；磣伐割剝，事事用之，不僅以之爭鬪也。」即可知鐵器使用的廣泛。
〔註262〕美國學者 J. M. Meskill 在研究十八、九世紀臺灣中部的歷史時，也發現即便是在田園耕種的人，工作時亦成群結隊並配戴刀子、短劍、火繩槍。
〔註263〕不過臺灣是個不產鐵的地方，鐵器的輸入以福建爲主要供應地，因此有必要先簡述閩省製鐵業的發展。

　　鐵礦主要分成四個不同的種類——赤鐵礦、磁鐵礦、褐鐵礦、碳酸鐵礦，其中以赤鐵礦產量最多、產地最廣也最重要。可是純粹赤鐵礦，含鐵量也只有 70%，其餘都是磷等雜質。磷的有無影響銑鐵的性質，想得到磷少的銑鐵，必須用含磷少之鐵礦。〔註264〕銑鐵也稱生鐵、鑄鐵，含碳量在 2.5～5%，溶點在攝氏 1,150 度，硬度高但質脆，適合用於鑄造器物。另外一種爲熟鐵，也稱軟鐵、鍛鐵，含碳量在 0.5%以下，溶點在攝氏 1,500 度，富延展性，適合鍛打器物。含碳量介於二者之間就是鋼。優良的兵器必用熟鐵打造，而由生鐵炒熱熟鐵的技術，出現在戰國時代，至漢代技術已相當純熟。〔註265〕

　　福建的礦業在明代就相當發達，雖然清初對礦山採封禁政策，但乾隆八年（1743）奏准全面開放，使得沉寂的冶鐵業得到復甦。福建的產鐵區域分佈在延平、汀州、建寧、福州府，時人評論閩省的鐵質量超越廣東，適合製作兵器。值得注意的是冶鐵業中比較高級的是採、冶合一的礦廠，這種型式的礦廠在福建也有，每爐聚工常達數百人。〔註266〕清末福建的冶鐵受到進口洋鐵的挑戰，雖然部分傳統煉鐵業產能萎縮，但小五金中的製鍋、農具、打刀、打釘還是生存下來。〔註267〕以臺灣的情況來說，就武器的生產品質，絕對是遠不及內地。因爲臺地的鑄戶基本上就是生產小五金器具爲主，而這些鐵器都是以生鐵鑄造者居多。不過以走私方式取得質精的武器，或私設鍛造熟鐵的火爐，那又另當別論了。

〔註262〕徐珂，《清稗類鈔》（臺北：臺灣商務印書館，1966 年 6 月臺一版），頁 29。
〔註263〕麥斯基爾（J. M. Meskill），王淑琤譯，《霧峰林家——臺灣拓荒之家》（臺北：文鏡文化事業有限公司，1986 年 11 月），頁 55～56。
〔註264〕唐吉傑編著，《冶鐵學》（臺北：臺灣商務印書館，1975 年 6 月臺一版），頁 6～7。
〔註265〕楊寬，《中國古代冶鐵技術的發明和發展》（上海：上海人民出版社，1956 年 10 月），頁 6、43～44。
〔註266〕方行等主編，《中國經濟通史——清代經濟卷（上）》（北京：經濟日報出版社，2000 年 2 月），頁 715～716、748、760～761。
〔註267〕林慶元主編，《福建近代經濟史》（福州：福建教育出版社，2001 年 4 月），頁 105。

　　在所有武器中以火器的威力最強大。火器分爲火礮、火銃，前者動輒在百斤以上，後者則可隨身攜帶。引燃火器的物質就是火藥。在十九世紀末無煙火藥未發明以前，所謂的火藥就是指黑火藥（black powder）。它的原料包括硝石、硫礦、木炭。由於木炭是隨處可以取得的原料，所以不在本文的討論中。硝石可從礦場中開採，也可以收集廄舍的泥土溶水後，加入木灰汁去其碳酸鈣，再經煮沸取其結晶。只有硫礦必須要從礦場中開採，所以礦礦的掌握，對火藥原料供應的重要性不言可喻。〔註 268〕臺灣北部淡水地區盛產硫礦，照理製作火藥已不具困難。清中葉以後嚴禁民番私採，甚至官方也只做短期開採，爲了就是防止被統治者的武裝強盛難制。〔註 269〕不過優良火藥也要有好的製作。大抵硝、礦、炭必須攪以萬杵以上，使其粉末越細越好。炭用柳條爲佳，做時必去皮去結；蓋帶皮則煙多，有節則易炸。攪畢後放入手心燃之，藥去而手心不覺得熱方爲合式。〔註 270〕

　　至於在生、熟番的武器方面，他們對火器認識也很早。例如：十七世紀荷蘭人遠征花東時，就對生番展現出毛瑟槍的威力〔註 271〕；即便是在前山，熟番的用語中也有毛瑟槍（Lalto）的詞彙。〔註 272〕然要注意的是不管是生番，或是熟番，都是族群眾多的原住民。他們對火器得使用，依各族不同廣泛程度有別。大抵生番中的鄒族、布農族、魯凱、排灣族較普遍使用。〔註 273〕熟番因被組織成番屯的關係，因此各族（各社）皆有使用火銃者。所以說生、熟番的武器，基本上還是以弓、箭、鏢槍、番刀、竹槍、盾等傳統兵器爲主。〔註 274〕有趣的是部分生番也有冶鍛小屋。根據人類學學者陳奇祿的研究，臺

〔註 268〕西松唯一著，郝新吾譯，《火藥》（上海：商務印書館，1937 年 3 月），頁 7～10。

〔註 269〕莊吉發，《清史論集（五）》（臺北：文史哲出版社，2000 年 3 月），頁 108～110。

〔註 270〕梁章鉅著，陳鐵民點校，《浪跡叢談／續談／三談》（北京：中華書局，1997 年 12 月二刷），頁 79。

〔註 271〕康培德，《殖民接觸與帝國邊陲——花蓮地區原住民十七至十九世紀的歷史變遷》（臺北：稻鄉出版社，1999 年 12 月），頁 111。

〔註 272〕陳康編著，《臺灣高山族語言》（北京：中央民族學院出版社，1992 年 11 月），頁 429。

〔註 273〕田哲益，《臺灣原住民的社會與文化》（臺北：武陵出版有限公司，2001 年 4 月），頁 58。

〔註 274〕劉如仲、苗學孟，《清代高山族社會生活》（福州：福建人民出版社，1992 年 12 月），頁 51～54。

灣北部的原住民使用的鐵器多仰給自漢人，但南部的魯凱、排灣族卻懂得冶鐵技術，可以自製鐵鋤與槍頭。〔註275〕看來清代官、番、民對於武器的取得，均有各顯神通的本事；這使得三方在武力的對抗上，有足夠的實力。

康熙二十二年（1683）清廷攻取臺灣以後，雖於隔年展界，但對於出洋攜帶物品管制仍嚴。《則例》規定：焰硝、硫磺、軍器等物，違例私載出洋接濟姦匪者，照例治罪。該管汛口文武官兵盤察不實者革職。知情縱賄者革職提問，兼轄官降四級調用，統轄官降二級留任，提督降一級留任。〔註276〕該例雖言明是針對「接濟姦匪者」，並非針對臺灣；但屬於重洋的臺灣，在軍器使用上也不可避免地受到影響。不過要注意的是《則例》所限定者為「軍器」，不是鐵器。那麼臺灣的用鐵有管制嗎？答案是有。康熙四十五年（1706）臺民呈稱開墾土地亟需鐵器，督撫飭令司、道、府、縣准報立烟戶，並於冊內分為大、中、小三等。每年每季給各烟戶執照一張，可赴福建漳州、龍海等縣購買鐵器。並規定：大戶准買鐵鍋四口、中戶三口、小戶二口；又每戶准買犁鋤農具二、三件；煎糖之大鑼，每大戶十戶准買大鑼一口，中戶十五戶准買大鑼一口，小戶二十戶准買大鑼一口，大鑼二年准買一次。〔註277〕

康熙五十年（1711）臺廈道陳璸希望能再放寬。他給閩浙總督范時崇的四項條陳，其中之一就是弛鐵禁以利農具。陳氏說道：

> ……獨臺地農具鐵器之價數倍內地，如一煮糖之鼎，賣銀三、四兩。至日用鼎釜，亦不止倍價。**乞請特弛其禁，聽從民便，自行購買。飭汛口員弁，凡臺民過廈買帶鍋釜及一切需用農家鐵器，毋得藉端需索**，使民用有資，即出作入息間**歌詠憲恩**矣。〔註278〕

上述引文有一個重點，即沒有提到針對臺地鐵禁的法律，所以希望在「憲恩」的裁量下弛鐵之禁。因此所謂「鐵禁」僅是行政命令，並沒有任何法源依據。同樣的情形也發生在硫磺上。遲至康熙末也沒有任何一條專例，針對

〔註275〕陳奇祿，《臺灣土著文化研究》（臺北：聯經出版事業公司，1999年10月三刷），頁79。

〔註276〕不著編人，《兵部則例□□卷‧海禁》，清乾隆內（務）府抄本，北京國家圖書館藏。

〔註277〕國學文獻館主編，《臺灣研究資料彙編（第一輯‧第二十八冊）》（臺北：聯經出版社，1993年9月），頁11977～11982。

〔註278〕陳璸，《陳清端公文選》，臺灣銀行文獻叢刊第一一六種，1961年11月，頁14。

臺灣北部淡水礦山來封禁。康熙三十九年（1700）因福州火藥庫爆炸，特地來臺開採硫磺的郁永河，對此記載相當詳細。他談到在與臺灣知府靳治揚、海防同知齊體物討論前往淡北時，二位官員只提醒水土惡毒不宜貿然驟行，未見有任何封禁的記錄。〔註279〕另外康熙五十六（1717）編纂的《諸羅縣志》，除了在外紀中記載礦山的位置，更提到麻少翁、內北投社熟番常入山掘礦。〔註280〕所以領臺之初二十年，官方對臺灣的礦、鐵流通，沒有想像中的嚴格。在了解整個環境與背景後，討論武器的使用才有意義。

　　徐曉望估計，清初福建每年鐵的生產量約9,072噸（閩浙贛總產量爲27,218噸）。該數字與同時期歐洲第一產鐵大國俄羅斯，每年出產的 2,400 噸相比多上數倍。〔註281〕如此龐大的產能，對於提供民間或軍隊用鐵不成問題。不過此時綠營武器的製造，並沒有特定的後勤規定。根據康熙五十二年（1713）福建水師提督施世驃的奏報，準備打製的 2,793 副鐵棉盔甲中，他自己捐貲一半，另一半由營伍將弁樂捐；100 支鳥鎗由施氏全數捐造，無分毫派累兵丁。〔註282〕鳥鎗是一種厲害的火器，照理應該大量製造才對，一百支的數目恐怕嫌少。原來清代對於火器有一種排斥的態度。時人評論從鳥鎗以「鳥」命名，顧名思義非殺人之器。在統治者心中，如果有其他方法可以勝敵，就不欲多所殺傷，所以火器之罕用也。〔註283〕其實這僅是一種理想，至少民間不曾有過。《廣東新語》提到粵人善鳥鎗，尤其是山縣民兒十歲就開始訓練。〔註284〕「山縣」指的就是粵東客家人，他們在移民臺灣後，應也把這套技術給傳過來。康熙六十年（1721）朱一貴事件前的一段記錄，可知當時臺地百姓取得火藥之容易，例如：安平水師營兵丁竊賣火藥，東窗事發後有司竟不聞問。爾後朱案爆發，朱陣營也不是揭竿而起。更有一則故事敘述朱一貴未舉事前，在其巢穴中已是「刀鎗森列」蓄勢待發的狀態。〔註285〕

〔註279〕郁永河，《裨海紀遊》，臺灣銀行文獻叢刊第四四種，1959 年 4 月，頁 16。

〔註280〕周鍾瑄，《諸羅縣志》，臺灣銀行文獻叢刊第一四一種，1962 年 12 月，頁 288。

〔註281〕徐曉望，〈明清閩浙贛邊區山區經濟發展的新趨勢〉，《明清福建社會與鄉村經濟》（廈門：廈門大學出版社，1987 年 10 月），頁 215。

〔註282〕洪安全主編，《清宮宮中檔奏摺臺灣史料（一）》（臺北：故宮博物院，2001 年 11 月），頁 54。

〔註283〕徐凌霄、徐一士，《凌霄一士隨筆（一）》（太原：山西古籍出版社，1997 年 7 月），頁 260。

〔註284〕屈大均，《廣東新語》（北京：中華書局，1997 年 12 月二刷），頁 441。

〔註285〕藍鼎元，《平臺紀略》，臺灣銀行文獻叢刊第一四種，1958 年 4 月，頁 5～6。

　　至於在熟番方面，除了鳳山八社專以耕種外，其餘各番以射飛逐走殪獐殺鹿爲事，所需鐵器都透過社商取得。〔註286〕番俗能使標鎗，鎗身長約四、五尺，取物於百步內，發無不中。弓則以竹製成，以麻爲絃，矢極爲銳利但沒有翎毛。〔註287〕《鳳山縣志》、《諸羅縣志》對南北路熟番的武器描述更爲詳盡。對於前者，所執鏢鎗長五尺許，取物於百步之內；鎗鏃鐵齒，倒勾个字，活入桿中。弓用堅勁之竹爲之，而密紮籐於竹上，不用筋角膠漆；以麻繩或苧繩爲弦，漬以鹿血堅韌甚於絲。箭取堅直小竹爲之，羽括四面密纏以絲，不需膠漆；鏃則自煉鐵以製，薄而尖小，銛利穿骨。短刀長止尺許，或齊頭，或尖葉，快不可當。番男女出門，以木鞘韜之，橫繫於背之腰間。〔註288〕對於後者，鏢鎗、短刀、弓與箭身作法相同，只是弓身纏籐染茜草使之變紅，而生番的弓是用韌木製成。但北路熟番箭鏃稍有花樣，有長至四寸許如鎗舌。並且他們還刳木爲牌，高齊臍，闊二尺許；取木之最堅者爲之，內凹外凸，或黑白相亞。〔註289〕

　　上文有幾個重點值得注意：其一，到目前爲止生、熟番還沒有使用火器的記載。其二，在箭身的製作上明顯受到漢人的影響，從無箭翎到懂得使用箭翎，讓箭矢射出時能更穩定。其三，男女熟番外出皆配刀，可見得武器的普及性相當高。其四，南北路熟番都可以自製箭鏃，展現出鐵製武器自製的能力。其五，北路熟番懂得使用盾，在作戰上比南路熟番更勝一籌。總之雖有法律限制鐵的輸臺，但必須注意到走私的問題，否則無法解釋臺灣官、番、民，爲何能各自擁有武器做後盾。當然這對統治者說相當不利，如何改變此局勢成爲清廷首要解決之道。

　　雍正六年（1728）朝廷覆准商船、漁船不許攜帶鎗礮器械；但駛往東洋、南洋的大船，准許可攜帶至多 8 支鳥鎗，至多 10 把腰刀，至多 10 副弓箭，至多 20 斤火藥。雍正八年（1730）再規定駛往東洋、南洋的大船，可攜帶至多二門礮位，三十斤火藥。造礮時呈明地方官，給予印票赴官局製造。

〔註286〕蔣毓英，《臺灣府志》（北京：中華書局，1985 年 5 月），頁 102～103。
〔註287〕吳桭臣，《閩遊偶記》；摘自諸家，《臺灣輿地彙鈔》，臺灣銀行文獻叢刊第二一六種，1965 年 9 月，頁 21。
〔註288〕陳文達，《鳳山縣志》，臺灣銀行文獻叢刊第一二四種，1961 年 11 月，頁 82～84。
〔註289〕周鍾瑄，《諸羅縣志》，臺灣銀行文獻叢刊第一四一種，1962 年 12 月，頁 162。

完日由地方官檢視，須鏨鑿某縣、某人姓名、某年月日製造字樣；並且於照內注明所帶礮之輕重大小，以備海關及守口員弁查驗。回日繳官貯庫，開船再行請領。倘本船遭風，礮位沉失，即向所在地方官報明，免其治罪。〔註290〕這兩則規定符合情理，但也讓有心者可鑽其漏洞。臺灣的海外貿易一向發達，駛往東洋、南洋不乏其船，合理的推測有遵守規定者，亦有夾帶走私軍器者。

雍正九年（1731）廣東布政使楊永斌奏准嚴禁鐵器出洋。所謂的鐵器指稱的範圍更廣，包括鐵鍋在內都涵蓋。〔註291〕這事雖是粵省藩司的建議，但沿海各省依情況適用。例如：雍正十一年（1733）船商陳秦使販鐵出洋，遭到閩水師攔截，旋由閩督郝玉麟、閩撫趙國麟上奏，准其通行嚴禁。〔註292〕二年之後更有嚴格的鐵禁規定，福建按察使覺羅倫達禮上奏，請把船桅用鐵箍照例編記，而廢鐵、鐵鍋與釘鐵一律不許潛出海洋。〔註293〕雍正朝對出洋鐵器的規範，充分顯示出官方有著一種莫明的、未雨綢繆的心態。奇怪的是截至目前，對臺輸鐵的數額早有限制，但仍沒有制定臺灣鐵禁的專例。不把它列入《則例》，應該希望統治之道帶點彈性有關。

在綠營武器使用方面，雍正五年（1727）朝廷議准沿海各省，每一千名兵丁配置 400 桿鳥鎗。嗣後據福建陸路提督石雲倬議覆，閩省各營每兵千名劃分成二十隊：弓箭馬兵四隊、弓箭步兵二隊、鳥鎗兵十隊、礮兵一隊、籐牌兵一隊、長槍兵一隊、大刀兵一隊。〔註294〕如此的編制，也連帶使得軍器供應上了軌道。臺灣綠營按規定也要比照辦理，不過有一個原因使得他們需要多點時間調整。因爲該營的組成是由福建內地各營散兵抽調，這些臺灣班兵是隨身攜帶自己的武器抵臺。所以臺灣綠營兵丁的武器，沒有像內地各營那麼「規格化」。〔註295〕再加上各處營伍所習武藝、所用器械操演隊

〔註290〕不著編人，《兵部則例□□卷‧海禁》，清乾隆內（務）府抄本，北京國家圖書館藏。

〔註291〕印鶯章，《清鑑》（北京：中國書店，1985 年 3 月），頁 357。

〔註292〕王之春著，趙春晨點校，《清朝柔遠記》（北京：中華書局，2000 年 4 月二刷），頁 86～87。

〔註293〕中國第一歷史檔案館編，《雍正朝漢文硃批奏摺彙編（第二十八冊）》（上海：江蘇古籍出版社，1991 年 3 月），頁 695～696。

〔註294〕陳壽祺，《福建通志臺灣府》，臺灣銀行文獻叢刊第八四種，1960 年 8 月，頁 306。

〔註295〕洪安全主編，《清宮宮中檔奏摺臺灣史料（三）》（臺北：故宮博物院，2001

伍,向來無定例。全由武弁到任後,投其所好或以熟悉者操練,難免以偏概全。〔註296〕雍正八年(1730)的上諭更道出其中的原委,原來弁兵使用的武器,都是各人按編制自己花費打製。以往的經驗發現這些武器易受破壞,然將內地精良武器交給臺軍亦非善策。因此世宗下令動用鹽課盈餘,為全臺一萬名弁兵打造新的武器。透過福建總督史貽直的回奏,得知這些新武器包括:1,600 桿鳥鎗、500 副弓箭撒袋,以及藤牌、牌刀、大刀、腰刀、長鎗、鐵棉盔甲、旗幟若干。〔註297〕這些撥交的武器不再存庫,即交由班兵持續使用。爾後換班時,督、撫須在之前就要查驗軍器;俟兵丁抵臺之日,巡臺御史會同臺灣鎮總兵官再查驗點收。如有不堪使用者,巡臺御史即刻據實題參。〔註298〕

　　上文對綠營軍器的陳述,應該已經可以發現一個特點,那就是武器的種類繁多。綠營不愧為一支的職業軍隊,為了應付各種戰術隊形,以及不同戰況,在傳統的刀劍上謀思改進。例如:屬於長槍者,就發展出十一種不同鎗頭的造型。屬於大刀者,發展出十七種長短不同刀刃的造型。屬於箭鏃者,也發展出二十五種不同鏃頭的造型。再加上鐺、叉、鈀、挽等特殊兵器,充分展現出其專業性。〔註299〕相較於綠營的專業,長於射飛逐走的臺灣生、熟番,其武器是否有所變化?雍正元年(1723)首任巡臺漢御史黃叔璥有詳細的記錄。他對諸羅山等社的觀察是弓箭如前述,但鏢鋒長二寸許有雙鉤,以長繩繫之用時始置於前端。遇鹿麇一發即及,雖奔逸而繩掛於樹終能捕獲。大武郡等社社番出入必配小刀。鳳山八社康熙時沒有執盾的描述,但現有以堅木為牌,牌面繪畫雲鳥以蔽身。傀儡生番的武裝是腰配短刀,手執鏢槊、竹箭、木牌等械。下瑯嶠十八社生番則是與漢人交易鐵器、火藥,做為捕鹿的工具。整體來說黃氏認為番人所用,鏢鎗最利;竹弓、竹箭雖不甚競,但

年 11 月),頁 1659~1660。

〔註296〕中國第一歷史檔案館編,《雍正朝漢文諭旨匯編(七)》(桂林:廣西師範大學出版社,1999 年 3 月),頁 87。

〔註297〕洪安全主編,《清宮宮中檔奏摺臺灣史料(四)》(臺北:故宮博物院,2001 年 11 月),頁 2263~2268。

〔註298〕中國第一歷史檔案館編,《雍正朝漢文諭旨匯編(五)》(桂林:廣西師範大學出版社,1999 年 3 月),頁 35;〔清〕劉良璧,《重修福建臺灣府志》,臺灣銀行文獻叢刊第七四種,1961 年 3 月,頁 24。

〔註299〕劉旭,《中國古代兵器圖冊》(北京:北京圖書館出版社,1999 年 7 月二刷),頁 26、38~40、62、77~79、152~154。

射飛逐走發無不中。〔註300〕

　　另外生、熟番對火器的使用，仍不在黃氏的記錄中。甚至於雍正六年（1728）臺灣鎮總兵官王郡在奏報中，還樂觀地指出生番所懼者惟鎗與砲。〔註301〕然如此的看法很快就要改觀。隔年巡臺御史赫碩色、夏之芳回奏時，聲稱漢人私越番界，除了將鹽鐵販賣生番外，還教習他們使用鳥鎗、火藥，這對官方而言不啻爲一項震撼。〔註302〕那麼熟番是否也跟著學會使用火器的技術呢？答案應該也是。雍正九、十年（1731～1732）發生在臺灣中部的熟番動亂事件，官軍在平亂過程中擄獲不少戰利品，它們包括：弓 186 張、有鏃之箭 1,860 枝、無鏃之箭 2,000 餘枝、撒袋 52 副、大鏢鎗 60 桿、小鏢鎗 123 桿、腰刀 6 口、鹿鎗 2 桿。由於鏢鎗已經提到過了，所以「鹿鎗」應指的就是火銃。〔註303〕這些武器的數量令人瞠目，它反映出二項事實：其一，不管是禁鐵出洋、或是輸鐵受限，其不便並未立刻影響臺灣；因此讓熟番們可以囤積不少鐵器，充做舉事之用。其二，雖然熟番的冶鐵技術不如漢人，但可以雇用漢人鐵匠爲他們打造武器。〔註304〕

　　不僅番人有辦法掌握用鐵，漢人與之相比亦不遑多讓。雍正六年（1728）諸羅父母會成立，該會黨即請鐵匠打造軍器，共製作大旗二面、長鎗 40 桿。〔註305〕雍正十年（1733）的吳福生事件，官軍在鳳山縣亦擄獲旗幟、戰鼓、刀鎗數十件、竹篙鎗 110 枝。〔註306〕另外硝磺的管制又如何呢？筆者遍尋戶、兵、刑部則例，仍未發現此時有封禁臺灣硫磺的專例。不過有二條法律，臺灣日後應也一體適用：其一，雍正六年議准「失察礦徒」之罪，規定失於查緝以致礦徒聚眾潛匿地方，從將軍、督撫以致地方官員皆按律治罪。〔註307〕其二，雍正十年議准山東、山西、河南省的硝磺，有敢私行販賣者，不論出產或經過地方，失察之專汛官照失察小夥私鹽例議處。對於前者，「失

〔註300〕黃叔璥，《臺海使槎錄》，臺灣銀行文獻叢刊第四種，1957 年 11 月，頁 102、105、137、146、153、158、162。

〔註301〕《清宮宮中檔奏摺臺灣史料（三）》，頁 1670～1671。

〔註302〕《清宮宮中檔奏摺臺灣史料（三）》，頁 1925～1926。

〔註303〕《清宮宮中檔奏摺臺灣史料（四）》，頁 2754～2756。

〔註304〕中國第一歷史檔案館編，《雍正朝漢文硃批奏摺彙編（第二十三冊）》（上海：江蘇古籍出版社，1991 年 3 月），頁 446。

〔註305〕《清宮宮中檔奏摺臺灣史料（三）》，頁 1575～1576。

〔註306〕《清宮宮中檔奏摺臺灣史料（四）》，頁 2820～2821。

〔註307〕董公振，《錢穀刑名便覽》；摘自四庫未收書輯刊編纂委員會編，《四庫未收書輯刊（貳輯・貳拾陸冊）》（北京：北京出版社，2000 年 1 月），頁 123。

察礦徒」並沒有規定聚眾幾名以上，才達到治罪的標準，無異給了官員量刑的空間；對於後者，雖取締私販暫不包括臺灣，但是淡北的磺礦不會處於長期無人過問的狀態。

　　有證據顯示乾隆初期，清廷對臺灣用鐵的管制更嚴。乾隆三年（1738）浙江布政使張若震奏稱沿海居民越海樵採煎鹽，其斧斤、鍋鋤均屬鐵器難容下海，應請禁止。此事由臺灣鎮總兵官馬驥覆奏時，據悉已久經嚴禁，凡水師口岸各汛，對出入船隻逐日查驗有無鐵器潛越。〔註308〕何謂「久經嚴禁」？乾隆十四年（1749）福州將軍馬爾拜的奏摺道出了重點。原來他接掌閩海關以後，發現該年出口至臺灣的鐵鍋、農具計有四萬餘件。覆查歷年福建銷往臺灣的鐵器，少則三、五萬件，多則八、九萬件不等；每件重三、四觔，或至二、三十觔不等，平均一年約計運至十萬觔。〔註309〕十萬觔鐵換算後約有5噸重（1噸＝2,000觔），對比福建每年約9,072噸的鐵產量，官方表面上還能控制銷往臺灣的鐵數量。但走私的數量實不止於此。層出不窮的豎旗事件，均非拿著農具舉事，可謂最好的旁証。

　　事實上跟內地其他地方相比，清廷對臺灣管制的確多了點。例如：乾隆元年（1736）議准原本不許民間私製鳥鎗，但顧及鄉村僻遠之處防虎、防盜，鳥鎗在所必需。著各省督、撫確察各州、縣內的確有需，照兵丁鳥鎗式樣製造。如非地方所需卻有私藏、私售鳥鎗者，其人責打四十大板、鳥鎗入官。〔註310〕這本是清廷對地方一體適用的美意，然隔年福建水師提督王郡陛見時，鑒於臺灣番漢雜處情況特殊，奏准該例不適用於臺灣；並且再嚴格管制硝磺、鉛鐵的使用。〔註311〕乾隆三年（1738）閩浙總督郝玉麟再奏准，以省境泉州府、漳州府、永春州、龍岩州風俗強悍為由，與臺灣一體嚴禁鳥鎗。〔註312〕王、郝的擔心有其根據，先前處理臺灣亂事的經驗告訴他們，臺

〔註308〕臺灣銀行經濟研究室編，《臺案彙錄丁集》，臺灣銀行文獻叢刊第一七八種，1963年9月，頁3。

〔註309〕國學文獻館主編，《臺灣研究資料彙編（第一輯・第二十八冊）》（臺北：聯經出版社，1993年9月），頁11977～11982。

〔註310〕不著編人，《兵部則例□□卷・軍器》，清乾隆內（務）府抄本，北京國家圖書館藏。

〔註311〕李桓編，《國朝耆獻類徵（167）》（臺北：明文書局，1985年5月），頁557～562。

〔註312〕國學文獻館主編，《臺灣研究資料彙編（第一輯・第二十五冊）》（臺北：聯經出版社，1993年9月），頁10667～10669。

灣移民多是這些府州的住民，此例一開恐將後患無窮。不過對於是否開放民間持有鳥鎗一事，朝臣的意見也呈現兩極。例如：乾隆四十年（1775）大學士舒赫德即奏請查禁鳥鎗，但不獲高宗同意。〔註313〕只是屢傳鳥鎗傷人與私鑄案件，迫使高宗也不得不考慮存廢。乾隆四十六年（1781）仍然決定繼續讓民間持有鳥鎗，然傳諭從將軍、督撫到州縣各官，必須留心稽查、不動聲色辦理違例之人。〔註314〕

　　然官方對臺灣鐵器、軍器管制如此嚴格，到底有無收到實效呢？答案還是沒有。在林爽文案未爆發以前，官方所破獲的不法案件中，就已透露了些許的警訊。例如：乾隆十六年（1751）彰化縣武生李光顯等，因故在下坪（南投縣竹山鎮）招集棍徒數十人，囤積武器準備在水沙連進行械鬥。〔註315〕乾隆四十八年（1783）諸羅知縣冷震金拏獲漳泉械鬥中，漳籍移民私鑄礮位的大案；並在大崎頂埤尾溪（臺南市六甲區）旁起出鐵礮二門，據供稱是由犁耙廢鐵鑄成。〔註316〕這二起個案除了顯示走私鐵、軍器之易得，也間接說明硫磺取得並非難事。其實就如同走私鐵器一樣，淡北的硫磺官方自己不開採，但民間卻私挖嚴重。私挖是否會觸犯「失察礦徒」之罪，現存檔案中還沒有發現此案例。地方志列傳中曾提到，乾隆初年有名黃典謨者，在淡水廳艋舺以販賣硫磺、靛青爲業。〔註317〕黃氏的硫黃有可能採自島內，也有可能自島外進口，但說明了所謂硝磺管制應跟用鐵一樣，指的是對數量的限制而不是全面禁用。

　　硫磺在內地限制較爲寬鬆，按舊例洋船不論進、出口，一律不准攜帶定例數量以外的硫磺。乾隆三十四年（1769）高宗發佈上諭准許洋船回程時，可以攜帶硫磺壓艙且數量不做限制。〔註318〕這一則規定相當有趣，它跟開放

〔註313〕中國第一歷史檔案館編，《乾隆朝上諭檔（第七冊）》（北京：檔案出版社，1991年6月），頁923～924。
〔註314〕中國第一歷史檔案館編，《乾隆朝上諭檔（第十冊）》（北京：檔案出版社，1991年6月），頁873。
〔註315〕柯志明，《番頭家——清代臺灣族群政治與熟番地權》（臺北：中央研究院社會學研究所，2001年3月），頁163。
〔註316〕臺灣銀行經濟研究室編，《臺案彙錄己集》，臺灣銀行文獻叢刊第一九一種，1964年1月，頁256～258。
〔註317〕王月鏡主修，《臺北市志·人物志》（臺北：臺北市文獻委員會，1988年9月），頁74～75。
〔註318〕中國第一歷史檔案館編，《乾隆朝上諭檔（第五冊）》（北京：檔案出版社，1991年6月），頁725。

民間持有鳥鎗的心態互為表裏。就是清廷在火器的使用上，有一定程度的自信；不管是品質還是數量，它都有把握取得壓倒性的優勢。尤其在臺灣，民間的用鐵、用硫，向來就被行政命令給限制住。以官方的立場而言，就算是番、民有私藏軍器，但終究無法與官方相對抗。然而實情真是如此嗎？

要解答此問題前，須先了解臺灣綠營的火器施用情形如何。首先是在硫磺、硝石的供應來源上。對於前者，透過乾隆十三年（1748）福建巡撫潘思榘回奏知道，福建各營操演火藥，每年以琉球國貢磺撥用。如遇不敷，之前曾有人建議可赴臺灣淡水、雞籠地方開採。然恐淡水孤懸海外、番民雜處，磺廠一開有可能聚匪滋事。因此還是免到淡水開採，至於不夠用之硫磺，就由從琉球返國船隻所攜帶餘磺充數。對於後者，透過乾隆四十八年（1783）閩浙總督富勒渾奏准知道，福建各營操演硝觔，每年須赴山東採辦，若有不足再至河南或湖北採辦。〔註319〕

其次是在火器的管理上。透過乾隆十七年（1752）閩浙總督喀爾吉善的奏報，得知臺灣綠營所有礮位數量與佈署的地點如右：臺灣城守營共安設 29 個礮位，內銹壞 1 位應添鑄。臺灣水師協三營安放在安平、鹿耳門、大港、水仙宮、打狗、東港、茄藤、笨港、蚊港、鹿仔港、三林港、海豐港、水裏港共 44 個礮位，內銹壞 1 位應添鑄。南路營安放在鳳山縣城、鳳彈、山豬毛口共 8 個礮位，內銹壞 1 位應添鑄。北路協與淡水營安放在諸羅縣城、石榴班、彰化縣城、淡水、大雞籠、八里坌、竹塹城、海口、中港、後壠、篷山、南嵌共 65 個礮位，內銹壞 8 位應添鑄。總計全臺共有 146 門火礮。〔註320〕雖然這些大礮以佈署在港口居多，但必要也可以拆卸轉向陸地轟擊敵軍。鳥鎗沒有數量上的統計，然同時期《則例》規定，倘年久失修不堪使用，該管官驗看確實後准熔化成鐵收貯，以備增造各項軍器之用。〔註321〕火藥、鉛子（彈）早有明令各營妥為收貯，每年操演出陳易新。至於鎗礮、牌刀、盔甲、旗幟的製造，以往統一都在省城修造。乾隆十四年（1749）規定除福州外，於廈門、泉州、南澳、漳州、福寧各立一局，負責附近協營軍器的修

〔註319〕不著編人，《清實錄——高宗純皇帝實錄（一二）》（北京：中華書局，1985年 11 月），頁 226；《清實錄——高宗純皇帝實錄（二三）》，頁 758。
〔註320〕乾隆朝漢文錄副（軍機處錄副），檔號：0462，微縮號：031-1851，中國第一歷史檔案館藏。
〔註321〕不著編人，《兵部則例□□卷·軍器》，清乾隆內（務）府抄本，北京國家圖書館藏。

造。至於臺灣綠營軍械，係奏准動支鹽羨輪年製換，例由理事同知製造交營。〔註322〕

其三是在火銃的使用上。舊例兵丁打靶時所需的鉛藥、火繩，可由公費銀動支；但此款項有固定數額，若兵丁操演生疏欲令多放數鎗，費用之溢額必須由兵丁自付。乾隆十一年（1746）議准恐兵丁爲此敷衍了事，明令嗣後打靶一概由公費支付，以便多爲演習。〔註323〕另外對於火銃射擊演練，朝廷也很注意。以往綠營打靶時，多偏向齊射——九進十連環；然此射擊精準度如何，實在讓人懷疑。乾隆四十年（1775）高宗諭令射擊次數可減至四進五連環，但著實要求施放火銃技術須更嫺熟，以避免浪費鉛藥。〔註324〕

在生、熟番武器使用方面，官方對臺灣限制用鐵、用磺的措施，連帶也會影響到他們。但實際情況並非想像地嚴重。被番界阻隔的生番，久居於山中看似無法得到接濟。然前文已提到臺閩走私磺鐵風氣之盛，漢移民可把到手的磺鐵，再進行第二次走私——潛越番界。所以只要生番有足夠的物品能與漢人交易，持續性的供給鐵器、火藥均不成問題。乾隆二十九年（1764）重修的《鳳山縣志》記載，瑯嶠山番與漢人交流鐵器、火藥，雖多價亦不惜也。〔註325〕時人描述他們的武裝情況，提到箭鏃恆以鐵爲之。雖然沒有再深入說明是生番自己冶鐵打製，還是與漢人交易購得，但箭鏃屬於大量耗鐵的武器，間接證實生番用鐵量也不小。〔註326〕

至於熟番的情形，同一時期對他們的描述，幾乎與康、雍朝相同；弓矢、鏢鎗、大刀、小刀、盾牌的配備自不在話下。〔註327〕但有一點必須釐清的是，漢人被嚴格管制軍器的使用，怎麼熟番卻可以擁有種類繁多的武器呢？再仔細查看《則例》規定的事項，除非另訂專例，不然所有的限制都是針對民人

〔註322〕《清實錄——高宗純皇帝實錄（一二）》，頁427。

〔註323〕不著編人，《兵部則例□□卷·軍器》，清乾隆內（務）府抄本，北京國家圖書館藏。

〔註324〕中國第一歷史檔案館編，《乾隆朝上諭檔（第八冊）》（北京：檔案出版社，1991年6月），頁98。

〔註325〕王瑛曾，《重修鳳山縣志》，臺灣銀行文獻叢刊第一四六種，1962年12月，頁77。

〔註326〕鄺其照，《臺灣番社考》；摘自諸家，《臺灣輿地彙鈔》，臺灣銀行文獻叢刊第二一六種，1965年9月，頁35。

〔註327〕六十七，《番社采風圖考》，臺灣銀行文獻叢刊第九〇種，1961年1月，頁93；朱仕玠，《小琉球漫誌》，臺灣銀行文獻叢刊第三種，1957年12月，頁99；朱景英，《海東札記》，臺灣銀行文獻叢刊第一九種，1958年10月，頁61。

（漢人）。這就彰顯出清廷對統治之道的二面手法，對於人口數量佔多數的民人小心防範，但對番人（也包括內地少數民族）准予施給小惠以示籠絡。不過對於持有鳥鎗一事，熟番跟漢人同樣受到限制。例如：乾隆二十四、三十四年（1759／1769）彰化縣猫霧捒巡檢，即飭令社差偕同岸裡社通、土，前往番社嚴加訪查私藏鳥鎗者。〔註328〕限制番漢使用火器對清廷來說相當重要，雖然不能做到滴水不漏的管制，但官方終究還能取得數量上的優勢，這對於鎮壓民變也將引起決定性的作用。

　　乾隆五十一年至五十三年發生的林爽文事件，能夠歷時年餘且讓高宗發大兵進剿列為十全武功之一，本身即存有相當多的原因（參閱四章一節）。本文認為其中有一個重點，之前卻少有人注意——即林陣營的武力是由刀劍弓矢等構築出。這讓他在亂初進行偷襲戰、遭遇戰、野戰時能有所發揮。然而當官軍死守住重要的據點，準備進行陣地戰時，林陣營因為缺乏大量的火器（尤其是大礮），迫使它不能做有效的攻城。攻勢的遲滯讓林爽文逐漸陷入不利的狀態，清廷了解到敵消我長的情勢後，逐一從內地支援更多的火器、火藥，終能做全面性的壓制而弭平亂事。現在要問的是清廷在平亂的過程中，付出多少代價呢？其一，以硝石的數量來說，總數至少達 796,000 餘斤。原本閩省採買硝石都在冬天辦理，為了應付軍需從乾隆五十二年五月（1787.6）開始，指派委員分赴山東、湖南、湖北趕辦。〔註329〕山東巡撫覺羅長麟全力配合，向來十個月的辦理時間，它奏准可以先把煎製好的半數硝石，先透過大運河輾轉運抵福建。〔註330〕爾後陸續有追加硝石的要求，長麟亦能趕辦完成，並在冬天運河結冰之期徵調挑夫南運。〔註331〕其二，以硫磺的數量來說，總數至少達 82,500 餘斤，分別在湖南、江西採辦。〔註332〕其三，以鳥鎗的數量來說，根據乾隆五十二年七月（1787.8）閩浙總督李侍堯的奏報，官軍擁有鳥槍的總數，包括可用、損壞再修造、戰鬥遺失等至少有 8,468 桿。

〔註328〕岸裡大社文書出版編輯委員會，《國立臺灣大學藏岸裡大社文書（三）》（臺北：國立臺灣大學，1998 年 3 月），頁 1078。

〔註329〕高宗敕撰，《欽定平定臺灣紀略》，臺灣銀行文獻叢刊第一○二種，1961 年 6 月，頁 333。

〔註330〕中國第一歷史檔案館、人民大學清史研究所合編，《天地會（三）》（北京：人民大學出版社，1982 年 12 月），頁 21～22。

〔註331〕中國第一歷史檔案館、人民大學清史研究所合編，《天地會（四）》（北京：人民大學出版社，1983 年 3 月），頁 209～210。

〔註332〕《欽定平定臺灣紀略》，頁 357；《天地會（四）》，頁 148～149。

〔註333〕其四,不見於文字史料,但被繪於御製《平定臺灣得勝圖》的戰爭場面。在欽差大臣福康安指揮的幾場關鍵戰役,如:大埔林交戰、斗六門交鋒、斗六門攻克、大里杙攻堅、大里杙破巢,只見官軍施放火器把林陣營轟擊的潰不成軍,證實了戰爭末期火礮確實是官軍致勝的關鍵。〔註334〕

林爽文對於自身欠缺火器的劣勢不是不知,但畢竟這些武器長期被官方管制,短時間內難以大量取得。而且就算是獲得,如何教導手下熟練火器作戰也是難題。所以從乾隆五十二年八月(1787.9)開始,清廷陸續獲得的情報,知道林陣營少量的火藥即將用罄,僅有的鳥鎗快要失去威力。〔註335〕同時也知道他們急著派人前往北部與生番私換硫磺,或冒險逕自前往大屯山私挖硫磺,或用墻上年久石灰煎煮成硝,準備做最後的困獸之鬥。〔註336〕持平而論清廷對臺灣的礦、鐵管制是失敗,所以林爽文才能在大里杙召集人馬私製旗幟、器械;但是對火器的管制卻很成功,所以林爽文有足夠的刀劍兵器舉事,到底還是敵不過官軍使用火器反攻。〔註337〕

事後清廷全面檢討臺灣的軍器、用礦管制政策。對於前者,乾隆五十三年四月(1788.5)福康安首先回奏收繳義民器械的情況。根據臺灣道萬鍾傑稟報,已收過刀矛竹鎗 5,975 件;又據臺灣知縣王露稟報,已收過器械 2,523 件。全數交由臺灣府銷毀改鑄農具,並嚴行出示曉諭鐵匠、舖戶,禁止打造刀矛等項軍器。如有私藏、私造者,即照違禁打造軍器例加等治罪。〔註338〕不過這只是戰時的權宜,真正涉及到法令的修改,還在於同年六月由大學士阿桂等提出的覆議。其內容指出內地應禁的軍器僅有鳥鎗與礮位,弓箭腰刀等項顧及防盜之用原所不禁。臺灣之前沒有嚴定章程,所以刀矛鎗礮等物多私自藏蓄。所以商旅往來,皆攜帶器械自衛;而盜賊假托行兇,亦執械混入其中無人盤詰。現在明白規定除了熟番、屯丁應用器械,以及民間菜刀、農具外,其餘如:弓箭、腰刀、撻刀、半截刀、標鎗、長矛之類一概禁止。〔註339〕同年

〔註333〕《天地會(三)》,頁 51。
〔註334〕《欽定平定臺灣紀略》,前頁銅版照片。
〔註335〕《天地會(三)》,頁 249、358。
〔註336〕《欽定平定臺灣紀略》,頁 966;《天地會(三)》,頁 314。
〔註337〕洪安全主編,《清宮諭旨檔臺灣史料(一)》(臺北:故宮博物院,1996 年 10月),頁 381。
〔註338〕《欽定平定臺灣紀略》,頁 941。
〔註339〕臺灣銀行經濟研究室編,《臺案彙錄庚集》,臺灣銀行文獻叢刊第二○○種,1964 年 8 月,頁 154、159~160。

十一月福建巡撫徐嗣曾認眞辦理，並依據臺灣知府楊廷理的冊報，得知已收繳義民、敵軍所有器械，包括：大小礮 462 位、鳥鎗 864 桿、刀矛鈎鉾 35,155 件。之後淡水廳再繳出義民自鑄九節礮 223 門，合計共有 685 門礮全佈署在各營盤、海口與城廂。〔註 340〕再根據私家記載，官方收繳民間的器械並非無償，亦計所繳多寡給賞、敘職有差。〔註 341〕臺灣管制用鐵、嚴禁鳥鎗與刀械的法令，就由廢掉巡臺御史而代替其職的閩省大員，在巡視臺灣時負責查辦。〔註 342〕另外添設鑄戶，滿足民生用鐵所需也有辦理。例如：乾隆五十五年（1790）以前竹塹並無領有執照的鑄戶，以後允許設立一家。〔註 343〕

　　對於後者，乾隆五十三年六月（1788.7）福康安回奏時，首次提到臺灣硫磺的問題。當時高宗的回應是，汀州府上杭縣硫磺已足夠各營所需，所以臺灣淡水磺山自不必復行開採。〔註 344〕何謂「復行開採」？這一段話相當模稜兩可，因爲可以解釋成淡水磺山現沒有開採，所以不需要啓用與上杭硫磺對立。也可以解釋爲淡水磺山現有開採，但因上杭硫磺已經量產，所以不需要重複開採。隔年高宗諭示軍機大臣，終於說出了眞象。他提到：「臺灣淡水地方土產硫磺，**向禁人民私採**，從前未能禁絕，今磺山地方已據福康安奏明封禁，並於石門（新北市石門區）要路添設汛兵防守。」〔註 345〕用硫的管制前文已經提及，淡水硫磺「向禁人民私採」，可以追溯至乾隆十三年（1748）有「免到淡水開採」一語。然眞正出現「封禁」的字眼，實從乾隆五十三年才開始。封禁後的磺山仍不能阻止私挖的行動，同年八月淡水營都司林登雲，即帶領兵役在八里坌拏獲福建走私船隻，並在船上搜出私鹽三十餘擔，以及與當地人交易的五百餘斤硫磺。〔註 346〕乾隆五十五年六月（1790.7）臺灣鎮總兵官奎林回奏，又拏獲私賣火藥之人；高宗對此十分震怒，諭令接替奎林的哈當阿，抵臺之後務必嚴辦。〔註 347〕不過要如何嚴辦呢？乾隆五十三年

〔註 340〕《臺案彙錄庚集》，頁 210～211。
〔註 341〕黃繼光、耿荄，《婆娑洋雜咏》：摘自劉如仲、苗學孟編，《臺灣林爽文起義資料選編》（福州：福建人民出版社，1984 年 3 月），頁 203～204。
〔註 342〕中國第一歷史檔案館、人民大學清史研究所合編，《天地會（五）》（北京：人民大學出版社，1986 年 5 月），頁 27～28。
〔註 343〕林玉茹，《清代竹塹地區的在地商人及其活動網絡》（臺北：聯經出版事業公司，2000 年 5 月），頁 107。
〔註 344〕《天地會（五）》，頁 110。
〔註 345〕《清實錄——高宗純皇帝實錄（二五）》，頁 855～856。
〔註 346〕《臺案彙錄己集》，頁 332～338。
〔註 347〕洪安全主編，《清宮諭旨檔臺灣史料（二）》（臺北：故宮博物院，1996 年 10

（1788）編修的《則例》從嚴規定：奸商於逆賊接壤處所，將硫黃、焰硝等物販賣與賊，該管官員知情故縱，以同謀論處斬。其不知情者州、縣官，革職提問；道、府降五級調用；督、撫降二級留任。〔註348〕

林案結束以後，熟番的地位可謂水漲船高。除了免去一切徭役，專任傳遞公文之外（參閱第二章第二節），最不同於以往之處，就是官府允許他們使用火器。其實在乾隆五十二年十一月（1787.12），就有岸裡社丁向番義首潘士興、潘明慈，領到火藥十觔的記錄。〔註349〕日治學者伊能嘉矩的研究，更進一步指出岸裡社精於鳥銃射擊，在跟隨官兵弭平林案時於屢奏奇功。〔註350〕由於林爽文事件發生前，熟番跟漢人一樣不准使用火器，所以他們一定是在平定林案時才學習。爾後因番屯成立所需，熟番武器使用的規定益加放寬。官方爲顧及各個番丁熟練武器有別，所以在編制上並不硬性規定有如綠營一般，幾隊馬兵、弓箭兵、籐牌兵、鳥鎗兵等，而是讓他們自由選擇熟悉的武器入伍。除選擇鳥鎗者，按規定要做鎗枝編號外，其餘武器如同往例不必編烙，只要在定期點檢時出示稽考則可。〔註351〕

綠營對於軍器的整頓，也讓人有耳目一新的感覺出現。乾隆五十四年（1789）閩浙總督覺羅伍拉納奏准製造鳥鎗16,000餘桿，以及刀槍籐牌二、三千件。〔註352〕乾隆五十五年（1890）工部奏准，嗣後鳥鎗所用火繩一律以蔴繩點燃，毋許偷換紙繩。〔註353〕該命令以上諭形式發佈，福建辦理的狀況爲何呢？覺羅伍拉納回奏閩省操演火鎗，其火繩向由兵丁自備。火繩除了黃蔴搥練成選外，亦可用竹節絲與紅色樹根搥練成選。〔註354〕朝廷規定火繩使

月），頁1580；洪安全主編，《清宮廷寄檔臺灣史料（一）》（臺北：故宮博物院，1998年10月），頁324～325。

〔註348〕 沈書城，《則例便覽》；摘自四庫未收書輯刊編纂委員會編，《四庫未收書輯刊（貳輯・貳拾柒冊）》（北京：北京出版社，2000年1月），頁313。

〔註349〕 岸裡大社文書出版編輯委員會，《國立臺灣大學藏岸裡大社文書（二）》（臺北：國立臺灣大學，1998年3月），頁814。

〔註350〕 伊能嘉矩，《臺灣屯田兵二關スル奏議案ノ意譯》，伊能文庫手稿及抄寫，編號：M008，國立臺灣大學圖書館藏。

〔註351〕 臺灣銀行經濟研究室編，《臺案彙錄甲集》，臺灣銀行文獻叢刊第三一種，1959年1月，頁13、25、33、45。

〔註352〕 《臺案彙錄庚集》，頁266～267。

〔註353〕 佚名，《福建政事錄・武職各官事例》，清（道光九年）藍絲欄鈔本，北京國家圖書館分館藏。

〔註354〕 乾隆朝漢文錄副（軍機處錄副），檔號：0514-048，微縮號：035-2320，中國

用蔴繩，主要原因是考慮雨天射擊的效果。以紙繩代燃雖然成本低廉且點火容易，但一遇下雨就完全失去作用。伍拉納對此還頗爲留心，至少在連續二年的奏報中，對於火鎗用蔴繩的規定不時抽驗。〔註355〕另外昔日的重要的軍需——鐵盔、鐵甲，現在也漸漸失去重要性。肇因於火器的發達，盔甲不一定能防身，且作戰厮殺時必難於轉動。所以乾隆五十六年（1791）以後，盔甲修造不定年限，也可藉此絕營伍開銷浮濫之弊。〔註356〕

臺灣所需的礦鐵，在乾隆末期極爲嚴格的管制下，早已變得奇貨可居。所以走私偷越的情況益更加嚴重。嘉慶元年（1796）甫即位的仁宗，鑒於洋匪勢大猖獗，遂命令沿海各省督、撫，必須一體查禁私販之硝磺。〔註357〕嘉慶四年（1799）福建巡撫汪志伊的〈籌議海防事宜〉，透露出閩省營伍硝、磺使用情況。原來爲了防亂，省境三大礦產區——延平府上杭縣郭車鄉、福寧府寧德縣火夾山、臺灣府淡水廳礦山全部封禁。所需用硝取自山東，所需用硫取自湖南。〔註358〕嘉慶八年（1803）南投縣丞翟灝還曾記錄，淡水之金包里礦山已封禁多年。〔註359〕表面上官府仍實力奉行上諭，然而私底下的情況如何呢？

仁宗的態度這對活躍於臺閩的私梟來說，可說是一個不好的消息。不過自然有他們的生存之道，那就是把共犯結構延伸到軍中。這條網絡是綠營兵丁先偷賣火藥給民人，民人再轉手給洋匪。〔註360〕以當時頭號大海盜蔡牽爲例，官府估計所屬的八、九十艘船隻，每艘攜帶火藥一、二百觔，總計不下一萬數千觔，多半是從前述的管道供應。〔註361〕大抵從嘉慶十年（1805）以來，福建綠營的火藥已有二、三年沒有發給。閩撫李殿圖的理由

第一歷史檔案館藏。

〔註355〕乾隆朝漢文錄副（軍機處錄副），檔號：0516，微縮號：036；同前註，檔號：0515，微縮號：036-0028，中國第一歷史檔案館藏。

〔註356〕中國第一歷史檔案館編，《乾隆朝上諭檔（第十六冊）》（北京：檔案出版社，1991年6月），頁589。

〔註357〕中國第一歷史檔案館編，《嘉慶道光兩朝上諭檔（一）》（桂林：廣西師範大學出版社，2000年11月），頁95。

〔註358〕佚名編，《嘉慶年奏稿》，清硃絲欄鈔本，北京國家圖書館分館藏。

〔註359〕翟灝，《臺陽筆記》，臺灣銀行文獻叢刊第二〇種，1958年5月，頁15。

〔註360〕洪安全主編，《清宮廷寄檔臺灣史料（二）》（臺北：故宮博物院，1998年10月），頁998。

〔註361〕洪安全主編，《清宮諭旨檔臺灣史料（三）》（臺北：故宮博物院，1996年10月），頁2599。

是山東的硝礦已經枯竭,所以領運來遲;現已跟自上杭開採的礦礦,趕配做火藥二十餘萬斤。〔註362〕這其實是一件令人匪夷所思的事情,不料嘉慶十三年九月（1808.10）福建陸路提督許松年,在金門洋面拏獲一艘自臺灣航行而來的走私船,並在船上起獲硫磺七千餘斤。〔註363〕此事當屬非同小可,因爲它表示淡北礦禁遭到突破,使得海盜在官民勾結的管道外,又可以聯絡到私挖礦山者取貨。同年十二月官方認眞檢討閩省採買、運送、貯存等各環節的流弊,並在嘉慶十四年二月（1809.3）由閩督阿林保、閩撫張師誠重新具奏。〔註364〕

不同臺灣硫磺是走私出口,鐵則是走私進口。嘉慶二年（1797）拏獲漳浦縣民藍三世走私鐵鍋渡臺,經過審訊透露出當時臺灣進口鐵鍋的規定。原來臺地仍遵行雍正朝留下來的舊例,准許商民請領（臺灣）府、（海防）廳印照,每年前去內地購買二次,每次大小總以九千口鐵鍋爲率。返臺時指定由廈門汛文武口查驗,抵臺亦需由鹿耳門汛口盤驗相符方准售賣。藍氏這次走私被起出 2,650 餘口鐵鍋、560 餘觔鐵丁,被視爲罪行重大遂被判刑絞決。〔註365〕嘉慶十三年（1808）《福建省例》對通省用鐵有更詳細的規定。閩省鐵禁有二,一曰內禁,二曰外禁。內禁者,延平、建寧、邵武、汀州府屬不近海之地,宜禁私鐵以清其源;外禁者,福寧、福州、興化、漳州、泉州府屬近海之地,宜禁私通以絕其流。可見得福建通省各府,均有用鐵的管制。閩浙總督阿林保制定更詳盡的規定,包括:清產鐵地方之弊、清經過地方之弊、清賣鐵地方之弊、清過關地方之弊、清近海地方之弊。臺灣鐵禁雖一開始沒有提及,但在之後被列入與福州等五府同等,屬於禁私通以杜偷漏之地。〔註366〕同年爲了把噶瑪蘭新併入版圖,福州將軍賽冲阿酌定噶瑪蘭廳章程,關於用鐵的規定就是遵照《省例》內容而做。係在三貂隘口嚴密稽查,防止番民將鐵觔、軍器帶入;獵具、農具及巡常刀械,令其編號報官以防微

〔註362〕《清宮諭旨檔臺灣史料（三）》,頁 2459～2461、2589。

〔註363〕中國第一歷史檔案館編,《嘉慶道光兩朝上諭檔（十三）》（桂林:廣西師範大學出版社,2000 年 11 月）,頁 545～546。

〔註364〕洪安全主編,《清宮諭旨檔臺灣史料（四）》（臺北:故宮博物院,1997 年 10月）,頁 2864～2865;《清宮廷寄檔臺灣史料（二）》,頁 1007。

〔註365〕《清宮廷寄檔臺灣史料（一）》,頁 447;臺灣銀行經濟研究室編,《臺案彙錄丙集》,臺灣銀行文獻叢刊第一七六種,1963 年 11 月,頁 280～281。

〔註366〕佚名,《福建省例》,臺灣銀行文獻叢刊第一九九種,1964 年 6 月,頁 595～601。

杜漸。〔註367〕嘉慶十九年（1814）官方又把管制的觸角深向廢鐵，並規定販運廢鐵五百斤以上，即赴地方官請領印照。若無照販運，廢鐵數達五百斤之上者以私鐵論。〔註368〕

　　道光朝臺灣發生了二次重大的戰事，一次是對內，平定了素有臺灣史上五大亂之四的張丙事件；一次是對外，因鴉片戰爭而抵禦英軍來襲。這二起戰事的都能檢驗官方軍器使用、維護的狀況。道光三年（1823）臺灣知縣姚瑩提到，當時班兵戍臺仍維持舊例，除了炮位、鉛藥外，舊武器均由各兵自己攜帶過臺。新器械則由省局製造，再派參、遊解運來臺。然根據姚氏的觀察，這些新器械的品質十分有問題，不是刀刃太薄，就是籐牌太小，不然就是鳥鎗太短，炮位攙砂易於膛炸。〔註369〕他認為這樣武器供應來源太過複雜，因此建議統籌臺灣綠營所用的武器，計算實數若干以資分給，做到軍實宜簡的要求。〔註370〕姚瑩沒有再進一步說明，如何讓武器供應來源不會太過複雜；但仍無損於大局的發展，因為他的建議也沒被採納。道光十二年（1832）張案發生，閩浙總督程祖洛急調浙江、江西火藥共十萬斤，鎗鉛子共二萬斤，劈山礟鉛子共一萬斤援臺。這樣的情況好比林爽文事件翻版一般，福建方面因採辦山東硝石不及，又煎煮上杭開採硫磺未成，不得已向鄰省乞援。〔註371〕

　　鉛藥因戰況緊急，恐一時乏用遂大規模徵調，實屬情有可原。不過這一次的教訓，終於讓清廷決心整對臺軍器的供應。程氏在善後的條奏中指出，臺灣綠營武器的修造，向由省城委派文員辦任；但文員不知兵事，每被工匠所欺。現奏准嗣後修造臺灣軍械，責成水師提督於將備中選責可靠之人監造。事成後由提督會同興泉永道試驗，通過者再派員把這些新武器，運至搭載班兵渡臺的哨船，一起送往臺灣。然抵臺後需再經臺灣鎮、道詳驗，若查出偷減之弊，即回稟總督糸劾有司。〔註372〕同一時期的地方志，分別記載著臺灣

〔註367〕廖風德，《清代之噶瑪蘭》（臺北：正中書局，1994 年 11 月二刷），頁 120。
〔註368〕清人佚名編，《清代奏稿》，清鈔本，北京國家圖書館分館藏。
〔註369〕姚瑩，《東槎紀略》，臺灣銀行文獻叢刊第七種，1957 年 11 月，頁 98～100。
〔註370〕姚瑩，《中復堂全集（東溟文外集）》（臺北：文海出版社，1983 年 10 月），頁 201。
〔註371〕洪安全主編，《清宮諭旨檔臺灣史料（五）》（臺北：故宮博物院，1997 年 10 月），頁 3646～3647。
〔註372〕臺灣銀行經濟研究室編，《臺案彙錄甲集》，臺灣銀行文獻叢刊第三一種，1959 年 1 月，頁 118。

綠營使用軍器、鉛藥的數目，有助於讓我們了解箇中情況。

在北路協中營方面，編制有兵丁 1,224 名，配給武器包括：行營礮 11 尊、母子礮 15 尊、劈山礮 2 位、蕩寇礮 2 位、銕貢礮 11 尊、大小鐵礮子 187 個、母子礮子 180 個、大小窩蜂子 270 觔、大小鐵子 7,500 觔。備貯三年火藥 7,203 觔，備貯三年鉛子 2,874 觔。以上鉛藥給兵操演，次年再赴司領回製煉。弓箭 263 副、鳥槍 762 桿、籐牌 209 面、雙手帶刀 50 把、腰刀 1,087 口、戰箭 9,450 枝。在臺灣水師協左營方面，編制有兵丁 733 名，配給武器包括：大銕貢礮 24 位、中銕貢礮 11 位、百子礮 40 位、母子礮 10 尊、行營礮 4 尊、大礮子 870 出、小礮子 300 個、窩蜂子 700 觔、中礮子 400 出、群子 4,400 出、銕鐵子 5,992 觔。弓箭 148 副、鳥鎗 418 桿、腰刀 594 口、戰箭 5,290 枝，籐牌 100 面，牌刀 100 口，以上由班兵移防時帶。營庫自貯籐牌 50 面、牌刀 50 口、雙手帶刀 50 把、長鎗 32 枝。〔註373〕在噶瑪蘭營方面，編制有兵丁 685 名，配給武器包括：礮位 12 座，年用火藥千餘斤、鉛子年用二百餘觔。弓箭、鳥鎗、大砲、籐牌皆戍兵隨班換到，毋庸定限修造。〔註374〕

上述綠營的武器，其實裝備還算堅實，以單兵攻擊武器來說，鳥鎗與弓箭佔有相當高的比例。火礮的種類也很多，表示可以應付不同的戰況。一些史料顯示道光中期，清廷對火礮比以往更加重視。例如：道光十七年（1837）閩浙總督鍾祥飭令臺灣知府熊一本，命他分往各炮臺稽查各炮位有無鏽蝕。現僅存艋舺營調查資料，其所屬 22 座火炮均在嘉慶十九年（1814）鑄造，該管聲稱「足額堅固」。〔註375〕道光十八年（1838）福建巡撫魏元烺獨尊炮陣，他自創一套步、炮、馬兵，接以鳥鎗、弓箭、刀矛的陣式，此法奏准後實施。〔註376〕這一些努力，如果用來對付番民舉事，實在綽綽有餘；不過現在清廷遇到的對手，只有那些被統治者而已嗎？英國人東來欲與中國貿易，在不得志之後只有以武力，強迫開設通商口岸。中國在這場名為鴉片戰爭的過程中，領教了西方船堅礮利的優勢。然所謂的「礮利」其實有必要深究。潘向明對

〔註373〕周璽，《彰化縣志》，臺灣銀行文獻叢刊第一五六種，1962 年 11 月，頁 191～200。

〔註374〕柯培元，《噶瑪蘭志略》，臺灣銀行文獻叢刊第九二種，1961 年 1 月，頁 83。

〔註375〕淡新檔案，第一編行政，第六類軍事，第一款軍政，案碼：16101-16108，頁碼：116796～116808，國立臺灣大學圖書館藏。

〔註376〕況周頤著，張繼紅點校，《餐櫻廡隨筆》（太原：山西古籍出版社，1995 年 9 月），頁 48～49。

於當時中、英二國所使用的火礮，有過細緻地討論。他認爲比較雙方火礮裝填的方式，均是屬於舊式的前膛礮，其武器的本質並無不同。清廷所差者在於火礮的鑄造，因技術問題使得礮體必須做的「礮身極大、礮口極小」，才能避免膛炸的危險。如此在射程與威力上，反比同一重量的英國火礮還略遜一籌。所以他估計除非清軍能鑄造六千斤以上的大礮，其射程遠在 300 丈（1 丈 ＝3.2 公尺）以上，裝填礮彈達 28 斤（合英制 37 磅），否則不足以對英艦造成致命性的損壞。〔註377〕

　　用此標準來衡量當時臺灣守軍在火礮上的準備，有無辦法與英艦相抗衡。根據道光二十年九月（1840.10）臺灣道姚瑩設防的回奏，臺灣現有火礮最重者爲佈署在灰窰尾（臺南市北門區）礮臺的 2,400 斤大礮一門，其都是二千斤或以下不等的火礮。這樣火礮威力顯然是不足。該認知也由在內地的清軍，與英軍實戰經驗中被驗證。所以同年在閩浙總督鄧廷楨的主持下，福建新鑄八千斤與六千斤大礮數門；姚瑩獲悉即向省垣爭取 2 門八千斤礮、6 門六千斤礮援臺。〔註378〕道光二十一年（1841）新任閩督顏伯燾答應了姚瑩的請求，並於安平佈署 2 門八千斤礮、2 門六千斤礮。雞籠與滬尾各佈署 1 門六千斤礮，澎湖媽宮佈署 2 門六千斤礮。〔註379〕以往臺灣禦盜所用的大礮，僅重一、二百斤，至多一、二千斤，現即刻要操作重達六、八千斤的大礮恐非易事。〔註380〕然這巨礮果眞發揮實際功用。道光二十一年八月十六日（1841.9.30）雞籠二沙灣的守軍，就是用六千斤大礮轟沉一艘英艦（見第四章第三節）。同樣的情況，也出現在海岸的防禦工事上。按臺灣鎭總兵官達洪阿的奏報，從道光二十年始即在府城沿海，製備釘箶、釘板、鈎運鎗棍 6,400 餘件，鐵蒺藜 10,3000 餘箇。〔註381〕以臺灣對內鐵筋藏貯有限，對外又帶有鐵禁的情況下，達洪阿的海岸工事想必也是排除萬難才完成。

　　至於在民間使用的鐵器方面，鐵禁的政策仍持續被執行。然根據道光六

〔註377〕潘向明，〈鴉片戰爭前中西火炮技術比較研究〉，《清史研究》，總第 11 期，1993 年 9 月，頁 95～104。

〔註378〕姚瑩，《中復堂全集（東溟文外後集）》（臺北：文海出版社，1983 年 10 月），頁 564～568、594～611。

〔註379〕《中復堂全集（東溟文外後集）》，頁 594～611；丁日健，《治臺必告錄》，臺灣銀行文獻叢刊第一七種，1959 年 7 月，頁 189。

〔註380〕洪安全主編，《清宮洋務始末臺灣史料（一）》（臺北：故宮博物院，1999 年 10 月），頁 220。

〔註381〕姚瑩，《東溟奏稿》，臺灣銀行文獻叢刊第四九種，1959 年 6 月，頁 31。

年（1826）陳盛韶的觀察，法愈嚴則弊愈生，鍋鐵無地不有，怎會如此呢？原來因開墾所需，釜鬵鐵耕以及日用雜物自不能少，加諸禁令寸步難行。陳氏的看法是開放普通鐵器流通，但絕對嚴禁私設鐵爐，更不准鑄造軍器，犯法者以斬刑伺候。〔註382〕該議沒有被上者所採納，不過臺地大量需鐵總是事實，於是清廷遂調整部分規定。從每年給照二次，改成給照三次；每照定以九千口鐵鍋爲率，須在漳州府龍海縣統一採購便於管理。〔註383〕道光十三年（1833）閩浙總督程祖洛在張丙事件善後，對於臺灣用鐵有更詳細的報告。其奏言指出臺地每年給照，赴漳州採買鐵鍋以 27,000 口率。全鐵鐵店有二十七戶，均由地方官取結具詳、藩司給照可就地收買廢鍋舊鐵，或是臺灣船廠用剩餘鐵。由於私鐵流通過於猖獗，程氏奏准把二十七戶鐵店，全移入廳縣城中。日後又再私販、私運鐵器，被拏獲者照律杖一百、枷號二個月、刺字逐水、沒收所有貨物器具。〔註384〕

　　臺灣私鐵流通對官方威脅最大者，莫過私鑄、私販鳥鎗。事實上在道光五年（1825），清廷一反鳥鎗可由民間持有的規定，通令各省督、撫立限給價收繳。〔註385〕臺灣民間本來就被禁止使用鳥鎗，但根據陳盛韶觀察，臺民數十年不諳鳥鎗的記錄，因今日近山一帶所在多有而被打破。〔註386〕道光六年（1826）噶瑪蘭廳發生設廳以來第一起械鬥，過程中就有粵籍移民攜帶火鎗向閩莊展開攻擊的事件。〔註387〕不過民間持有火器也未必是要犯案，例如：道光十七年（1837）鳳山縣歲貢鄭蘭，就記載該縣粵莊有自康熙存儲至今的大砲。〔註388〕道光十九年（1839）臺灣道姚瑩提到北路治安敗壞，彰化之民多習鳥鎗。〔註389〕道光二十年（1840）禮部儀制司祁寯藻上奏，以爲福建漳泉各屬好習鳥鎗，尋常命案鎗銃致死者十居八、九，遇有械鬥比戶手持火銃

〔註382〕陳盛韶，《問俗錄》（南投：臺灣省文獻委員會，1997 年 11 月），頁 64～65。
〔註383〕佚名，《福建政事錄・正項錢糧》，清（道光九年）藍絲欄鈔本，北京國家圖書館分館藏。
〔註384〕《清宮諭旨檔臺灣史料（五）》，頁 4039～4041。
〔註385〕中國第一歷史檔案館編，《嘉慶道光兩朝上諭檔（二十九）》（桂林：廣西師範大學出版社，2000 年 11 月），頁 15。
〔註386〕《問俗錄》，頁 65。
〔註387〕《清代之噶瑪蘭》，頁 269。
〔註388〕盧德嘉，《鳳山縣采訪冊》，臺灣銀行文獻叢刊第七三種，1960 年 8 月，頁 433～434。
〔註389〕姚瑩，《中復堂全集（東溟文外後集）》（臺北：文海出版社，1983 年 10 月），頁 691～696。

相向，慘不可言。〔註390〕臺閩的鳥鎗禁不勝禁，說明了地方公權力不彰的事實，如此也顯示出持有者以火器制人的渴望。《則例》記載著臺灣熟番在乾隆以後，被允許持有鳥鎗的恩典。〔註391〕但不被及生番。道光二十九年（1849）淡水廳大北埔（苗栗縣三灣鄉）庄民陳阿興赴轅投訴，其堂弟等於田間工作時，突被兇（生）番二十餘猛，各執鳥鎗器械殺斃馘首。〔註392〕這算是早期出現生番手持火器出草的個案。

臺灣鳥鎗盛行的另一個原因，就是硝磺供之無虞。也是陳盛韶的觀察，他說淡水金包里大磺山、內北投山之磺窟與湯窟出產硫磺；嘉、彰沿山民居，陳土牆壁均能煮硝。〔註393〕以往官方禁絕的手法，則是每年上山煆燒磺穴二次，磺土燒盡後自然就沒有磺源可以開採。道光十三年（1833）程祖洛在張案善後，對於臺灣用磺管制更嚴，他奏准一年四季分赴上山煆燒一次，並責成艋舺縣丞、艋舺營參將辦理，如果淡水廳同知因公下鄉也要順道查勘。〔註394〕道光二十年（1840）御史張灝奏准，重新啟用在嘉慶朝被封閉的上杭硫磺，但對臺灣淡北硫磺仍維持封禁。〔註395〕

咸豐元年（1851）江西道監察御史陳慶鏞奏言，風聞臺地人民有私挖硫磺偷販與英人，亦有英國人前往雞籠取煤之說，應下旨飭地方官嚴加防範。〔註396〕該條奏立刻獲得朝廷正面回應，文宗隨即諭令臺灣鎮、道查明覈辦，並密派委員前往封禁。〔註397〕閩浙總督裕泰亦回奏說明辦理情況，他指出臺灣淡水廳屬之金包里大磺山、東瓜湖山、北投山，向為產磺之地。常年由艋舺縣丞與艋舺營參將看管，無偷採疏竦之虞，現密委署閩清縣知縣易金杓前赴淡水查明。〔註398〕其實裕泰還少提一件事，那就是守磺的工作向由毛少翁

〔註390〕《臺案彙錄己集》，頁399。

〔註391〕慶源等纂，《欽定兵部處分則例・軍器》，道光年間刻本，北京國家圖書館分館藏。

〔註392〕淡新檔案，第一編行政，第七類撫墾，第一款社務，案碼：17101-17115，頁碼：119558～119559，國立臺灣大學圖書館藏。

〔註393〕《問俗錄》，頁65。

〔註394〕《清宮諭旨檔臺灣史料（五）》，頁4036～4039。

〔註395〕不著編人，《清實錄——宣宗成皇帝實錄（三八）》（北京：中華書局，1986年10月），頁157～158。

〔註396〕陳慶鏞，《籀經堂類稿》；摘自諸家，《清經世文編選錄》，臺灣銀行文獻叢刊第二二九種，1966年7月，頁80。

〔註397〕中國第一歷史檔案館編，《清政府鎮壓太平天國檔案史料（第一冊）》（北京：社會科學文獻出版社，1992年5月），頁180。

〔註398〕國立故宮博物院，《宮中檔咸豐朝奏摺（第一輯）》（臺北：故宮博物院，1991

社負責。康、雍時期該社以勇猛著稱，但時過百年卻受到私挖硫磺漢人之挑戰，屢有「弱番難敵惡棍之橫」的困境。〔註399〕

　　火器做爲克敵制勝的武器，已經越來越形重要。臺灣地方一些稍有能力的家族，私藏或私製火器也是公開的秘密。例如：彰化縣龍井林家擁有銃櫃，每與鄰里何姓族人械鬥，即自銃櫃開火。〔註400〕彰化縣阿罩霧居民爲防生番攻擊，銃具自製且精熟火器。雖然臺地人民被嚴禁使用火器，但對於火器的認識與擅長，卻比內地還來得進步。所以同一個時期，臺勇被徵調至閩、浙平定太平軍時，才能以火器屢建奇功。〔註401〕這一點奉命專剿太平軍的兵部侍郎曾國藩，就顯得迂腐不少；他認爲離敵交鋒，刀矛尤爲利器，勿專恃火器。〔註402〕曾氏所謂的「火器」，應指的是陳舊的火繩鎗。或許拿火繩鎗與刀矛相比，在衝鋒陷陣上前者不一定能佔盡優勢；然西方鎗砲性能的日新月異，將徹底改變時人對火器的觀念。

　　當時被人所熟悉使用的鳥鎗，在兵器分類上屬於火繩鎗（matchlock）。該類型鎗枝是在 1411 年左右發明，它的操作是用一條火繩（綠營皆用蔴繩），固定在火藥池裏點燃。由於有長扳機可以扣住火繩，所以射擊者可以雙手握鎗，不必像以前一樣，一隻手握鎗、一隻手點燃火藥，增加射擊的穩定性。十七世紀晚期西方又發明燧發鎗（flintlock）。何謂燧發？燧者爲取火之具也。燧發的裝置是由鋼片和火藥池蓋，以及擊發阻鐵組合而成。它進步的地方是把火藥裝入火藥池中，透過阻鐵與鋼片摩擦點火發射鎗子。這樣比起火繩單靠燒盡後擊發，時間上還要有效率的多。不過在咸豐十年（1860）常勝軍未組織前（參閱三章一節），清廷都沒有引進此新式武器，還是使用鳥鎗在作戰。很明顯的中國火器水準，比西方落後一大截。然而不管是火繩鎗，還是燧發鎗，都屬於由鎗管口裝塡鎗子的前膛鎗。1825 年歐洲開始有人實驗「撞針鎗」的可行性，1848 年透過普魯士當局的研發改進，遂變成後膛塡裝槍栓裝置，

　　　　年 3 月），頁 351～352。

〔註399〕溫振華、戴寶村，《淡水河流域變遷史》（板橋：臺北縣立文化中心，1999 年
　　　　3 月初版二刷），頁 41～44。

〔註400〕許雪姬，《龍井林家的歷史》（臺北：中央研究院近代史研究所，1990 年 6
　　　　月），頁 41。

〔註401〕黃富三，《霧峰林家的興起——從渡海拓荒到封疆大吏（1729～1864）》（臺
　　　　北：自立晚報，1987 年 10 月），頁 201、208～209。

〔註402〕徐凌霄、徐一士，《凌霄一士隨筆（一）》（太原：山西古籍出版社，1997 年 7
　　　　月），頁 261～262。

並在 1864～1870 年普魯士統一戰爭大放異彩。〔註403〕步入同治朝，中國因大力推行洋務運動，也引進了後膛撞針鎗。這樣的進步與以往相比，在模仿的速度上現然是加快的。不過這並不意味舊式鎗枝全面遭到淘汰，此局部更新僅止於官、番、民少數的群體，使得清末火器的使用成爲新舊雜陳的特殊現象。

同治七年（1863）編纂的《淡水廳志》，難得記載著綠營裁兵加餉前後，武器使用的情況。其兵丁編制爲北路協右營原爲 726 名，減成爲 555 名；艋舺營原爲 1,400 名，減成爲 696 名。武器沒有隨之增減，包括：鉎貢礮 160 位（有重至八千觔，有輕至一百觔）、行營礮 26 尊、劈山礮 14 尊、母子礮 33尊、百子礮 11 尊、蕩寇礮 36 尊、抬礮 57 尊、鳥鎗 818 桿、籐牌與牌刀 300面口、腰刀 3,195 口、弓 618 副、箭 5,720 枝。〔註404〕該裝備與三十年前的道光朝相較，完全看不到任何改變；但要知道西方軍隊，可已經使用後膛撞針鎗在作戰。不過值得一提的是，營伍對於軍器缺額，以及偷賣火藥、器械的處罰甚嚴。《則例》明載該管官縱容者，革職提問；失察之總兵官降三級調用，提督降一級調用。〔註405〕其他如委託商賈代買軍火用之白硝，解運硝磺沿途由鄉保長取結被查等，都顯示清廷對軍器、鉛藥管理謹慎，不因武器性能低劣而鬆散。〔註406〕

至於在生番的武裝方面，同治三年（1864）英國駐安平領事郇和（Robert Swinhoe）在深入瑯嶠探險後，首次留下十九世紀西方人對當地生番的武裝記錄。其重點是沒有提到火鎗的使用，還是以矛劍、弓箭爲主。〔註407〕不過到了同治六年（1867）美國駐廈門領事李讓禮（或譯李仙德、李善得 / C. W. Le Gendre），因羅妹號船事件隨臺灣鎮總兵官劉明燈前往瑯嶠，在其記錄中當地生番已會使用鳥鎗。生番爲什麼能在短時間購得鳥鎗學習，李讓禮認爲是「下

〔註403〕威廉·利德（William Reid）著，卜玉坤等譯，《西洋兵器大全（Weapons Through The Ages）》（香港：萬里書店，2000 年 10 月），頁 73、165、232。

〔註404〕陳培桂，《淡水廳志》，臺灣銀行文獻叢刊第一七二種，1963 年 8 月，頁 165～166。

〔註405〕佚名，《兵部處分則例·軍器》，光緒抄本，北京國家圖書館分館藏。

〔註406〕淡新檔案校註出版編輯委員會，《淡新檔案（二）：第一編行政／總務類》（臺北：臺灣大學，1995 年 9 月），頁 1～3；同前註，《淡新檔案（三）：第一編行政／民政類》，頁 135。

〔註407〕Swinhoe Robert, "Additional notes on Formosa," *Royal Geographical Society of London 10* (1866): 122~128.

甲人」（Hakka 客家人），偷賣鳥鎗、火藥、礟子給予的結果。〔註408〕同年英國 Elles 洋行職員必麒麟（W. A. Pickering）對鳳山縣傀儡番的武裝，也有相類似的描述。多是攜帶一把長刀，再加一把短刺刀，或再加一支火繩鎗，或是一支長矛。〔註409〕只是生番擁有火器的配備，不是每個地區皆然。同治十一年（1872）英國人 Bullock 探訪水沙連埔番社時，就記錄他們的武裝僅有刀矛，但沒有火鎗。〔註410〕

　　由於火繩鎗需要以火藥粉末裝填，所以淡北硫礦仍有直接開採、直接使用的價值。同治二年（1863）閩督左宗棠、閩撫徐宗幹奏准試行開採，之後派淡水廳同知鄭元杰籌議，以礦水所出無多僉稱窒礙。同治六年（1867）繼任同知的嚴金清，仍然認爲無開採的必要，在即將止議時該廳紳士陳維藩，稟請以自行捐辦的方式開採。〔註411〕《淡水廳志》是記載該議覆經飭查，不過李讓禮的記錄是說，礦礦所集之地——大有港（今名大油坑／臺北市北投區），因開採早已聚集一小村落，他估計成堆的礦土約價值番銀五萬元（約35,000 兩／0.7 兩＝1 佛銀）。〔註412〕官方對開採與否仍猶豫不決，同治八年（1869）三口通商大臣崇厚命令商人盧璧山來臺買硫。閩浙總督英桂飭令臺灣鎮總兵官楊在元、臺灣道黎兆棠確實查覆，二人的回答是礦苗稀少無開採必要，隔年英桂以海外民情浮動奏准照舊封禁，並由屯番就把守毋許奸民私挖。〔註413〕然而實情眞是如此嗎？同一時期英國人 Bates 的觀察，縱使硫礦被官方長期封禁，但盜採仍稱普遍且方法不俗，完全沒有「礦苗稀少」的樣子。〔註414〕

　　盜採硫礦的普遍，使得擁有火繩鎗的漢人實力更增。同治元～三年（1862

〔註408〕李仙德（C.W. Le Gendre），《臺灣番事物産與商務》，臺灣銀行文獻叢刊第四六種，1959 年 8 月，頁 9、21。

〔註409〕必麒麟（W. A. Pickering）著，吳明遠譯，《老臺灣（Pioneering in Formosa）》（臺北：臺灣銀行經濟研究室，1959 年 1 月），頁 35。

〔註410〕Bullock, T. L. "A trip into the interior of Formosa," *Royal Geographical Society of London 21* (1877): 266~272。

〔註411〕《淡水廳志》，頁 337～338。

〔註412〕《臺灣番事物産與商務》，頁 36～39。

〔註413〕洪安全主編，《清宮月摺檔臺灣史料（二）》（臺北：故宮博物院，1994 年 10 月），頁 1370～1373。

〔註414〕Bates H. W., "The island of Formosa," in *Illustrated travels: A record of discovery, geography, and adventure* (London: Cassell, Petter and Galpin, 1869), pp. 250~252.

～1864）的戴潮春事件能拖至三年，除了清廷有太平軍之亂暫無暇他顧外，
戴陣營擁有強大的火器亦是主因。例如：官軍收復彰化縣城，即擄獲銅礮 25
尊、鳥鎗 400 餘桿、硝磺火藥 30 餘石，並攻克周邊地區銃櫃 30 餘座，可見
民變軍火力之強大。〔註 415〕雖然當時漢人所用火器亦屬舊式，但足夠在鄉里
令人畏服。就像噶瑪蘭廳五圍頭人陳輝煌，以精通武藝且善用火銃，讓熟番
們十分敬畏。〔註 416〕由於火器太過炙手可熱，同治五年（1866）發生淡水廳
竹塹社已革通事錢國殿，盜賣屯丁用小銃 28 枝、大銃 4 枝的案件。〔註 417〕
同治十一年（1872）英國人 Hughes，近距離觀察車城（屏東縣車城鄉）漢人
的武裝，如同生番一樣仍是以火繩鎗、刀矛為主。〔註 418〕至此可以很確定的
說，臺灣官、番、民三者所使用的武器，彼此的差異性不大，頂多是在於數
量的差別而已。不過同治十三年（1874）發生於瑯嶠的牡丹社事件，隨著日
軍與內地防軍的入臺，使得臺灣官、番、民都見識到最新式的武器，這也將
改變彼此的行情。

　　光緒元年 1 月（1875.2）德宗發佈上諭，弛臺灣鐵、竹之禁以廣招徠。
〔註 419〕從康熙四十五年（1706）以行政命令實施的鐵禁，終於在 169 年後開
禁。不過用鐵管制的鬆綁之前早有徵兆。同治七年（1868）李讓禮所記錄的
安平、打狗、淡水、雞籠海關進口貨物中，已列出鋼、鐵、五金等項，且多
是由廈門運往者多。〔註 420〕因此以往限制臺灣進口的鐵鍋、鐵觔數目，在咸
豐八年（1858）開港通商以後逐漸失去意義。同治十三年（1874）來臺處理
牡丹社事件的欽差大臣沈葆楨，在奏文中提到當時全臺鑄戶僅 27 家（跟道光
朝數目一樣）。邇來海口通商，鐵觔載在進口稅則，貨源已不是問題，但鑄戶
仍依恃官舉，任意壟斷鐵之流通，民間多有不便。〔註 421〕鐵的弛禁算是清廷

〔註 415〕洪安全主編，《清宮月摺檔臺灣史料（一）》（臺北：故宮博物院，1994 年 10
　　　　月），頁 553～554。
〔註 416〕《清代之噶瑪蘭》，頁 109。
〔註 417〕淡新檔案，第一編行政，第七類撫墾，第二款社租，案碼：17201-17209，頁
　　　　碼：119949～119950，國立臺灣大學圖書館藏。
〔註 418〕Hughes T. F., "Visit of Tok-e-tok, chief of the eighteen tribes, southern Formosa,"
　　　　Royal Geographical Society 16 (1872): 265~271.
〔註 419〕洪安全主編，《清宮諭旨檔臺灣史料（六）》（臺北：故宮博物院，1997 年 10
　　　　月），頁 4716。
〔註 420〕《臺灣番事物産與商務》，頁 50～52。
〔註 421〕沈葆楨，《福建臺灣奏摺》，臺灣銀行文獻叢刊第二九種，1959 年 2 月，頁
　　　　13。

的「德政」，在這波政策主導下地方官均實力奉行。例如：光緒元年 10 月
（1875.11）臺灣鎮總兵官張其光、臺灣道夏獻綸聯名發出告示，通飭下屬官
員以及各汛弁兵，對於生熟鐵斤、打造農具悉聽販賣，若有藉端控留勒索，
絕對嚴辦毫不寬貸。〔註 422〕但有一點也必須澄清，官方現在推行的是「弛
禁」。雖鐵器自由買賣，鑄戶數目不限；但鑄戶擁有的爐座，還是列入管制，
直到割臺爲止都是如此。〔註 423〕

　　用鐵已經開禁了，那麼用硫呢？依然沒有解禁。硫磺它不像鐵一樣，透
過咸豐八年（1858）簽訂的〈天津條約〉能得到通融。約中明白規定外國船
隻仍不准運載或販賣，包括硝、硫在內的禁例商品至中國各地與臺灣，只有
本國船隻能行使此權力。〔註 424〕同治十三年（1874）沈葆楨奏議中，有提到
硫磺例禁綦嚴，可以考慮收之以廣儲軍用；但目前經始苦於經費，所以暫沒
有下文。〔註 425〕光緒二年八月（1876.9）閩督文煜派遣廣東遇缺補用道葉文
瀾，駐臺督辦煤廠並察看開採硫磺的可行性。葉氏的報告認爲有開採之利，
他估計每百斤開採成本約佛銀一圓，運至他省轉賣可值銀四、五圓。隔年來
臺的福建巡撫丁日昌遂辦理開礦，其地點選在金包里、洪窟（新北市金山
區）、大黃山（今名礦山，新北市萬里區）、八烟與北投鄉（臺北市北投區）。
〔註 426〕從乾隆十三年（1748）福建巡撫潘思榘准稱封禁，歷經 129 年淡北磺
礦終於由官方出面正式開採。不過私販硝磺的禁令猶在，例如：光緒九年
（1883）恆春知縣羅建祥接到臺灣府移會，稱須嚴飭所屬關津、隘口，認眞
稽查毋許偷漏硝磺、火藥。〔註 427〕

　　官方的禁令是有道理，因爲從史料來看，說光緒朝是清代臺灣鎗枝，最
氾濫的一個階段也不爲過。主要原因是戰爭過於頻繁——除了二起對外戰爭

〔註 422〕伊能嘉矩，溫吉編譯，《臺灣番政志》（臺北：臺灣省文獻委員會，1957 年 12
　　　　月），頁 257。
〔註 423〕伊能嘉矩，《臺灣文化志（中譯本・上卷）》（臺中：臺灣省文獻委員會，1985
　　　　年 11 月），頁 516。
〔註 424〕吟唎（A. F. Lindley）著，王維周、王元化譯，《太平天國革命親歷記》（上海：
　　　　上海人民出版社，1997 年 12 月），頁 664。
〔註 425〕洪安全主編，《清宮月摺檔臺灣史料（三）》（臺北：故宮博物院，1994 年 10
　　　　月），頁 1846〜1847。
〔註 426〕臺灣銀行經濟研究室編，《清季臺灣洋務史料》，臺灣銀行文獻叢刊第二七八
　　　　種，1968 年 6 月，頁 5、12、27。
〔註 427〕臺灣銀行經濟研究室編，《劉銘傳撫臺前後檔案》，臺灣銀行文獻叢刊第二七
　　　　六種，1968 年 6 月，頁 47〜48。

外，進行十餘年的開山撫番，使得官、番、民都亟需大量的軍火。事實上在光緒元年（1875），總理各國事務衙門就訂定私販外洋鎗砲的罪名，冀望能用嚴刑峻罰嚇阻不法。〔註428〕然而收效十分有限，至少在臺灣是很難達成的理想。在原住民方面，此時生、熟番出門攜帶鎗械，已不是什麼新鮮事。〔註429〕同年俄國人 Ibis 對瑯嶠生番武裝的描述，最讓人印象深刻的是他們擁有毛瑟槍（musket）。〔註430〕毛瑟槍是燧發鎗，在火力上顯然優於鳥鎗。光緒三年（1877）官方更有不同的記錄，它描述：

> ……生番無論長幼俱配槍刀。槍係土造雖用火繩，頗有準頭，而擦摩滑亮、光可鑑人，較之營兵所用舊式火鎗（鳥槍），幾勝數倍。而且如番目所帶，係新式士乃得後膛洋槍，詢其何以有此，則云倭人所贈。臣（閩撫丁日昌）當飭恆春縣黃延昭等確查洋槍來路，設法杜絕。年來撫番之後，禁令漸弛，奸人接濟子藥無從稽查。是以生番軍火比前更足……。〔註431〕

丁氏說生番用鎗係土造、火繩，可能為貶抑之詞，因為能勝過營兵用鎗者，應是燧發鎗——也就是毛瑟槍。值得注意的是他又提到番目，擁有後膛士乃得槍，這又是什麼武器呢？它是在 1865 年由美國人 Jacob Snider，所發明的一種帶絞鍊的後膛鎗。〔註432〕當然也不是所有的生番，都已全面「換裝」完畢；同時期美國人 J. B. Steere 描述下的傀儡番，仍在使用火繩鎗與長矛作戰。〔註433〕不過丁氏聲稱生番得到接濟，則是十分重要的訊息。所謂奸人又名為「換番」，他們專門走私軍火給生番，以換得山貨。〔註434〕既然漢人能走私軍火給生番，那麼本身擁有火器威力亦可觀。例如：光緒元年（1875）嘉義縣兵役多人，前往縣境北港仔（雲林縣北港鎮）捉拏巨匪蔡顯老，並在其

〔註428〕沈桐生，《光緒政要（1）》（揚州：江蘇廣陵古籍刻印社，1991 年 8 月），頁41～42。

〔註429〕伊能嘉矩著、楊南郡譯註，《臺灣踏查日記（上）》（臺北：遠流出版事業股份有限公司，2000 年 10 月初版三刷），頁 200。

〔註430〕Write by Reclus Elisée, Edit by A. H. Keane, "Formosa", in *The earth and its inhabitant Asia, Vol.II, East Asia: Chinese empire, Corea, Japan* (New York: D. Appleton, 1884).

〔註431〕《清宮月摺檔臺灣史料（三）》，頁 2570～2571。

〔註432〕《西洋兵器大全（Weapons Through The Ages）》，頁 248。

〔註433〕Steere J. B., "Formosa," *Journal of the American Geographical Society of New York 6* (1876): 302~334.

〔註434〕黃逢昶，《臺灣生熟番紀事》，臺灣銀行文獻叢刊第五一種，1960 年 4 月，頁 4。

巢穴中起出洋槍、鳥槍十餘桿。〔註435〕只是漢人不像生、熟番出門必帶槍，同一時期文人筆下的記錄，僅居住在山中的漢人，外出才習慣帶槍並配利刃。〔註436〕光緒二年（1876）新竹縣竹南二保獅潭地方的口碑，當地客家人在開墾的過程中，屢受生番襲擊。幸好在武器性能上超越他們，所以墾務不致中斷。〔註437〕《則例》不是還規定臺灣民人不能持有火器嗎？但對比開山撫番的現實環境，官府在執法上也保留著彈性。

官府對臺灣民人私藏火器，還能默許的原因，最重要的是官軍所使用的武器，爲番、民所遠不及。雖然光緒二年（1876）福建自日本購買的軍火中，多數是該國的廢槍廢砲，而遭到國際媒體的嘲笑。〔註438〕但隨著大批湘、淮軍的移駐，也把當時較新穎的武器給引進臺灣。其中有幾項武器值得一提：首先是德國克虜伯（清代史料譯爲克鹿卜／Krupp）兵工廠生產的大砲。克虜伯被引進中國跟淮軍有關，時間在同治九年（1870）左右。同治十三年（1874）牡丹社事件後，清廷興起一陣海防大籌議，其中關於「簡器」的部分，很多疆吏建議大量採購克虜伯砲。〔註439〕光緒三年（1877）因閩撫丁日昌的要求，北洋大臣李鴻章與南洋大臣沈葆楨，共撥借了 26 尊克虜伯後膛野砲援臺。〔註440〕其次是英國的阿姆斯特朗砲（清代史料譯爲阿勿斯郎、安蒙士唐／Armstrong）。它是前膛的海岸防衛砲，被固定在基座上無法移動，首次被部署在億載金城砲臺。其三是美國的格林礮（Gatling）。其實格林礮是一種重型機槍，由十支槍管構成，可裝置在野戰輪架上移動。〔註441〕它會被稱爲「礮」，是因爲光緒七年（1881）臺灣購買格林與克虜伯後膛砲共 24 尊，準備組成「格林礮隊」所以才被誤會。其四是各種廠牌的後膛撞針槍。美製雷明頓槍（清代史料譯爲里明東、林明敦槍／Remington）是臺灣防軍的制式武器，光緒七年亦購買 129 桿配給鎮海中、左營使用。〔註442〕另外淮軍普遍使

〔註435〕《清宮月摺檔臺灣史料（三）》，頁 1962～1963。

〔註436〕吳子光，《臺灣紀事》，臺灣銀行文獻叢刊第三六種，1959 年 2 月，頁 5。

〔註437〕黃卓權，〈黃南球先生年譜初稿（二）〉，《臺灣風物》，第 38 卷第 1 期，1988 年 3 月，頁 72。

〔註438〕《清宮月摺檔臺灣史料（三）》，頁 2260。

〔註439〕喬偉等著，《德國克虜伯與中國的近代化》（天津：天津古籍出版社，2001 年 9 月），頁 13、120、127、132、182。

〔註440〕洪安全主編，《清宮廷寄檔臺灣史料（三）》（臺北：故宮博物院，1998 年 10 月），頁 1706。

〔註441〕《西洋兵器大全（Weapons Through The Ages）》，頁 245。

〔註442〕劉璈，《巡臺退思錄》，臺灣銀行文獻叢刊第二一種，1958 年 8 月，頁 81。

用的德製毛瑟槍，因他們在光緒初期大量駐防，致使一段時間數量最多。當
然舊式的火器，如：西瓜礮、開花礮、天門礮、馬蹄礮、火箭等仍未淘汰，
還是被用來對付生番。〔註443〕

　　光緒九年（1883）清法戰爭前夕，翰林院侍講許景澄上奏時，特別指出
各類型洋槍的優劣，其中以德製的毛瑟槍與美製的哈乞克司（或譯哈乞開司
Kotchkiss）較優，性能皆在雷明頓槍之上。〔註444〕不過毛瑟槍並不是所有槍
枝中最優，來福槍（Rifle）的火力才最強大。其差別在於前者的有效射程為
150～200碼（163～218公尺），後者是200～300碼（218～327公尺）且精準
度高。〔註445〕隔年戰爭開打，臺灣一開始餉械皆無，後來得內地支援運入毛
瑟槍五千餘桿、士乃得槍五百桿與哈乞克司鎗若干。〔註446〕然有另外二種類
型的槍枝，首次出現在臺灣。一種是當時性能最優，屬於來福槍系列的雲士
得馬槍（Winchester），但數量多寡未知。另一種是舊式的前膛槍──大吉槍，
該槍枝應就是1815年美國生產的肯塔基步槍（Kentucky gun）。根據粵督張之
洞的密電，援臺的大吉槍有二千桿（後增至三千），但磺多硝缺不利前膛槍操
作，由是再派藥員匠13人赴臺。〔註447〕光緒十年十二月（1885.1）欽差大臣
劉銘傳聲稱，除了之前提到的約九千桿洋槍外，還有後膛鋼砲60餘尊，大小
槍砲子彈300萬發，水雷40具，電線80餘里運抵臺灣。〔註448〕

　　臺灣因戰爭需求在一時之間湧入大批新式武器，這是以往少見的案例。
不過舊式的火繩鎗仍未淘汰，甚至可以說在土勇的使用下，殺傷力不低於新
式洋槍。當時淡水英國商人陶德（John Dodd），對於北部山區客家人慣用的火
繩鎗有深刻的描述，並稱他們射擊技術高超，即便採仰射的姿勢，也能用腳
趾夾鎗精準射擊。〔註449〕清法戰爭對臺灣軍備是一項深沉的刺激。臺灣雖能

〔註443〕許毓良，《清代臺灣的海防》（北京：社會科學文獻出版社，2003年7月），
　　　　頁84～85。
〔註444〕臺灣銀行經濟研究室編，《法軍侵臺檔》，臺灣銀行文獻叢刊第一九二種，
　　　　1964年3月，頁8。
〔註445〕Hughes B. P., *Firepower: Weapons effectiveness on the Battlefield, 1630~1850*
　　　　(New York: Sarpedon Press, 1997), pp. 26~29.
〔註446〕洪安全主編，《清宮月摺檔臺灣史料（五）》（臺北：故宮博物院，1995年8
　　　　月），頁4185。
〔註447〕王希隱，《清季外交史料》（臺北：文海出版社，1964年12月再版），頁368
　　　　～369；《西洋兵器大全（Weapons Through The Ages）》，頁191～192。
〔註448〕《清宮月摺檔臺灣史料（五）》，頁4046～4047。
〔註449〕陶德（John Dodd）著，陳政三譯，《北臺封鎖記──茶商陶德筆下的清法戰

自內地獲得軍援，但要是遭到敵方自海面封鎖就相當危險。這不若自給自足還來的實際。所以建立軍火工廠是戰爭結束後普遍性的看法。該急迫感使得臺北機器局的興工，竟比清廷下詔臺灣建省還快上三個月（光緒十一年九月下詔建省）。〔註450〕

　　事情經過是劉銘傳先委託張之洞代購製造槍彈機器一副，之後飭令下屬在臺北府城外購買民田，預備做為未來機器局的新址。從光緒十一年六月（1885.7）動工，至隔年二月完工，先蓋好正、側各屋與小機器廠117間。鄰近的臺北軍械所，自光緒十一年八月（1885.7）動工，至隔年的三月完工，蓋好大小房屋73間。其他尚有製造砲彈的大機器廠、汽爐房、打鐵房、洋房工程，因經費不敷遂另案辦理。〔註451〕所以說臺北機器局第一期工程結束，其成果就是先從製造槍彈、維修槍械開始。當然這些新式技術，省垣與民間是無法單獨完成，所以就聘請德國技師步特勒（Butler）擔任總監。〔註452〕至於機器局的產能如何呢？光緒十三年（1887）的一份清單能一窺究竟。建省後臺灣再購買美製黎意快槍（Lee）3000桿，以及快槍子彈60萬發。加上駐臺淮軍制式配備──毛瑟槍，之前援臺後留臺使用的哈乞開司、士乃得槍，機器局共有設立四條維修線，專門提供四種不同槍隻修理與子彈製造。〔註453〕由於臺北機器局與軍械所的議建，都是在光緒十一年底海軍衙門成立之前，所以對外購置機器不受約束，但之後就要按照新章報部採辦。〔註454〕由於開山撫番戰爭所需，臺北機器局在首任巡撫劉銘傳的要求下，星夜趕造子彈以資應用，達到了兵工廠最起碼的標準。〔註455〕

　　光緒十八年（1892）第二任巡撫邵友濂，鑒由剿辦生番需要大量的子彈，

爭（Journal of A Blockaded Resident in North Formosa during the Franco-Chinese War 1884-5）》（臺北：原民文化事業，2002年7月），頁67～69。

〔註450〕鄧孔昭，《臺灣通史辨誤》（臺北：自立晚報社文化出版部，1991年7月臺版一刷），頁56。

〔註451〕中國第一歷史檔案館編，《光緒朝硃批奏摺（第一○二輯工業）》（北京：中華書局，1996年12月），頁197～198。

〔註452〕王爾敏，《清季兵工業的興起》（臺北：中央研究院近代史研究所，1978年6月二版），頁119～120。

〔註453〕《清季臺灣洋務史料》，頁58～62。

〔註454〕中國第一歷史檔案館編，《光緒朝硃批奏摺（第五十八輯軍務）》（北京：中華書局，1995年8月），頁121～122。

〔註455〕唐贊袞，《臺陽見聞錄》，臺灣銀行文獻叢刊第三○種，1958年11月，頁106。

機器局原有設備規模太小不敷製辦，所以進行第二期擴廠計劃。增建包括：藥礦房、藥碎房、藥壓房、藥篩房、藥光房、藥烘房、藥庫房、各型廠房、爐房、庫房。在向海軍衙門報備後隔年年初動工、年底完工。〔註456〕輿論對於擴建後的臺北機器局評價兩極。例如：天津《北華捷報》就帶著正面的角度，認爲新廠完工後日產 500 磅火藥，能使臺灣在軍火提供上完全自給自足。〔註457〕澳門《鏡海叢報》也有類似的報導。它說未擴建前因產能不夠，省垣都要向金陵、上海等處外購軍火；現廠房完成，軍火提供自不是問題。而且部分大型碾藥機具，還是該局自行製造。〔註458〕一位來臺旅遊的內地人士，也有相同的看法；他提到擁有 300 餘名工匠的臺北機器局，製造出來的子彈品質與洋貨無異。〔註459〕不過臺灣文人可有不同意見。彰化縣文人洪繻在〈機器局〉，以極盡嘲諷的語氣賦詩「……氣基乾藏一朝開，千山萬山鬼神哭，機器循環何時窮？生民萬類皆荼毒，時勢所趨亦難止，竭力爲之將胡底！損傷元氣民怨咨，臺灣朘削通膚理……。」〔註460〕

　　光緒二十一年（1895）美國記者 J. W. Davidson 的一則觀察，則是割臺前臺北機器局最後的評論。他說該局員工增至 800 人，有著全新的設備，有四年製造槍械的經驗，若要應付持久戰也能提供充足的武器。並且擁有月產 300 枚 8 英吋、10 英吋、12 英吋硬鐵彈，600 枚 6 英吋、7 英吋硬鐵彈，1,000 枚野砲砲彈，以及 50 萬發步槍彈的能力。他提到的軍用槍枝，包括前述的毛瑟槍、黎意快槍、雷明頓槍、雲士得槍，還有沒提到的美製斯賓塞騎槍（Spencer）、英製的馬梯尼槍（Martin-Henry）。結論是比起內地的軍隊，臺灣軍隊的裝備很好。〔註461〕

　　想要能生產出品質優良的火藥，原料的供應更顯重要。前文提到光緒三年（1877）丁日昌奏准開礦一事，當時的作法是讓民間開採，之後交由官府

〔註456〕洪安全主編，《清宮月摺檔臺灣史料（八）》（臺北：故宮博物院，1995 年 8 月），頁 6596～6598。

〔註457〕《臺灣通史辨誤》，頁 67～68。

〔註458〕澳門基金會，《鏡海叢報》（上海：上海社會科學院出版社，2000 年 7 月），頁 12。

〔註459〕闕名，《臺游筆記》；摘自諸家，《臺灣輿地彙鈔》，臺灣銀行文獻叢刊第二一六種，1965 年 9 月，頁 104。

〔註460〕洪棄生，《洪棄生先生遺書（一）》（臺北：成文出版社，1970 年 4 月），頁 172～173。

〔註461〕James W. Davidson 著，蔡啓恆譯，《臺灣之過去與現在》（臺北：臺灣銀行經濟研究室，1972 年 4 月），頁 202。

統一收購；如遇旺年可收礦 60～70 萬斤，非旺年也有 30～60 萬斤。收購完畢閩浙總督會分咨各省，讓有意願購買硫磺之各局來臺選購。不過硫磺只准官用，不准流入民間，亦不准民商分售。〔註 462〕如此銷路很容易受限。光緒六年（1880）法國外交官 CamileImbault-Huart 曾記載，在經過若干年大規模的開採後，官方已停止這種行動。〔註 463〕爾後臺灣建省後亟需經費，硫磺的產值給了省垣廣開財源的想法。光緒十二年（1886）劉銘傳奏准商運出口，使得硫磺從被嚴格限制的軍品，逐漸蛻變成可流通的商品。〔註 464〕同年臺北府礦務總局成立，下設北投、金包里分局。分局負責開採，之後交由總局；總局收解轉飭滬尾礦廠委員收存，以備官用商運。〔註 465〕加拿大籍長老教會牧師馬偕（G. L. Mackay），描述北投礦礦開採時的情況，提及有許多工人在礦穴工作，但臺灣人至此還不知副產品──溫泉，其實具有醫療的效果。〔註 466〕

　　光緒十四年（1888）臺灣硫磺成功打開島外市場，透過布政使邵友濂的飭札，得知礦務總局在上海英租界設有辦事處，承辦兩江、山東、奉天、直隸的商務。〔註 467〕大致上來說臺灣硫磺每年產量穩定上揚，光緒十二至十四年（1886～1888）共煎製硫磺 818,300 餘斤，光緒十五年（1889）煎硫磺 415,600 斤，光緒十六年（1890）煎硫磺 481,800 斤。〔註 468〕不過用礦方便之後，流弊也隨之發生。事實上與用鐵一樣，硫磺只是弛禁而已，買賣硫磺的商家仍須給照才能進貨。然客觀環境使得用硫幾不受限，除了臺灣本身大量開採外，亦准許日本硫磺、廣東英德與清遠縣硫磺進口。〔註 469〕再加上礦務總局委員，也有偷賣局存硫磺的案例，清末硫磺貨源的取得幾不是難事。〔註 470〕

〔註 462〕蔣師轍，《臺灣通志》，臺灣銀行文獻叢刊第一三〇種，1962 年 5 月，頁 258。
〔註 463〕C.Imbault-Huart 著，黎烈文譯，《臺灣島之歷史與地誌》（臺北：臺灣銀行經濟研究室，1958 年 3 月），頁 92。
〔註 464〕朱壽朋，《十二朝東華錄（光緒朝）》（臺北：文海出版社，1968 年 8 月），頁 2145。
〔註 465〕《臺灣通志》，頁 257～258。
〔註 466〕馬偕（G. L. Mackay）著，周學譜譯，《臺灣六記（From Far Formosa）》（臺北：臺灣銀行經濟研究室，1960 年 1 月），頁 17。
〔註 467〕《劉銘傳撫臺前後檔案》，頁 143～144。
〔註 468〕劉銘傳撰，馬昌華、翁飛點校，《劉銘傳文集》（合肥：黃山書社，1997 年 7 月），頁 316；《清宮月摺檔臺灣史料（八）》，頁 6370。
〔註 469〕《臺陽見聞錄》，頁 25。
〔註 470〕《清宮月摺檔臺灣史料（八）》，頁 6410、6585～6589。

　　這樣的發展對生番有利。光緒十一年十二月（1886.1）臺灣甫建省不久，新竹縣立即發出嚴禁奸民接濟鉛藥予生番的告示。告示張貼的地點，應該就是容易發生走私的地區。它們包括：北埔庄、磧仔庄、橫山庄、樹杞林、咸菜甕、大肚庄、隘寮腳、伍鶴山、蛤仔市、圭籠、河頭、大湖、銅鑼灣、三灣庄、南港庄。〔註471〕同年英屬南非工程師 Colquhoun 在描述臺灣生番武裝時，不忘提醒番、漢採以物易物的方式，滿足生番在弓矢、刀矛、火繩鎗的需求。〔註472〕至此必須要釐清一個問題，那就是臺灣生番當中，是否都已經普遍使用槍枝呢？該問題日治時期的學者有嘗試討論過，但以「感覺上不是很久」一語帶過，沒有清楚的解答。〔註473〕前文提到從同治中期開始，僅南路生番出現配備火鎗的記錄；但鐵器、硫磺的弛禁與槍枝的易得，最慢建省以後火鎗已是生番流通的武器。從南往北的發展，分屬於排灣族、魯凱族的傀儡番與瑯嶠番，早已懂得使用槍枝。往北的鄒族較善用番刀，他們使用火鎗技術不如布農族，但也證明了二族人也學會使用槍枝。〔註474〕再往北居住在南投、臺中、苗栗、花蓮的泰雅族，以及賽夏族也出現使用槍枝的記錄；花蓮的太魯閣番甚至大膽保留整支槍身，不似別族的生番鋸短槍管、拿掉槍托。〔註475〕北部的生番使用火鎗的記錄不多，但在傳教士馬偕的描述下也能發現。〔註476〕

　　生番似乎都能得利於火鎗作戰，但英商 John Dodd 保守估計，臺灣生番部落擁有火鎗者不會超過10%。〔註477〕這一點很難直接證實，有趣的是不少洋人也持類似的看法。例如：英國探險家拉圖許（John David Digues La Touche），造訪萬金排灣族後的記錄〔註478〕；以及 Honcock 造訪屈尺泰雅族後

〔註471〕淡新檔案，第一編行政，第七類撫墾，第一款社務，案碼：17101-17115，頁碼：119580，國立臺灣大學圖書館藏。
〔註472〕Colquhoun A. R. and J. H. Stewart-Lockhart. "A sketch of Formosa," *The China Review 13* (1885): 161~207.
〔註473〕宮本延人，《臺灣の原住民族——回想・私の民族学調查》（東京：六興出版株式会社，1985 年 9 月），頁 122。
〔註474〕陳國強，《高山族風情錄》（成都：四川民族出版社，1994 年 4 月），頁 29。
〔註475〕《臺灣踏查日記（上）》，頁 86、210~211；〔日〕森丑之助著、楊南郡譯註，《生蕃行腳》（臺北：遠流出版事業股份有限公司，2000 年 1 月），頁 460。
〔註476〕《臺灣六記（From Far Formosa）》，頁 114。
〔註477〕《北臺封鎖記——茶商陶德筆下的清法戰爭》，頁 169。
〔註478〕劉克襄策劃，《探險家在臺灣》（臺北：自立晚報社文化出版部，1993 年 6 月二版），頁 90。

的記錄，皆稱都使用刀矛者居多。〔註479〕不過官方的檔案，能提出迴異的結論——光緒十四年（1888）劉銘傳調派大軍，圍剿新竹縣京孩兒地方之大也甘等十三社，繳獲土槍百餘桿。〔註480〕以十三社的規模，百餘桿的槍枝已算很多。當然接濟生番的漢人身份各異。有一整個家族者，如：光緒十五年（1889）新竹縣破獲一起大宗的私越軍火案，涉案人是竹南一保田尾庄（苗栗縣三灣鄉）黃姓家族。〔註481〕最多是通事身兼貨主，如：臺東直隸州境內生番，皆由此途徑獲得軍火。〔註482〕

　　漢人既然能走私軍火給生番，也能售與熟番，更能自行武裝。光緒初年傳教士馬偕在宜蘭宣道時，就提及跟隨的熟番持有馬梯尼槍、雷明頓來福槍護衛，亦有使用舊式美國步槍（應指肯塔基步槍）以及火繩槍者。〔註483〕光緒十四年（1888）臺東直隸州大庄（花蓮縣富里鄉）發生豎旗事件，鎮海後軍提督張兆連趕赴平亂，並擎獲「逆黨」二百餘人，根據供稱舉事軍火是由遠在鹿港的施阿蠻提供。〔註484〕那麼番漢所使用的槍枝，與官方比較性能如何呢？日治初期日本收繳的槍枝中，難得出現種類清單。它們有：火繩鎗、長管槍、單發毛瑟槍、五連發毛瑟槍、水筒式五連發毛瑟槍、十三連發毛瑟槍、來福槍、日製村田式單發步槍、日製村田式單發獵槍、日製村田式連發槍、史耐德槍（士乃得槍）、西敏頓單發槍、五連發溫徹斯特槍（雲士得槍）、十連發溫徹斯特槍、十五連發溫徹斯特槍。〔註485〕從種類來看得知番、民使用槍枝，性能不會遜於官方；只是在數量上，後者佔有絕對的優勢。而這也是它能統治臺灣的必要保證。

　　長期觀察清代臺灣的用鐵、用磺政策，可說是前者管制的比較嚴格。康熙二十三年（1684）對軍器出洋的限制，則是一個發軔。康熙四十五年（1706）首次以行政命令的方式，對臺灣鐵觔的進口數量做出限制。之後鐵器的管制

〔註479〕Hancock A., "A visit to the savages of Formosa," Good Words for 1885. pp. 373~379.

〔註480〕洪安全主編，《清宮月摺檔臺灣史料（七）》（臺北：故宮博物院，1995 年 8 月），頁 5439。

〔註481〕淡新檔案，第一編行政，第七類撫墾，第一款社務，案碼：17101-17115，頁碼：119785～119854，國立臺灣大學圖書館藏。

〔註482〕胡傳，《臺灣日記與稟啓》，臺灣銀行文獻叢刊第七一種，1960 年 3 月，頁 31。

〔註483〕《臺灣六記（From Far Formosa）》，頁 99。

〔註484〕《清宮月摺檔臺灣史料（七）》，頁 5433。

〔註485〕鈴木質原，《臺灣蕃人風俗誌》（臺北：武陵出版有限公司，1998 年 11 月三刷），頁 182。

越來越嚴，雍正朝有鐵鍋與船用鐵箍的管制，乾隆朝嚴格限制沿海居民用鐵。不過靠著走私的管道，臺灣番民對鐵器的使用，尚未到達「極度」不便的地步。康、雍朝對淡北硫磺的管制尚不明顯，至遲要到乾隆十三年（1748）才出現不必開採的記錄，乾隆五十三年（1788）才明確下令封禁。雖然清廷對於用鐵管制失敗，但對管制火器卻相當成功。臺灣生、熟番最早使用火器的記錄在雍正朝，之後生番要到同治朝才再出現描述。不過熟番在乾隆五十三年（1788）因平亂有功，特別恩准可以使用火器，只是如同綠營一樣須接受查驗。漢人對火器的使用，比生、熟番頻繁，但整體來說還是不如官方。事實上清廷對於臺灣綠營的兵器一向重視，尤其是火器的使用，不管是質與量都被要求著。所以在對內戰爭如：林爽文、張丙、戴潮春事件，對外戰爭如：鴉片戰爭、中法戰爭都能應付過去。進至光緒朝，清廷一改過去磺鐵管制的態度，轉以弛禁的方式取代。番民使用磺鐵較以往便利不說，官方更計劃興建臺灣史上第一座兵工廠。雖僅生產子彈或維修槍枝，但規模之大、產能之高、品質之優，已得到多數人的好評。而它也替開山撫番戰爭，提供了必要的後勤支援。

　　總之，官方對於鐵器、硝磺，或甚至加工而成的兵器、火器，始終都能做到獨大式的掌握。這跟官方的武力——綠營、防軍是相對。生、熟番的武力雖強，但在鐵器的來源上，卻需靠漢人供應不免受制。幸好走私之風頗盛，使得生番沒有貨源上的困擾；熟番在轉變成番屯後，武器的取得更不是問題。這也讓他們武力少有減損。最複雜的是民人的部分，按前文所探討的整合類型，在鐵器容易透過走私取得的情況下，他們一直是官方統治下的隱憂。幸好靠著火器的壓制，清廷尚能取得優勢。不過這並不代表每個區域，都能長期都處於優勢；屢平屢起的民變，就是最好的說明。因此穩定臺灣社會的潛在因素，還得另找一股勢力才行。

第四章　戰鬥兵力的分析

第一節　臺灣三大民變的發生

一、朱一貴事件

　　康熙六十年（1721）的朱一貴事件，為清代臺灣史上第一起大規模的民變。雖然主戰場在諸羅縣城以南，但烽火已遍及前山；而除了淡水一隅仍被官軍死守外，其他地方均被朱陣營攻克。亂初守軍兵敗如山倒的窘況，對清廷來說實屬意外；然如何重整旗鼓反攻回臺，更是一大考驗。此次平亂模式的奠定對清廷意義重大，因為日後類似事件的處理，仍不脫此道——官、番、民武力的合作。

　　清廷自康熙二十三年（1684）領臺以來，初治的二十年間清廷對臺灣的控制相對穩定（參閱三章一節）。然這並非沒有隱憂。康熙四十五年（1706）聖祖對當時臨戰大臣少，知海上用兵者更少，有可能影響到臺灣的戌防感到憂慮。〔註1〕不獨對將弁開始缺乏信心，連班兵移防也逐漸變有名無實，上下因循的結果遂造成一種承平的假象。〔註2〕事實上官方沉湎於臺防的穩固是有原因。從表四十二來看，清廷最初的駐軍人數的確堅強，再對照地方可能的人口數後，各縣兵民比例都在可控制的範圍內，例如：臺灣縣維持 4：1，鳳山縣為 12：1，嘉義縣為 13：1（以比例 25：1 為標準）。但這樣的局勢隨著

〔註1〕 不著編人，《清實錄——高宗純皇帝實錄（六）》（北京：中華書局，1985 年 11 月），頁 272～273。

〔註2〕 洪安全主編，《清宮宮中檔奏摺臺灣史料（一）》（臺北：故宮博物院，2001 年 11 月），頁 72～73。

移民的增加，在兵民比例上有明顯的改變。最主要是康熙六十年臺灣總人口數，有可能已達到 30 萬人，但駐軍還維持在 8 千人（見一章一節／二章一節）。37：1 的落差使得官方在武力統治上，已出現危機還渾然不覺。

另外在討論朱案之前，有二個老問題必須先提及。其一是清代臺灣的民變是否都爲農民起義？「農民起義」是中國大陸學者在評定清代社會動亂時，口徑一致的說法，朱一貴事件不可避免也成爲其中一例。〔註3〕然是否通用於每一個案還需觀察。陳孔立曾利用《明清史料》收錄的口供，對朱陣營舉事者的籍貫、年齡、家屬、財產、職業做出分析。並且指出「朱一貴起義是在社會矛盾尖銳化的條件下，由農民階級組織領導的、體現廣大農民願望的農民起義」。〔註4〕按作者的看法，農民起義應該不是單純指在農業社會發動的舉事而已；最重要的是它具有**階級的概念**，設法透過武力的方式達成統治權凌替的目的。然而當時舉事的領導者、參與者，都眞的有階級的概念嗎？值得進一步驗證。其二是清代臺灣的民變，本質上是帶有政治色彩的反清舉事，還是從一般抗官舉事演變成的燎原之亂？對於前者的討論，通常都會接上「天地會」的故事，把各地舉事（不一定只在臺灣）說成都具有傳承性質，爲了就是要「反清復明」。對於後者，它需要透過每一起個案來討論，從一般「官逼民反」到社會、經濟、族群問題等原因。

張莉認爲朱案的直接原因，是因爲吏治腐敗所致。尤以康熙五十九年（1720）福建巡撫呂猶龍舉發的大案——題糸臺灣知府王珍、臺灣知縣吳觀域、諸羅知縣朱夒，並指控他們虧空官銀 152,675 兩（差不多等於十年丁銀、丁米的稅收／見表三）。〔註5〕財政上出現這麼大的漏洞，唯一彌補之道就是暗地轉嫁於民，讓他們負責攤派官員的疏失。這也就是朱一貴在供詞提到：知府王珍令他兒子代攝鳳山知縣，收糧每石折銀七錢二分；無故拘禁百姓勒索錢銀，不從者逐水遞回原籍；強徵牛隻、糖廍、砍籐抽分，而這就是「官逼民反」的導火線。〔註6〕

〔註3〕 黃文英，〈朱一貴領導的臺灣農民大起義〉，《長泰文史資料》，1981 年第 1 期，1981 年 6 月，頁 1～8。

〔註4〕 陳孔立，《清代臺灣移民社會研究》（廈門：廈門大學出版社，1990 年 10 月），頁 135。

〔註5〕 張莉，〈論臺灣朱一貴抗清起義的歷史原因〉，《歷史檔案》，總 38 期，1990 年 5 月，頁 89～94。

〔註6〕 臺灣銀行經濟研究室編，《臺案彙錄己集》，臺灣銀行文獻叢刊第一九一種，1964 年 1 月，頁 2。

　　朱一貴福建漳州府長泰縣人，康熙五十三年（1714）移民來臺。原本想在臺灣道充當轅役，不成後至大目丁（高雄市田寮區大廍庭山）地方種田度日，兼以養鴨爲生。〔註7〕由於朱氏好武藝、廣交游，在地方遂有「小孟嘗」之稱。〔註8〕不過朱本人存有農民起義該有的階級想法嗎？不論從主、從犯的口供，以及日後他人的記述來看，絲毫找不到近似的證據。當時閩省文人藍鼎元對於朱案始末，有一詳實的記載。雖然他撰文的立場，還是以官方的觀點，看待這一群豎旗謀反的叛徒，但跟〈口供〉對照後仍有一定參考價值。根據藍氏的描述，當時存有異志者不止朱一貴一人，居於鳳山縣羅漢門（高雄市內門區）的黃殿，更是時謀不逞。康熙六十年三月十五日（1721.4.7），同縣人李勇、李孝、康健等去古陳坑（高雄市田寮區古亭坑），相率往見朱一貴，以地方官種種不堪爲由，認爲是舉事的好時機。拜把後慫恿他以朱氏爲名托稱明朝後裔，大事方能完成。四月十九日（5.12）包括朱一貴在內的 25 人，在烏山頭（高雄市內門區與臺南市龍崎區界山）黃殿莊中焚表結盟，並各自會眾得一千餘人。〔註9〕

　　後世的研究者通常會對朱陣營能在短時間內，動員到千餘人感到驚訝；並認爲除了背後早有一常設組織運作外，實無法達到如此的要求。但這並沒有什麼特別之處，也如同稍後會提到官軍利用義民平亂時，在義民首的號召下也能動員到千人，甚至萬人之勢。朱陣營在拜把後，隔日即進攻崗山汛。四月二十一日檳榔林（5.14／屏東市）粵籍移民杜君英，遣部下楊來、顏子京與朱一貴聯絡，共議攻掠臺灣府庫。另外又有郭國正等起事於草潭（屏東縣長治鄉），戴穆等起事於下埤頭（高雄市鳳山區），林曹等起事於新園（屏東縣新園鄉），王忠起於小琉球（屏東縣琉球鄉），皆願意跟從杜君英攻府。很明顯地按照所在地域的不同，民變軍分成二大股勢力，分別以羅漢門、檳榔林爲首的朱、杜二個陣營。〔註10〕

　　官軍在府接到消息後，於四月二十一日（5.14）派鎮標右營遊擊周應龍，

〔註7〕 洪安全主編，《清宮諭旨檔臺灣史料（一）》（臺北：故宮博物院，1996 年 10 月），頁 293～297。

〔註8〕 河樂，〈胼手胝足、開發寶島——漳屬人民開拓臺灣史略〉，《長泰文史資料》，總第 5 期，1982 年 9 月，頁 28。

〔註9〕 《臺案彙錄己集》，頁 2、11；藍鼎元，《平臺紀略》，臺灣銀行文獻叢刊第一四種，1958 年 4 月，頁 1～2。

〔註10〕 《平臺紀略》，頁 2。

領兵四百趕赴南路彈壓。再函臺廈道得允遣臺灣縣丞馮迪，徵調四大社熟番
——新港、目加溜灣、蕭壠、麻豆共五百丁隨行。同日大軍駐紮離府城五里的
半路店（臺南市永康區），二十二日推進到角帶圍（臺南市仁德區）。當晚官
軍與朱部遭遇，是役敵軍利用夜色掩護，襲擊檨榔林汛（高雄市路竹區）再獲
捷。周的部隊被隔於臺、鳳的界河——二層行溪無法救援，於是敵軍復劫掠於
大湖（高雄市湖內區）。四月二十三日（5.17）周的大軍終於趕到小崗山（高
雄市岡山區），雙方對陣朱部大敗；朱向北逃入羅漢門，楊來、顏子京向東逃
至杜君英處。隔日周收兵駐二濫（高雄市路竹區），原本這是一個好的開始，熟
料周應龍下令兵番殺賊賞銀。熟番貪利戕害無辜良民邀功，朱陣營利用這股民
怨分授以職，於是各鄉紛紛響應，約二萬餘人投效。四月二十五日（5.19）南
路營參將苗景龍報警，聲稱林曹夜攻新園，下淡水營汛已被攻陷。〔註11〕

　　四月二十六日（5.20）周應龍大軍開赴南路營盤（高雄市左營區），同日
出戰官軍獲得小勝。隔日雙方列陣於赤山（高雄市鳳山區）決戰，朱一貴、
杜君英密謀北、東夾攻，官軍不察大敗，周應龍逃回府治。此役朱、杜趁勝
追擊，向西攻克鳳山縣城。民變軍爲區分與官軍不同，全以布巾裹頭。在南
路的戰事中，守備馬定國、張玉分別力守縣城、下埤頭，防區失陷時死事最
慘。〔註12〕臺灣府城聞南路之敗大驚，文武官員各遣家屬宵遁，士民睹狀亦
相率逃竄。此時新港社番趁火打劫，率眾至府內劫奪，百姓不服群殺之，縣
官不敢聞問而進入混亂狀態。〔註13〕臺灣鎮總兵官歐陽凱臨危受命，急調鎮
標千餘人，並命臺協水師副將許雲自安平率五百兵來援。四月三十日（5.24）
鎮臺率軍駐紮春牛埔（臺南市東區），準備以逸待勞奮力一搏。〔註14〕是役水
師兵丁奮勇，又施放火器助戰，朱一貴以人少敗退；鎮臺遂命中營遊擊劉得
紫，撥兵前往半路店堵截。五月一日（5.26）杜君英的援軍趕到，朱陣營聲勢
大振，以數萬人之眾圍困官軍千人。把總楊泰通敵，趁歐陽凱不備刺傷墜馬，
敵兵刀刃交加，凱成爲第一位馬革裹屍的臺鎮。〔註15〕

〔註11〕《臺案彙錄己集》，頁3；《平臺紀略》，頁3。

〔註12〕王瑛曾，《重修鳳山縣志》，臺灣銀行文獻叢刊第一四六種，1962年12月，頁
　　　　474；連橫，《臺灣詩乘》，臺灣銀行文獻叢刊第六四種，1959年9月，頁41。

〔註13〕黃叔璥，《臺海使槎錄》，臺灣銀行文獻叢刊第四種，1957年11月，頁86。

〔註14〕伊能嘉矩著、楊南郡譯註，《臺灣踏查日記（下）》（臺北：遠流出版事業股份
　　　　有限公司，1997年2月初版二刷），頁478。

〔註15〕《臺案彙錄己集》，頁4；《平臺紀略》，頁3。

　　春牛埔慘敗後，自臺廈道梁文煊以下文、武官員搭船逃離；不過慮港內商漁艇艦爲敵所有，盡驅出鹿耳門齊赴澎湖。這一決定相當重要，也因爲如此朱陣營在全臺幾乎定底之際，始終沒有組織水師的能力；無法擴大戰果進軍澎湖，亦不能在官軍反攻時阻敵於海。

　　此時只剩諸羅縣城（嘉義市）還未淪陷，五月二日（5.27）賴改、賴池、張岳等在下加冬（臺南市後壁區）豎旗，一時招到七、八千人附和。隔日即北上進攻諸羅，北路營參將羅萬倉親自迎戰，惜寡不敵眾被刺死。〔註16〕然民變軍中也發生內訌。原來閩籍的朱一貴、粵籍的杜君英，在事成後因權力分配有了嫌隙，再加上原籍不同所引發的地域畛域，彼此的矛盾轉趨激烈。五月中旬杜君英、林沙堂率粵籍數萬人離開府治，往北歷經鹽水港、笨港、虎尾溪，並抵達貓兒干（雲林縣崙背鄉）駐紮。朱一貴雖派人從中攔截，但無法阻止他們北上發展。杜君英以此爲根據地，剽掠半線（彰化市）上下，僅南嵌（桃園市蘆竹區）以北得以幸免。〔註17〕

　　諸羅縣城被攻陷後，官軍最後的據點僅剩淡水營孤守的北部。其實府城淪陷時，有奸民范星文潛踪入境，欲煽惑番民爲叛，卻被淡水營守備陳策擒斬。范氏是否爲朱一貴指派，現已無從考證，但朱氏對淡水不是沒有野心。他在五月十一日（6.4）召見「平北將軍」張看，令其從笨港發兵進攻淡水。然因夏季溪水暴漲，陸路行軍困難遂打消此念。路途窵遠或許讓淡水營免去失敗的噩運，不過陳策的舉措也相當得宜，最重要的是他善用鄉壯分佈要害。這是之前官軍所沒有的作戰方式，不重蹈孤軍奮戰再被殲滅的覆轍。〔註18〕

　　臺北故宮博物院所藏閩浙總督覺羅滿保的滿文奏摺，對朱案舉事後閩省應變之策記載頗詳。省垣因海峽浪高船少的關係，直到五月六日（5.29）才接獲豎旗的消息。滿保立刻與閩撫呂猶龍會商，並決定讓呂氏綏輯省城，專辦糧餉軍需，自己親往廈門坐鎮以圖恢復。並飛飭南澳鎮總兵官藍廷珍，星赴廈門面商征臺事務。五月八日（5.31）滿保繕摺回奏軍務事項，他最初的想法是調南澳鎮標與銅山營1,200兵丁，備船20艘交由藍鼎元指揮直取打狗江（高雄市）；調旗標與興化協滿、漢聯軍900兵丁，交由興化協副將朱杰指揮

〔註16〕《臺案彙錄己集》，頁5～6。
〔註17〕《臺案彙錄己集》，頁6、9、16；《平臺紀略》，頁9～10。
〔註18〕《臺案彙錄己集》，頁6；《平臺紀略》，頁10。

直取蚊江、三林江（嘉義縣布袋鎮／彰化縣芳苑鄉）；水師提督施世驃指揮提標 2,500 名兵丁，再加上各水師營支援的 3,000 名與督標支援的 1,000 名兵丁，總共 6,500 名大軍直取臺灣府城。〔註 19〕五月十日（6.3）滿保由陸路發前往廈門，十三日（6.6）施世驃不等滿保，逕自率領提標開赴澎湖，十五日（6.8）滿保抵達廈門，十六日（6.9）施抵達澎湖，二十七日（6.20）藍廷珍亦抵廈門。〔註 20〕

　　覺羅滿保與藍廷珍在廈門會商後，聽從藍鼎元的建議，對於進兵方案有了重大的更動。那就是集中大軍強攻鹿耳門直取府城，放棄原本三路進兵，南北二路合圍、中路攻堅的想法。〔註 21〕聖祖對於閩省反攻的計劃，基本上採信任交付的態度。事實上臺灣警報方至，他與幾個皇子正在暢春園習射，皇子們請宣旨授機宜，但聖祖以大員悉合海外情形，惟恐降錯旨反而誤事，所以一直沒有明發干預。〔註 22〕

　　六月一日（6.25）藍廷珍統率大軍八千餘名、各型船隻四百餘艘自廈門啓椗；但航至青水溝（臺灣海峽福建至澎湖段）時颶風驟起，把他們全吹回銅山島。六月八日（7.2）全軍再從銅山出發，十日（7.4）航抵澎湖與施世驃會合。現有一個問題是當時援軍共有多少人呢？先前閩省原徵調 8,600 人，但此數字因計劃更動有所改變。清末編纂的《臺灣小志》上記載，當時全軍有 12,000 人、戰船 600 艘。〔註 23〕民初編纂的《臺灣通紀》上記載，當時全軍有 8,000 人、戰船 400 艘（一作 600 艘）。〔註 24〕其實這二種說法都對，根據藍鼎元的記錄除了兵丁八千名外，還有舵工水手四千名同行，所以全軍在澎湖聚集的人數爲一萬二千人。不過它並不是援軍的總人數，因爲還少算從福州徑渡淡水馳援的軍隊，其人數約 1,700 餘名，所以平定朱一貴事件清廷總共派撥 13,700 餘名援臺。〔註 25〕

〔註 19〕莊吉發，《清代臺灣會黨史研究》（臺北：南天書局有限公司，1999 年 5 月），頁 62～63。

〔註 20〕《平臺紀略》，頁 8～10；王必昌，《重修臺灣縣志》，臺灣銀行文獻叢刊第一一三種，1961 年 11 月，頁 557。

〔註 21〕藍鼎元，《東征集》，臺灣銀行文獻叢刊第一二種，1958 年 2 月，頁 2～3。

〔註 22〕章梫，《康熙政要》，宣統鉛印本，北京國家圖書館分館藏。

〔註 23〕龔柴，《臺灣小志》，光緒十年版，北京國家圖書館分館藏，頁 15。

〔註 24〕陳衍，《臺灣通紀》，臺灣銀行文獻叢刊第一二〇種，1961 年 8 月，頁 116。

〔註 25〕乾隆初年重修臺灣縣志云有 17,000 人，但本文採信藍氏的第一手記載。參閱《平臺紀略》，頁 10～11；《重修臺灣縣志》，頁 557。

　　施、藍二人在澎湖除準備聯艤進討外亦攻心計，他們密令魚舟搭載化裝後的兵丁，潛渡臺灣徧諭城鄉，令鄉民豎良民旗以分化敵營。〔註26〕清末《兵鑑》難得收錄全文，這封由覺羅滿保奉上諭書寫的文件，大意是曉諭百姓，此亂是一、二匪類倡誘與眾何涉？且臺灣是一海島，四面貨物俱不能到，不可能長期頑抗。上不忍全體剿除，故暫停進兵，若督提鎮統領大軍圍剿，爾等安能支持諒必就撫。〔註27〕所謂暫停進兵是多久呢？僅三天而已。六月十三日（7.7）大軍由澎湖出征，十六日（7.10）舟師咸抵鹿耳門外。依據〈口供〉朱一貴當時指派鄭定瑞，帶領三千人去守安平，其中五十名士兵分守鹿耳門。當望見清軍戰船時，鄭定瑞急忙催討救兵，朱一貴再差李勇帶四百名兵來守。再根據藍鼎元的記載，當時守軍礮轟確實猛烈，清軍有辦法成功登岸，全靠戰船上的大礮反擊時，準確命中鹿耳門礮臺，在守軍陣腳大亂時趁隙登陸。〔註28〕

　　六月十七日（7.11）清軍再趁大潮將船航入安平，朱一貴差嚴子京等率兵八千餘來犯，雙方在四鯤身對陣。清軍復遣小船配合岸上攻勢夾擊，朱陣營大敗退回七鯤身。六月十九日（7.13）朱一貴再差李勇等率兵萬人進攻安平，清軍以夾攻法故技重施，並配合優勢火力礮轟敵陣，未幾朱陣營全軍皆潰退回府城不敢再犯。改採死守的策略，南至鹽埕（臺南市南區）、北至洲仔尾（臺南市永康區）的海岸列陣如堵。二十一日（7.15）清軍分兵從北方的圓港（臺南市安定區）與西港仔（臺南市西港區）登陸，兩軍在蘇厝甲（臺南市安定區）交鋒，朱陣營又敗退。隔日再交鋒於木柵仔、蔦松溪（臺南市永康區），清軍再得勝遂在府城東方形成半包圍網；安平的官軍向前挺進，從瀨口（臺南市南區）與塗墼埕（臺南市西區）攻入府城。〔註29〕

　　上文提到民變軍的內訌，在五月中旬以後更形激化。不過閩人多散居，粵人多集居，相鬥的結果閩人常不敵。五月十日（6.3）鳳山縣粵民聯合客莊——13個大莊、64個小莊，組織名為「六堆」的地方武力。何謂六堆？它是由中、前、後、左、右、先鋒堆與巡查營組成。兵力分配中堆為1,300人，防守萬丹區（今屬屏東縣竹田鄉）；前堆為2,100人，防守水流冲區（今屬屏東

〔註26〕 丁紹儀，《東瀛識略》，臺灣銀行文獻叢刊第二種，1957年9月，頁99。
〔註27〕 徐宗幹，《兵鑑全集》，咸豐二年晚楓書屋刻本，北京國家圖書館分館藏。
〔註28〕 《臺案彙錄己集》，頁9～10；《平臺紀略》，頁13。
〔註29〕 《平臺紀略》，頁14～15；《重修臺灣縣志》，頁558。

縣長治、麟洛鄉）；後堆爲 1,500 人，防守塔寮區（今屬屏東縣內埔鄉）；左堆爲 1,500 人，防守小赤山區（今屬屏東縣佳冬、新埤鄉）；右堆爲 3,200 人，防守新營區（今屬屏東縣高樹、美濃鄉）；先鋒堆爲 1,200 人，防守阿猴區（今屬屏東縣萬巒鄉）；巡查營爲集體編制，有 1,700 人，防守巴六河地方。〔註30〕六堆既成對閩人屠戮相當嚴重，甚者不問良民或朱陣營一概殺之，並燒其家掠其財。六月十三日（7.7）朱一貴調漳、泉籍部眾數千，抵達新園、小赤山、萬丹、濫濫等莊，彼此展開火拼。六月十九日（7.13）客莊齊豎良（義）民旗，決定與官軍合流，這 12,500 名的兵力不啻爲官軍的幫手，使得朱部崩解的速度更快。〔註31〕

六月二十一日（7.15）官軍收復府城時，朱一貴已提早撤退，並北走欲圖謀恢復。二十八日（7.22）兩軍交鋒於大目降莊（臺南市新化區），朱不支再敗退；北渡灣裡溪（曾文溪），連夜逃至下加冬。閏六月五日（7.28）朱部至溝尾莊（嘉義縣太保市）索討飯食，溝尾莊楊氏家族爲一方巨擘，早與官軍取得聯繫要生擒朱一貴。於是楊氏一族密糾前莊、後莊、新埤、佳走、後潭（全在嘉義縣太保市）等莊以待。閏六月六日（7.29）朱一貴渡朴子溪北上月眉潭（嘉義縣新港鄉），隔日（7.30）莊民楊雄騙回朱一貴返溝尾莊，就在當晚聯合鄉壯擒住朱一貴，立刻送往藍廷珍帳下。〔註32〕朱一貴的失敗似乎自己也有預知，舉事前就曾嘆曰：「其共謀者杜君英勇而寡謀，李勇有將才，然有沉湎癖；汪飛虎其勇無敵，而性燥智淺；劉國基、江君論、陳福壽有才學而見機遲，其餘碌碌不足數，恐大事終不成。」〔註33〕

朱一貴被擒不代表該案已經落幕，他的餘部仍有頑抗者。例如：六月二十四日（7.18）諸羅縣民陳徽高舉義旗，起兵攻克諸羅縣城，但旋被翁飛虎、江國論所奪。該城的收復要到閏六月上旬，清軍自郡北上以舟師逐港進攻，並配合陸師北上逐莊克定。另外淡水營守備陳策，亦引兵南下攻抵半線，再與自諸羅城北上的清軍會師，全臺大致定底。〔註34〕七月二十一日（9.12）江

〔註30〕 臺灣客家公共事務協會主編，《新个客家人》（臺北：臺原出版社，1993 年 2 月二刷），頁 96～97。

〔註31〕 種村保三郎著，譚繼山譯，《臺灣小史》（臺北：武陵出版有限公司，2000 年 10 月三刷），頁 118。

〔註32〕 《平臺紀略》，頁 18～19。

〔註33〕 川口長孺，《臺灣割據志》，臺灣銀行文獻叢刊第一種，1957 年 8 月，頁 82。

〔註34〕 《平臺紀略》，頁 19～20。

國論、鄭元長等，又豎旗於阿猴林（屏東市），藍廷珍發兵追剿賊立刻散矣。
八月中旬以後餘黨楊君、李明聚眾劫掠鹽水港（臺南市鹽水區），官軍緝捕逐
平。又有林君豎旗六加甸（嘉義縣六腳鄉），俱爲諸羅知縣汪紳文所獲。再有
黃輝、卓敬在舊社（嘉義縣竹崎鄉）、紅毛寮（嘉義縣水上鄉）豎旗，但仍被
官軍弭平。朱一貴被計擒，那麼杜君英的下落呢？在朱失敗後，杜就逃入深
山。爾後官軍在觀音山（高雄市大社區），招撫到另一股頭陳福壽；陳氏聲稱
有辦法再招撫杜君英出降，果眞杜氏父子來藍廷珍帳中投降。〔註35〕十月十
六日（12.4）以杜君英爲首的餘犯，在閩浙總督覺羅滿保的密令下，全都被押
解到福州，再連夜送至北京與朱一貴同夥對質。康熙六十一年二月二十三日
（1722.4.8）朱一貴、李勇、翁非虎等俱判凌遲，杜君英、陳福壽等因自行投
首被判斬立決，至此朱案重要的關係人皆伏法。〔註36〕

　　然而朱的黨羽全都被剿滅了嗎？這倒未必。康熙六十年十月二日
（1721.11.20）鳳山縣民陳成、蘇清等豎旗於石壁寮。十月五日（11.23）大軍
追至剿平。再根據探報餘匪巢穴還是設於羅漢門，並往來下淡水（屏東縣萬
丹鄉）之間。藍廷珍決定一勞永逸根盡，遂遣兵番分三路進剿，一路從角宿
（高雄市燕巢區）、岡山（高雄市阿蓮區）、刈蘭坡（高雄市田寮區）進入；
一路從土地公崎（高雄市大樹區）、阿猴林、板臂橋（屏東市）進入；一路從
卓猴山（臺南市山上區）、木岡山（臺南市左鎮區）進入；並派一支在大武壠
（臺南市善化區）堵截。三路合圍，十月二十七日（12.15）討平。〔註37〕康
熙六十一年三月十五日（1722.4.28）鳳山縣民林亨豎旗，官軍大舉出動搜捕，
並南至大崑麓（屏東縣枋寮鄉），北到鐵線橋（臺南市新營區）清剿。另有股
匪藏匿於諸羅縣後山小石門、得寶寮（嘉義縣竹崎鄉），藍廷珍檄北路營與噍
吧哖社番100名入山圍剿逐平。四月八日（5.22）又有諸羅縣民百餘人，在八
掌溪、小溪洲（臺南市鹽水區）拜旗，趁夜進攻竹仔腳塘（臺南市新營區）。
但此輩夜聚曉散，官軍一時之間無從緝獲，遂令營、縣廣差偵探，拏獲劇賊
四十餘人全解福州正法。五月三十日（7.13）諸羅縣民鄭仕圖謀豎旗未果，六

〔註35〕捫蝨談虎客，《近世中國秘史》（揚州：江蘇廣陵古籍刻印出版社，1997 年 3
　　　　月二刷），頁 318～321。
〔註36〕蕭奭著、朱南銑點校，《永憲錄》（北京：中華書局，1997 年 12 月二刷），頁
　　　　12。
〔註37〕諸家，《臺灣輿地彙鈔》，臺灣銀行文獻叢刊第二一六種，1965 年 9 月，頁
　　　　55；《東征集》，頁 18～19。

月十九日（8.1）遭知縣周鍾瑄拏獲搜出檔冊被正法。〔註38〕

　　朱案至此才算進入尾聲，約十四個月（1721.4.7～1722.8.1）的平亂與綏靖，清廷共花費紋銀二十六萬兩，代價不可謂不大。〔註39〕因此也有許多問題可以被檢討：其一，官番武力合作平亂需在統合下進行。亂初四大社熟番跟著周應龍南下作戰，但因紀律不良反而誤事；之後新港社熟番又趁亂，在府城恣意劫掠，擾亂後方民心士氣。不過官軍反攻時，在圍剿羅漢門、小石門、得寶寮殘匪時，已獲得一些經驗，所以在調度熟番武力方面，並沒再出現自亂陣腳的情況。

　　其二，官民武力的結合是另一種可行之道。官民合作經驗的首例在淡水，該營守備陳策利用鄉壯配合協防，成功地固守陣地等待來援。爾後六堆客莊趁勢投靠朝廷，以「義民」之姿參與平亂；「義民」遂成爲日後民變，親官方民人武力的代名詞。〔註40〕朱案結束後朝廷從優議敘，發給守土義民箚付 115 張，引兵殺賊義民箚付 36 張，擒賊義民箚付 23 張，做到了收編民人武力爲己用的目的。〔註41〕從這裏也可以觀察，大抵在朱一貴就擒後還復叛的地區，多是官方武力收編較弱的地區。它包括：阿猴林（屏東市）、鹽水港（臺南市鹽水區）、六加甸（嘉義縣六腳鄉）、舊社（嘉義縣竹崎鄉）、紅毛寮（嘉義縣水上鄉）、石壁寮、羅漢門、小石門、得寶寮（嘉義縣竹崎鄉）、八掌溪、小溪洲（臺南市鹽水區）。幸而武力控制所不及，還有其他方法可以補救——購線。廣佈密探偵察賊踪，再聯絡兵役、民壯趁機捉拏也是一種選擇。例如：朱一貴、鄭仕落網的方式就是如此。甚至到了雍正二年（1724）拏獲「國公」王忠，雍正十二年（1734）拏獲「漏逆」蔡馬益也靠此法。〔註42〕

　　其三，朱案也是臺閩綠營首次合作平亂的案例。臺灣綠營整編之初，其實沒有設想到日後需要應付層出不窮的民變，還要從內地調撥大軍支援（見二章一節）。結果這一次的舉事，讓官方學到教訓，那就是不管官軍在內陸作

〔註38〕《近世中國秘史》，頁 323～327；《東征集》，頁 20～21。

〔註39〕洪安全主編，《清宮宮中檔奏摺臺灣史料（二）》（臺北：故宮博物院，2001年 11 月），頁 939。

〔註40〕金關丈夫原編，林川夫主編，《民俗臺灣（第七輯）》（臺北：武陵出版有限公司，1998 年 1 月二刷），頁 89。

〔註41〕《重修臺灣縣志》，頁 559～560。

〔註42〕內閣漢文題本（北京大學移交部分），膠片號 52，中國第一歷史檔案館藏；中國第一歷史檔案館編，《雍正朝漢文硃批奏摺彙編（第二十六冊）》（上海：江蘇古籍出版社，1991 年 3 月），頁 388。

戰如何慘敗；最起碼的要求是一定死守住港口城市，等待福建綠營或他省軍隊來援。綜觀此次福建綠營征臺的兵力爲 13,700 名，與原臺灣綠營 8,000 名比較，還不到後者的一倍。再與當時全臺約有三十萬人比較，大概是以 21：1 的兵力平亂。官軍雖說不能用贏得僥倖來形容，但在未有經驗的前題下也算贏得冒險，半靠攻臺前朱陣營分裂所賜。

　　其四，原籍的問題使得民變背後的成因更形複雜。十九世紀西洋傳教士觀察中國社會，對其所有好奇事務之一，就是原籍重於現居地的觀念。〔註43〕按朱一貴的口供，他聲稱自己是漳州府長泰縣人，結果漳州人在臺灣作亂，應該算是臺灣民變嗎？從屬地的角度來看，當然是臺灣民變毫無疑問；但從屬人的角度來看，其實還有討論的空間。這就是移民社會的根本性問題，因四處遷徙而飄忽不定的移民，徒增官府統治上的困難。清廷也注意到了，例如：乾隆元年（1736）福建水師提督王郡就曾提到，朱案的爆發就是移民在臺思耕、覓利不得，又無由欲回內地，以致「人貪志短流入邪辟，漸致唆使番民擾亂地方」。〔註44〕「羅漢腳」指的移民來臺，單身且無娶媳的成年男子。這一些人以往都被視爲，引起臺灣動亂的禍首。最近的研究成果有替這些人「叫屈」的聲音，認爲應該用「鄉土之誼」來看待。〔註45〕然當時官方的記錄，會有如此描述的原因，就是多數羅漢腳的原籍並不屬於臺灣。很顯然當時官方是從「屬人」的角度來進行統治。

　　朱一貴事件是清代臺灣第一起大民變，所以跟他相關的傳說、故事亦不少。由於朱氏以養鴨爲業，謠傳有馭鴨的能力，因此民間習稱「鴨母王」。〔註46〕當然朱一貴不是如此自稱，他在攻入府城後，遂自命爲「中興王」，建年號永和。在他大起大落的故事裏，民間的俗文學有一首關於他的歌謠流傳。〔註47〕在善後工作中——雍正元年（1723）甫即位的世宗，加恩寬宥朱案參

〔註43〕明恩溥（Arthur Henderson Smith, 1845～1942）著，林欣譯，《中國人的素質（Chinese Characteristics）》（北京：京華出版社，2002 年 6 月），頁 43。

〔註44〕乾隆朝漢文錄副（軍機處錄副），微縮號：031-0530，中國第一歷史檔案館藏。

〔註45〕簡炯仁，《臺灣開發與族群》（臺北：前衛出版社，2001 年 10 月三刷），頁 75～81。

〔註46〕婁子匡，《臺灣人物傳說（上）》（臺北：東方文化書局，1976 年 4 月），頁 40～42。

〔註47〕黃秀政，〈朱一貴的傳說與歌謠〉，《臺灣文獻》，第 26 卷第 3 期，1975 年 9 月，頁 149～151。

與者在福建的親屬,免其連坐死罪均解部充奴。〔註48〕而它對清廷的意義就是獲得寶貴的平亂經驗,這對應付日後發生的大案來說益形重要。

二、林爽文事件

　　林爽文事件被列爲乾隆朝十全武功其中之一,就足已說明做爲一介民變,對當時清廷震撼的程度如何。〔註49〕對於該民變的性質,之前的研究已有精彩的討論,例如:有謂反滿民族起義、反貪官起義、地主階級領導的起義、農民階級領導反地主階級的起義、天地會領導下城鄉小生產者反貪官的武裝鬥爭。〔註50〕雖然上述的看法部分呈現兩極,但用「階級矛盾」來銓釋民變,仍是中國大陸學者研究的主軸。簡單地說它是不是農民起義?美國學者許文雄利用清宮檔案,把林陣營參與者的背景做更有系統的整理,結果發現先前天地會成員與之後舉事被挐獲者,在職業別上有些許的不同,其差別在於「地主」的人數。前者統計出有地主(包括富翁)5人,後者竟多達有18人。也就是說在舉事之後,以天地會爲主體的林陣營,其組成份子有擴大參與的跡象,尤其以地主身份加入者最爲顯眼。而且還必須注意一點,檔案中所記地主者應指所謂「業戶」,如果把檔案中所記耕種者,假設爲「佃戶」的話,這批另一層意義的地主人數又更多了。〔註51〕所以說把該事件視爲農民起義,其實是有待商榷。

　　那麼它的本質應該爲何呢?從舉事的文告來看,可以客觀地說明。文告不止一份,現存最早的一份是天運年十二月八日(1787.1.26)貼於茄冬坑(南投市)的曉諭,大意是「臺灣皆貪官污吏,擾害生靈本帥不忍不誅,以救吾民」。第二份發於順天年三月(1787.4),開頭就是照得本盟主因貪官污吏剝民脂膏,爰是順天行道共舉義旗,剿除貪污拯救萬民。第三份發於順天年七月(1787.4),開頭亦是照得本盟主,因文武貪污剝民膏脂,爰舉義旗共滅剿除

〔註48〕 佚名編,《雍正上諭(元~三年)》,清抄本,北京國家圖書館分館藏。
〔註49〕 乾隆57年(1792)御製十全記成,十全者謂兩平準噶爾(20、22年),兩平金川(12~14、36~41年),一平回部(23年),一平苗疆(元年),一平緬甸(32年),一平安南(53年),一平臺灣(51~53年),一平廓爾喀(56年)。參閱印鸞章,《清鑑》(北京:中國書店,1985年3月),頁373~479。
〔註50〕 秦寶琦,《洪門眞史》(福州:福建人民出版社,2000年8月二刷),頁34~44;《清代臺灣移民社會研究》,頁139~153。
〔註51〕 許文雄,〈林爽文起事和臺灣的發展〉,清代檔案與臺灣史研究學術研討會,2001年6月15~16日,頁4~12。

以快民心。〔註52〕由此可見它並無任何政治或社會階級上的訴求，所要求的是**剿除貪污拯救萬民**而已。因此可以說它仍是抗官舉事演變成的燎原之亂，原因和朱一貴事件相似，都是受不了官方無度的需索。不過如此的「官逼民反」還是與朱案有相異之處，那就是林案背後有天地會為依恃，不同於朱案舉事前僅是簡單的序齒拜把。天地會的重要性在於，它形成一個組織性的平臺，可以容納許多職業不同的人參與。所以除了地主之外，還包括：小販、傭工、和尚、屠夫、挑夫、捕役、書吏、店家等等（會黨討論見第二章第三節）。〔註53〕

　　而稱它是因抗官演變成燎原是有原因，這必須從乾隆四十九年三月（1784.4），福建漳州人嚴烟在臺傳播天地會說起。同年嚴烟在彰化縣阿密里庄（臺中市烏日區）遇見林爽文後，因嚴氏見林爽文為人慷慨，再加上林氏主動要求入會，遂把天地會暗號、口訣傳給他。林爽文隨後又約多人入會，於是臺灣天地會成立。乾隆五十一年六月（1786.7）諸羅縣民楊光勛、楊媽世兄弟，因析分家產不睦各自結會以援。楊光勛組添弟會，楊媽世組雷公會彼此互鬥。當月署諸羅知縣董啓埏（原職臺防同知）聞訊，恐械鬥釀成大案，率領兵役逮捕一干人等。同月該縣石榴班汛兵拏獲天地會份子張烈。於是被董啓埏漏捉的楊光勛，遂在張烈押解途中劫囚逃逸。爾後楊旋被捕獲，但張逃往大里杙（臺中市大里區）投靠林爽文。同年八月（1786.9）林爽文在大里杙邀集夥伴，再次歃血焚表拜盟約誓。〔註54〕

　　現在的問題是為什麼添弟會的楊光勛，要出手幫助天地會的張烈呢？多數的研究者認為添弟會並非天地會的化名，事實上它們是兩個不同的組織。因此可能的原因就是張烈、楊光勛，二人其中之一或是二人，既是添弟會的成員，也是天地會的成員。〔註55〕現藏臺北故宮博物院軍機處檔的林爽文〈供

〔註52〕中國人民大學清史研究所、檔案系中國政治制度史教研室合編，《康雍乾時期城鄉人民反抗鬥爭資料（下）》（北京：中華書局，1979年8月），頁779～782。

〔註53〕許文雄，〈林爽文起事和臺灣的發展〉，頁4～6。

〔註54〕莊吉發，《清代臺灣會黨史研究》（臺北：南天書局有限公司，1999年5月），頁133～137；秦寶琦，《清前期天地會研究》（北京：中國人民大學出版社，1998年8月二刷），頁246～249。

〔註55〕乾隆52年臺灣知府楊廷理在私著提及，楊光勳（勛）、張烈曾加入天地會。參閱楊廷理，《東瀛紀事》；摘自諸家，《海濱大事記》，臺灣銀行文獻叢刊第二一三種，1965年6月，頁47。

詞〉，就提到當時「斗六門地方有楊光勛弟兄，因分家起釁立會招人入伙，被人告發並牽連我們，一齊呈告。」〔註56〕再根據胡珠生的研究。同一時間除了嚴烟來臺傳佈天地會外，亦有李水、黃元、許四儀、盧孔、陳欺、許登瓏、林漏、林葉、黃添助、陳葉、林寧來臺傳佈天地會。只是在眾多天地會支系中，以嚴烟——林爽文這一支最盛。〔註57〕

林爽文在收留張烈之後，官府對其事的處理分成二派；一派以新任彰化知縣俞峻為代表，主張此輩非急治不可，欲嚴捕之；另一派以臬司李永祺、臺灣鎮總兵官柴大紀為代表，欲大事化小僅究楊光勛之案。〔註58〕乾隆五十一年十一月六日（1786.12.25）臺灣鎮總兵官柴大紀巡閱北路，七日抵彰化縣城後旋要回郡，俞峻阻止仍不依。十一月十六日（1787.1.4）在臺灣道永福的堅持下，柴大紀勉強調派鎮標中營遊擊耿世文，統帶三百名兵丁開赴彰化，並傳檄北路協副將赫生額前往大里杙剿捕。永福怕有變，亦委臺灣知府孫景燧赴彰化佐理。十一月二十二日（1.10）赫生額、耿世文、俞峻駐紮（西）大墩（臺中市西屯區），官方的記錄是此時莊民至軍前獻款，大軍喜之遂不為備，然真是如此嗎？〔註59〕實情是官軍威脅莊民要擒獻林爽文，否則大肆燬村，且不分青紅皂白先焚數小村充作警告。因此林爽文得以挾民怨，集眾大舉攻營。〔註60〕

不過豎旗舉兵一開始卻不是林的意思，反而在同夥的推戴下，讓他騎虎難下成為抗官之首。根據林爽文與三弟林躍星、族叔林繞的〈供詞〉，最先有反念的是林泮、王芬、劉升等。林氏族長——林石、林繞見狀不對，趕緊把林爽文藏匿在糞箕湖（臺中市霧峰區）內山。劉升本人也供稱，十一月二十五日（1.13）有二百餘人集結於茄荖山（南投縣草屯鎮），原本要推林爽文為大哥，但林不出只得讓他帶領。他們在十一月二十七日（1.15）以千人之眾夜

〔註56〕劉如仲、苗學孟編，《臺灣林爽文起義資料選編》（福州：福建人民出版社，1984年3月），頁218。

〔註57〕胡珠生，《清代洪門史》（瀋陽：遼寧人民出版社，1996年5月），頁142～143。

〔註58〕謝金鑾，《續修臺灣縣志》，臺灣銀行文獻叢刊第一四○種，1962年6月，頁373～374。

〔註59〕佚名，《平臺紀事本末》，臺灣銀行文獻叢刊第一六種，1958年5月，頁3～4。

〔註60〕昭槤著、何英芳點校，《嘯亭雜錄》（北京：中華書局，1997年12月二刷），頁154。

襲大墩營盤，斬殺赫、耿、俞三人及兵役數百人。二十九日（1.17）以三、四千人攻破彰化縣城，再斬孫景燧、北路理番同知長庚、彰化知縣劉亨基（臺防同知卸任後署）、北路中軍都司王武宗。之後眾人不服劉升，執意要林爽文領導，在林泮的運作下，林爽文終於下山。〔註 61〕就在同日，大肚社番攜帶大甲社通事的文報，急赴府城報警。十二月初閩浙總督常青、福建巡撫徐嗣曾、陸路提督任承恩、水師提督黃仕簡均收到消息，立刻採取應變措施並繕摺急奏，從硃批落款的時間來看，高宗在十二月二十七日（2.14）才得知此事。〔註 62〕

　　林爽文陣營在攻取彰化縣城後，下一步該如何進行成為關鍵，他們知道官軍一定都在嚴陣以待。閩督撫與二提臣在接到消息的第一時間，除了調動內地大軍準備增援外，亦分飭營縣調派鄉勇、熟番協防，最重要的是分頭堵禦，避免亂事擴大。〔註 63〕但官軍堵禦得了嗎？此時「軍師」董喜、陳奉獻計，大軍直赴南路，淡水戰事由偏師經略則可。只是鹿港切近彰化，必須再分兵取之。乾隆五十一年十二月一日（1787.1.19），林爽文留七百人守彰，分六百人由「掃北將軍」王芬（作）指揮襲擾淡水，自己親率千餘人南下襲取諸羅縣城。〔註 64〕同日淡水廳戰事即有進展。稍早護理淡水廳同知程峻、北路協右營守備董得魁，接獲彰化縣城失陷的消息，立刻調集兵馬赴中港（苗栗縣竹南鎮）堵禦。王芬的部隊沿山嶺行軍避開偵伺，並聯絡到月眉（新竹縣峨眉鄉）莊民李同、貓裡社（苗栗市）黃阿寧接應，暗渡至竹塹廳治外山丘。程峻聞訊旋回師北上，但過於輕敵急攻丘頂的敵軍，被王芬伏擊殲於途中，隨後王攻城輕取廳治。〔註 65〕

　　淡水廳治得手後，民變軍不免鬆懈。時王芬把部眾分為兩股，一股五千人守後壠（苗栗縣後龍鎮）、一股五千人守廳治。程峻的幕友壽同春見有機可乘，陰約前任竹塹巡檢李生椿、明治書院掌教孫讓，糾合義勇 13,000 人，於十二月三日（1.21）反攻光復廳治。〔註 66〕這些義勇都是新埔莊（新竹縣新埔

〔註 61〕　《臺灣林爽文起義資料選編》，頁 218～221、233、252。

〔註 62〕　中國第一歷史檔案館、人民大學清史研究所合編，《天地會（一）》（北京：人民大學出版社，1980 年 11 月），頁 178～188。

〔註 63〕　《天地會（一）》，頁 185～189。

〔註 64〕　《平臺紀事本末》，頁 6～7。

〔註 65〕　楊廷理，《東瀛紀事》；摘自諸家，《海濱大事記》，頁 49。

〔註 66〕　周璽，《彰化縣志》，臺灣銀行文獻叢刊第一五六種，1962 年 11 月，頁 110。

鎮）陳紫雲、七十份莊（苗栗縣銅鑼鄉）鍾瑞生等客籍人士號召組成。〔註67〕
至於在林爽文這一邊，他所經之處官軍無不望風披靡，其重要汛地如：斗六
門、笨港守兵皆避去。十二月四日（1.22）大軍抵西門外臺斗坑（嘉義市）。
〔註68〕諸羅縣城的守軍，前經鎮臺柴大紀撥六百人馳援，加上原駐軍共有八
百人。根據「鎮北將軍」林扇的〈供詞〉，他攻諸指揮的部眾就有一千多人，
尚不包括其餘的股匪，因此諸羅守軍其實是坐困孤城。六日（1.24）得內
應，林軍從北門殺入，署知縣董啓埏、前署知縣唐鎰、鎮標左營遊擊李中揚
皆死之。〔註69〕

之前私家著述指出，林爽文在攻得彰化縣城後，即自命為「順天大盟
主」，建年號「順天」，這在時間上有問題。根據「鹿仔港管海口總爺」高文
麟的〈供詞〉，林在取得彰城後是自命為「盟主大元帥」，然後再分封眾將
軍、軍師。雖然在旗號上已書寫「順天」字樣，但並沒有提到建元。上文提
及十二月八日（1787.1.26），貼於茄多坑的文告還用天運紀年，可見得直到攻
取諸羅城後，林還沒有建元。現存最早一張署名順天大盟主的告示，是在順
天年元月四日發出（1787.2.21），所以順天年號與順天大盟主的出現，應是在
往南進攻府城時，林爽文才打出的名稱。〔註70〕

淡水廳城被官軍收復後，十二月八日（1.26）王芬開始反攻。但戰事進行
的極不順利，根據猫盂莊（苗栗市）股頭李載的〈供詞〉，他率領的一百餘人
部眾進攻，在後壠受到粵籍義民的抵抗遂敗退。甚至於王芬在返回途中，還
被鹿仔港義民拏獲正法。經過這次損失，林爽文沒有再北圖的計劃，僅命「游
巡將軍」王茶駐守犁頭店（臺中市南屯區）。連番的失利還不止於此，再根據
「海防同知」劉志賢、「副元帥」楊振國的〈供詞〉，十二月十二日（1.30）臺
灣水師協左營守備陳邦光，率領義民多人反攻亦收復彰城。〔註71〕

十二月八日又有一場新的戰事爆發，那就是在臺北盆地的激戰。由於竹
塹廳治已固守，使得同屬一廳的臺北，不必擔心林陣營的人馬能相互支援。
然官軍還是贏得辛苦。當日有賊眾八百多名突到海山口（新北市新莊區）搶

〔註67〕 金關丈夫原編，林川夫主編，《民俗臺灣（第二輯）》（臺北：武陵出版有限公司，1998年1月二刷），頁246。
〔註68〕 《平臺紀事本末》，頁6～7。
〔註69〕 《平臺紀事本末》，頁7；《臺灣林爽文起義資料選編》，頁240～241。
〔註70〕 《臺灣林爽文起義資料選編》，頁252。
〔註71〕 《臺灣林爽文起義資料選編》，頁220、230、240、242、252～253、293。

劫，海山汛外委廖攀龍不支敗走。其實廖氏有通敵的嫌疑，在亂前就曾轉送二、三十斤火藥給「總曹帥府」林全。「先帥」林小文是臺北戰場的大股首，也是天地會份子的他，在林爽文舉兵彰化之時，就計劃招到五百多人來個北、中呼應。不過據他供稱，十二月十二日署淡水營都司易連（原任該營守備）已得到情報，帶領兵丁、義民一千多人前來新莊擒拏，林小文不敵逃至崑崙山（桃園市龜山區）。〔註72〕林小文的回答避重就輕，若按檔案記載可不是這樣。

　　易連向閩督常青稟稱，十二月十日（1.28）八芝蘭（臺北市士林區）賊首賴水、郭穩；新莊賊首林小文等；下莊仔、中港厝（新莊區）賊首黃祖成等；擺接莊（新北市板橋區）賊首賴樹等；滬尾（新北市淡水區）、八里坌、長道坑（新北市八里區）賊首何馬等皆豎旗。十三日（1.31）官軍反攻，易連親率兵丁由營盤直攻新莊，董得魁率兵從艋舺（臺北市萬華區）渡河攻下庄，直抵草店尾大街（新莊區）。收復後易連再進攻（三山）國王廟。五百名義民由武勝灣（板橋區）渡河進攻中港厝，六百名義民由中港厝進攻海山頭，粵籍義民埋伏彭厝莊（新北市樹林區）截殺賊匪。同日再命滬尾莊義民三百名、和尚洲莊（新北市蘆洲區）義民六百名、大坪頂莊（新北市淡水區）義民四百名，進攻滬尾、八里坌、長道坑的敵陣。十四日（2.1）淡水營千總張正耀率兵三百名，配合和尚洲莊義民五百名，以及北投、琪里岸莊（臺北市北投區）義民六百名，從上埤頭（臺北市中山區），往東攻抵內湖白石湖山，再渡基隆河往西北攻抵八芝蘭員山仔。這一場戰役雙方損失慘重，各死傷百人。十五日（2.2）易連再率兵三百名，從新莊搭船經淡水河、新店溪，由溪州（新北市永和區）登陸，直攻芎蕉腳（新北市中和區）。張正耀率領義民八百名，由加臘仔（臺北市萬華區）渡新店溪，直攻南勢角（中和區）。大坪林（新北市新店區）義民五百名，渡暗坑溪直攻暗坑仔（中和區）。三路合圍擺接的敵軍，林陣營大敗餘部逃入藤寮坑山（新北市土城區）。易連再命令石頭街莊（樹林區）粵籍義民七百名，三角湧莊（新北市三峽區）義民六百名合攻橫仔林，殘匪復聚暗坑仔。〔註73〕

　　十二月四日（1.22）臺灣鎮總兵官柴大紀回奏，據稱已調撥鎮標三百名、臺灣水師協三百名士兵，共同防守要地鐵線橋（臺南市新營區）。然這一支軍

〔註72〕《臺灣林爽文起義資料選編》，頁238、264～266。
〔註73〕《天地會（一）》，頁221～223。

隊聽聞賊勢頗盛,遂退回三坎店(臺南市永康區)。五日(1.23)柴大紀帶兵
北上,六日(1.24)行至灣裡溪(臺南市善化區)時,得知諸羅縣城已失旋退
回鹽埕橋(臺南市永康區)。〔註74〕當時柴大紀逮獲間諜一名,鞫問之下才知
林爽文欲從海、陸夾攻府城。原來民變軍從諸羅南下,陸路先進佔下加冬
(臺南市後壁區),再襲擾鹽水港(臺南市鹽水區),並在大穆降(臺南市新
化區)紮營,從此地到府城約擁眾數萬。至於海路攻擊者從笨港出發,七日
(1.25)林的部眾利用漁船,在夜色的掩護下欲趁機登岸,但被守軍以火礮轟
散。根據林陣營「存城千總」蘇普的〈供詞〉,它們在十二月八日(1.26)發
動對鹽埕橋的攻擊。而參加府城攻防戰的有股首賴達率領的二、三百人,股
首蔡福率領的二千多人,「中南總統大元帥」陳秀英指揮的一萬餘人,「鎮國
大將軍」柯春率領的五、六百人,「鎮北大將軍」林九率領若干人等。官軍能
以寡擊眾,可說全靠火器。林爽文自知火器難敵,利用沾濕的棉被外蒙牛皮
當做巨盾,導引全軍攻擊前進。十二日(1.30)雙方在鹽埕橋決戰,官軍防線
快要失守,幸虧臺灣知縣王露招募八百名義民助戰,戰局才轉危為安。十四
日(2.1)澎湖協右營蔡攀龍率七百名士兵援臺,這是第一批島外的援軍,府
城軍民見有援兵來始有固守之志。〔註75〕

　　鹽埕橋戰事持續多久呢?根據林爽文供詞描述,這一場戰事一直持續到
十二月三十日(2.17)為止。其間雙方互有勝負。十二月十一~十三日(1.29
~31)的戰鬥,官軍有辦法破敵,其實全靠火器建功。尤以十三日夜柴大紀
用計,命令守備邱能成帶兵三百名,繞至敵人後方,企圖利用火銃首尾夾擊。
隔日林軍不察大敗,林爽文手臂亦中銃退至大穆降。〔註76〕林的攻勢受挫,
但南路莊大田卻有斬獲。莊大田也是一位傳奇性的人物,歷史上雖都稱此案
為林爽文事件,但實際上他們是一南一北的兩位渠魁。而莊的傳說不會比林
爽文少,甚至在福州《穎川陳氏族譜》還稱他為鳳山盜魁。〔註77〕

　　根據莊大田本人的〈供詞〉,他本人有田四十餘畝(約 4 甲),蔗園一年

〔註74〕《天地會(一)》,頁 199;陳壽祺,《福建通志臺灣府》,臺灣銀行文獻叢刊第
　　　　八四種,1960 年 8 月,頁 1007。

〔註75〕《臺灣林爽文起義資料選編》,頁 221、232~233、237、240、291;《平臺紀
　　　　事本末》,頁 8。

〔註76〕《臺灣林爽文起義資料選編》,頁 218;《平臺紀事本末》,頁 8~9;《天地會
　　　　(一)》,頁 236。

〔註77〕莊為璣、王連茂編,《閩臺關係族譜資料選編》(福州:福建人民出版社,1984
　　　　年 8 月),頁 431。

收糖二千餘斤，房子十餘間，顯然是一地主絕非盜魁。乾隆五十一年十一月二十七日（1787.1.17）林陣營攻破彰化縣城，十二月初即遣人聯絡莊大田的族弟——莊大韭舉事。莊大韭招集一百餘人至阿里港（屏東縣里港鄉）搶劫，後因大韭年紀僅 20 歲不能服眾，眾人欲公推莊大田為大哥。然也跟林爽文的處境一樣，莊大田不願擔綱，遂躲到臺灣縣三角窟（高雄市旗山區），但最後還是被追回接受簇擁。十二月十二日（1.30）莊大田率領二、三千人，從篤家港（屏東縣里港鄉）發兵攻鳳山縣城（高雄市左營區）。此時莊大田自命「南路輔國大元帥」，部眾首目曰「旗頭」，從者曰「旗腳」。隔日城破知縣湯大奎、典史史謙死之，南路營參將瑚圖禮前因出城對陣倖免。十四日（2.1）府城見到南路營潰兵，方得知縣城失陷。之後瑚圖禮南奔打鼓港（高雄市鼓山區），再趁隙沿海岸線北逃回府城；駐紮山豬毛汛（屏東縣三地門鄉）的下淡水營都司陳朝魁，未經戰陣也逃回府城。〔註78〕

　　南路營的慘敗相當沒有道理，早在十二月六日（1.24）臺灣道永福就遣舉人曾中立至「六堆」聯絡客粵籍義民。鳳山縣城破後，教諭葉夢令、訓導陳龍池，亦逃至埤頭（高雄市鳳山區）組織義民。只是六堆的八千名義民反應太慢，在縣城被攻破後才出兵篤家、阿里港冀圖牽制。爾後莊陣營駐紮南仔坑（高雄市楠梓區），隔下淡水溪對六堆保持警戒。林爽文在大穆降獲知莊大田的捷報後圖謀再舉，臺防同知楊廷理聞訊得知他們想會師於大武壠，遂想早一步出兵斷其合流。二十四日（2.11）楊與鎮標中營守備王天植出陣，在大灣（臺南市永康區）與林陣營爆發激戰。此役林部左右包抄，官軍大敗楊、王二人幾不保，幸有熟番數十人隨護才能逃歸。楊的計劃失敗，林爽文、莊大田偏師終於在大武壠會合，對府城完成一個大包圍網。三十日（2.17）林爽文設壇祭纛，準備大舉進攻府城，親率部眾攻大東門，臺灣道永福與楊廷理拒之。林的偏師攻桶盤淺（臺南市南區），臺灣知縣王露率義民千人拒之。然林爽文過於躁進，被楊廷理出小東門、臺灣水師協右營遊擊鄭嵩出小南門合圍，林部大敗撤退，鄭嵩趁勝救桶盤淺亦驅敵。此役林爽文鬥志銳減，一來因淡水廳城、彰化縣城被官軍收復，二來聽聞內地將派大軍征剿，遂有北歸意念。隔日他把大營改紮於鹽水港準備持久戰，自己先回諸

〔註78〕《平臺紀事本末》，頁 6～7；《臺灣林爽文起義資料選編》，頁 224～228、235 ～236；錢儀吉編，《碑傳集（112）》（臺北：明文書局，1985 年 5 月），頁 756 ～758。

羅縣城。〔註79〕

　　乾隆五十一年一月二十七日至五十二年元月四日（1787.1.15～2.21），所謂林案的第一期就結束了。這一階段最爲重要，因爲月餘的時間，都是臺灣綠營獨自作戰的狀態，所以是討論地方武力一個很好的個案。它有三點必須注意：其一，兵民比例的問題。從表四十二來看，雖說是乾隆二十一年（1756）的數據，但仍可粗淺做一參考。在所有廳、縣戍防中，以淡水廳兵民比例差距最小（表中稱桃竹苗／臺北）。在桃竹苗的部分爲 14：1，此地較強的駐軍比例，迫使王芬北攻竹塹城時，要辛苦地要從山丘行軍已避其鋒。再來是臺北的部分爲 27：1，此地次強的駐軍比例，使得官方在與民人武力合作的關係上，做出了一個最成功的示範。至於其他地方的駐軍比例，均已高過 25：1 的範圍，在戍防基礎上極爲不利。尤其是臺中的 133：1，彰化的 121：1，嘉義的 136：1，無怪乎林爽文舉兵之初，可以很快衝破當地的防線。

　　其二，官軍與民變軍人數的問題。臺灣綠營人數是固定（見表四十一），因此要討論的是支持官方的義民人數，以及林爽文、莊大田陣營的人數。以往的研究結果總認爲，林、莊舉事的迅猛是得利於天地會的支持；即靠著會黨潛伏的組織，才有一呼百應的效果。這種看法恐有待商榷，因爲朱一貴事件也有類似的現象，但朱案就無會黨運作。爲什麼會有這種效果？林案與朱案有一共同點，就是官軍在彈壓過程中，因不分青紅皂白所激起的民怨。這一點在亂初是一個有力的號召。所以從大墩戰役，直到府城大東門、桶盤淺戰役結束，小計林陣營招集約 42,100 人，莊陣營約 3,000 人。當然官方也非省油的燈，在招集義民人數上，亦有局部的優勢。臺北就是一個典型的案例，當時共招募到 6,400 人，比淡水營 500 名士兵還多出 12 倍。臺北能在六天（1.28～2.2）之內定亂，全靠義民之功。桃竹苗的義民人數更多爲 13,000 人，可惜的是他們是在廳治淪陷後才招募，事功上比臺北稍差一些。府城的表現也尚可，大致上也有 1,800 名義民參與協防，稍微彌補官兵的不足。六堆的 8,000 名義民在亂初僅表現自保而已，在戰略上也沒有和下淡水營（營盤在萬丹）結合；使得莊大田的部眾可以在無後顧的情況下，急速進兵搶攻鳳山縣城。

　　其三，官方對熟番的徵調。朱案之初的失敗經驗，讓官方重新再啓用它

〔註79〕《平臺紀事本末》，頁 11～12；《臺灣林爽文起義資料選編》，頁 218；《續修臺灣縣志》，頁 375。

們，顯得格外謹慎。事實上十二月六日（1.24）臺灣道永福，就曾招到熟番一千人相助。〔註80〕這些熟番也發揮一些作用，例如：二十四日（2.11）楊廷理與王天植能全身而退，就靠他們護衛。不過最重要的是爭取到彰化縣岸裡大社熟番的助戰。臺灣大學圖書館典藏一份珍貴的資料，就是在乾隆五十一年十二月底，由義（番）首潘士興與 1,200 名番丁署名的隨軍清冊，證明了臺灣中部熟番與南部一樣，在林案的第一期就投効清廷。〔註81〕

　　此外多數火器仍掌握在官軍手中，使得第一期戰況還有力挽狂瀾的餘地，也是功不可沒的因素。從第二期開始，本文討論的焦點要放在內地大軍，對臺灣守軍的增援方面。這肇因於官方能與臺灣民、番武力合作的對象，在第一期大致上都有接觸。所以才有「從官的從官、從賊的從賊」，二大壁壘分明的陣營出現。清廷爲了早日平亂，除了調動大軍渡臺之外別無他法。

　　第二期是從乾隆五十二年元月五日至年三月二十日（1787.2.22～5.7）。即福建水師提督黃仕簡、陸路提督任承恩在臺指揮作戰階段。黃氏在去年十二月十五日（2.2），自廈門登舟放洋後，到了元月四日（2.21）才在鹿耳門登岸。任氏在去年十二月十七日（2.4），自泉州開航後，到了元月六日（2.23）才在鹿仔港登岸。高宗對二提臣同時赴臺甚感不滿，以「豈有水陸兩提督遠涉重洋辦一匪類，置內地于不顧之理」傳旨申斥。〔註82〕根據《紀略》的記載，遲至乾隆五十二年二月（1787.3）爲止，援臺的軍隊除了有水、陸二提標、金門鎮標、銅山營、長福營、興化營共 4,400 名外，亦有海壇鎮總兵官郝壯猷指揮的 1,500 名、延平協副將林天洛指揮的 1,000 名、汀州鎮總兵官普吉保只揮的 600 名、福寧鎮標標右營遊擊延山指揮的 1,000 名、閩安協副將徐鼎士指揮的 1,000 名。只是這 9,500 名士兵佈署的極不平均，大體維持府城守軍 7,500 名，鹿仔港 1,000 名，八里坌 1,000 名（這一千名原本支援鹿仔港，因風漂流到臺北）。〔註83〕

　　淡水廳多了這 1,000 名的生力軍，加上原淡水營 500 名士兵，招募到的義

〔註80〕楊廷理，《東瀛紀事》：摘自諸家，《海濱大事記》，頁 50。
〔註81〕岸裡大社文書出版編輯委員會，《國立臺灣大學藏岸裡大社文書（四）》（臺北：國立臺灣大學，1998 年 3 月），頁 1638～1685。
〔註82〕許毓良，《清代臺灣的海防》（北京：社會科學文獻出版社，2003 年 7 月），頁 146。
〔註83〕清高宗敕撰，《欽定平定臺灣紀略》，臺灣銀行文獻叢刊第一○二種，1961 年 6 月，頁 147。

民 6,400 名，使得守軍戰力大增。一直到該亂被平定為止，敵軍都不敢再越雷池一步。所以說往後的戰事，都發生在彰、諸、臺、鳳四縣。然林陣營的人馬此時又是怎麼佈署呢？根據〈供詞〉描述：林爽文從諸羅返回大里杙建造土城、「右都督」何有志把守大肚（臺中市大肚區）、「大都督」林領率二、三千人把守烏日莊（臺中市烏日區）、「副元帥」林水返率二千餘人把守田中央（彰化縣田中鎮）、「中南總統大元帥」陳秀英率萬人把守大武壠至烏青坡（臺南市善化區至新化區）、「輔信將軍」郭漢生率二百餘人把守大肚、「游擊將軍」陳元把守烏日莊、「水陸將軍」陳商率三百於人把守笨港、「征南大都督」陳泮率二千餘人把守南投、股首蔡福把守諸羅縣城、股首李七把守斗六門、吳領把守松柏坑（南投縣名間鄉）、股首賴應率百餘人把守三分埔莊（臺中市北區）。〔註84〕

　　莊陣營人馬的佈署是：乾隆五十二年元月莊大田紮大營於南潭（臺南市歸仁區），二月十五日（4.2）移營至大武壠。旗頭林漢率四、五十人把守大湖（高雄市湖內區）、「總先鋒」鄭記率二千餘人把守中洲或蕭壠（俱在臺南市佳里區）、「順天副元帥」何光義率三、四百人把守南潭、「北門大將軍」王周載把守鳳山縣城、旗頭藍罩溫率三百人把守阿里港、旗頭陳媽球把守大湖。〔註85〕觀察林、莊二陣營的佈防，單從人數上來看，前者約有 17,600人，比起後者 2,750 人多出六倍。但這些軍隊調動其實是有玄機。關鍵在於莊大田麾下幾乎全集中的府城附近，林爽文把麾下一萬人馬交由陳秀英統帶，再與莊呼應對府城形成合圍。因此當時民變軍的分佈，以府城外圍麕集約一萬二千餘人最多，其次才是林陣營的根據地——大里杙外圍，接近鹿仔港的大肚麕集約 3,200 人。這樣的佈防有什麼缺點呢？那就是從府城到大肚的平原上，變成是林陣營防備最脆弱的地方，只要官軍有辦法突破府城的包圍網，一路向北急攻至彰化縣，林爽文就危殆矣。而這個計劃在第二期眼看就要成功了。

　　乾隆五十二年初官軍的人事安排有部分調整，元月八日（1787.2.25）上諭調江南提督藍元枚署福建陸路提督。十日（2.27）上諭閩浙總督常青與湖廣總督李侍堯職位對調，但常青不必赴鄂，仍留閩會辦軍務。〔註86〕其實高宗

〔註84〕 《臺灣林爽文起義資料選編》，頁 218～223、242～243、246、250～251、277
　　　　 ～278。
〔註85〕 《臺灣林爽文起義資料選編》，頁 225、230、234、244、270、273、290。
〔註86〕 《天地會（一）》，頁 226、239。

會有這樣的安排，已隱含對黃仕簡、任承恩的不信任。十二日（1787.3.1）福建水師提督黃仕簡，首次向常青報告最新的作戰計劃。他把大軍分為二路，一路由臺灣鎮總兵官柴大紀指揮，調派兵力 2,330 餘名，往北向諸羅挺進；一路由海壇鎮總兵官郝壯猷指揮，調派兵力 2,350 餘名，往南收復鳳山縣城。〔註87〕十四日（3.3）任承恩在鹿港，有最新的戰報傳來。原來前三天他命令遊擊穆騰額帶兵 500 名，由員林進剿南投（南投市）各莊。遊擊海亮帶兵 300 名，并鄉勇、熟番人等進剿嵌頂（彰化縣二林鎮）各莊。守備常萬熊帶兵 300 名并鄉勇進剿北投（南投縣草屯鎮）各莊。並派都司馬勛帶兵 300 名，駐紮下茄冬防範濁水溪後路。穆騰額先主攻許厝寮、上下湳仔（俱在彰化縣社頭鄉）敵陣，再攻林厝仔（彰化縣員林鎮）、施厝坪（南投市）。海亮一路前進，連陷內灣（彰化縣田中鎮）、竹腳寮、宮下仔、粗坑頭、三條崙、松柏坑、竹仔坑敵陣（俱在南投縣名間鄉）。常萬雄先在楓樹腳（彰化縣芬園鄉）紮營，之後直攻上下茄荖、月眉、北投、林仔頭（俱在草屯鎮）。〔註88〕

林爽文被任的這波攻勢，干擾的有點心驚。元月十六（3.5）任大營拏獲間諜僧人三名，一問之下才得知林在三天前，已由諸羅縣城途經斗六門，繞內山小路趕回大里杙。任氏當機立斷，把這幾天推進到敵陣的防線後撤。他調集穆騰額、海亮領兵 600 名，並署都司張奉廷率兵 200 名駐守馬鳴山（彰化縣秀水鄉）。另調都司馬勛、常萬熊率兵 700 名駐守埔心莊（彰化縣埔心鄉）。並以七百名兵力嚴守鹿仔港，就等林陣營的反攻。二十二日（3.11）林指揮數千兵馬，從八卦山東側殺來；雙方在柴坑仔（彰化市）、田中央（員林鎮）激戰。至黃昏林陣營詐敗，官兵追至大肚溪畔，伏兵立刻從竹圍衝出官軍大亂。幸好官軍攜有多門火銃，在林陣營趁勢反撲時還能壓制住。〔註89〕

任承恩的干擾戰略果然奏效，由於敵軍的注意力全都在彰化縣的戰鬥上；元月十三日（1787.3.2）黃仕簡命柴大紀、郝壯猷從府城出陣，欲來個首尾夾攻。十八日（3.7）柴的先遣部隊在下茄冬（後壁區），與敵軍百餘人交火。十九日（3.8）郝的部隊在大湖（湖內區），與莊大田陣營千餘人交火。〔註90〕二十一日（3.10）柴大紀突破敵軍在府城北側的包圍網，並及時攻下三

〔註87〕《天地會（一）》，頁 317～318。
〔註88〕《天地會（一）》，頁 332～335、346～347。
〔註89〕《天地會（一）》，頁 354～355。
〔註90〕《天地會（一）》，頁 356～357。

部竹（臺南市善化區），生擒「護駕大將軍」廖東。之後敵軍可說全營皆潰，柴大紀只花一天的時間，前鋒就攻抵諸羅城。根據柴的描述，諸羅有敵萬餘人，戰鬥從中午到傍晚；城守營守備邱能成首先攻入，二十二日（3.11）夜收復諸羅縣城。〔註91〕

諸羅是收復回來了，但有柴大紀的奏摺寫得這麼英勇嗎？〈供詞〉記錄了林陣營失算的經過。原來陳秀英把攻擊的矛頭指向柴頭港（臺南市北區），忽略了官軍有突圍的可能。而戍守諸羅縣城的守將——「保駕大將軍」林桂、股首許尚、蔡福、番婦留娘等，根本缺乏守城戰鬥的經驗。再者守城的人數，按私家的記載僅數百人而已，因此諸城很快被柴大紀攻克，也不讓人感到意外。只是柴的好運並未持續多久，林陣營部不能守，未必不能圍。柴大紀佔領諸城後，並沒有馬上急攻彰化縣，反而在城邑進行「清鄉」，錯失打鐵趁熱的良機。民變軍重整旗鼓後，於二月又復聚於諸羅城，此後柴與敵軍長達一年的圍城戰就此展開。〔註92〕

柴大紀的失策是致命，或許他認爲彰化縣有任承恩負責，可以不需要急於支援。然這對任氏來說，確是一個不利的消息。元月二十七日（3.16）任發出的奏摺指出，官軍由於兵力不足，只能在平原分頭堵禦。林爽文與其黨羽——陳泮、吳領，在大里杙與虎仔坑（名間鄉）呼應，即便官軍在平地獲勝，也很難立刻進入內山剿賊。〔註93〕由於任部戍守在彰化平原，向一把利刃一樣抵住在八卦山東側的林部，所以從元月底至二月中旬，以彰化縣境的戰鬥最激烈。此時林陣營最大的收穫，就是再奪回彰化縣城。〔註94〕

二月五日（3.23）林部從大肚山南下，欲暗渡烏溪焚彰城，但被守軍擊退。隔日林部又沿海岸線騷擾鹿港，並滲透到瓦窰莊（彰化縣埔鹽鄉）放火。十日（3.28）任承恩睽違已久的援軍總算到達。這是由汀州鎮總兵普吉保率領的1,400名士兵，由府城出發花費八天的時間行抵鹿港。十三日（3.31）林爽文親率大軍五千多人，繞大肚山經番婆莊（彰化縣鹿港鎮）攻向鹿港；「左都督」陳泮、周振興率領三千多人攻埔心莊。當林部正在番仔溝（彰化縣和美鎮）燒莊時，官軍突然掩至，林不敵大敗。陳、周部襲擊埔心時，儸

〔註91〕 《天地會（一）》，頁358～359、394～396。
〔註92〕 《臺灣林爽文起義資料選編》，頁228～229、232～233、235、274；《平臺紀事本末》，頁19。
〔註93〕 《天地會（一）》，頁379～380。
〔註94〕 《續修臺灣縣志》，頁376。

於官軍火器厲害，也無功而返。官方檔案沒有提到彰化縣城是何時又淪陷，但普吉保的支援及時提供官軍反攻的助力。二月二十一日（4.8）在任承恩的調度下，署遊擊唐昌宗帶兵 500 名與鄉勇，直攻城內八卦山。副將格綳額帶兵 400 名進攻南關（南廓／南門口）。遊擊海亮帶兵 300 名及鄉勇，進攻市仔尾（彰化市文化、中正里）。任本人親率兵 500 名在彰化縣城西門外坐鎮〔註95〕當夜攻城搶上八卦山，然城內外還有敵軍七、八千人，所以還鏖戰許久。〔註96〕同日又獲報，林陣營以斗六門為據點，準備重整旗鼓。

　　二月二十一日是官軍的幸運日，因為同一天郝壯猷也收復了鳳山縣城。官軍在南路的攻勢，是以海、陸合擊的方式進行。莊大田的部隊均把守在崗山（高雄市阿蓮區）、崙仔頂（高雄市阿蓮區）、小新園（高雄市路竹區）、大湖各處。莊氏運用疑兵戰術，擾亂郝的判斷。所以從元月十六日（3.5）興師，直到二月十三日（3.31）為止，郝部始終在大湖附近遊走，無法突破敵軍的防線。此時臺灣道永福建議提臣黃仕簡增兵，再以奇兵襲擊打破僵局。黃遂命福寧鎮標右營遊擊延山，再帶領 500 名士兵與義民，南下支援郝壯猷。又命臺灣水師協右營遊擊鄭嵩，帶領 500 名士兵搭船由海道至打狗山（高雄市壽山）登陸，從後面包抄至鳳城。二月二十日（4.7）郝終於突破敵陣，攻入橋仔頭；隔日午時再攻抵鳳城，與鄭嵩勝利會師。爾後根據署下淡水營都司邵振綱（原職該營守備）報告，逃竄的敵軍復集於新園（屏東縣新園鄉）、水底寮（屏東縣枋寮鄉）、三角湖、姑婆寮（高雄市大樹區）、九腳桶（今名九曲堂／大樹區）。〔註97〕

　　二月二十二日（4.9）郝壯猷命南路營參將瑚圖里，率領兵丁 600 名赴番仔寮（屏東縣長治鄉）剿賊。瑚在駐地數日，師老無功；郝氏怕有變，檄令仍回鳳山。不料瑚圖里行抵新園中伏受阻。此時黃仕簡又命令臺灣水師協副將丁朝雄、蔡攀龍，帶兵 700 名從鳳山返回府城。郝氏更恐兵單，急催瑚趕緊回邑；但瑚已被敵軍包圍，難以脫身遂請發兵救援。三月四日（4.21）郝壯猷遣鄭嵩帶兵 600 名前去接應，正渡硫磺溪時，莊大田部突截殺官兵大敗。此役瑚圖里仍困於新園，而莊部擄獲官兵的衣帽後，準備進行大膽的偷襲。

〔註95〕《天地會（一）》，頁 402～403、406。

〔註96〕《天地會（一）》，頁 428～429。

〔註97〕中國第一歷史檔案館、人民大學清史研究所合編，《天地會（二）》（北京：人民大學出版社，1980 年 11 月），頁 6～8；臺灣銀行經濟研究室編，《臺案彙錄甲集》，臺灣銀行文獻叢刊第三一種，1959 年 1 月，頁 239。

三月六日（4.23）旗頭莊錫舍引眾 3,000 來犯，官軍出城迎戰後佯退。然趁官軍收兵時，身著兵丁衣帽的間諜混入，隨即在城中四處放火。郝壯猷見狀單騎逃至打鼓港，士卒目睹戰志全消、全營瓦解，眾人皆急忙逃至打鼓港，爭相搶搭漁船回郡。〔註98〕

　　林案第二期的戰鬥，在南路旋得旋失後，逐漸接近尾聲。其原因是黃仕簡、任承恩表現不佳，將要被撤換。上文曾提到常青與藍元枚的人事調動。乾隆五十一年二月七、十一日（3.25／29），高宗二次諭令常青渡臺。其目的有二：一爲黃、任彼此觀望，就是沒有督臣就近統御。另一爲他認爲臺灣官員有虛報戰果的嫌疑，亦需要大員來臺查明。〔註99〕二月十九日（4.6）新任總督李侍堯到閩，常青聞訊隔日即從泉州，以湖廣總督督辦軍務的頭銜渡臺；名義上是欽差大臣，但卻攜帶巡臺御史的關防。他在三月九日（4.26）航抵鹿耳門。〔註100〕三月八日（4.25）李侍堯接任閩督的第一份奏摺，所寫內容對黃仕簡、任承恩相當不利，其大意不外是畏葸、膽怯。三月十三日（4.30）高宗首次得知林爽文擅立年號，更怒不可遏。十四日（5.1）臺防同知楊廷理，把近月來民變軍活動情況，由李侍堯抄錄隨奏（已不再信任黃、任奏文）。大抵林爽文、陳泮嘯聚大里杙、烏日莊、大墩、八卦山。葉省、遼東仔嘯聚斗六門、水沙連（南投縣魚池鄉／水里鄉）、庵古坑（雲林縣古坑鄉）、大武壠。莊大田、陳建平嘯聚水底寮、三嵌、大湖。簡言之，黃、任二人的平亂調度，完全達不到效果。三月二十一日（5.7）上諭二人革職拏問，福建水師提督由藍元枚接任，福建陸路提督由柴大紀暫署。〔註101〕

　　第二期也頗爲重要，因爲二個半月的時間，是福建綠營在還未驚動外省支援下，主動援臺的成果。它有三點必須注意：其一，官軍與民變軍人數的問題。經過數月的戰鬥，臺灣綠營確切人數難以計算。不過大致上駐守在臺灣府縣、淡水營的人數，這些未淪陷的地方變動較小，粗估還剩下 4,770 人（見表四十一編號 3）。福建綠營援軍爲 9,500 人。臺、閩綠營共 14,270 人。至於林陣營爲 17,600 人、莊陣營爲 2,750 人，總共爲 20,350 人。比較之後民變軍竟比官軍人數爲多，但後者還有義民幫助，承第一期的估算約爲 29,200 人。因此官民作戰的總人數約爲 43,470 人，反倒比民變軍多出二倍，無怪

〔註98〕《臺案彙錄甲集》，頁 240～241。
〔註99〕《天地會（一）》，頁 310、329～332、336、383、399～400。
〔註100〕《天地會（一）》，頁 414～416；《天地會（二）》，頁 2～9、18、54。
〔註101〕《天地會（二）》，頁 1、17、22、24、30、35～36。

乎在乾隆五十二年二月十九日（1787.4.6），高宗上諭不需要再增兵支援臺灣。〔註102〕

　　其二，山區是做為民變軍根據地的好場所。彰化縣的戰鬥告訴我們，林爽文陣營極會利用地形作戰。拱衛著大里杙外圍的是八卦山山脈、大肚臺地。再數次攻防中，林陣營不是利用山脈行軍；走大肚山南緣潛渡到烏溪南岸，或是利用八卦山為天險防禦。莊大田則以新化丘陵、內門丘陵為掩護，在圍攻府城時設大營於大武壠，偷襲鳳邑時以姑婆寮、九腳桶為基地。

　　其三，官軍與民變軍各有擅長的作戰方式。前者弁兵或多或少受過陣地戰訓練，所以在第二期圍城作戰時，還能發揮其長處。後者不擅於守城、攻城的陣地戰，但卻長於化整為零的野戰。彰化、鳳山縣的戰鬥為民變軍充分發揮長處的戰場，府城與諸羅縣城的戰鬥則官軍略勝一籌。再者不是只有官軍才會調兵遣將，林、莊雖分戰南北，但不乏互派軍隊支援。例如：二月莊氏調旗頭陳寧光前去圍困諸羅，李出進攻打猫（嘉義縣民雄鄉）。林氏派股首涂虎駐中洲（臺南市仁德區）幫莊大田。〔註103〕

　　第三期是從乾隆五十二年三月二十一日至十月二十八日（1787.5.8～12.7）。即欽差大臣常青、福建水師提督藍元枚在臺指揮作戰階段。三月九日常青抵府城，五月二十日（7.4）藍元枚抵鹿港。表面上看指揮運籌有如黃、任模式，均各據一方遙為呼應。然藍因逗留在漳浦處理林、吳二姓械鬥之事，所以慢了二個月才抵臺。〔註104〕這一段期間全臺大員僅常青一人，使他更可以靈活調兵遣將奮戰，可惜事與願違。究其原因就是兵力不足。上文提到官民的總兵力，已二倍於民變軍；但在官員的眼中，還是不足已平亂。於是上奏要求增兵。只是福建綠營也要戍守，已不能再他調，所以就調動鄰省——廣東、浙江綠營來援。

　　三月二十二（5.9）閩浙總督李侍堯奏報，臺灣現有新、舊兵丁僅 13,000餘名，不敷調遣。常青乞援希望能再調派 7,000 名兵丁援臺。這七千之眾原本包括：浙江黃岩鎮綠營兵 1,000 名、溫州鎮綠營兵 1,000 名、衢州鎮綠營兵 1,000名、粵兵 4,000 名。〔註105〕五月份後大軍陸續渡臺，兵額有不一樣的分配。

〔註102〕《天地會（一）》，頁 376。
〔註103〕《臺灣林爽文起義資料選編》，頁 239、245。
〔註104〕中國第一歷史檔案館、人民大學清史研究所合編，《天地會（三）》（北京：人民大學出版社，1982 年 12 月），頁 214。
〔註105〕《天地會（二）》，頁 71～72、112、116、118、146、165、209、304。

藍元枚率 2,000 名浙兵支援鹿港，廣東肇慶協副將官福率粵兵 2,500 名、香山協副將謝廷選率粵兵 1,500 名抵府城。高廉鎮總兵官梁朝桂，先前曾任臺鎮自請効力，兩廣總都孫士毅允行赴府城。溫州鎮總兵官魏大斌率 1,000 名浙兵、福州將軍恆瑞率旗標滿兵 1,000 名支援府城。〔註106〕因此到了五月底，官軍新、舊兵力的佈署是府城約 12,870 人、諸羅縣城約 2,330 人、鹿港約 4,800 人、淡水廳約 1,500 人。

　　第三期之初即有大戰爆發，那就是莊大田陣營挾著重陷鳳山縣城的餘威，準備要一舉攻克府城。府城官軍在粵浙援兵未抵達前，約有 6,870 人；即便有萬餘名義民協防，兵力還是不足危在旦夕。莊部參加這場戰役的有旗頭莊大韭、「宣略將軍」林達、南雅仙（臺南市楠西區）賊目許尚等，林爽文還特遣林永率眾千人至大穆降助攻，總兵力號稱十萬。〔註107〕三月二十三日（5.10）莊大田先犯小南門，測試守兵防禦狀況；桶盤淺（臺南市南區）官軍出城迎戰，小贏進至上中洲（臺南市仁德區）。但隔日莊部趁隙焚府城新化里，劫掠竹篙厝（臺南市東區）。三月二十六日（5.13）莊大田紮大營於崁頂（臺南市仁德區），二十七日（5.14）府城攻防戰展開。莊大田攻桶盤淺，蔡攀龍禦之；莊錫舍攻小南門，都司羅光照禦之；番婦金娘攻小東門，守備王天植禦之；謝檜攻大東門，常青親禦之；陳建平攻草店尾（臺南市東區），守備曾紹龍禦之；林永攻大北門，參將朱鼎禦之；陳聘攻柴頭港，黃象新禦之；許尚攻小北門，參將左淵禦之。參將那穆素里屯兵春牛埔保護城腳，副將丁朝雄從安平城取出舊貯大礮十餘位，連夜運至各營轟敵無算。〔註108〕

　　不過此次戰役官軍能化險爲夷，不獨火器建功而已，最重要的是莊錫舍的反正。莊錫舍原籍泉州晉江，莊陣營能重陷鳳邑，錫舍出力最多。事後高宗還諭示定要先捉拏此人到案。然他與原籍漳州的莊大田互爭領導權，彼此相處不睦。其弟莊達德勸錫舍歸順，遂遣心腹莊允赴郡輸誠。莊允之子莊才充任道臺轅役，旋告之臺灣道永福。永福令海防同知楊廷理偵訊得實大喜。

〔註106〕原海壇鎮總兵官郝壯猷畏葸，在敵軍攻城時先逃已致城陷，遂在四月四日被高宗諭令正法，四月二十二日軍前執行，遺缺由陸廷桂接任。參閱《海濱大事記》，頁 58。
〔註107〕《臺灣林爽文起義資料選編》，頁 226、246；《臺案彙錄甲集》，頁 243。
〔註108〕連橫，《雅堂文集》，臺灣銀行文獻叢刊第二〇八種，1964 年 12 月，頁 198；《臺案彙錄甲集》，頁 243；《海濱大事記》，頁 57。

爾後莊錫舍率二千部眾來降。四月一日（5.18）莊大田聞訊恐怕有變逕自退兵南潭，餘部得知消息亦撤兵，這一波的府城攻防才五天就結束了。〔註109〕

　　莊錫舍的倒戈，使得莊大田功敗垂成；而之後的破壞，更使他蒙受損失。在臺灣知府楊廷樺力保下，常青終於允許錫舍前往竹滬（高雄市茄定區）一帶招募義民。途中錫舍被莊大田活捉。大田本想殺之，但陣營泉人左袒；以為錫舍不得已投降，今既歸勿殺免失人心。莊大田怕泉人思變依議，然從此留錫舍於左右就近監視。四月四日（5.20）林爽文對諸羅的圍攻轉熾，遂乞援於莊大田。大田派偏師北上助陣，此時莊錫舍遣人從海道潛回府城，密報官軍聲稱南潭賊巢皆空，可立刻調兵來攻。原本二十四日（6.9）高宗還特發諭旨，抱怨近日全無臺灣戰報。二十七日（6.12）得知莊錫舍投誠後，於五月八日（6.22）諭令大軍先廓清南路。這一封密諭什麼時後送抵臺灣不得而知，但五月十二日（6.26）常青接獲錫舍的情報後，旋親率三千兵馬殺至南潭。莊大田聞訊急遁，官軍俘獲「仙姑」金娘。〔註110〕

　　整個四月各地戰事稍歇，惟獨林爽文攻諸羅縣城急。根據臺鎮柴大議的奏報，四月四、五日（5.20／21）林擁眾數萬分三路進攻縣邑東、北、西門。官兵紛紛施放火銃拒敵，署諸羅知縣陳良翼率領義民、壯番趁勢出陣，擊敗敵軍追至白石莊。此時南門外草店尾（嘉義市東區）又有數千賊匪來攻，官軍亦出城接戰，追至火燒莊才收兵。九日（5.25）官軍探得林爽文設大營於牛稠山（嘉義縣民雄鄉），隔日又率眾數萬分三路進攻縣邑東、北、西門。官軍急忙施放大礮迎戰，林部不敵敗退；官軍旋出三座城門，追殺至牛稠山腳收兵。十二日（5.28）林部復至，此次改攻西、北門，同樣亦受阻守軍的礮轟，官軍追至火燒莊才收兵。隨即又有數千敵軍趁隙進攻南門，但仍被擊退趕至八獎溪畔。〔註111〕很明顯地林爽文缺乏攻城的重裝備，所以只能以打跑戰術引誘官軍出城決戰。但林必須冒著臨陣前，就先被火器轟擊的危險；此舉是官軍的優勢，而且屢屢奏效。雖然在人數上，二千多名的官軍比不上數萬的敵軍，但靠著火器的幫忙勉能守城。

　　由於府城之圍已解，常青應柴大紀之請，指派參將潘韜率兵一千一百名往援。四月十六（6.1）大軍在木柵（臺南市東山區）受阻，不得已返回改由

〔註109〕《天地會（二）》，頁 63、133、155、190；盧德嘉，《鳳山縣采訪冊》，臺灣銀行文獻叢刊第七三種，1960 年 8 月，頁 403。
〔註110〕《天地會（二）》，頁 120、133、160；《鳳山縣采訪冊》，頁 404。
〔註111〕《天地會（二）》，頁 189、191～193。

海道北上。該部從鹿耳門出發，取道笨港上岸，進抵諸羅縣城。〔註112〕同日林爽文故技重施，擁兵萬餘再犯縣邑東、北門。隨雖然結果有如上述，但不同的是林陣營控制牛稠溪的上游。所以當官軍欲渡溪追擊敵軍時，林部把水閘打開溪水頃刻宣洩，幫助自家人脫困。十八日（6.3）餘匪數千犯北門，餘匪數千犯東門，餘匪數百犯西門。經過一日的激戰，皆敗退回牛稠溪。二十一日（6.6）官軍探得林陣營，欲切斷諸羅縣城與鹽水港文報往返之路，即刻命署遊擊邱能成馳赴柴頭港（嘉義市）；遊擊林光玉馳赴草麻庄（嘉義市）攔截大敗敵軍。越二日又有千餘敵軍犯南門營盤，遊擊李隆協正面迎戰；柴大紀親率官兵從東北繞路截殺，二路均各有斬獲。四月二十六日（6.11）閩浙總督李侍堯回奏，正準備解運十門二、三千斤的大礮趕赴鹿港。〔註113〕這就是四月份雙方的戰鬥。在這一段期間，基本上呈現官守民攻的態勢，但隨即攻守互易。

四月中旬當諸羅鏖戰正烈時，常青有一項計劃悄然展開。原來斗六門一帶久被林陣營所據，屢造成鹿港與諸邑文報不通。潘韜的援軍抵諸後，官軍應有餘力打開僵局。另外諸羅與府城的聯絡雖非絕緣，但常遭到民變軍的狙擊，所以也到了肅清這區餘匪的時候。常青飭令在鹿港的汀州鎮總兵官普吉保，要他秘密發兵馳援諸羅。普收到指令後，旋與柴大紀於五月一日（6.15）密約在土庫（雲林縣土庫鎮）會師。不料普、柴二人會面後，起了口角爭執旋不歡而散，錯失會攻斗六門的良機。普吉保收兵時更意氣用事，沿途如：溪墘厝（彰化縣溪州鄉）、二林（彰化縣二林鎮）、猫仔干（雲林縣崙背鄉），均遭林部襲擊焚燬，但普並不搭救逕自返回鹿港。於是中部戰事官軍氣勢益衰。〔註114〕

另外諸羅——府城之間的肅清戰亦不順。該役常青命守備黃喬出陣，四月二十三日（6.8）發兵三百名，從府城馳赴蔴豆（臺南市麻豆區）。二十六日（6.11）官軍進抵大溪墘（臺南市新市區），即遭到自大武壠（臺南市善化區）南下的敵軍強襲。蕭壠、蔴豆當地義民聞訊趕赴救援，費一番功夫才抵達蔴豆。但官軍與義民旋被包圍。黃喬發書告急，常青命柴大紀往救。柴氏遣遊擊楊起麟帶兵 800 名，並鹿仔草（嘉義縣鹿草鄉）、鹽水港、下加冬、哆囉嘓

〔註112〕《平臺紀事本末》，頁 32。
〔註113〕《天地會（二）》，頁 166、222～223、234～235。
〔註114〕《平臺紀事本末》，頁 33～34。

（臺南市東山區）義民，共 350 名隨行。五月十二日（6.26）楊率部抵達時，蔴豆的官軍已退出莊外。楊懼於蔴豆之民多已通賊，加上聽聞有二、三千敵軍，從糞箕湖（臺南市白河區）出發正準備進攻鹽水港，楊起麟遂把所有兵馬帶往鹽水港駐紮。鹽水港至此繼府城、諸羅、鹿港之後，成為第四個要地。〔註115〕而該月較能提升士氣的事件是，大武壠股首陶烏帶領五百人投官，有如莊錫舍般稍定軍心。〔註116〕

　　鑒於官軍可能的反攻，五月以後民變軍的佈署有調整。在林爽文方面，林氏親自坐鎮諸邑外的牛稠山。「安南大將軍」陳傳把守南投，並負責提供圍攻鹿港、諸羅兵源。「軍師」陳梅進攻笨港，再負責支援圍攻諸羅。「副先鋒兼北路管協」劉升圍攻諸邑。「總督內外諸軍務」蔡福圍攻諸邑。「巡查察院」陳天送把守楠仔坑（高雄市楠梓區）。「靖山大將軍」林舊管一千多人圍攻諸邑。「護駕大將軍」溫道管三百多人圍攻諸邑。「左監軍」涂龍管一百多人圍攻諸邑。「順勇將軍」李春鳳把守大里杙。「忠武將軍」劉三把守牛罵頭（臺中市清水區）。「掃北大將軍」李載把守沙轆（臺中市沙鹿區）。「左都督」蘇敬把守犁頭店。「遊擊將軍」張回在牛稠溪上游開溝放水。「遊擊將軍」賴敖把守藍仔莊（臺中市南區）。「平西大將軍」李七把守斗六門。「巡城將軍」李祖把守大里杙。「建武監軍」林茂把守烏日莊。

　　在莊大田方面，莊氏飄忽在南潭、中洲、大目降、大武壠之間。「開南大將軍」莊大韭把守南潭。「開南左先鋒」陳牙指揮一百餘人，往來把守東港、南潭。「輔國左將軍」林漢把守水口（高雄市燕巢區）。「先鋒」鄭記把守大目降。「都督將軍」謝檜管五百餘人把守大目降。「金吾將軍」黃潘把守大目降。「征西將軍」蘇良圍攻諸邑。「保駕大將軍」李出把守打貓（嘉義縣民雄鄉）。「副主帥」黃成負責調度糧餉。「副先鋒」王什方把守牛莊（臺南市善化區）。「洪號右將軍」葉娥把守南潭。〔註117〕

　　五月十三日（6.27）恆瑞、梁朝桂、魏大斌先後抵郡。再加上先二日受困於新園的南路營參將瑚圖里，被山豬毛義民首劉繩祖率領的 1,300 名義民護送返郡。現在臺灣府城可謂大軍麕集。五月十五日（6.29）常青見時機成熟，遂

〔註115〕《天地會（二）》，頁 276～277；《平臺紀事本末》，頁 32～33。
〔註116〕軍機處錄副奏摺——農民運動類，案卷號：3322，膠片號：136，中國第一歷史檔案館藏。
〔註117〕《臺灣林爽文起義資料選編》，頁 223、225、226、229、230、232～235、237、239、241～247、275～276、278～279、283。

在大北門較場誓師，發兵 5,500 人南下欲先掃平莊大田。莊部屯南潭以靜制動，官軍行抵關帝廳（臺南市關廟區）時，先遣莊錫舍探敵情不敢輕進。莊大田抓住時機，調遣許尙、謝檜、陳靈光等數千人，在南潭趕造防禦工事。二十七日（7.11）官軍進抵南潭，莊部三路迎戰，官軍敗退至崁頂且損失慘重。該役官軍本有一鼓作氣之勢，但府城至南潭僅一天的路程，卻花費十二日行軍。這不是小心謹愼所能解釋，其實是官兵膽怯不敢出擊的反應。莊陣營洞悉官軍的心態，更大膽出沒南潭——大武壠道途，常青眼見局勢失控，除了再請調援軍外，沒有其他辦法。〔註 118〕

　　五月中旬官軍對南路發動的攻勢，跟高宗設想的作戰計劃不同。五月二十、二十四、二十六日（7.4 / 7.8 / 7.10），高宗諭令常青先北上直搗諸、彰，不必等到大軍全到達後才行動，並提醒可以火攻大里杙。〔註 119〕但這三道上諭發佈的太遲，南路的戰事就以失敗收場。現在只能寄望鹿港的官軍能帶來好消息。先前運抵鹿港的十門大礮，現被佈署在馬鳴山、埔心庄。或許林陣營懾於火力，或許他們把心思放在圍攻諸邑，鹿港近月來戰事較少。五月二十日（7.4）福建水師提督藍元枚抵鹿港，越二日他的二千援軍亦到。二十三日（7.7）夜藍氏派普吉保領兵一千，暗渡到八卦山堵禦。再派守備張奉廷帶兵 350 名并義民，潛行至大肚溪口堵禦。他本人親率 2,300 兵丁并義民，攻抵柴坑仔、大武郡（彰化縣社頭鄉）敵陣。二十四日（7.8）藍部與敵軍在彰邑北門交戰，林陣營約有七、八千人殺出，官軍施放鎗礮殲敵頗多。官軍尾隨敗退的敵軍，把坐落在柴坑仔、大武郡、渡船頭（彰化市）賊巢焚燬。普吉保再得到另一千名官軍支援後，從八卦山攻抵快官庄（彰化市）。雖然前後有二、三千名的敵軍來戰，但普部亦靠火器建功。至於有賊眾千餘人，在大肚溪北岸與張奉廷對陣，但彼此都沒有渡河攻擊的打算，所以此役官軍是進抵到彰邑外圍後結束。〔註 120〕

　　藍元枚首次出擊，戰果還算差強人意。雖然敵軍只不過退守至八卦山山脈以東的老巢，恢復到第二期拉鋸戰前的狀態，但這是五月底官軍僅有的捷報。二十五日（7.9）藍氏回奏時提到，現鹿港聚集約十萬餘難民，大里杙、水沙連賊巢的人數也相當。由於難民乏食，從賊者日增。現僅能禁止難民間

〔註 118〕《鳳山縣采訪冊》，頁 404～405。
〔註 119〕《天地會（二）》，頁 215～216、224～226、232～233。
〔註 120〕《天地會（二）》，頁 269、298～299。

互搶、互殺。看來民變軍的人數，著實讓官方吃驚。如果單靠武力平亂，很
難壓制住敵人的氣燄。於是還要加以分化的技倆手段。六月三日（7.17）上諭
除了林爽文、莊大田等外，餘部可接收招撫減免其罪。〔註121〕「招撫」用來
解除敵人的武裝十分有效，至少在部分區域戰況是如此。淡水廳自從林小文
失敗後，就沒有大戰發生。但這並不代表餘部皆投降。事實上他們都逃竄到
較遠的金包里（新北市金山區）、七堵、八堵（俱在基隆市八堵區），等待機
會行動。新任同知徐夢麟知此輩只能智取，遂以招撫的方式瓦解心防。根據
記載五月八～十三日（6.22～27）的招撫，解散餘匪不下萬人。〔註122〕

　　五月二十八日（7.12）常青奏報乞援時，首次提到希望調動京師、湖廣、
貴州的軍隊支援。高宗先以變通的方式滿足常青的要求。六月十九日（8.2）
的廷寄諭令閩督李侍堯照辦。李氏遂調撥浙粵駐防滿兵三千、粵兵六千、閩
兵二千名，做第三期的第二次援臺。額兵的調度是粵兵 2,000 名支援鹿港，另
外的 9,000 名大軍支援府城。八月二日（9.3）高宗首次諭令四川總督保寧，
挑選屯練二千名；湖廣總督舒常挑選湖北綠營兵二千名；湖南巡撫浦霖挑選
綠營兵二千名；貴州巡撫李慶棻挑選綠營兵二千名。〔註123〕他們將在第四期
的戰爭中，跟著福康安一起來臺。

　　六月四日（7.18）福建水師提督藍元枚回奏，林爽文在大里杙加緊構工，
並築堤決水準備頑抗。諸羅縣的戰事仍不明朗，敵軍進佔安溪寮（臺南市後
壁區）、龍船窩、鐵線橋（臺南市新營區），以致文報持續不通。鹿港的守備
還算穩妥，番仔溝（彰化縣和美鎮）、馬芝遴（彰化縣鹿港鎮）、二林、大突
（彰化縣溪湖鎮）皆有重兵據守。藍氏還遣人至大甲曉諭義民、番眾，希望
能助官軍一臂之力共破大里杙。七日（7.21）署安平水師協游擊黃鳴鳳，在卓
加（臺南市安定區）巡弋時，突然發現敵艘八隻。爾後敵艘船員靠岸逃竄，
被蕭壠庄義民拏獲。八日上午（7.22）府城大雨如注，莊部約三千人趁機來
攻；下午雨勢稍停，又有五、六千人來犯。十日（7.24）再有二千餘人攻桶盤
淺，但都被官軍擊退。〔註124〕

〔註121〕《天地會（二）》，頁 260～261、301～302。
〔註122〕《海濱大事記》，頁 58～59。
〔註123〕《天地會（二）》，頁 297、310～311、321、332～333；中國第一歷史檔案館、
　　　　人民大學清史研究所合編，《天地會（三）》（北京：人民大學出版社，1982
　　　　年 12 月），頁 65、67、93～94、138～139。
〔註124〕《天地會（二）》，頁 344～345；《天地會（三）》，頁 8～9。

　　六月十六日（7.30）高宗擢升柴大紀爲福建陸路提督，並兼任臺灣鎮總兵官。十九日（8.2）高宗對南路攻勢受阻已深感不耐，他發佈上諭要常青設法北圖，並對岸裡社熟番三千餘人不肯從賊表示嘉獎。二十日（8.3）上諭要藍元枚先將東螺社（彰化縣北斗鎮）、麥仔寮（雲林縣麥寮鄉）的賊巢焚燬，如此才能假道海岸以通文報。二十六日（8.9）高宗又發上諭，指示常青要先從南路進攻。〔註125〕不知高宗是被戰報給沖昏頭，還是對戰略指導一竅不通。六月份中、下旬，分別給常青二樣不同的命令，這對處於第一線的軍隊來說，本身就是一項負擔。

　　不過從七月底的硃批來看，高宗必定對整個六月，民變軍發動的攻勢感到吃驚。六月五日（7.19）林爽文調千餘人偷襲二林、埤頭。然這僅是疑兵，林部真正的目標是諸邑與鹽水港的中繼站──鹿仔草。藍元枚發覺被敵人虛晃一招後，原本想發兵南下。但整個彰化、雲林一帶都是敵陣無法橫越。所以改採圍魏救趙的策略，北上攻大肚、王田（俱在臺中市大肚區），冀望能牽制敵軍。那麼諸羅縣的戰事又是怎麼回事呢？同日林部在諸邑南門外中庄（嘉義縣中埔鄉）、北門外山仔門（嘉義縣竹崎鄉）騷擾，柴大紀立遣邱能成帶兵前往中庄，雙方在三界埔（嘉義縣水上鄉）大戰，之後林部敗退竄至水尾仔（嘉義縣中埔鄉）。林爽文發動此役的詭計，已經讓柴大紀中了圈套。柴以爲林部又要傾全力環攻諸邑，所以又急報府成請發援軍。常青立派溫鎮魏大斌帶兵1,500名馳援，林爽文引蛇出洞的計謀成功。果然十七日（7.31）魏一行人抵鹿仔草時，即遭林部的包圍。十八日（8.1）魏親率兵丁400名突圍至埔心（嘉義縣太保市），孰料仍被包圍、又返鹿仔草等待救援。二十六日（8.9）接應魏部的遊擊田藍玉率兵一千，從鹿耳門登舟北上，七月一日（8.13）至鹿仔草與魏大斌會合。七月八日（8.20）參將張萬魁再帶兵1,400人，走海道馳援魏、田二人，十一日（8.23）抵鹿仔草，該地旋有近四千名的兵力用以解諸邑之圍。〔註126〕

　　七月十三日（8.25）四千大軍從鹿仔草出發，雖然該地距離諸邑僅一天的路程，但途中被林爽文狙擊大敗，行抵目的地時早已傷亡半數。原來當時官軍選擇走倒店（嘉義縣水上鄉）──半天厝（嘉義縣鹿草鄉）官道。林部偵

〔註125〕《天地會（二）》，頁280、306～308、316～317、364～365。
〔註126〕《天地會（三）》，頁56～57、96～97、99～101、132～133；《平臺紀事本末》，頁40～41。

之屯大兵於倒店待敵。倒店離諸羅縣城僅半晌距離，官軍或許已遙望到諸邑，警戒心鬆弛，冷不防遭伏兵環攻。官軍立刻陣腳大亂，魏大斌、田藍玉率傷兵敗卒急忙竄入城中。張萬魁南逃至三苞竹（臺南市善化區），被當地義民搭救身免。時內地支援府城的九千名援軍陸續抵達，常青再命副將貴林率兵 1,600 名，由海道趕赴諸羅。該部在海上遇風，漂流二十日後在七月底至鹽水港。〔註127〕

　　私家撰述認爲藍元枚其實在抵臺首役後，就自覺能力不足已平亂。於是屯兵於馬鳴山、埔心等待援軍。當然藍的想法不會見諸奏摺，而從他的奏言來看，他認爲援軍一到，應將兵二路出擊。一是由埤頭往東螺，再深入二八水（彰化縣二水鄉）；另一是由二林往西螺，再南下至斗六門。七月三日（8.15）林部恐藍元枚出兵救鹿仔草官軍，乃調動王田、犁頭店、東螺的部隊，攻打鹿港外圍的阿揀（彰化市）、中寮溪州（彰化縣溪湖鎮）、埤頭官軍陣地。九日（8.21）莊部三千復擾府城。十二日（8.24）常青撥兵二千，南下欲再掃平莊大田。十四日（8.26）官軍分作三路進至南潭，莊部主力早已撤退。十七日（8.29）藍元枚亦反守爲攻，由二林發兵經嵌頭厝（彰化縣竹塘鄉）攻往西螺。官軍強渡濁水溪，敵軍毫無防範被殺散，旋焚燬條圳塘、牛埔厝（雲縣莿桐鄉）賊巢返回二林。此次一北一南的行動，基本上並無帶給民變軍致命的打擊。藍氏調派的官軍已渡過濁水溪，不意竟又折回殊爲可惜。雖然藍推說兵力不夠，但從閩撫徐嗣曾的奏報來看應足夠。撇開第三期第二次支援的 2,000 人不談，該處招募的義民、番勇達七千之眾，怎說兵力不夠？〔註128〕

　　七月二十一日（9.2）高宗終於有了撤換常青的打算，他發諭詢問閩督李侍堯的意見爲何。八月二日（9.13）高宗命福康安爲欽差大臣，督辦臺灣軍務；並帶領參贊大臣海蘭察，領隊大臣普爾普、舒亮同往。同日再發一到上諭給常青，令他不可因福康安赴臺督辦而心懷疑懼。八月九日（9.20）福康安一行從北京出發，他所率領的兵馬，包括：鄂湘黔綠營 6,000 人、四川屯練 2,000 人；復調桂贛綠營兵 6,000 人、粵兵 1,000 人、閩省招募義民 2,000 人隨征，總共 17,000 名大軍。不過八月初已有先遣部隊抵達，那就是江寧將軍永

〔註127〕《平臺紀事本末》，頁 42～44。
〔註128〕《天地會（三）》，頁 114～115、166～167、188～189；《平臺紀事本末》，頁 44。

慶率領的旗標 1,500 名，廣州副都統博清額率領的旗標 1,500 名先後到郡。
〔註129〕當時知名文人包世臣目睹江寧滿兵開拔，有著生動地記載。他說「當
行者執途人而號哭，軍官皆無人色」。〔註130〕這眞是一針見血的描述，林爽
文事件至此已近一年，清廷調動數省大軍都無法弭平，難怪新增援的部隊
士氣會如此低落。江寧滿兵的表現應不是個案，它是檔案中找尋不到的人
性反映。事實上林、莊的氣燄仍強，八月二十二日（10.3）恆瑞帶兵三千名從
海道支援諸羅，才在鹽水港上岸就被林部團團包圍。該役要到九月十七日
（10.27）普吉保帶兵克笨港，林部感到腹背受敵退去才結束。〔註131〕而直到
十月二十八日（12.7）福康安從鹿港登陸爲止，官軍與民變軍都處於混戰且拉
鋸的狀態。

　　第三期的特色是閩省以外的軍隊首次援臺，它包括蘇、浙、粵的滿兵與
綠營。它有三個重點值的討論：其一，官軍與民變軍人數的問題。對於前者
五月底官軍人數是 21,500，八月底是 32,500 人。對於後者，官方的記載模稜
兩可，有謂莊大田、林爽文各擁眾十萬。現要問的是民變軍二十萬人是否爲
可靠的數字？筆者認爲二十萬是包括被裹脅、自願、受「治理」者的總數。
以乾隆五十三年（1788）臺灣總人口數 920,836 來說，二十萬佔人口比四分之
一強，不可謂不多。官軍加上該階段招募的義民人數 8,300，合計也僅有
40,800 人。不過民變軍的「二十萬」，並非都是指戰鬥人員。雖然官方記載的
賊眾，都以萬餘、千餘、數萬一筆帶過。但他們的分佈有一缺陷，那就是莊
大田的主力，可說環集於府城周圍；林爽文的主力戰線延伸很長，從鹽水港
至大里杙。所以說官軍只要挑選府城以北的任何一處港口，投注大軍在此做
單點突破，林部的防線就難保。福康安大軍渡臺，原想循舊路從府城上岸。
後來受到風勢不順所阻，以及八月十八日（9.29）藍元枚病逝的消息，遂從廈
門改道崇武由鹿港上岸，之後局勢逆轉豈非天意？

　　其二，官軍與民變軍擅長作戰的方式。對於前者，官軍能在人數居於劣
勢，卻又能周旋許久其實全靠火器。上述已清楚說明官軍擅長的陣地戰、守
城戰，火器對於他們的幫助是多麼重要。這不是全然都靠「天意」，福康安大

〔註129〕《天地會（三）》，頁 139～141、159～160；《平臺紀事本末》，頁 45、54～55；
　　　　《欽定平定臺灣紀略》，頁 466、521、551、569。
〔註130〕包世臣撰，李星點校，《包世臣文集》（合肥：黃山書社，1997 年 9 月），頁
　　　　425。
〔註131〕《平臺紀事本末》，頁 44～49。

軍抵臺後，營中所攜火器就是另一致勝的關鍵，此在第三章第二節論及不再贅述。民變軍的火器難與匹敵，但仍前仆後繼攻城，視死如歸的勇氣是戰爭延長的另一主因。然民變軍為彌補缺點，採引蛇出洞的策略，勾引官兵出城進行他們擅長的野戰、伏擊戰，又是能屢創官軍的主因。

其三，官軍常抱怨因文報不通，以致錯失出陣殺敵良機。現在看來是很有問題的陳述。截至第三期敵我情勢的發展，官軍與民變軍的陣地、佔領地，其實都犬牙交錯互結。官軍若有文報不通的問題，民變軍在官軍的阻擋下難道沒有嗎？其實從兩軍都能各自調兵遣將來看，「文報不通」不是戰場持續的實況，他最有可能是官員繕摺時塞責的藉口。另外兩軍的攻防，長時期進行遭遇戰的機會很少。基本上呈現出一攻一守的態勢。例如：三、四、六、八月民變軍進攻，官軍就防守；五月官軍進攻，民變軍防守。七、九月雙方有攻有守的時期。

第四期也是最後一期，時間從乾隆五十二年十月二十八日至五十三年二月五日（1787.12.7～1788.3.12），即欽差大臣福康安在臺指揮作戰階段。福康安一行從八月九日（9.20）出北京，直到十月二十八日（12.7）才抵達鹿港。在這之前臺灣戰事有些許的變化。

九月上旬，南路總計有一百三、四十莊，自呈實係良民，懇賞給腰牌以為視別。九月十五日（10.25）又有鳳山縣竿林（高雄市岡山區）等莊，以及粵民共一萬餘人來郡遞呈，常青均發給腰牌，令各自回鄉安業。〔註132〕莊大田見時局勢不佳，把家署安頓在大武壠，自帶親信百人至石仔瀨（臺南市大內區）潛伏。九月十七日（10.27）安平水師協副將丁朝雄率兵 1,200 名、義民 2,000 名，從郡城出發由海道進攻東港。莊部以「軍師」吳豹、將軍洪賀把守，本想灘頭淤淺，雖有潮水亦不通舟楫，所以防備鬆弛。不料當日天大雷雨、水勢暴漲，官軍戰船直抵岸上礮臺，敵軍被擊全部潰散。丁氏再派守備鄭其仁追至茄藤（屏東縣佳冬鄉）擴大戰果。東港的收復至為重要，因為此後南路米穀供應無虞，稍解府城缺糧的恐慌。〔註133〕

十月一～五日（11.10～11.14）汀州鎮總兵普吉保的出擊也有所斬獲。他在日前探得林陣營在土庫活動密集，於是採先發制人之策出兵，並在崙尾莊

〔註132〕福康安藏，《廷寄》（臺北：臺灣省文獻委員會，1954 年 6 月），頁 124。
〔註133〕閔爾昌，《碑傳集補》（臺北：明文書局，1985 年 5 月），頁 691～696；李桓編，《國朝耆獻類徵（168）》（臺北：明文書局，1985 年 5 月），頁 443～449。

（雲林縣崙背鄉）突擊成功。同時又控制住五條港（雲林縣麥寮鄉），通往鹿港的旱路，使得中部官軍的增援可多一處港口進來。二日（11.11）久沒有戰事的淡水廳，在同知徐夢麟的策劃下，揮軍渡大甲溪進行牽制作戰。根據徐氏的稟報，由於進入秋收，麾下民番雖有六千餘人，但頗思回庄收割。敵軍爲攫糧爲食，定藉食誘民恐增匪黨，所以宜採先發制人的攻擊。六日（11.15）兵分二路進兵，東由岸裡社，西從牛罵出發，直趨大肚。徐恐兵單，還增募三千民番加入，合爲九千大軍佯攻大里杙。〔註134〕臺灣大學圖書館所藏《岸裡大社文書》，收有這段時期岸裡社貢生潘士興、通事潘明慈，向官府請餉的領據。大抵投効的 200 名義番，以四日爲一期做爲請餉的時間。〔註135〕

　　民變軍唯一扳回一城的戰果，就是在對諸羅城的圍攻上。十月四日（11.13）林部以大石頭堵塞道爺埤的方式，決水氾濫淹沒老店、大崙莊、鹿仔草一帶，使得鹽水港官軍欲北援也不行。五～九日（11.14～18）林部萬餘人不分晝夜環攻南、北、西門。幸好知縣陳良翼早從鹽水港，調入二十尊千斤大礮，林部不敵火礮威力又失敗。〔註136〕十二日（11.21）柴大紀收到常青轉交的諭旨，高宗讓他自己決定要死守諸羅，還是要突圍殺出。不過柴氏考慮城防仍有大礮二十八尊，其中三千斤以上有六尊，尚能支撐一段時候。何況守軍還可以由山徑小路通往府城請餉，並有三次成功的記錄，所以諸羅城嚴格說來也不是一座孤城。〔註137〕

　　再根據十月底常青的奏報，其戰況的彙整是府城至諸羅陷城的大路，已經完全不通。所以能發兵救援該城者，僅有鹽水港、笨港；前者有恆瑞統率約七千名大軍駐防，後者從鹿港一線算起有五千名大軍駐防。但不是彼此觀望不救，就是遭敵圍攻無法及時支援。這個風雨飄搖的諸羅，城內外共有百姓四萬人一起守城。同一時候閩督李侍堯亦回奏，提到連日來調兵至東港、鹽水港，府城的兵員數量反而減少，現僅三千人左右。二十三日（12.2）普吉保與恆瑞終於開始行動。普收到的命令是要他從元長（雲林縣元長鄉）出兵，掃蕩盤踞在大客莊（雲林縣元長鄉）、大崙、新埤（俱在嘉義縣新港鄉）

〔註134〕中國第一歷史檔案館、人民大學清史研究所合編，《天地會（四）》（北京：人民大學出版社，1983 年 3 月），頁 3～4、112～113。

〔註135〕岸裡大社文書出版編輯委員會，《國立臺灣大學藏岸裡大社文書（二）》（臺北：國立臺灣大學，1998 年 3 月），頁 813～815。

〔註136〕鄧傳安，《蠡測彙鈔》，臺灣銀行文獻叢刊第九種，1958 年 1 月，頁 27。

〔註137〕《天地會（四）》，頁 1～2、55～56、78～82。

的賊巢後，進抵牛稠溪。恆收到的命令是要他進兵到三抱竹，再看情況北上接應普吉保。〔註138〕這就是福康安來臺前的戰況。事實上官軍還在全力奮戰中，如此官攻民守的態勢，十分有利增援部隊的擴大戰果，它先替福康安的勝利舖平道路。

十月二十九日（12.8）福康安一行從泉州崇武開航，隔日即抵鹿港外海，但因潮退的關係不能入港，所以延至十一月一日（12.9）才上岸。根據游擊李化龍給他的簡報來看，原來當時鹿港一地的守軍約有 4,000 餘人，分紮鹿港、番仔溝、大崙、二林、埔心五處。義民舊存 10,000 餘人，現再新募 5,000 餘人。林陣營的強兵現全調至諸羅，所以中部防衛較空虛。不過從大肚溪以北，至大甲溪以南的漳籍移民村莊，半數皆由林爽文控制。林部把守的要口如：烏日、田中央、犁頭店、大肚、水窟頭、豬哥庄，亦有重兵駐屯。所謂的義民，只分佈在彰化縣沿海村莊而已。福的計劃是以偏師佯攻大里杙，自己親率大軍南下解諸羅城之圍。三日（12.11）上諭改諸羅縣為嘉義縣，勖勉守城軍民的勇氣。四日（12.12）參贊海蘭察帶領多名侍衛至八卦山偵察，不料與數名敵軍遭遇，雙方即以槍箭互擊，此為福康安麾下與林部的首戰。〔註139〕

海蘭察以悍將著稱。此人自視甚高，能讓他心服者，滿朝文武只有大學士阿桂一人。傳聞福康安在北京出師前亦趨拜下風，海蘭察才答應鼎力相助。〔註140〕高宗對福、海二人的表現十分滿意，而從旁也諭令他們要做好幾件事。第一、逆首林爽文、莊大田、陳泮、吳領定要生擒至京師。第二、可與普吉保聯合成一軍，火速馳援嘉義。〔註141〕福康安本人在福建時，也親身垂詢地方鄉賢，討論平定林案的方法。泉籍進士鄭光策、前任臺灣縣教諭郭廷筠表現有如智囊角色。鄭、郭二人的獻策有多重要呢？從《福建通志》、《皇朝經世文編》均收錄其大作可見一般。〔註142〕

〔註138〕《天地會（四）》，頁 63～64、83～84、102～103、130～131。
〔註139〕《天地會（四）》，頁 127～129、135～137；佚名，《侯福將軍征服臺灣剿匪紀事殘卷（乾隆上諭）》，清抄本，北京大學圖書館藏。
〔註140〕葛虛存，《清代名人軼事》（揚州：江蘇廣陵古籍刻印社，1997 年 7 月二刷），頁 126。
〔註141〕《天地會（三）》，頁 470；《天地會（四）》，頁 66、91、97。
〔註142〕李元春，《臺灣志略》，臺灣銀行文獻叢刊第一八種，1958 年 10 月，頁 79；陳壽祺，《福建通志臺灣府》，臺灣銀行文獻叢刊第八四種，1960 年 8 月，頁 317～319、728～729；賀長齡，《皇朝經世文編》（臺北：文海出版社，1973

　　截至十月底林陣營圍攻嘉義縣城的部隊，多佈署在十四甲、牛稠溪（俱在嘉義縣民雄鄉）、姜母寮、北社尾、大溪厝（俱在嘉義市）、水崛頭、崎仔頭（俱在嘉義縣水上鄉）、堵埤（臺南市後壁區）、三苞竹庄一帶。十一月初林得到情報，知道官軍準備從鹿港南下，於是把重兵調集在大埔林、中林、大埔尾（俱在嘉義縣大林鎮），其中又以中林多藏精銳。十一月五日（12.13）都司額爾亨額，帶領 90 名四川屯丁進攻八卦山，該部採伏擊戰術，結果大敗林部。隔日常青與福康安以書信的方式達成協議，常青以府城四千兵馬過於單薄爲由，不宜輕進北上支援嘉義。所部仍在府城牽制莊大田的軍隊，福康安則統率二萬大軍南救嘉義。十一月六日（12.14）柴大紀終於接到福康安抵達鹿港的消息。隔日福的大軍開拔至元長庄，與普吉保的六千名營兵、一千名義民會師。八日（12.16）官軍分成五隊續進，先後掃平埤長庄、紫林腳（嘉義縣溪口鄉）、新庄仔（雲林縣北港鎮）、西勢潭仔（雲林縣東勢鄉）、西勢潭庄（雲林縣元長鄉）、游厝庄（嘉義縣溪口鄉）、三塊庄（雲林縣大埤鄉）、舊庄（雲林縣大埤鄉）、本廳庄（嘉義縣溪口鄉）、天錫庄（嘉義縣溪口鄉）、灰磘、雙溪口、上崙庄（嘉義縣溪口鄉）、海豐庄（雲林縣水林鄉）、過溝仔庄（雲林縣斗南鎮）賊巢。九日報 12.17）大軍進抵牛稠山，見賊眾有萬餘人，仍以急攻的方式挺進，晚上十時先鋒部隊終於入城。然官軍不敢稍停，一整晚掃蕩嘉義縣城旁的北社尾、臺斗坑（嘉義市）、牛稠莊等敵陣，嘉城之圍遂解。十日（12.18）恆瑞從鹽水港北上攻克半天厝，鹿仔草的敵軍先行逃逸，之後與福康安的部隊會師大崙，至府城的道路終於打通。〔註143〕

　　福康安是採急行軍的方式，先把嘉義縣城之圍給解了，但對於林爽文的主力並無致命性的摧毀。此時林部仍把守嘉城以北的孔道——斗六、大埔林、庵古坑。十一月十一日（12.19）福康安先在嘉城附近十四甲山清鄉，並招撫後壁寮（臺南市後壁區）等 45 庄後，準備北上攻打斗六門。十二日（12.20）福康安大軍行至興化店（嘉義縣中埔鄉）時，突然遇賊五、六千人阻路，雙方爆發激戰，林部不敵而逃。該役自興化店至員林的賊巢均被焚燬。十六日（12.24）福指派領隊大臣普爾普帶兵前往茅港尾，不料在此遭賊四、五千人環攻，一陣混戰後官軍進抵三坎店。十七日（12.25）根據馬稠後（臺南市白

　　　　年 12 月），頁 2999～3004。
〔註143〕《天地會（四）》，頁 138～140、142～143、159～160、176～178；《清耆獻類徵選編》，頁 1209。

河區）義民線報，賊眾數千在大排竹（臺南市白河區）屯聚，十八日（12.26）海蘭察率兵進剿克敵，趕跑「中路總提督」何泰。二十日（12.28）官軍回過頭來，北上突破大埔林、中林、大埔尾敵陣，於隔日進抵斗六門。二十一日（12.29）中午，官軍終於攻進城內，擒獲「平西大將軍」李七。同時偏師亦肅清西螺、東螺一帶，「北路先鋒」陳閥的部隊。〔註144〕

　　至於林爽文本人如何應付此危局呢？從林陣營人士被俘後，所錄的〈供詞〉可以一窺他們防禦的情況。林氏在嘉義戰敗後，北上回到大肚，與「大都督」林領、「建武監軍」林茂、「為國元帥」林玉，率領二、三千人在烏日頑抗。直到十一月二十一日（12.29）林受傷退回大里杙為止，這一次攻擊可說是第四期中，林部在彰化縣所發動最大，也是最後一波攻勢。無奈人數過少，主帥又受傷，最終以敗逃收場。〔註145〕二十二日（12.30）福康安大軍從庵古坑進入水沙連，從生擒的俘虜口中得知，林爽文現在藏匿於大里杙。之後大軍沿八卦山山脈東側一路北上，二十四日（1788.1.1）抵達大里杙南方的平臺庄（臺中市霧峰區）。二十五日（1.2）全軍發動總攻擊，官兵從西北、西南寨門殺入，林爽文棄地逃竄。林爽文要怎麼逃呢？第一時間北逃已經不可能，因為同日徐夢麟、徐鼎士指揮的軍隊，也攻克楓樹腳（臺中市南屯區），並且烏牛欄（臺中市豐原區）至三十張犁，豬哥庄至龍目井（臺中市西屯區至臺中市龍井區）都由義民軍把守。所以只能往南逃。〔註146〕

　　那麼圍攻府城的莊大田現又如何呢？根據常青的回奏，十一月十七、十八、二十、三十日（1787.12.25 / 26 / 28 / 1788.1.7），莊麾下一、二千人仍在小南門、大北門外騷擾。按莊氏的口供，他宣稱自己完全不知林爽文已在大里杙失敗，直到乾隆五十三年正月十七日（1788.2.23），看見從北路逃來的敗兵，才知道林爽文逃入內山躲藏。也就是說莊部在福康安掃蕩嘉義、彰化縣時，還在臺灣、鳳山縣硬撐了二個月。這二個月他們是如何負隅頑抗呢？麻豆、茅港尾是他們最後攻擊目標。大抵在十二月一、六、九、十二、十三、十四日（1788.1.8 / 14 / 16 / 19 / 20 / 21），莊大田還能調集約四千之眾攻擊。

〔註144〕《天地會（四）》，頁 179、182～183、190～192、210～212；《臺灣林爽文起義資料選編》，頁 238、244、278。

〔註145〕《天地會（四）》，頁 237；《臺灣林爽文起義資料選編》，頁 219、222、276、283。

〔註146〕《天地會（四）》，頁 233～235；《彰化縣志》，頁 111；《淡水廳志》，臺灣銀行文獻叢刊第一七二種，1963 年 8 月，頁 275。

但從其弟莊大韭的供詞得知,從十二月中旬開始,義民的反攻轉烈,而且手下部隊很多受撫均成「義民」。莊氏趕忙把家人搬徙到大武壠、噍吧哖(臺南市玉井區),爾後又轉徙到三嵌(臺南市大內區),之後大兵至皆往鳳山縣逃竄。〔註147〕

另外死守嘉義縣城一年的福建水師提督柴大紀,現在應該苦盡甘來坐享勝利的果實吧!其實不然。由於福康安再援嘉的過程中,曾與柴發生不快,因此決定參劾他。福先對「虎將」福建陸路提督蔡攀龍偵訊開始,搜集蔡、柴二人守城失察之罪。十二月十六、二十四日(1.23 / 1.31)高宗對於柴大紀仍十分袒護,稱他不可隨意彈劾「功臣」。但二十五日(2.1)杭州將軍德成陛見時,說出柴大紀任臺鎮時貪贓枉法的罪狀,高宗大怒諭令福康安調查。同日發佈上諭停發給柴大紀任何獎賞,柴氏即將大禍臨頭。〔註148〕

林爽文往南逃竄,有想與莊大田會合嗎?不排除林氏有此計劃,但官軍也有所提防。林從大里杙逃出後,走內山小徑竄入集集埔(南投縣集集鎮),此時跟隨者仍有萬餘之多。十二月五日(1788.1.13)官軍攻克集集埔,林部一分為二逃亡;其中二千餘人再往南逃至小半天(南投縣竹山鎮),其他六、七千人走更內山小徑,以逆時鐘方向北逃回彰化縣。十八日(1.25)在小半天的林爽文殘部被圍殲。二十四日(1.31)林逃抵東勢角(臺中市新社區),在強渡大甲溪準備進入淡水廳時,被生番伏擊。於是殘部再分成二路,一路約二千餘人竄往水底寮,但在朴仔籬(俱在臺中市新社區)全被殲滅。另一路跟隨林爽文行抵雙崎(苗栗縣卓蘭鎮),又被生番伏擊;二千餘人被殺,一千餘人掉入大安溪溺斃。僅剩的一百餘名跟隨者,繼續往北逃竄。乾隆五十三年元月四日(1788.2.10)林爽文在老衢崎(苗栗縣竹南鎮),被化裝的義民擒獲。北路戰事終告結束。〔註149〕

在處理完林爽文後,剩下就只有莊大田。正月十四日(1788.2.20)福康安從嘉義縣城發兵,偏師沿東側丘陵南下攻抵大武壠,福親率大軍走平原,於十六日(2.22)進抵灣裡溪(臺南市善化區)。隔日殺至牛庄,與二千名敵

〔註147〕《天地會(四)》,頁265;《臺灣林爽文起義資料選編》,頁225~227、229、252。

〔註148〕《天地會(四)》,頁195~199、202~205、217~223;林焜熿,《金門志》,臺灣銀行文獻叢刊第八〇種,1960年5月,頁275~276。

〔註149〕柯志明,《番頭家——清代臺灣族群政治與熟番地權》(臺北:中央研究院社會學研究所,2001年3月),頁251~254。

軍混戰，陣斬「定南將軍」蘇魁，大獲全勝。十九日（2.25）官軍推進至南潭、大目降，又遇賊匪三千餘名圍攻；常青開城出戰，賊稍退。此時福命令粵民與四社熟番，進入噍吧哖清剿莊的餘部，並在頭社（臺南市大內區）、本縣庄、大埔（臺南市東山區）也所斬獲。福康安把官兵調往各處駐紮，自己前往岡山找尋莊大田的蹤跡。二十一日（2.27）福抵達下埤頭，據報現所有賊黨全逃至水底寮。二十六日（3.3）海蘭察在下淡水，再敗二千餘名敵軍，並聽聞莊大田已逃向琅嶠。二月四日（3.11）官軍由水、陸分頭進抵風港（屏東縣枋山鄉）。五日（3.12）追至柴城（屏東縣車城鄉），至上午十時至下午二時，殲滅敵軍二千多名，莊大田亦被生擒。若照「總督內外諸軍務」蔡福的口供，莊氏婦孺本有機會搭船逃走。無奈上船後，風勢轉向由南往北，遂漂至岸，再逃入灰窰窖後才被拏獲。〔註150〕莊氏一族到案也代表南路戰事的告終。

　　爾後林爽文、莊大田被解送北京凌遲，前者在三月十日（4.15）正法，後者在三月十四日（4.17）。然整起事件還未完全落幕。上文提到的柴大紀，於乾隆五十三年元月二十三日（1788.2.29）遭革職拏問。三月一日（4.6）福康安嚴訊柴氏並查抄其財產。七月二十一日（8.22）按律處斬。時論林案最後能得以弭平，柴大紀堅守嘉城功不可沒。因此謂柴之死爲「冤死」。〔註151〕另外嚴緝「漏逆」也是臺灣官員的重任，從「購線」的手法來看，可知官府對區域社會控制有一定的深入性。例如：乾隆五十三年四月（1788.5）在淡水廳後壠拏獲「巡海將軍」邱添喜。〔註152〕五十四年四月（1789.5）拏獲嘉義逸匪黃結。〔註153〕同年五月拏獲嘉義逸匪林安、張左、簡助。同年閏五月在港西拏獲鳳山逸匪李由。〔註154〕同年七月拏獲嘉義逸匪許俊、許海、許丁、楊愷；

〔註150〕《天地會（四）》，頁373～376、382～386；《臺灣林爽文起義資料選編》，頁232。

〔註151〕《天地會（四）》，頁308～309、395～396、420～421；小橫香室主人編，《清朝野史大觀》（揚州：江蘇廣陵古籍刻印出版社，1998年5月三刷），頁66～67；張本政主編，《清實錄臺灣史資料專輯》（福州：福建人民出版社，1993年12月），頁573～574。

〔註152〕乾隆朝漢文錄副（軍機處錄副），檔號：1445-0021，微縮號：099，中國第一歷史檔案館藏。

〔註153〕國立故宮博物院，《宮中檔乾隆朝奏摺（第七十一輯）》（臺北：故宮博物院，1988年3月），頁722。

〔註154〕國立故宮博物院，《宮中檔乾隆朝奏摺（第七十二輯）》（臺北：故宮博物院，1988年4月），頁15、192～193。

鳳山縣逸匪蔡久、蔡南。〔註155〕

　　乾隆朝的林爽文事件，在高宗眼中除了列入十全武功外，亦自比康熙朝其祖父平定朱一貴事件的功勳。〔註156〕而在最後一期的發展上，更有幾點是值得注意：其一，官軍與民變軍人數的問題。經過三次從內地調動大軍的增援，第四期臺灣新、舊官軍約十萬人，義民、義番合計約 24,000 人。這樣的兵力與第三期林、莊各控有十萬人的規模比較，官軍還略遜一籌。不過此時情勢有所轉變，那就是官軍勝多敗少，使得民變軍份子中，不少甘於受撫搖身化爲義民。因此林、莊陣營兵源不斷流失。然更要注意的是，即便是二人連戰連敗、窮途末路時，其追隨者亦有萬人、千人之眾。這些不受招撫的「頑民」，成爲事後官方繼續統治的阻礙；所以清廷採全數殲滅的方式對付，避免日後尾大不掉。

　　其二，福康安爲什麼會勝利的問題。前述已提及林、莊二人兵力佈署不當，使得福的大軍在北路有突破的良機。亂時充當閩浙總督李侍堯幕賓的趙翼，認爲林爽文無法及時攻克鹿港，以致於讓福的大軍登陸成功是一大失策。〔註157〕趙的說法是知其一不知其二。因爲按林陣營的佈置，福康安的部隊只要選擇官軍控制的任何一處港口，例如：五條港、海豐港、笨港等，在此挹注 17,000 大軍都會有此戰果。另外幸運的是福大軍抵臺，正好是冬季。冬季是臺灣的枯水期，所以他才能從鹿港急速進兵，連跨濁水溪、虎尾溪弛援嘉義縣城。

　　其三，福康安本人在戰略上也有獨到之處。最重要的是他選擇先平定林爽文，後打莊大田。靠著莊部被牽制在府城動彈不得，福康安先解嘉義城圍提升士氣，最後再北上克定斗六門。斗六門的佔領意義重大，其重要性還不是打通文報而已，更要僅的是官軍可從庵古坑進入內山，然後沿著山勢北上進兵。以往林爽文能久據中部，靠著就是守住八卦山山脈的天險。如此即使官軍在彰化平原獲勝，也很難馬上攻入南投。但現在情況丕變。官軍沿著八卦山山脈北攻，民變軍東西向拒敵的陣地，全不利南北向的作戰，以致全營皆潰。從福康安自庵古坑到大里杙僅花費四天，就可以知道林陣營潰退之速。

〔註155〕國立故宮博物院，《宮中檔乾隆朝奏摺（第七十三輯）》（臺北：故宮博物院，1988 年 5 月），頁 7、129。

〔註156〕《天地會（四）》，頁 408～409。

〔註157〕趙翼，《平定臺灣述略》；摘自諸家，《海濱大事記》，頁 78。

其四，林、莊陣營能與官軍周旋許久，本身也要一定的實力，這就是土地收益轉化成的財力。根據事後官府沒收土地抄封的資料，這些土地的分佈，以日治初期所調查的地點包括：大加蚋堡、芝蘭一堡、芝蘭二堡、竹南一堡、苗栗一堡、苗栗二堡、苗栗三堡、藍興堡、大肚上中下堡、北投堡、武東堡、沙連堡、大榔槺西堡、大竹里、鳳山上下里、觀音中上里、長治三圖里、半屏里、赤山里、新園里、港東上中下里。〔註158〕

趙翼在事後對林案所花費的軍需有一統計。大抵福建省耗費 93 萬兩，鄰省動支 740 萬兩；再閩省撥米 30 萬石，各省支援 110 萬石。銀米合計再加上運腳，共花費 1,000 萬兩。〔註159〕林案的教訓，成為清廷在平定臺灣民變的重要經驗。

三、戴潮春事件

同治初年爆發的戴潮春事件，在清廷眼中重要性不若朱、林案的原因，則是被內地太平天國之亂所掩蓋。但此案在臺灣民變史上意義非凡，除了是最後一起跨縣境的大規模民變外，亦是作亂時間最久的民變。該案始於同治元年三月十五日（4.13）林晟倒戈於（東）大墩（臺中市中區），終至同治四年五月十八日（1865.6.11）敉平所有餘亂並建立祀祠。〔註160〕在時間上可以分為二期，以同治二年九月九日（10.20）臺灣道丁日健抵臺為分界點〔註161〕；之前是臺灣駐軍主力彈壓階段，之後是臺閩大軍協力圍剿階段。至於戴案是不是農民起義事件呢？它的領導者與林爽文事件相似，多是「地主」帶頭舉事，所以也非農民起義。此外它與林案又有一共同點，那就是同樣都是會黨領導的豎旗。

戴氏家族為彰化縣揀東堡四張犁（臺中市北區）的大地主，在戴潮春暗結天地會之前，其兄戴萬桂早因與鄉里互爭田租之因，糾眾結立土地公會、八卦會。萬桂結會時，因潮春充任北路協稿識，恐生變波累並未參與。咸豐十一年（1861）北路協副將夏汝賢貪橫，向潮春索賄不成竟把他革職。戴返

〔註158〕惠邨，〈清代臺灣之租賦〉，《臺灣文獻》，第 10 卷第 2 期，1959 年 6 月，頁 119～121。
〔註159〕趙翼著，李解民點校，《簷曝雜記》（北京：中華書局，1997 年 12 月二刷），頁 35。
〔註160〕吳德功，《戴施兩案紀略》，臺灣銀行文獻叢刊第四七種，1959 年 6 月，頁 5；《清實錄臺灣史資料專輯》，頁 980。
〔註161〕同治朝軍機處月摺包，編號：093614，國立故宮博物院藏。

鄉兄已亡故,爲獨樹一幟,乃招集舊黨成立天地會。天地會與土地公會、八卦會有何不同?〔註162〕原來前者入會還需膜拜朱一貴、林爽文牌位,並有特殊的隱語與暗號。根據會簿登記的人數,已擁眾十餘萬,並假藉團練之名行事,成爲地方實力派型的武力團體。〔註163〕

討論到此不免又會以他們尊奉朱、林的牌位,誤以爲該團體帶有政治上的反清色彩。但有二點證明實無此結果:其一,前文已陳述朱一貴、林爽文的舉事,純粹是抗官的武力行爲,前題並無任何政治訴求。其二:戴氏結會的動機,起初是爲了聯庄保路,爾後組成份子日益複雜;潮春遂擴充該會,添入儀式,收斂錢財。甚至於到最後尾大不掉,天地會會眾白晝公然搶殺,戴潮春也無法約束。所以說戴氏自組的天地會,是一個相當特殊的個案。通常官府對於會黨的剿捕是不遺餘力(見第二章第三節),孰料初期天地會假名的團練,竟讓官府深倚、豪右歛手、行旅便之、愚民安之。但後期戴氏無法完全控制的結果,也使得該會與他本人走向毀滅性的發展。〔註164〕

咸豐朝是太平天國舉事最烈之時。臺灣雖然沒有直接受到太平軍的攻擊,但該部在咸豐七年二~七月、八年七月~九年十一月、十一年元~九月(1857.3~8 / 1858.7~1859.12 / 1861.2~10),三次入閩的行動中,對福建產生不小的破壞。〔註165〕而它對臺灣的影響有二方面:其一,班兵制度的不行。大抵在咸豐八年(1858)福建綠營做最後一次換班,直到同治六年(1867)才重新啓班(見第二章第一節)。其二,在福建陷入烽火當中,朝廷少見地命令臺灣兵、勇內渡支援作戰。對於前者,由於四、五年不需要換班,使得臺灣綠營更顯疲態,例如:北路協中營、臺灣水師協左營,虛兵實餉平時見慣,營兵半皆爲商毫無訓練,一旦有變定倉皇失措。〔註166〕對於後者,咸豐三年五月(1853.6)上諭首次飭令臺灣道徐宗幹,酌帶弁兵內渡漳、泉協同剿辦。〔註167〕不過同月臺灣旋有林供舉事於鳳山,使得臺灣弁兵內渡

〔註162〕之前的研究把天地會與八卦會混爲一談是很有問題。參閱邵雍,〈臺灣八卦會起義述略〉,《歷史檔案》,總40期,1990年11月,頁97~102。

〔註163〕林豪,《東瀛紀事》,臺灣銀行文獻叢刊第八種,1957年12月,頁1~2;蔡青筠,《戴案紀略》,臺灣銀行文獻叢刊第二〇六種,1964年11月,頁1~2。

〔註164〕《東瀛紀事》,頁3;《戴案紀略》,頁3。

〔註165〕范啓龍,〈太平軍四次入閩戰鬥及福建人民的反清鬥爭〉,《太平天國學刊(第四輯)》(北京:中華書局,1987年7月),頁316~367。

〔註166〕《戴案紀略》,頁7、10。

〔註167〕不著編人,《清實錄──文宗顯皇帝實錄(四一)》(北京:中華書局,1986

福建被推遲了數年。

　　羅爾綱研究咸豐三年臺閩的豎旗案件時，提到臺灣天地會（應爲小刀會）的舉事，是聞風響應黃德美率領小刀會在海澄、林萬青率領紅錢會在德化的舉事而起。〔註168〕林其泉更擴大解釋，認爲此時臺灣各廳、縣的民變，不管在政治與軍事上，均與太平天國有十分明顯的關係。〔註169〕林的說法從清宮的檔案中找不到證據。羅的說法還須仔細說明。首先太平軍與福建天地會關係爲何？根據閩浙總督王懿德年譜所記，咸豐四年七月（1854.8）東王楊秀清遣徐向榮來閩勾結，但旋被官兵拏獲正法。可見得太平軍雖有意圖結合福建會黨，但終究沒有成功。〔註170〕所以福建當時的亂事，跟太平軍沒有合作上的關係。其次林萬青率領紅錢會又是怎麼回事？根據《林萬青傳》所記，紅錢軍所擾地區僅限於泉州、永春、長汀一帶，直到咸豐八年（1858）被剿滅爲止，都跟臺灣沒有關聯。〔註171〕因此臺閩會黨聯絡舉事，僅剩小刀會。咸豐三年四月（1853.5）黃德美進犯廈門成功後，七月即遣人與林供陣營聯絡，然被臺灣弁兵查獲整件事才曝光。〔註172〕既然計劃失敗，臺灣當時的亂事，跟福建會黨也沒有合作上的關係。

　　在釐清這一段歷史發展後，即能發現咸豐四年五月（1854.5）廈門小刀會過海犯淡水廳香山，六、七月犯噶瑪蘭廳蘇澳，閏七月犯淡水廳雞籠。都是該會從廈門亡命後獨自犯案，頂多與臺灣的土匪勾結，但絕沒有與臺灣小刀會暗結。而閏七月的雞籠之役造就一位將才，那就是彰化縣阿罩霧的義首林文察。林因有膽識遂被重用，咸豐九年（1859）率二千名勇丁內渡福建，轉戰閩浙平定太平軍。〔註173〕咸豐三年要調派援閩的臺灣營兵，遲了六年之後才啓行；而且所調者也不是綠營，反倒是地方上的勇丁。

年 11 月），頁 321。

〔註168〕羅爾綱，《太平天國史》（北京：中華書局，2000 年 11 月二刷），頁 2404。

〔註169〕林其泉，《臺灣雜談（I）》（福州：臺灣史研究室，1981 年 5 月），頁 106～115。

〔註170〕羅爾綱、羅文起，《太平天國散佚文獻勾沉錄》（貴陽：貴州人民出版社，1993 年 1 月），頁 118～119。

〔註171〕錦旋編、張玉芷註，〈福建紅錢軍領袖林萬青傳記〉，《近代史資料》，總 17 號，1957 年 12 月，頁 1～18。

〔註172〕中國第一歷史檔案館編輯部、上海師範大學歷史系中國近代史研究室編，《福建‧上海小刀會檔案史料匯編》（福州：福建人民出版社，1993 年 9 月），頁 221～222。

〔註173〕黃富三，《霧峰林家的興起——從渡海拓荒到封疆大吏（1729～1864）》（臺北：自立晚報，1987 年 10 月），頁 165～182。

雖然臺勇在閩浙驍勇善戰屢建奇功，但在福建詭譎的官場，其將領——林文察卻爲人所不喜。疵議者認爲他是林爽文的族裔，多虧福建布政使裕鐸的拔擢才能翻身。〔註 174〕撇開將領的人事不談，這二千名臺勇調離臺灣，對臺灣的武備造成什麼樣的衝擊呢？最明顯的是跟隨著義民首，在中部形成的親官方武力，一時出現眞空狀態。再者調閩的臺勇還不止這二千名，根據其他專文的估計，陸續隨征者共有五、六千人之多（有曰大部分是熟番爲主）。〔註 175〕這就是戴潮春事件舉事的背景。當時官府對這群臺勇的看法，認爲是他們內渡時，偵知太平軍勢張與臺灣府行事的虛實。再把這訊息提供給豎旗者後，遂成戴案燎原的原因。〔註 176〕這個因素是有的，但把戴案發展過度簡單化，其始末還需從頭講起。

同治元年三月五日（4.3）臺灣道孔昭慈循例春巡，九日（4.7）抵彰化縣城順道辦理會黨事宜。〔註 177〕時人給他的評論是狃於承平之嬉恬，無所防備；聽聞大突莊（彰化縣溪湖鎮）陳弄揭竿而起，才蒞臨該縣猶思撫緝。孔氏先檄調前任彰化知縣，現陞淡水廳同知的秋日覲前來剿辦，不過對象直指戴潮春而非陳弄。其麾下包括：北路協副將林得成率領的一千餘名士兵、義首林晟帶領的 400 名勇丁、義首林奠國帶領的 400 名勇丁。同日官軍在大里杙（臺中市大里區）獲得小勝，繼續向四張犁推進。十五日（4.13）官軍抵達（東）大墩時，因林晟倒戈官軍陣腳大亂。林奠國率部急返阿罩霧，秋日覲、林得成退入民舍竹圍負隅頑抗。十七日（4.15）陣地失守，秋氏被殺，林氏被俘，戴案展開。〔註 178〕

孔昭慈在同日接到官軍敗仗的消息，不免感到驚駭。但他沒有聽從幕友汪寶箴的建議撤退到鹿港，則是走出錯誤的第一步。他輕信勇首施久挺，以爲此人可去鹿港搬救兵來援，而安坐在彰化縣城則是錯誤的第二步。再者誤信奸細王萬之言，認爲可以與戴陣營議和，則是錯誤的第三步。事實上當時

〔註 174〕張集馨，《道咸宦海見聞錄》（北京：中華書局，1999 年 5 月三刷），頁 278、284。

〔註 175〕不著編人，《清實錄——穆宗純毅帝實錄（四五）》（北京：中華書局，1987年 1 月），頁 394、514；潘大和，《平埔巴宰族滄桑史》（臺北：南天書局有限公司，1998 年 4 月），頁 115～118。

〔註 176〕丁曰健，《治臺必告錄》，臺灣銀行文獻叢刊第一七種，1959 年 7 月，頁 417。

〔註 177〕洪安全主編，《清宮月摺檔臺灣史料（一）》（臺北：故宮博物院，1994 年 10月），頁 447。

〔註 178〕《戴案紀略》，頁 3～4；《戴施兩案紀略》，頁 5。

彰城是難以固守，由於精銳都已他調北上，城中僅剩老弱殘兵 300 名。千總
楊奪元建議趁敵營眾心未固，縋城出戰或許還有勝算。可惜孔氏否決該議，
寧願死守城中，等待鹿港來的援軍。只是施久挺一去不返，十八、十九日
（4.16～17）戴陣營攻城益急，銃子如雨。十九日夜得內應，戴部從東門殺
入，孔昭慈服毒自盡、夏汝賢以貪酷全家遇害。前任彰化知縣高廷鏡、馬慶
釗，以清官著稱被俘放回鹿港。現任彰化知縣雷以鎮因戴內部約定齋堂不受
擾，而誤打誤撞躲入齋堂倖免。〔註179〕

　　戴潮春以有司歛賦過苛民心不服，煽眾攻取彰城後聲勢大振，一時跟隨
者有十餘萬人。〔註180〕入城後戴潮春自命「大元帥」，封戴彩龍為副元帥、鄭
玉麟為大將軍、鄭豬母為都督、盧裕為飛虎將軍、鄭大柴為保駕大將軍、陳
在把守梧棲港為鎮港將軍，其餘一干人等賞賜受封有差。只是戴陣營的出頭，
不等於已統合所有民變軍的武力。林晟在倒戈之後即有悔意，原想捉拏戴潮
春功過相抵，但仍猶豫不決無法定奪。副將林得成趁機遊說，但不敵江有仁
的蠱惑。江氏之前曾跟林文察赴閩浙討太平軍，知道內地局勢紛亂無暇他顧。
遂唆使林晟謀反，不必心有旁鶩。林得成見大勢已去，伏劍自裁。林晟亦自
立為「大元帥」，與戴潮春並稱「千歲」。並封江有仁為軍師，何守為掃北將
軍、林貓為值殿將軍、康江中為大將軍、林狗武為都督。並分封茄投（臺中
市龍井區）大土豪陳鮒為「元帥」，令與部眾陳梓生、陳狗母、趙戇、劉安駐
守大肚山。再封牛罵頭（臺中市清水區）蔡通為「西保元帥」。葫蘆墩（臺中
市豐原區）紀朝為「滿漢將軍」。涷東（雲林縣斗南鎮）廖有譽、廖安然為將
軍。北勢湳（南投縣草屯鎮）大業戶洪欉為元帥。看來所謂的民變軍，其實
是呈現二元領導的態勢。〔註181〕

　　戴潮春眼看林晟有架空他的態勢，謀思反制之道。他把彰邑讓給林之後，
返回四張犁重新佈署。在「丞相」莊天賜的獻計下，戴氏遂自命為「東王」。
時水沙連的股匪劉三均、五城（南投縣魚池鄉）的吳文鳳、廉厝溝的「大總
制」許豐年、石榴班（雲林縣斗六市）的張竅喉、賴厝廍（嘉義縣竹崎鄉）
的「先鋒」賴阿矮來會，戴潮春一時聲勢復振。此外還有其他勢力，初自立
旗號並不相統屬。例如：之前提到的陳弄，現也自命為「大將軍」，梗踞於小

〔註179〕《戴案紀略》，頁 5～7：《戴施兩案紀略》，頁 7。
〔註180〕連橫，《臺灣詩薈雜文鈔》，臺灣銀行文獻叢刊第二二四種，1966 年 4 月，頁
　　　　35。
〔註181〕《東瀛紀事》，頁 5～7：《戴案紀略》，頁 19。

埔心（彰化縣埤頭鄉）一帶。關帝廳（彰化縣永靖鄉）蕭金泉自命爲「三元帥」。彰城南門外三十五莊張赤，西螺廖談，海豐崙（彰化縣埤頭鄉）邱阿福均自命爲「將軍」。嘉義縣牛朝山（嘉義縣民雄鄉）嚴辦自命「征南大將軍」。柳仔林（嘉義縣水上鄉）黃豬羔，大崙（嘉義縣縣水上鄉）呂梓均自命「將軍」。鰻魚寮（嘉義縣太保市）黃丁自命「大都督」。另有未打出名號的股首，包括：新港東的朱登科、埤堵（嘉義市）的羅豬羔、湖仔內（嘉義市）的羅昌、臺斗坑（嘉義市）的林忠厚、大溪厝（嘉義市）的賴豬羔、青埔莊的何錢鼠、水崛頭（嘉義縣水上鄉）的黃豬、八掌溪（嘉義縣水上鄉）的黃番仔、覆鼎金的（嘉義縣民雄鄉）宋田市。鳳山縣有岡山（高雄市阿蓮區）的許夏老。臺灣府城有蕭壠莊（臺南市佳里區）的陳蓋、楊毛。淡水廳有大甲的王九螺、王和尚、莊柳、李阿兩、鍾阿桂，中港（苗栗縣竹南鎮）的王江龍，現均聽命於戴潮春。〔註182〕

　　彰邑失守傳至府城，原任臺灣知府，現升任湖北省漢黃德道的洪毓琛，被郡百姓乞留。三月二十四日（4.22）府城設立籌防總局，由洪氏護理臺灣道篆主持剿務。〔註183〕洪氏的首要工作就是籌餉，他先以關稅抵押，暫向洋商借調十五萬兩，又准鹿港郊商匯兌，又函飭鹿港鹽館將鹽價盡數提付官軍。洪的努力得到回報，亂初未有營兵缺餉譁變投敵者。四月二十四日（5.22）北京首次收到戴豎旗的消息。〔註184〕而戴陣營在攻下彰邑後，下一步朝哪個方向進兵遂成關鍵。在四月份的戰事中，主要是往西、東、南發展。往西攻打的目標就是鹿港。彰邑的難民，現可說群集於此。不過該港可不是那麼容易就能攻陷，原因是它的外圍村庄，有諸多義民把守。形成一環狀陣地，拱衛鹿港的安全。這些村莊包括：冲西港、同安寮、塗城、三十五莊、二十四莊。臺灣水師協左營遊擊江國珍及其麾下，雖然也是老弱殘兵，但在義民的支援下終能固守。戴潮春眼見鹿港多泉籍移民聚集，先派同爲泉籍的「鎮北將軍」林大用來招撫。不成乃調陳弄圍攻鹿港，然強攻三日不下，又收到淡水廳新莊楊貢舉事失敗的消息旋退兵。〔註185〕

　　往東攻打的目標就是阿罩霧。林晟與林奠國一族早有仇隙，該役林晟親率36,000名部眾，猛攻三日未果。旋因東勢角粵籍義首羅冠英率部來援，林晟

〔註182〕《東瀛紀事》，頁6～8；《戴案紀略》，頁20～21。
〔註183〕蔣師轍，《臺灣通志》，臺灣銀行文獻叢刊第一三○種，1962年5月，頁853。
〔註184〕《清實錄——穆宗純毅帝實錄（四五）》，頁700。
〔註185〕《東瀛紀事》，頁10；《戴案紀略》，頁9～12。

乃退兵返彰邑。〔註186〕往南就是嘉義縣城及其周邊的攻防戰。四月二十八日（5.26）安平協副將王國忠，奉臺灣鎮總兵官林向榮之命，帶兵百餘名至嘉邑防堵。但被股首黃豬羔偵之，先在柳仔林（嘉義縣水上鄉）埋伏。果然官兵中伏大敗，正在危急之間水師遊擊顏常春帶救兵趕到，一行人且戰且走逃入嘉義縣城。黃豬羔立即圍城，幸而守軍以火藥燔敵，城圍始解。〔註187〕

　　五月六日（5.4）臺灣鎮總兵官林向榮先在府城誓師，隔日林氏親率弁兵3,000名北上討賊。九日（5.7）大軍進抵坊坮（臺南市白河區）紮營。戴氏遣戴彩龍率嚴辦、陳弄、黃豬羔等萬餘人，繞過嘉邑紮營南靖厝（嘉義縣水上鄉），雙方隔八掌溪對峙。十九日（5.17）洪毓琛檄調新港小屯200名屯丁，以及內四社熟番（大武壠社群／見表五十八編號18）屯勇300名來郡防守。二十八日（5.26）戴部暗渡八掌溪偷襲白沙墩（臺南市後壁區），切斷官軍與鹽水港聯絡的糧道。此役官軍損失頗大，是夜林向榮率眾夜襲得小勝，然糧道受阻林部開始出現危機。林氏見局勢不佳，從坊坮後撤至安溪寮（臺南市白河區）待援，但所部200名屯丁卻萌生異心通敵內應。〔註188〕

　　五月份的戰事除了向東攻勢稍停外，向南、西、北雙方均爆發激戰。在南方戰場上，不獨林向榮遇敵，戴陣營在嘉邑未能立克的情況下，轉攻斗六門。〔註189〕斗六門由營都司湯得陞駐守，總兵力不過500名，卻要單獨面對萬餘名的賊眾，情勢可說相當危急。幸好副將王國忠從嘉邑率兵來援始解圍。現在的局勢是官軍雖能固守住較大的城邑，但鄉間都被民變軍的佔領。所以戴陣營「鄉村包圍城市」的戰略浮出成效。果然洪毓琛遣澎湖協副將陳國銓，帶兵200名與屯番500名護送餉銀至嘉邑，在快到安溪寮時被敵軍伏擊。陳國銓旋命兵丁身揹銀兩，採化整為零的方式前進；不料兵丁私下瓜分餉銀而逃，屯番見狀四散。陳國銓隻身無法禦敵，遂自吻而死。〔註190〕

〔註186〕《霧峰林家的興起——從渡海拓荒到封疆大吏（1729～1864）》，頁 230～232；《臺灣詩薈雜文鈔》，頁 2。

〔註187〕《戴案紀略》，頁 12；《戴施兩案紀略》，頁 11。

〔註188〕各私家撰述對戴案的描寫，在月份日期上有明顯不同。本文仔細對照後，認為《戴案紀略》可信度最高。因此以該書為準，再校正、排比一下戰事的發展。參閱《臺灣通志》，頁 853；《戴案紀略》，頁 13；《戴施兩案紀略》，頁 11～12。

〔註189〕嘉邑的城圍雖沒有林爽文時嚴竣，但被圍至三個月也乏食困頓。參閱連橫，《雅堂文集》，臺灣銀行文獻叢刊第二〇八種，1964 年 12 月，頁 70。

〔註190〕《戴案紀略》，頁 18；《戴施兩案紀略》，頁 16、18～19。

　　在西方戰場上，鹿港的防禦因有大批援軍湧入，暫時獲得保障。根據《臺灣通志》所記，在林向榮帶兵北上的同時，亦撥 400 名屯丁由海道弛援鹿港。五月二日（5.29）府城貢生蔡廷元在郡募勇，之後也是由海道赴鹿港援剿。最重要的五月十二日（6.8）記名總兵曾玉明由浙防赴泉州，統兵 600 名徑渡鹿港，旋調集兵勇約二千人紮營於水轉橋（彰化縣福興鄉）。〔註 191〕二千人可謂不小的兵馬，當時鹿港約有十二萬餘人，幸好本地就是一個米穀的集散區，所以在供食上暫不乏糧。另外再聯絡和美線（彰化縣和美鄉）沿海一帶各泉籍村莊，鞏固鹿港北面的陣地。並由舉人蔡德芳、貢生林青源辦理（團練）總局，抽釐助餉。〔註 192〕

　　在北方戰場上，淡水廳同知秋日覲陣亡，一時廳務無人視事。竹塹紳士鄭如梁、陳輯先等公推候選通判張世英代理。張氏權視立刻推舉士紳林占梅爲總辦臺北軍務。閩撫徐宗幹檄文一到，林氏慷慨受命，旋設保安局於竹塹廳城。時北門外有蘇、黃二姓械鬥，林占梅親自帶勇彈壓。廳內羅漢、游民之徒，一時無所覓食皆喜賊至；占梅令頭人造冊，計口授糧所費不貲，斥去腴田無算破產以應。正值王江龍在中港徧貼告示，到處派飯準備響應戴氏。占梅偵之立遣勇丁速赴，械送竹塹誅之。大甲土豪王和尚，聞彰邑破乃率黨羽莊柳、陳再添、王九螺，趁巡檢、守備、弁兵皆逃而佔據大甲。戴潮春收到消息後，隨遣蔣馬泉來守大甲。然民變軍毫無紀律，白晝公然搶劫百姓苦之。五月五日（6.1）林占梅命勇首蔡宇，率領百餘名勇丁襲取大甲成功。不過王和尚潰退後，也馬上招集所部進行反攻；並得到「掃北將軍」何守、「先鋒」楊大奇等賊眾支援，連紮二十七營包圍大甲。十三日（6.9）林占梅調彰化縣東勢角羅冠英率師來救，官軍以奇兵偷襲，賊眾大敗遂解圍。〔註 193〕

　　六月份的戰事官軍先敗後勝。義首李章慈首倡收復彰邑，他與打鐵山（彰化縣和美鎮）義首李利進詔安厝（彰化縣和美鎮）。戴部獲悉從彰邑傾巢而出，李章慈力竭陣亡，李利逃回莊中。六月三日（6.29）嘉義大目堡義首林聿成率義民 34 人，解運油米接濟嘉邑守軍，不料至好收莊（嘉義縣中埔鄉）遇襲全

〔註 191〕 《臺灣通志》，頁 853；陳衍，《臺灣通紀》，臺灣銀行文獻叢刊第一二〇種，1961 年 8 月，頁 186。

〔註 192〕 《戴案紀略》，頁 14～15、17～18；《戴施兩案紀略》，頁 14～15。

〔註 193〕 《東瀛紀事》，頁 16～17；《戴案紀略》，頁 15～16；林占梅，《潛園琴餘草簡編》，臺灣銀行文獻叢刊第二〇二種，1964 年 11 月，頁 131。

軍陣亡。〔註194〕八日（7.4）官軍開始反攻。伺促於安溪寮的林向榮，因其弟
林向皋從廈門募到勇丁 500 名來援，所以聲勢復振。此時原戴陣營股匪店仔
口（臺南市白河區）吳墻、黃豬羔來降，官軍士氣更旺急向嘉邑挺進。「大將
軍」陳弄、「征南大將軍」嚴辦抵擋不住，紛紛北逃回彰。時嘉邑義民賴時輝
已籌設莆姜林四十九庄聯義分局，聯絡城內外賴、林二姓子弟。官軍至剛好
裏應外合，林部進抵城邑西門外，破敵壘五座解城圍。〔註195〕

　　六月十三日（7.9）曾玉明率兵 400 名、義民千名，從鹿港出陣掃蕩平原
上的賊巢，連克馬芝堡、菁埔仔、後湳、馬鳴山四莊，紮大營於秀水（俱在
彰化縣秀水鄉）。這四莊莊民多王姓，從賊被官軍掃蕩後，移巢於後港仔、莿
桐腳、十四甲（俱在彰化市）。十九日（7.15）「副元帥」戴彩龍、橋仔頭（彰
化縣花壇鄉）股匪李炎、「大將軍」鄭玉麟至燕霧堡大莊（彰化縣大村鄉）派
飯，結果被二十四莊義民手到擒來。該役戴、李、鄭三人皆被正法，戴部折
損二百餘名士氣大衰。日後戴陣營以大岸頭——湳尾（俱在彰化市）為界，
以東全豎紅旗並蓄髮；官軍以白沙坑——口莊（俱在彰化縣花壇鄉）為界，
以西全舉白旗仍薙髮以別。戴彩龍之死使得戴陣營憤恨。二十一日（7.19）戴
潮春率眾攻白沙坑，二十三日（7.21）攻口莊，但被擊退。〔註196〕

　　七～九月的戰況，沒有比臺鎮林向榮陣亡於斗六門，更讓官軍士氣大損。
七月初林向榮在嘉邑接據湯得陞的稟文，聲稱斗六門現防禦單薄需要援助。
林氏遂派其弟帶領勇丁 300 名，守備劉國標率兵勇 600 名前往；並飭崁頂莊
（臺南市白河區）義首林義接應，顏常春帶兵赴大崙莊（嘉義縣水上鄉）掃
蕩後路。〔註197〕截至目前為止，林鎮的調度還算得當。那麼曾鎮呢？七月十
日（8.4）上諭要曾玉明立刻將彰化縣城收復。諭旨會這樣宣達，可能是看到
嘉邑已被綏靖，所以才會下此命令。〔註198〕但戴陣營不等官軍反攻，遂在七
月十九日（8.13）發動鹿港北面戰役。「大元帥」林晟指揮「鎮北將軍」林大

〔註194〕臺灣銀行經濟研究室編，《臺灣南部碑文集成》（南投：臺灣省文獻委員會，
　　　　1994 年 7 月，頁 693。
〔註195〕《戴施兩案紀略》，頁 19～20；《臺灣通志》，頁 854；顏尚文，〈嘉義賴家「嘉
　　　　城賴仁記家譜」的編撰與家族倫理之建構〉，《中國現代史專題研究報告（第
　　　　二十一輯）》（臺北：中華民國史料研究中心，2000 年 10 月），頁 531～533。
〔註196〕《戴施兩案紀略》，頁 21～22。
〔註197〕《臺灣通志》，頁 854。
〔註198〕蔣良騏，《十二朝東華錄（同治朝）》（臺北：文海出版社，1968 年 8 月），頁
　　　　200。

用，率眾攻入湳仔莊、柑仔莊、和美線街、加寶潭（俱在彰化縣和美鎮）頗
有斬獲。然林晟大意接受義民陳耀詐降，在收賄 2,000 銀圓豎上紅旗後收兵。
不料陳耀趕抵鹿港討到救兵，收下紅旗改舉白旗。林晟大怒再發兵來攻，但
義民莊早有準備，直到戴案結束，戴部都未越雷池一步。〔註 199〕

　　林晟圖和美線未果，遂把兵鋒指向二十四莊。八月十六日（9.9）林氏率
眾萬餘名，分三路猛攻白沙坑、口莊、虎山岩坑（彰化縣花壇鄉），自己登觀
音山（彰化市）督戰。拔貢生陳捷魁調三家春、茄苳腳（彰化縣花壇鄉）義
民來守。林晟見無機可乘暫退兵。十八日（9.11）改攻崙仔頂（彰化縣花壇鄉），
突破義民的防線深入，記名總兵曾玉明急帶兵勇駐安東莊（彰化縣秀水鄉）
抵禦。義民首們見亂勢未定，群向曾鎮建議開通一條新的道路，從彰城北面
的快官莊（彰化市），開至彰城南面的虎山岩。林晟得悉拼死阻止，鑿路未果。
閏八月十四日（10.6）義民首羅冠英在彰縣北的反攻有獲，連克蓁腳、葫蘆墩
（俱在臺中市豐原區）。林晟見勢不對帶兵來援，戰於圓寶莊、圳蓁（俱在臺
中市潭子區），義民軍受挫回翁仔社（豐原區）。〔註 200〕在戴潮春南下發展時，
林晟就負責指揮中部地方的攻防。

　　臺灣道洪毓琛聽信小語，未等斗六門防務部置妥當，七月底即命林向榮
揮軍北上。林鎮抵達後，麾下兵力雖有千人之眾，但卻做了最錯誤的佈署。
他不聽副將王國忠建議，把大軍都屯集於街市，未點放分散紮營於村莊。於
是斗六門形成一座孤堡，旁邊都沒有陣地可以拱衛。也忘了先前在白沙墩，
糧道被斷的窘況可能重演。未幾戴陣營「大將軍」陳弄、「大總制」許豐年、
「征南大將軍」嚴辦率萬餘人南北夾至。《通志》收錄一張當時官軍探子的報
信，就是記錄斗六門失守後的消息彌足珍貴。八月二十九日（9.22）戴潮春已
在林杞埔（南投縣竹山鎮），主持南攻事宜。戴氏出入有衛隊四、五百人保
護，行至林杞埔已收眾萬餘人。閏八月二日（9.24）戴聞報林向榮在斗六
門，旋移駐二八水（彰化縣二水鄉），並派大軍趕赴現場圍困。這一次圍困非
同小可，戴部以圍點打援的戰術，強佔十舍娘莊、烏瓦緉（雲林縣斗南鎮）；
不跟林部千餘兵馬對決，欲把他們全餓死在孤城。土庫（雲林縣土庫鎮）義
首陳澄清，屢次想運米到營，但都不得志。石榴班等莊（斗六市）本與林鎮
互通，現受到戴部的威脅也斷去接濟。此時王國忠又建議，殺出重圍至海豐

〔註 199〕《戴施兩案紀略》，頁 22～23。
〔註 200〕《戴施兩案紀略》，頁 25～28。

崙（斗六市）就糧。林向榮惑於守備林國泰饞言，以爲有官軍來援遂否決。九月十三日（11.4）戴潮春親赴斗六門發動總攻擊。此時官軍已被圍困二個月，乏食已無力反擊。是日夜番屯通敵，僅存的弁兵退守營盤。十七日（11.8）林向榮吞金自殺（亦說仰藥）。副將王國忠、參將顏常春突圍未果皆陣亡。二十一日（11.12）戴氏移營於西螺（雲林縣西螺鎮），準備第二次圍攻嘉義縣城。〔註201〕

此役官軍可說元氣大傷。林向榮在咸豐三年（1853）於閩圍剿太平軍失利，即以廣東海門營參將身份被革職。〔註202〕爾後再靠著軍功復職，並一路擢陞至臺灣鎮總兵官。孰料大意敗亡，成爲繼朱案歐陽凱之後，第二位馬革裹屍的臺鎮。其實當斗六門被圍時，鹿港生員楊清時請曾鎮發兵搭救，不許；楊又請曾氏調寶斗仔（彰化縣北斗鎮）義民往援，亦不許。楊清時與總理許行義率勇丁400名逕自前往。行抵番婆莊時，突遇戴部攻擊，退守湖仔內（俱在彰化縣溪湖鎮）馳援失敗。〔註203〕

十～十二月的戰況，官軍皆呈守勢，民變軍大舉向南、北挺進。在南方戰況上，斗六門官軍覆沒對戴陣營來說，不啻爲打開南攻通道的大門。然嘉義縣城雄峙於縣境，遂成另一個需要攻克的目標。該城防禦比斗六門堅強，之前想用圍困「城腳」的方式，已被證明是失敗。所以必須擴大戰線，把「圍點打援」的對象擴張到鄰近諸地，而土庫與鹽水港被他們認爲是首先要攻陷的目標。土庫義首陳澄清先前接濟過官軍，戴陣營再以他爲先討對象。不過該地的守備卻很堅強。陳氏爲一膽識之人，他帶領的「土庫五虎」早在亂初，即囤積大量餉械糧米，戴部若要硬攻也要蒙受損失。斗六門陷後，陳弄、嚴辦率大軍合圍該地。陳澄清詐降邀陳弄入莊，是夜義民掩殺至，陳弄大敗而逃。澄清即聯絡埔姜崙（雲林縣褒忠鄉）、鹽水港互保，直到戴案平定爲止，土庫從未失守。〔註204〕

土庫謀攻不下，嚴辦以不如改攻鹽水港，可以先圖府城。十月底嚴辦率向朝江等三千名部眾殺至。可是鹽水港也是易守難攻之地。該港居民稠密，

〔註201〕《臺灣通志》，頁855～856；《東瀛紀事》，頁30～32；洪安全主編，《清宮月摺檔臺灣史料（二）》（臺北：故宮博物院，1994年10月），頁1145～1146。
〔註202〕中國第一歷史檔案館編，《清政府鎮壓太平天國檔案史料（第八冊）》（北京：社會科學文獻出版社，1993年9月），頁14。
〔註203〕《東瀛紀事》，頁33。
〔註204〕《戴案紀略》，頁35～36。

四面皆有濠溝保護，亦開有四座城門，餉械米糧均充足。鹽水港義首陳志寅、李志鏞從西、北門迎擊，並聯絡到麻豆莊義首李成龍、李朝魁，以及查畝營（臺南市柳營區）義首舉人劉達元來援，才交戰二日就陣斬向朝江，驅退敵軍。〔註205〕土庫、鹽水港攻略雖然失敗，但戴部已邀到大崙莊（雲林縣崙背鄉）曾雞角、溪洲仔莊（彰化縣溪洲鄉）林明、新興莊（雲林縣林內鄉）陳遠、潮洋厝莊（雲林縣褒忠鄉）張添爲亂。〔註206〕

另外鳳山縣的賊匪也有蠢動的態勢。水底寮（屏東縣枋寮鄉）股首陳大目等，計劃在十月十二日（12.3）舉事。由於臺灣道洪毓琛已設局（團練）於阿公店（高雄市岡山區），並結合港東、西里的義民固守。加上早偵得他們想在滾水坪（高雄市田寮區）舉事，遂立調兵役前往。結果能在陳氏豎旗前一舉擒獲，此後賊眾散去不復在南路作亂。〔註207〕

十一月十日（12.30）林晟率千餘人北上，第二次進攻大甲。由於南埔（臺中市大安區）莊姓族人反叛，旁邊十八莊皆投入戴陣營，林晟聲勢大振。十二日（1863.1.1）官軍在城南水尾溪（臺中市大甲區）中伏大敗，林遣偏師攻城北的頂店（臺中市大甲區），欲南北夾攻大甲城。十四、十七日（1863.1.3／1.6）羅冠英率部來援，林占梅急解的鉛藥也運抵。更有噶瑪蘭義首生員黃纘緒，權帶武勝灣屯丁300名合稱保安軍往援。〔註208〕十八日（1863.1.7）官軍轉守爲攻，分兵出東、西門。然羅冠英部陷敵，被圍困在水汴頭；奮力突圍後逃入城內，官軍反攻失敗。林晟切斷大甲城水源，欲逼守軍就範。此時節婦林氏再度「求雨」成功，至二十六日（1.15）林晟知近期可能有內地援軍過臺，遂自動退兵、城圍遂解。〔註209〕

十一月四日（12.24）北京獲悉林向榮戰敗後大怒，知道非再調派援軍渡臺不足以敉亂。旋命福建水師提督吳鴻源率領3,000部眾往援，吳氏在十二月底抵郡。上諭給他的命令是即刻廓清嘉邑附近的賊巢，並北上收復斗六、進

〔註205〕《臺灣通志》，頁856；《戴施兩案紀略》，頁32。

〔註206〕倪贊元，《雲林縣采訪冊》，臺灣銀行文獻叢刊第三七種，1959年2月，頁128。

〔註207〕《東瀛紀事》，頁35；《臺灣南部碑文集成》，頁344。

〔註208〕伊能嘉矩，溫吉編譯，《臺灣番政志》（臺北：臺灣省文獻委員會，1957年12月），頁144；陳進傳，《宜蘭傳統漢人家族之研究》（宜蘭：宜蘭縣立文化中心，1995年5月），頁102。

〔註209〕《戴案紀略》，頁37～38；《戴施兩案紀略》，頁33；蔡振豐，《苑裡志》，臺灣銀行文獻叢刊第四八種，1959年6月，頁76。

規彰化。〔註210〕這就是同治元年底戴案的經過。吳鴻源渡臺、進兵路線，與林爽文事件第二期類似。不過吳氏稍微幸運一點，因為府城並沒有被圍困；而且至鹽水港一路，基本上也在官軍的控制中。然吳有沒有辦法利用此大好的形勢，開創勝利的契機就看他的調度了。

　　同治二年元月至八月的戰事，有幾點發展頗為關鍵。首先，吳鴻源的進軍情況。吳氏在正月十日（2.27）從府城水、陸合進抵達鹽水港，號令嚴肅一時有中興之象。事實上他得到降賊的支援還不少。店仔口（臺南市白河區）五十三莊總理吳墻棄暗投明，計殺戴部另一位股首盧大鼻來迎。由於吳墻的反正，使得鹽水港至店仔口賊蹤歛跡。再者吳鴻源又遣鹽大使秦培恩募勇一千名隨征，使得麾下兵馬有 4,000 名之眾。或許初戰過於平順，有了輕敵之心。十五日（3.4）官軍經過鹿仔草（嘉義縣鹿草鄉），往埔心（嘉義縣太保市）、南靖厝（嘉義縣水上鄉）途中中伏，大敗而還。此役讓吳鴻源有了警惕，改採步步為營的策略。二月十二日（3.30）他率部先攻佔上樹頭、馬稠後莊（俱在臺南市白河區）鞏固後防，然後移大營至下茄苳（臺南市後壁區）。並調偏師至白沙墩、水崛頭助攻。「大將軍」陳弄受部下所愚，以為戴部失守彰邑，急忙調軍北撤。官軍把握住機會搶攻，破後蔡仔（嘉義縣中埔鄉）一路挺進，於二月底解嘉義縣城圍。〔註211〕

　　其次，中部的攻守情況。在水師提督吳鴻源北上鹽水港時，林晟謀思第三次圍攻大甲。正月十八日（3.7）戴陣營發動總攻擊，兩軍交戰於磁磘莊（臺中市外埔區），官軍不敵逃入城中。林晟又下令填平水道，親自在鐵砧山（臺中市大甲區）督戰，欲強攻大甲城。可惜「掃北將軍」何守和官軍有密約，賊進攻時並不得力；加上林晟中礮受傷，遂撤兵回四塊厝（臺中市大雅區）。此次戴部撤退非同小可，官軍掌握契機一路追擊。二月初克馬公厝（今名馬崗厝，臺中市大雅區），之後分道進攻。二月五日（3.23）往北克新廣莊（臺中市神岡區），十六日（4.3）往南再克壩仔莊（臺中市大雅區）。二十七日（4.14）官軍攻入四張犂，林晟大驚逃往彰邑。至於在曾玉明處，同年二月曾氏接任臺灣鎮總兵官，獎勵他的勞績。不過他在彰化平原的掃蕩戰中陷入膠著。原因是戴陣營的巢穴都有鐵壁般的莿竹拱衛，加上內築土牆中有銃樓、固若金

〔註210〕《十二朝東華錄（同治朝）》，頁 230～231、237～238、246～247。
〔註211〕《戴案紀略》，頁 34、36～37；《戴施兩案紀略》，頁 40、42～43；《臺灣通志》，頁 857。

湯。官軍須要用優勢火力才能攻克，但此時還未準備好。〔註212〕

　　再次，內地援軍再增防。北路海防理番同知興廉以曾玉明累攻不克，稟請閩浙總督耆齡再添兵。三月十七日（5.4）任北路協副將曾元福，率兵一千人從鹿港來援。並命遊擊蕭瑞芳解運大礮十餘尊從征。曾元福抵達後立紮大營於白沙坑，前鋒則紮於觀音山。戴部駐守湳尾、大岸頭（俱在彰化市）以對。四月中旬曾部分二路出陣，一路由虎山巖（彰化市）、壙底（彰化縣花壇鄉），殺入待人坑（彰化市）；另一路由烏磏直攻大岸頭。再約曾玉明側攻後港仔、湳尾（俱在彰化市），但敵軍守的很好無法突破。這樣的情況也在中部山區上演。四月二十八日（6.14）水沙連舉人林鳳池、南投堡義首陳雲龍、牛牯嶺（今名牛轀轆，南投縣水里鄉）義首陳捷三、北投堡舉人簡化成、沙仔崙廩生陳貞元、集集莊義首陳再裕、許厝藔義民陳耀山共同舉事。義民部隊先敗後勝，六至八月的戰鬥中，終能固守牛牯嶺、南北投重要陣地。〔註213〕

　　最後，南部的攻守情況。「征南大將軍」嚴辦不甘心嘉邑解圍敗退，旋改攻新港（嘉義縣新港鄉）。並用計引誘守軍出戰，之後趁隙掩殺，於三月十七日（5.4）佔領新港扳回一城。〔註214〕五月水師提督吳鴻源決定大舉清鄉，他先攻劉厝莊（嘉義市）、小定厝、上下塗溝（嘉義縣水上鄉）。陣斬何錢鼠，生擒「將軍」呂梓，並挾餘威收復新港，廓清嘉邑四週的賊巢。〔註215〕但此時吳氏遇到問題，跟林爽文事件時的柴大紀一樣。因爲敵軍已強佔斗六門，所以官軍無法再急挺。由於林向榮的前車之鑑，使得吳不敢輕進。遠在府城的臺灣道洪毓琛又誤信小語，迫令吳氏進兵。吳鴻源書信往返爭辯未果，乃班師回郡。洪氏見狀奏參，五月底罷吳鴻源提臣之職。六月洪毓琛積勞成疾過逝。七月十二日（8.25）上命協臺曾元福護理水師提督印務，擢戍守嘉邑有功參將湯得陞爲北路協副將。曾氏從鹿港走海道抵麥藔（雲林縣麥寮鄉），再沿海岸線循陸路回郡接篆。臺灣道之缺暫由知府陳懋烈護理。〔註216〕

　　這就是戴案第一期的經過。它有幾點值得注意：其一，官軍與民變軍人

〔註212〕《戴施兩案紀略》，頁35～36、38～39。

〔註213〕《戴案紀略》，頁45～46；《戴施兩案紀略》，頁38～43；同治朝軍機處月摺包，編號：089265，國立故宮博物院藏。

〔註214〕佚名，《嘉義管內采訪冊》，臺灣銀行文獻叢刊第五八種，1959年9月，頁8。

〔註215〕《戴施兩案紀略》，頁40～41。

〔註216〕《戴施兩案紀略》，頁41～42；《十二朝東華錄（同治朝）》，頁377～378。

數的問題。同治初期臺灣人口保守估計，至少有 250 萬人之譜（見第一章第三節）。綠營人數因班兵長期不換班，所以固定在 12,816 人（見表四十編號 24）。然這一萬餘人的班兵，在戴案發生時是否額滿頗讓人懷疑。由之前舉出的例證來看，臺灣綠營實無法單獨彈壓叛亂。因此在第一期中，馬上從福建調入 5,100 名士兵來援。那麼民變軍的人數約多少呢？從戴潮春、林晟、陳弄、嚴辦麾下人馬估計，私家的記錄已達十餘萬之眾。這樣官民對決的比例過懸殊，綠營必須要再找其他的武力助陣才行。

其二，番屯與義民加入官軍陣容的問題。林案之後成立的番屯，總計有 4,000 名之眾，本來就是輔佐綠營武力的不足，現總算可以派上用場。然而這些屯丁功過不一，在府城、鹿港、大甲的保衛戰中表現尚可。但在安溪寮、斗六門戰役中，戰力無法發揮，甚至於還通敵變節。相對於番屯的起伏，義民的表現就顯得不錯。官軍在亂初還能據守府城、鹿港、嘉義、大甲，全靠他們之勞。不過從戰況的發展審視，礙於餉械的限制，義民們是自保重於攻略。除非官軍能再發動新的攻勢，義民可以從中配合，例如：土庫、鹽水港等；否則冒進的結果，往往會造成重大傷亡，就像水沙連、南北投堡一樣。

其三，綠營、番屯、義民的協力，還是無法一舉掃蕩成功，根本原因就出在民變軍的人數過眾，官軍一時無力圍剿。針對此困局，運用「招撫」的方式以分賊眾，也不失為一個好方法。果然原先是戴陣營的吳墻、黃豬羔等相繼來降，除了打擊戴部的士氣外，官軍亦以他們為助力趁隙反攻。

其四，民變軍實力不容輕忽。亂初人數多過於官軍雖是一項優勢，但能纏鬥年餘可見戴部還有其他長處。戴陣營持有火器之強，擅用火器之猛，抵禦火器之牢，可能是臺灣史上歷次民變之最。從私家記載有「銃子如雨」的描述，可知他們嫻於操作火器以及數量之巨。另外在戰術上，幾次善用「圍點打援」的策略，痛擊官軍成功，也證明他們非一般毫無章法的烏合之眾。只是現在他們有一項隱藏，那就是八卦山山脈的丘陵，都已被義民所佔據。剩下的只有霧峰臺地的淺丘還控制在手中。無山可守是戴部要面臨的考驗。雖然現階段在平原的攻防戰中，表現的還盡如人意，但能否持續則是未定之天。

進入戴案的第二期，它與前期甚至歷次民變最大的差別，則是援臺的主力部隊，有一支竟從淡水登陸，並且沿途剿撫至彰化。這就是新任臺灣道丁

日健，以及他麾下的 2,000 名福建援軍。雖說在林爽文事件時，閩安協副將徐鼎士也是從淡水登岸。但該部不是官軍的主力，而且也滯留到林案尾聲時，才從竹塹南下進剿。所以跟此次丁日健的表現無法相比。另一支援軍就是由福建陸路提督林文察率領，循例從府城登岸，然後北上進圖彰化。林氏帶兵多少史無記載，只知他是在十月十四日（11.24）方抵鹿耳門。林文察甫到臺灣，丁日健早從竹塹進至鰲頭（臺中市清水區），預先立下戰功。關於丁、林二人戰略佈署、邀功時的恩怨；歷史學者黃富三已做過詳細的考證，不再贅述。〔註217〕本文著重的是上述提到的幾名股首，要如何應付此變局？

九月「鎮北將軍」林大用受撫，不啻對戴陣營沉重的一擊。林氏為中寮大族，與嘉寶潭陳氏有仇。林大用加入戴陣營，就是要對陳氏一族的陳耀報仇。但陳耀已故，戴部勢衰，林大用遂有反正之志。臺鎮曾玉明得知急忙招撫，蓋林大用為戴部主力，受撫抵上千軍萬馬。群賊獲悉氣憤，調大軍環攻林大用駐紮的柑仔井（俱在彰化縣和美鎮），曾調援軍來救敗賊。由於中寮已失，彰邑北面無險可守，所以「元帥」陳鮲、王萬等把錢財從城中，搬到林晟的根據地——四塊厝（臺中市烏日區）。空城般的彰化讓「軍師」江有仁、「值殿將軍」林貓為留守。〔註218〕

此時林晟與戴潮春的抵禦計劃如何呢？簡言之他們是分裂成二個陣營，各管各的事。戴潮春雖稱「東王」，但在中部的勢力比不上「大元帥」林晟。時斗六門已被攻陷，所以戴氏都把主力從四張犁移往該處。在官兵大軍壓境之際，彼此還在互分畛域實自取滅亡。九月十九日（10.30）義首羅冠英攻克東大墩（臺中市中屯區），替收復彰化縣城奠下基礎。〔註219〕

在彰化縣有所進展時，官軍也在嘉義縣有所斬獲。福建水師提督曾元福接篆後，從府城先返回鹿港。九月十日（10.21）由海道趕抵嘉邑坐鎮。〔註220〕九月二十三日（11.4）曾調遊擊白瑛率兵勇從大莆尾（嘉義縣大林鎮），攻破雙廊崙（雲林縣古坑鄉）、東宮莊、上坔仔莊、頂崙仔（嘉義縣民雄鄉）、溪洲（雲林縣古坑鄉）。十月七日（11.17）大軍再破老店（嘉義縣水上鄉），十日（11.20）收復後港、魚寮（俱在嘉義縣太保市）、北厝。二十日（11.30）曾

〔註217〕《霧峰林家的興起——從渡海拓荒到封疆大吏（1729～1864）》，頁 270～280。
〔註218〕《戴案紀略》，頁49。
〔註219〕《戴案紀略》，頁49～50；《戴施兩案紀略》，頁46。
〔註220〕同治朝軍機處月摺包，編號：092750，國立故宮博物院藏。

氏率大軍出城，進抵正音莊欲捉拏嚴辦。嚴辦之妻藏匿在瓦窯仔，鉛藥囤積
於加走莊（俱在嘉義縣太保市）。由於敵軍負隅頑抗，曾提調大礮猛轟，擊燬
賊卡、銃櫃十餘座。趁勝追擊再破水合仔、黃厝港、白鴿厝（俱在嘉義縣太
保市），並佔領黃林仔、番仔溝（俱在斗六市東南），曾氏移大營駐茉公莊（嘉
義縣新港鄉）。該行動肅清嘉義縣城東南西北方圓三十里賊蹤，爾後林文察能
順利進兵北上全賴此役。〔註221〕不過嚴辦卻北逃至彰化縣小埔心，招集潰匪
騷擾王宮（彰化縣芳苑鄉）、二林（彰化縣二林鎮）一帶，自己帶悍匪襲擊寶
斗（彰化縣北斗鎮）。

　　十月中旬至月底，丁日健得地方團練之助，包括：竹塹林占梅、龍井林
永尚、北埔墾戶姜殿邦、大肚墾戶劉維翰、鹹茉甕義首張溪水、等，約有三
千名之眾聲勢大振。〔註222〕戴部也不甘雌伏。雖然大甲連克不下、彰邑危在
旦夕，但林晟、陳鮴亦能勾結吞霄股首劉阿妹來助。丁日健密約吞霄義首鄭
據英、鄭阿嬰，趁隙攻入芎蕉坑（苗栗縣苑裡鎮），斬殺劉阿妹後順利進兵。
十月十四日（11.24）丁派候補知縣白驥良帶勇400名，先行攻克四張犂。十
六日（11.26）親率大軍沿海岸進抵山腳（臺中市龍井區）。戴部連戰連敗，現
只剩趙戇防守大肚（臺中市大肚區）、何首據水師寮、陳鮴據茄投（俱在臺中
市龍井區）頑抗。二十七日（12.7）官軍用剿撫策略，瓦解其鬥志。結果連下
梧棲港（臺中市梧棲區）、水師寮、何厝莊、海埔厝（臺中市龍井區），趙戇、
陳鮴逃逸赴彰求救。官軍擄獲的武器是大砲三尊、小砲五尊、鳥槍316桿、
刀227件。〔註223〕

　　十月二十六日（12.6）曾元福調大軍往石龜溪（雲林縣斗南鎮），先遣各
義首到東西螺三十餘莊、下虎尾溪五十三莊招撫。並深入內山搶佔鯉魚尾莊
（南投縣竹山鎮），切斷斗六門戴部的後路。同日曾提再移大營至大潭莊（斗
六市西南）。十一月一日（12.10）深入內山的官軍，續挺進至林杞埔（南投縣

〔註221〕《臺灣通志》，頁862。

〔註222〕許雪姬，《龍井林家的歷史》（臺北：中央研究院近代史研究所，1990年6
　　　　月），頁46～50；黃朝進，《清代竹塹地區的家族與地域社會——以鄭、林兩
　　　　家為中心》（臺北：國史館，1999年6月二版），頁36～39；諸家，《樹杞林
　　　　志》，臺灣銀行文獻叢刊第六三種，1959年9月，頁90；吳密察主編，《淡新
　　　　檔案（五）：第一編行政／財政類》（臺北：臺灣大學圖書館，2001年6月），
　　　　頁270。

〔註223〕同治朝軍機處月摺包，編號：092750；同前註，編號：093059，國立故宮博
　　　　物院藏；《戴案紀略》，頁50～51。

竹山鎮），收撫內林、頂新十三莊（雲林縣林內鄉／南投縣竹山鎮）。從一日開始連續十天，官軍環攻保長廍（斗六市西北）、二十五峰、小溪洲（斗六市北）、新舊社口（斗六市南）。圍城陣地大致佈置就緒。雖有番仔溝、虎尾溪各莊賊眾來救，但都被官軍擊退。最特別的是捉到二名奸細，供出戴部境開挖地道往竹圍仔（斗六市東北）、牛挑灣（斗六市北）、萬莊仔（斗六市北）救應。十五日（12.24）福建陸路提督林文察進抵他里霧（雲林縣斗南鎮）。十七日（12.26）二提督各率兵馬合圍溪底（雲林縣莿桐鄉）、溪洲、下茄冬（斗六市南）、腳頂、大坡尾（雲林縣莿桐鄉）、西瓜寮（斗六市北）。此時「大總制」許豐年、石榴班的張竅喙來降，戴部失去最後的支援。十八日（12.27）官軍發動總攻擊，戴潮春挈眷殺出逃入石榴班莊義首張三顯家中。二十一日（12.30）張三顯擒獻曾元福，之後械送北斗由丁日健問供，遂被就地正法。〔註224〕

　　在攻克斗六門時，彰化縣城已早一步收復。根據福建巡撫徐宗幹的奏報，十一月三日（12.12）官軍分成二路，曾玉明率林大用從彰邑西門入城；隨後丁日健自藔仔腳（臺中市大肚區）進兵，越過大肚溪跟進。擄獲武器有銅礟25尊、鳥槍百餘桿、硝磺火藥30餘石。〔註225〕由於彰邑與斗六門皆已收復，所以大舉掃蕩海豐崙（彰化縣埤頭鄉）、竹仔腳的逸匪，以期能打通兩地的道路。〔註226〕十二月二日（1864.1.10）提臣林文察進抵彰化縣城。雖然奏稱在西門外殲敵二十餘人，但此時彰邑早在官軍的控制中。林的功勞甚至連錦上添花都談不上。因此有必要再建奇功才行。戴陣營中另一巨魁林晟還未獲，此人又跟阿罩霧林氏有仇，所以捉拏他遂成爲林文察首要之急。〔註227〕

　　戴潮春死後，林晟自命爲「燕王」、陳弄爲「西王」、洪欉爲「北王」，互不相統屬。林文察攻擊四塊厝的日期無載，有可能是在十二月十二日（1864.1.20）。而整個戰鬥在同治三年正月十一日（2.17）結束，林晟自燃火藥炸死，「丞相」莊天賜被擒正法。正月二十日（2.26）官軍有人事上的調動。上諭要曾玉明、曾元福互換職位。且命令新任水師提督曾玉明即刻內調，剿

〔註224〕 《臺灣通志》，頁863～864；《戴施兩案紀略》，頁47～48。
〔註225〕 丁日健，《治臺必告錄》，臺灣銀行文獻叢刊第一七種，1959年7月，頁441。
〔註226〕 同治朝軍機處月摺包，編號：093614，國立故宮博物院藏；《戴施兩案紀略》，頁46。
〔註227〕 同治朝軍機處月摺包，編號：093802，國立故宮博物院藏。

辦太平軍。〔註 228〕從同治三年正月二十七日（3.5），議政王、軍機大臣發出的廷寄來看，上意林文察專攻林晟、洪欉，臺鎮曾元福專攻陳弄。〔註 229〕戴、林二位逆首身亡，戴潮春事件應該落幕了吧！非也。由於餘黨散逸或招撫浮濫，使得綏靖花費不少時間。

三月二十七日（5.2）原本是「義首」的張三顯，以械送戴潮春，獎賞太薄爲由豎旗。一時「北王」洪欉、「元帥」陳鯑、趙戇、陳狗母等響應，均執青旗爲號。是日張氏率眾數千佔據八卦山與市仔尾（俱在彰化市），知縣凌定國聞訊調二十四莊三千餘名義民救援。二十九日（5.4）改剿陳弄的林文察，亦自小埔心率師北援。張三顯逃回濫底、枋橋頭莊（俱在彰化縣溪湖鎮）。五月十二日（6.15）凌定國率兵勇駐紮陳厝莊（彰化縣埔心鄉），十三、四日強行攻克。張三顯再逃至張厝莊（彰化縣溪湖鎮），凌氏尾隨於十九日（6.22）擒獲，械送寶斗道臺行轅正法。此役擄獲銅鐵大小砲 12 尊、鳥槍 45 桿、貯米 200 餘石。官軍再趁勢掃蕩海豐崙（彰化縣埤頭鄉）粵莊，把「將軍」邱阿福捕之正法。〔註 230〕

張三顯的速敗使得小埔心（彰化縣埤頭鄉）的「西王」陳弄，一時孤掌難鳴。同治三年四月十九日（5.24）陸路提督林文察、臺灣鎮總兵官曾元福會剿小埔心。是日義首羅冠英中計遇伏身亡，官軍攻勢稍卻。五月二十一日（6.24）曾氏親督兵勇，先焚上下番仔厝（彰化縣二林鎮）斷接濟，隨後攻堅成功，但陳弄脫逃至前崙莊（彰化縣二林鎮）。不過陳氏旋被族人械送以獻文察，立斬於軍前事平。〔註 231〕

「北王」洪欉侷限於內山，因有霧峰丘陵爲屛障，所以猶做困獸之鬥。官軍何時發動進剿，亦沒有準確的日期記載。不過《通志》所列戴案陣亡名單中，該役似從同治三年十月展開。〔註 232〕圍剿洪欉，林文察沒有參與。擾人的人事紛爭，使得他在六月二十二日（7.25）內渡回閩對付太平軍。〔註 233〕另外根據私家所記，洪欉也改王號爲「南王」。剿平「南王」成爲臺灣道丁日

〔註 228〕《霧峰林家的興起——從渡海拓荒到封疆大吏（1729～1864）》，頁 295～301。

〔註 229〕洪安全主編，《清宮廷寄檔臺灣史料（三）》（臺北：故宮博物院，1998 年 10 月），頁 1514。

〔註 230〕《戴施兩案紀略》，頁 50～51；《治臺必告錄》，頁 462～464、469～470。

〔註 231〕《戴案紀略》，頁 56～57；《治臺必告錄》，頁 468～469；洪安全主編，《清宮月摺檔臺灣史料（一）》（臺北：故宮博物院，1994 年 10 月），頁 639～652。

〔註 232〕《臺灣通志》，頁 877。

〔註 233〕《霧峰林家的興起——從渡海拓荒到封疆大吏（1729～1864）》，頁 229～231。

健獨攬的功績。不過丁氏的行動極不順利。根據他的回奏,洪欉的大營設在北勢湳,以西連至牛峙崎、菁仔園、上下茄苳、上圳寮;迤東有塗城、雞柔、崎頂坪(俱在南投縣草屯鎮)一路,銃櫃密佈、濠溝竹圍重疊。遲至十一月二十日(12.18)丁日健才親率大軍,由寶斗移營圍攻。幫助他的除了營兵之外,還徵調屯番作戰,令該部深入內山龜仔頭(南投縣國姓鄉)堵截。並設局聯莊,解散賊援。十一月二十七日(12.25)開始,疊次鏖戰,轟倒銃櫃三十餘座、拔營二十餘處。此時消息傳來,洪欉已在十日(12.8)「暴卒」,由其弟洪番自立爲「北王」。十二月二十一日(1865.1.18)官軍攻入北勢湳斬洪番事平。〔註234〕

　　同治四年正月十五日(1865.2.10)廷寄傳諭閩浙總督左宗棠、福建巡撫徐宗幹,要他們飭令臺灣道丁日健、臺灣鎮總兵官曾元福,盡力搜捕務絕根除「漏逆」。〔註235〕這個任務必須執行,因爲同年又有逃逸股匪死灰復燃的作亂。三月「征南大將軍」嚴辦復豎旗於二重溝(嘉義縣水上鄉)。餘部呂梓、王新婦之母、鄭大柴之妻來援,王母、鄭妻還旗書「爲子報仇」、「爲夫報仇」。四月丁日健遣嘉義知縣白鷺卿、嘉義營參將徐榮生討伐。官軍先敗後勝,擒嚴辦夫妻斬之,呂梓夫妻逃入海賊蔡沙處,被蔡沙誘騙出海沉之。王母臨陣被斬,鄭妻初戰敗逃逸,至寶斗仔被拏斬之。〔註236〕五月十八日(1865.6.11)穆宗以敉平所有餘亂並建立祀祠,戴潮春事件終告結束。

　　在戴案第二期的方面。它有幾點值得注意:其一,官軍與民變軍人數的問題。跟第一期相比,此時內地援軍赴臺人數不會比較多。丁日健麾下有 2,000人,林文察麾下人數未知,但以他內渡帶走的 2,000 人計算。第二期福建的援軍僅 4,000 人,比第一期 5,100 人還要少。而且丁還聲稱被戴氏脅誘達二十餘萬人。〔註237〕那麼丁、林二人憑什麼敉平亂事呢?招撫做爲分化敵營的策略極爲有效。雖然事後被譏爲招撫過於浮濫,但在敉亂的過程中,還是省去臨陣之勞。再者義民的効力比第二期更踴躍也是因素之一。尤其在丁日健處,時論他的用兵是由北伐南,顛覆臺灣以往敉平民變的手法。然不變的是他仍須靠義民的投效,才有如此佳績出現。另外官軍再調威力更大的火砲助戰,也是不可忽略的原因。他的效果在茄投、斗六門、小埔心、北勢湳攻防戰中

〔註234〕《戴施兩案紀略》,頁 53;《治臺必告錄》,頁 477～481。
〔註235〕《清宮廷寄檔臺灣史料(三)》,頁 1585～1586。
〔註236〕《戴施兩案紀略》,頁 53～55;《戴案紀略》,頁 58～60。
〔註237〕《治臺必告錄》,頁 447。

看出低下。

其二，購線捉拏「漏逆」雖是持續性的工作，但虎頭蛇尾。同治四年六月（1865.7）臺灣鎮總兵官曾元福銜命剿捕欽命餘匪。〔註238〕官府偵得「元帥」陳鮄、陳狗母藏匿到淡水廳三汊河（苗栗縣三義鄉）、馬麟潭（苗栗縣銅鑼鄉）一帶，仍蓄髮出擾居民。同治四年九月（1865.10）命淡廳同知王鏞征剿。王鏞以地方團練為兵，攻擊死守於鯉魚潭（苗栗縣三義鄉）的賊匪。接仗官軍即大敗，幸虧義首廖廷鳳帶屯丁來援，免於全軍覆沒的命運。未幾王鏞自行返回竹塹，官軍厚賄敵陣，密令暫退內山；隨便拏獲數人正法，佯稱勝利凱旋草率結束。同治五年（1866.10）秋，彰化知縣以重金購線終於拏獲「值殿將軍」林貓。該年九月鹿港同知洪熙儔密飭岸中部番屯進入山中捉拏陳鮄等。〔註239〕同治六年（1867）臺灣道吳大廷鍥而不捨的追查，拏獲股首趙戇正法。同治七年四月（1868.5）吳大廷與臺灣鎮總兵官劉明燈密拏五虎寮、漚汪（俱在臺南市將軍區）、學甲（臺南市學甲區）、西港仔（臺南市西港區）的漏逆，且大有所獲。〔註240〕然除了陳鮄之外，仍有許多股匪逃逸無蹤，例如：「滿漢將軍」紀朝、「將軍」廖有譽、吳文鳳、劉三均、鍾阿桂、李阿兩。離奇的是也有許多股匪，在數波掃蕩中也能無事，例如：「先鋒」賴阿矮、「鎮港將軍」陳在、王九螺等，或安份在家、或下海為盜、或捐貲為差。〔註241〕

其三，戴案起因的本質為何？從檔案的記載來看，「抗官」的成份沒有朱、林二案強。按奏摺所言臺灣道孔昭慈是「循例春巡」，行抵彰化縣城時也是「順道辦理」會黨事宜，林晟的倒戈才把整件事「鬧大」。林晟倒戈真實原因不明，有曰先與賊相通，有曰與林奠國一族有仇，有曰為報復秋日覯。會用鬧大一詞來形容，普遍是認為他把戴潮春推向成騎虎難下之勢。〔註242〕真是如此嗎？這必須先釐清戴潮春與林晟的關係。雖然史料並沒有清楚記載。但有無可能倆人皆是天地會成員？這種可能性不高。因為從豎旗後彼此不相

〔註238〕軍機處錄副奏摺——農民運動類，案卷號：3338，膠片號：137，中國第一歷史檔案館藏。

〔註239〕岸裡大社文書出版編輯委員會，《國立臺灣大學藏岸裡大社文書（二）》（臺北：國立臺灣大學，1998年3月），頁926。

〔註240〕《清宮月摺檔臺灣史料（二）》，頁1095～1096。

〔註241〕《東瀛紀事》，頁50～52。

〔註242〕《霧峰林家的興起——從渡海拓荒到封疆大吏（1729～1864）》，頁218～221。

統屬來看，不像是天地會的作風。當然也有可能林晟倒戈是與賊通，那麼戴潮春根本談不上騎虎難下，反而是早有預謀。亦有可能林晟的莽動為臨時起意，戴氏則是趁亂豎旗稱帥；未幾林晟反悔所作，但對時局判斷錯誤也跟著豎旗稱帥，終至一發不可收拾。然而不管是後二者哪一個原因，事發後能號召十餘萬，甚至二十餘萬人加入。唯一的原因如同朱、林二案，均是官府治理無道所致。間接說明戴案亦不脫「官逼民反」的本質。

其四，戴案跟臺灣史上其他民變相比，有二個很特殊之處，一是女悍匪的表現十分重要。在數起戰鬥的個案中，大股首之妻通常也能號令部眾。上文提到「為子報仇」、「為夫報仇」是二個顯著的例子。不獨戴陣營如此，連義民首之妻也是如此。例如：王新婦之母豎旗之初，竟然向義首陳大戀之妻蔡氏下戰帖。蔡氏有「女飛將」之稱，若二女真臨陣廝殺，可能在私家記述上會更精彩，可惜官軍不允。〔註243〕二是它讓臺灣高階文武官員折損最多。包括：臺灣一鎮二道三協臺——臺灣鎮總兵官林向榮、北路協副將林得成自裁；安平水師協副將王國忠、澎湖水師協副將陳國銓戰死；臺灣道孔昭慈自裁，續任臺灣道洪毓琛積勞成疾病死。

其五，戴潮春事件在一般民間的評價。日治時期大正十五年（1827）年曾在中部收集到〈辛酉一歌詩〉，其內容以故事夾帶俚語描的方式，描述戴案始末。〔註244〕文中最有趣之處在於對「義民」的評價，例如：義首羅冠英在中部替官府出力甚多，最後還犧牲在沙場；但〈歌詩〉對他是以「羅仔賊」稱呼，可見民間看法兩極。再者還有一篇於大正四年（1815）重抄的〈新編戴萬生作反歌〉，其內容觀點就與前者大異其趣。最大的差別是對羅冠英著墨甚多，並摻入鄉民英雄崇拜。〔註245〕

其六，地方菁英與戴潮春案的關係。戴案的最後一項特色是，後期敉平亂事的過程中，有臺人在清代官階最高的武官——福建陸路提都林文察參與。〔註246〕用傳統忠君的觀點來看，林文察一族以及跟官府站在同一陣營的

〔註243〕《戴案紀略》，頁58。

〔註244〕廖漢臣，〈彰化縣之歌謠〉，《臺灣文獻》，第11卷第3期，1960年9月，頁23～36。

〔註245〕連慧珠，〈「萬生反」——十九世紀後期臺灣民間文化之歷史觀察〉，東海大學歷史研究所碩士論文，1995年6月，頁68。

〔註246〕這份榮譽至今仍存在霧峰林家後代。參閱佚名，《林剛愍公列傳》，霧峰林家頂厝捐贈手稿，編號LIN036，國立臺灣大學圖書館藏。

士紳、義民，廣泛指稱他們爲地方菁英蓋無疑問。那麼戴陣營的各元帥、
將軍、股首是否也能用同樣標準看待？最近的研究成果提到，由於牽涉到
「文化糾結」的問題，使得自以爲理所當然的事，往往還需要一番省思。
〔註247〕本文以私家撰述爲主，官方檔案爲輔，就是避免統治者筆下可能的污
名化。只有戴案才能如此討論，其他民變即使有私家記載，也都是以官方立
場爲主。

　　同治三年十一月三日（1864.12.1）當官軍在圍剿洪欉時，遠在福建的提
臣林文察被侍王李世賢設計，戰歿於漳州府萬松關。李世賢是太平軍的驍將。
同治三年六月十六日（1864.7.19）太平天國天京陷落，九月十三日（10.13）
它就從贛粵竄入漳州府平和復起。英國記者指出李氏戰略、戰術素養均優，
林文察遇此勁敵本應留意，但所部營制已壞、兵將不習，竟以全軍覆沒告
終。〔註248〕林死後屍骨未尋獲，衍生出不少傳說。南靖生員張鳳藻在漳郡被
掠，於李世賢帳中親眼見到林文察，被俘不屈遂被傳首的情景。〔註249〕林文
察的死當是將星殞落，但對戴案來說已無影響。現在官員思考的是如何重建
被戰爭破壞的秩序，武力是否還是佔有絕對的地位恐要待安排。

第二節　族群對抗下的衝突

一、民人的械鬥

　　清代帝國境內械鬥最嚴重的省份，則是福建、廣東、江西省，勢熾的程
度有時會波及到廣西、安徽、浙江部分地區。〔註250〕閩粵贛之中，以閩省好
勇之風最盛；其內部又以漳、泉二府，械鬥之風最烈。然不管是閩之漳泉，
還是閩粵贛三省，械鬥的型態都是以家族對上家族的方式進行。〔註251〕這樣

〔註247〕羅士傑，〈清代臺灣的地方菁英與意方社會：以同治年間戴潮春事件爲討論中
　　　　心（1862～1868）〉，清華大學歷史研究所碩士論文，2000年6月，頁236。

〔註248〕《太平天國史》，頁2092；魏秀仁，《魏秀仁雜著鈔本（一）》（南京：江蘇古
　　　　籍出版社，2000年11月），頁515～516。

〔註249〕佚名，《太平天國軼聞》（揚州：江蘇廣陵古籍刻印社，1993年6月），頁63；
　　　　《霧峰林家的興起──從渡海拓荒到封疆大吏（1729～1864）》，頁218～
　　　　221，頁336。

〔註250〕江慶柏，《明清蘇南望族文化研究》（南京：南京師範大學出版社，2000年9
　　　　月二刷），頁69。

〔註251〕小橫香室主人編，《清朝野史大觀》（揚州：江蘇廣陵古籍刻印出版社，1998

械鬥的風氣，有無隨著閩粵移民的過臺，而被帶到臺灣來？答案是肯定。只是除了家族間的械鬥外，臺灣又衍生出另一種械鬥的模式──分類械鬥。

戴炎輝曾對分類械鬥做出四項『分類』，即閩粵分類械鬥、漳泉分類械鬥、異姓械鬥、西皮福祿械鬥。〔註252〕其實所謂的「分類」械鬥，並不是指械鬥兩造，只要是姓氏、職業迥異可以做出區分，就能稱為分類械鬥。戴氏在敘述異姓、西皮福祿械鬥時，並沒有在械鬥前冠上「分類」的字樣，或許已查覺兩者性質不同，但沒有再進一步說明殊為可惜。對此陳孔立有深入地討論。根據陳氏從官方檔案的考證，分類械鬥一詞最早出現在乾隆四十九年（1784），臺灣鎮總兵官柴大紀的奏摺。雖然該名詞使用並不廣泛，要遲至道光六年（1826）以後，才成為奏摺和上諭的專有名詞；但是乾隆四十九年前後的械鬥，性質上均有分類的表現。那麼官員眼中的分類械鬥所指為何？原來就是以移民祖籍的不同，劃分出壁壘分明的械鬥。〔註253〕

許達然（許文雄）統計清代臺灣發生過的 137 次械鬥，其中分類械鬥有66 次，姓氏械鬥有 37 次，職業械鬥有 23 次，泉籍內鬥 1 次，客家內鬥 1 次，不詳者 9 次。〔註254〕可見得分類械鬥對於移民社會有時代上的意義，以往的研究輕忽此點，欲用民間械鬥一詞來代替稍嫌不妥。〔註255〕當然除了分類械鬥外，其餘如：姓氏、職業、同籍械鬥也頗為重要。但為什麼清代臺灣有那麼多的械鬥呢？戴炎輝指出三點原因，即爭地水利之糾紛、好事輕生的習尚、官吏之貪污。這些原因想必內地省份也有，不獨臺灣所獨有。雖構成械鬥的原因，但無法說明臺灣械鬥很多的原因。翁佳音嘗試用結構角度找尋答案。首先他並不滿意用人口多寡做為說明械鬥頻繁的原因。按照臺灣械鬥的發展，大抵在同治朝（1861）以後逐漸減少，然而該階段卻是臺灣人口數量最多的時候（也見第一章）。其次批判內地化與土著化觀點，僅是把械鬥當成論證的工具，未清楚說明社會轉型的關鍵。翁氏認為移民入臺後，初民（原住

年 5 月三刷），頁 9～10。

〔註252〕戴炎輝，《清代臺灣的鄉治》（臺北：聯經出版事業公司，1992 年 5 月三刷），頁 298～309。

〔註253〕陳孔立，《清代臺灣移民社會研究》（廈門：廈門大學出版社，1990 年 10月），頁 250～252。

〔註254〕許達然，〈清朝臺灣社會動亂〉，《臺灣歷史與文化論文（一）》（臺北：稻鄉出版社，2000 年 12 月三刷），頁 50。

〔註255〕樊信源，〈清代臺灣民間械鬥歷史研究〉，《臺灣文獻》，第 25 卷第 4 期，1974年 12 月，頁 90～111。

民）社會碰上中傳統漢人社會，於是衝突發生成為「番害」。官方公權力不彰，形成豪強各據一方，為利害關係械鬥不已，等到事情鬧大成為「民變」。同治以後清廷把臺灣社會內部矛盾，以禦外戰爭、開山撫番的方式，有效地轉為對外矛盾，所以大大減少械鬥的發生。〔註256〕

　　誠然翁氏所提的原因值得思考，但作者認為臺灣與內地相較，有較多的械鬥發生，則是根源於競墾導致各方勢力不平衡，所引發的武力衝突。在本文第三章第一節已討論過，官府對臺灣行政、司法的制約，寬猛上有著波段性的強弱。從乾隆五年（1740）以後，僅在乾隆五十三年至嘉慶十二年（1788～1807），官箴較為整飭。其餘的時間是公權力不彰，積案如山的時代。於是武力成為移民在面對時局的自保之道，同時也是擴大影響力的手段。康雍朝臺灣的開墾，至乾隆朝因移民人口漸增，形成競墾的狀態。再加上臺灣人口增加最迅速的階段——嘉慶、道光，短短地三十四年就移民約百餘萬人，越發增加衝突的機會（見第一章第三節）。於是口角、爭執、嘲弄等導火線，讓有心人有了使用武力的機會；並且自信利用武力可以壓制對方，械鬥於是乎發生。同、光以後，臺灣平原上的拓墾已呈穩定，基本上沒有競墾的問題。所以總人口數比之前還要多，然跨縣械鬥的規模與次數反而減少。

　　在這眾多的械鬥中，分類械鬥是本節要討論的重點。除了該械鬥是臺灣特殊現象外，事發後的燎原，其破壞力不下於民變。清代臺灣社會把閩粵分類械鬥稱為「福客鬥」，漳泉分類械鬥稱為「漳泉拼」，異姓械鬥稱為「字姓爭」。〔註257〕不過最近的研究卻對「漳泉拼」有不同的看法。語言學者羅肇錦研究漳州話的音節語法，提出所謂的漳州人就是客家人的論點。這些漳州客是漳州人來臺開墾的主力，所謂的「漳泉拼」本質就是「福客鬥」。〔註258〕根據清末英國 Elles 洋行職員必麒麟（W.A. Pickering）的觀察，客家人是喜於械鬥。〔註259〕若漳州客的說法可以成立，那麼「福客鬥」從規模看也勢均力敵。不過本文不打算考證羅氏的說法，因為在統治者的眼中，分類械鬥所引

〔註256〕翁佳音，《異論臺灣史》（臺北：稻鄉出版社，2002 年 2 月），頁 173～177。

〔註257〕高賢治、馮作民編譯，《臺灣舊慣習俗信仰》（臺北：眾文圖書公司，1978 年 5 月），頁 11。

〔註258〕羅肇錦，《臺灣客家族群史——語言篇》（南投：臺灣省文獻委員會，2000 年 11 月），頁 10；羅肇錦，〈「漳泉鬥」的閩客情結初探〉，《臺灣歷史與文化論文（三）》（臺北：稻鄉出版社，2000 年 2 月），頁 35。

〔註259〕劉克襄策劃，《探險家在臺灣》（臺北：自立晚報社文化出版部，1993 年 6 月二版），頁 33。

發的亂事,不因祖籍上的差別而有輕重緩急之分。本文關心的是分類械鬥時,清廷如何運用官番民的武力,做好堵禦的工作。

對於械鬥燎原的問題,林偉盛有獨到的見解。他認爲史載分類械鬥造成「蔓延全臺」的記錄亟需修正。如同文獻上所說北路傳聞南路,應指械鬥的風謠,而非是械鬥的成員跑遍全臺。〔註260〕誠然蔓延全臺是誇張式的描述,但跨廳縣的發展是有的。或許是分類械鬥成爲臺地的特殊現象,先前的研究有一種奇怪的看法,認爲清廷運用閩粵族群的矛盾,進行分化和操縱,成爲該械鬥發生的原因。這從清律上看毫無根據。〔註261〕蓋因爲《則例》上明定,各省地方官有失察械鬥的處罰,最重者處以革職,最輕者也降一級調用。〔註262〕臺灣官員絲毫沒有理由,冒著被摘去頂戴的危險,「操縱」未械鬥前的兩造。

另外臺灣民間信仰與械鬥的關係也頗有意思。從研究成果發現各地移民所奉祀的守護神廟宇,往往會成爲分類械鬥者自衛的中心。〔註263〕這一點會在第五章中分區域討論。同治朝編纂的《國朝耆獻類徵·劉良璧傳》,提到朱一貴亂後反側未靖。加上漳泉惠潮之人寄籍分黨,每械鬥聚眾輒以萬計,將士不能彈治。〔註264〕《類徵》沒有明說臺灣械鬥最早發生於何時,然已經點出大規模的械鬥動輒萬人加入。至於臺灣械鬥最早發生的時間,咸豐朝臺灣縣學訓導魏秀仁認爲,是在乾隆四十六年(1781／實爲乾隆四十七年 1782)。〔註265〕而當年發生何事,會讓魏氏直指它是臺灣械鬥之始。原來它就臺灣史上第一個跨縣的大規模械鬥。本文就以檔案爲主,討論官方「認定」較爲嚴重的械鬥。其餘的小型械鬥,則留在第五章。

清廷對於處理臺灣分類械鬥的經驗,是從乾隆朝開始累積。乾隆十八年(1753)上諭從嚴辦理聚眾毆奪,把以往只論及首犯的法律漏洞,擴大不分

〔註260〕林偉盛,〈分類械鬥蔓延全臺的分析〉,《臺灣風物》,第 38 卷第 3 期,1988年 8 月,頁 27～47。

〔註261〕黃秀政,《臺灣史研究》(臺北:學生書局,1995 年 8 月二版),頁 29～80。

〔註262〕佚名,《兵部處分則例·卷三雜犯》,光緒抄本,北京國家圖書館分館藏。

〔註263〕顏章炮,〈清代臺灣民間的守護神信仰和分類械鬥〉,《清史研究》,總第 33期,1998 年 12 月,頁 48～54。

〔註264〕李桓編,《國朝耆獻類徵(158)》(臺北:明文書局,1985 年 5 月),頁 555～557。

〔註265〕魏秀仁,《魏秀仁雜著鈔本(一)》(南京:江蘇古籍出版社,2000 年 11 月),頁 514。

首從即可論絞。〔註266〕乾隆三十五年（1770）奏准為顧及閩粵械鬥，地方官分頭曉示方便。文官扣除粵省惠、潮、嘉三屬除人員，不與選調知縣外；其餘粵省之人可照武職不避閩人例，來臺擔任文職。〔註267〕官府的努力部分有了成效，大抵在乾隆初、中期臺灣的械鬥案件規模不大。但他們輕忽一個發展，就是時至末期，臺灣拓墾活動出現競墾的態勢，部分地方已出現同姓大族的豪強。彰化縣大里杙林姓是其中一個例子。根據乾隆四十五年（1780）北路協千總沈國瑞回稟，該莊林某在內山被番所殺，大里杙林姓頭人林士慊（應為林慊）即率領本莊、內新、外新（俱在臺中市大里區）、（西）大墩（臺中市西屯區）數百名漢人，圍攻阿里史社（臺中市潭子區）。迫使社番四散逃命，流離失所。〔註268〕奇怪的是官府沒有對林氏一族追究刑責，如此的姑息將造成更大的問題。

乾隆四十七年八月二十三日（1782.9.29）彰化縣西門莿桐腳莊（彰化市）演戲，有漳州民人在此設寶場（賭場），結果泉州民人賭輸，所出番銀錢色低潮，與三塊厝（彰化縣秀鄉）黃添互起口角。結果有居住秀水莊（彰化縣秀水鄉）泉民廖老，被黃添之子黃璇誤殺身死。廖姓人等倚恃屍親，赴莿桐腳莊角較；經彰化知縣焦長發諭止後本無事，不料隔莊漳泉互鬧。二十五日（10.1）有人從中調處，泉民願休，但漳人不從。隔日漳民放火燒泉民房舍，引燃分類械鬥的導火線。根據事後人犯的口供，得知亂初廖姓屍親並不知廖老是被誰毆死，由於群聚莿桐腳莊起釁，引發在莊其他漳人的不滿。二十六日（10.2）泉人找到冤家黃添，並在他家毆搶。二十八日（10.4）三塊厝黃添、陳比放話欲糾大里杙漳人，搶殺番仔溝（彰化縣和美鎮）各莊，聲言一遇泉人盡欲殺死。泉民吳成慮被搶殺，告知謝笑、蘇奇倡議專備傳帖，糾約鹿仔港（彰化縣鹿港鎮）附近泉民禦敵。二十九日（10.5）二造在番仔溝進行首次集體械鬥，泉人心有不甘；謝笑提議焚燒漳民在馬芝麟（彰化縣鹿港鎮）、大肚（臺中市大肚區）房舍，事態擴大。九月二日（10.7）大里杙林姓出莊，倡令漳民至番仔溝與泉人鬥。焦氏眼看情勢不對，即會同北路協弁兵前往趨

〔註266〕中國第一歷史檔案館編，《乾隆朝上諭檔（第二冊）》（北京：檔案出版社，1991年6月），頁665。
〔註267〕不著編人，《清實錄——高宗純皇帝實錄（一九）》（北京：中華書局，1985年3月），頁822～823。
〔註268〕柯志明，《番頭家——清代臺灣族群政治與熟番地權》（臺北：中央研究院社會學研究所，2001年3月），頁248～249。

散；然二派莊民仍敢散而復去，於是從九月四日至八日（10.9～13）爆發五天
的械鬥。〔註269〕

　　這場械鬥如果僅是彰邑附近，漳、泉人馬邀集的村莊互鬥也就沒事。然
而地方無賴棍徒趁機附和，藉端搶奪遂事發不可收拾。九月七日（10.12）焦
長發急稟臺灣道穆和藺，請求調派官兵。穆氏立刻與臺灣鎮總兵官金蟾桂
面商，命令安平水師協副將鄭瑞、鎮標右營游擊孔彪帶兵 200 名，會同臺灣
知府蘇泰，於九月九日（10.14）離郡北上平亂。未出發前蘇泰還特發告示，
曉諭東、西螺漳泉百姓和好，切莫聽信謠言彼此互鬥。之後護理北路協副
將事游擊隋光德來稟，現情況是漳人沿山一帶，泉人在鹿仔港沿海一帶聚
眾相持不下。九月十日（10.15）協標把總林審帶兵換班，行抵快官莊（彰化
市）被誤認是漳人奸細，竟被莊民殺害。由於該案有擴大趨勢，金蟾桂特
留在鹿耳門欲換班的 240 名班兵，並調安平協中、右營 200 名士兵，再與他
營湊足 500 名士兵，於九月十九日（10.24）率師北上至諸羅。金氏在諸邑聽
到羅漢腳把亂事帶進嘉義，並在笨港南莊（嘉義縣新港鄉）大肆焚毀。旋
指揮兵役拏獲搶匪二名，交由諸羅知縣冷震金審訊，於二十五日（10.30）正
法。〔註270〕

　　嘉義縣的漳泉械鬥又是怎麼回事呢？根據笨港縣丞周丹霄札稱，九月二
十日（10.25）該地謠言四起。由於笨港地方居民南漳北泉，彼此對峙相當明
顯。是日夜南港發生大火，之後延燒到北港。二派居民懷疑對方所為，互相
報復彼此哄鬧。金蟾桂以先聲奪人之策處決二名人犯，對敉平笨港小亂還算
有效，十月一日（11.5）金氏檄調鄭瑞回諸邑彈壓，本人北上進至斗六門（雲
林縣斗六市）大舉清鄉拏盜。十月四日（11.8）已至彰邑的知府蘇泰回報，原
械鬥案件現往南蔓延到虎尾溪。溪對面的諸羅縣泉人，渡溪效尤滋擾彰縣漳
人村莊，現速派焦長發至虎尾溪細查。〔註271〕這一場械鬥至此已呈現跨縣的
發展。然福州省垣何時才得知呢？閩撫雅德在十月四日，才獲悉八月底的鬥
案，等他繕摺回報北京時；十月二十一日（11.25）高宗始知臺灣發生械鬥。

〔註269〕中國第一歷史檔案館，〈乾隆四十七年臺灣漳泉民人械鬥史料〉，《歷史檔
　　　　案》，總 61 期，1996 年 2 月，頁 20～21；臺灣銀行經濟研究室編，《臺案彙
　　　　錄己集》，臺灣銀行文獻叢刊第一九一種，1964 年 1 月，頁 250～251。
〔註270〕中國第一歷史檔案館，〈乾隆四十七年臺灣漳泉民人械鬥史料〉，頁 21～22；
　　　　《臺案彙錄己集》，頁 245～248。
〔註271〕中國第一歷史檔案館，〈乾隆四十七年臺灣漳泉民人械鬥史料〉，頁 23～24。

〔註272〕高宗一接到消息自然大怒，原來案發時閩浙總督陳輝祖不在福州，卻在浙江督辦河塘工程，且被人密奏在浙營私謀利。由於制軍不在，巡撫雅德觀望推諉被傳旨申斥。陳輝祖旋被諭令革職，由福長安暫署閩督；浙江巡撫由福崧補授，完成內地派兵平亂前的人事安排。〔註273〕

十月四日（11.8）鎮臺金蟾桂行抵彰邑，會同知府蘇泰調派兵役捉拏要犯黃添、吳成、蘇奇等13名，於十三日（11.17）恭請王命正法。十五日（11.19）金、蘇二人南下至諸邑撫綏。由於械鬥已跨縣蔓延，未被波及的淡水廳、臺灣縣、鳳山縣，不免風聲鶴唳。道臺穆和蘭嚴飭各縣、廳加意防範，局勢大致還在掌握之中。〔註274〕《臺灣縣志》記載械鬥未南下發展，首推臺灣鎮標中營游擊魁德之功。魁德與穆氏日夜派兵巡緝，並分撥隊伍於中、北諸途攔截，於是亂事僅止於笨港。〔註275〕

雖然該械鬥有漸平的跡象，但是內地對於臺灣官員的處理卻有微詞。尤其在亂初臺灣鎮、道不親自北上彈壓，僅派協、府負責感到不滿。九月六日（10.11）雅德有意派降調藩司楊廷樺，不動聲色地來臺察看。不過楊氏要到十月六日（11.10）才啟程，原因不明；或許這也是雅德「觀望推諉」的罪狀之一。九月內福建水師提督黃仕簡專差幹弁密訪，得知臺灣械鬥勢不可止，決定於十月八日（11.12）率兵赴臺。黃氏在十八日（11.22）啟行，但到了二十五日（11.29）才和楊廷樺不約而同抵達安平。二十一日（11.25）高宗諭令楊氏加恩以按察使銜補授臺灣道。十一月四日（12.8）雅德從福州移駐廈門，十一日（12.15）抵廈坐鎮。〔註276〕

十一月三、四、五日（12.7～9）臺灣鎮、協，會同嘉義知縣親赴笨港與斗六門諭飭。事實上本月械鬥亂事漸息，黃仕簡、楊廷樺二人來臺以搜捕餘匪為主，談不上出兵彈壓。不過高宗知道黃氏原籍漳州，先傳旨提醒他切莫

〔註272〕洪安全主編，《清宮諭旨檔臺灣史料（一）》（臺北：故宮博物院，1996年10月），頁111。

〔註273〕洪安全主編，《清宮廷寄檔臺灣史料（一）》（臺北：故宮博物院，1998年10月），頁151～154。

〔註274〕中國第一歷史檔案館，〈乾隆四十七年臺灣漳泉民人械鬥史料〉，頁23、24。

〔註275〕謝金鑾，《續修臺灣縣志》，臺灣銀行文獻叢刊第一四○種，1962年6月，頁306。

〔註276〕中國第一歷史檔案館，〈乾隆四十七年臺灣漳泉民人械鬥史料〉，頁24、26～27；中國第一歷史檔案館編，《乾隆朝上諭檔（第十一冊）》（北京：檔案出版社，1991年6月），頁424。

偏袒漳籍移民。〔註 277〕雅德雖已移駐廈門想力求表現，但觀其奏摺內容實諉過給部屬的成分居多。臺灣知府蘇泰被他奏參，理由是該員在諸、彰縣查辦時姿態過低，從抄錄的勸和告示來看有姑息了事的嫌疑。黃仕簡奉上諭徹查此事，從拏獲的人犯口中問訊實無此事。不過仍救不了蘇泰。隔年元月九日（1783.2.10）蘇泰革職拏解刑部治罪。〔註 278〕

十一月二十七日（12.1）楊廷樺抵臺後第一次回稟雅德，他聲稱府城「市肆貿易如常，晚禾收穫將竣，全城寧謐。」彰邑各莊經文武曉諭開導，俱各安寧；逃難莊民陸續歸莊，亦經捐貲撫卹。惟諸邑尚有無賴匪徒乘機煽惑，肆行焚搶仍未寧貼。十二月二十日（1783.1.22）黃仕簡自笨港啟程北上，沿途閱看百姓已經歸莊，田土多已翻犁，市肆開張貿易氣象如常。二十一日（1.23）抵達彰邑，調查此次械鬥在大里杙林慊（又名林士謙）率眾加入後，才轉趨激烈。波及區域北到犁頭店（臺中市南屯區）、葫蘆墩（臺中市豐原區）、沙轆（臺中市沙鹿區）、大肚街、牛罵頭（臺中市清水區）；南到東西螺、海豐港（雲林縣麥寮鄉）、布嶼稟（雲林縣崙背、二崙、元長鄉、土庫鎮、虎尾鎮）。被擾大小村莊 200 餘處，身死者百餘命。黃氏奏報先後拏獲械鬥匪徒 365 人，情節重大者 110 人先行正法。再者他也注意到大里杙林姓的活動。據稱當地共分三莊，並有內木柵一處緊鄰生番地界。二十五日（1.27）他率兵親搗大里杙，拏獲漳匪 95 人，並搜出鐵鉎、篙槍、半斬刀等武器。又拏獲王爺小刀會匪徒 16 名。黃仕簡的「清鄉」要到隔年才結束。直到乾隆四十八年元月八日（1783.2.9）累計被正法匪徒 142 人。至此該械鬥案全部平息。〔註 279〕

做為第一起跨縣的械鬥，歷經四個多月（1782.9.29～1783.2.9）的彰諸械鬥案，有四項重點值得討論。其一，綠營武力堵禦的問題。若參考乾隆二十一年（1756）區域人口與駐軍的比例，可以了解為什麼在官方下令防堵械鬥蔓延時，可以在淡、臺、鳳有效扼阻。原來淡水廳（桃竹苗）兵民比為 14：1，臺灣縣 35：1，鳳山縣 57：1。但是彰化縣（彰化）卻高達 121：1，彰化縣（臺中）133：1，諸羅縣 126：1。所以械鬥案一經爆發，彰化、諸羅縣的弁兵有心要驅散二派人馬，也是事倍功半。再者彈壓械鬥案跟救平民變不一樣，不

〔註 277〕《清宮諭旨檔臺灣史料（一）》，頁 147～149。

〔註 278〕中國第一歷史檔案館，〈乾隆四十七年臺灣漳泉民人械鬥史料〉，頁 27～28、35、37。

〔註 279〕中國第一歷史檔案館，〈乾隆四十七年臺灣漳泉民人械鬥史料〉，頁 33～35。

能靠「義民」做爲輔助武力。因爲這很容易讓人誤會官府偏袒其中一方，打壓另一方。幸好該案械鬥兩造的前題，都沒有引發豎旗的效應，所以只要地方駐軍穩住汛地，約二個月（9.29～12.9）的時間即能掌握情況，剩下的就是搜捕餘匪而已。

其二，械鬥擴大因素，極重要的一點是「局外人」的加入。以該案爲例，廖姓屍親找不到冤頭債主，才會聚眾前往莿桐腳莊起釁。但誤殺廖老的是三塊厝人黃璇，因此泉人廖姓根本找錯對象，才會引發漳人強烈的反彈。爾後發展面臨失控，主張械鬥解決問題的兩造——大里杙漳人、鹿仔港泉人，與秀水泉人、莿桐腳漳人也沒什麼關係。反倒是這個導火線給了大里杙林姓，發動武力攻擊泉人的機會。林慊的加入讓案情更形複雜。同樣的情形也發生在笨港。笨港遠在諸羅，理應不受波及；但靠著「羅漢腳」風聞造謠，該地百姓彼此猜疑亦變成事主。

其三，大里杙林姓扮演的角色。早在乾隆四十五年（1780）大里杙頭人林士慊，就曾經對熟番動武逞兇。然當時官府姑息以致養虎爲患。在拓墾的過程，林姓的墾區——大里杙貼近生番，或許也要自保防衛，本身就維持一定規模的武力。所以當黃仕簡進入搜捕時，就起出大批武器刀械。林姓算是一個競墾的個案。由於平原地帶已拓墾飽和，林姓才會冒著生番出草的危險，往番界移動開墾。經過一番努力，終於有「三莊一木柵」的規模，成爲當地漳人麕集的大聚落。可惜他們以武犯禁的作風太明顯，終於成爲官府痛定圍剿的對象。

其四，法律對械鬥的制約。前面已提到過福建是一個械鬥嚴重的省份，因此制定律法來約束是免不了。從《省例》來看對械鬥均採重典治之。乾隆二十三年（1758）〈勸改械鬥〉記載械鬥之犯毋論起釁附和，一傷人命概擬情實即行處決。隔年〈申禁械鬥〉記載爲防止械鬥，以保甲長或族正爲預先防範的機制，如果失職則以連坐論處。乾隆三十三年（1768）〈勸戒械鬥〉記載，保甲長或族正不時要對治下人等諄諄戒勸，主動積極意謂相當濃厚。乾隆三十八年（1773）閩浙總督鐘音裁示，懲治械鬥爲閩省施政首要工作之一，各屬員必須全力以赴。〔註280〕透過這些條文的要求，再對照高宗懲處臺灣官員的嚴格，以及黃仕簡來臺興大獄的經過，一切都有脈絡可循。

〔註280〕佚名，《福建省例》，臺灣銀行文獻叢刊第一九九種，1964 年 6 月，頁 846～847、856～857、893～894、1116。

　　而該案不止臺灣道穆和蘭、臺灣知府蘇泰下臺，連臺灣鎮總兵官金蟾桂、安平協副將鄭瑞、護理北路協副將隋光德、彰化知縣焦長發、笨港縣丞周丹霽亦被革職。〔註281〕高宗在事後檢討，尤對官員不能在事前購線，將奸民及早拏獲最為不滿。因此也讓我們了解「購線」暗地偵伺，對於官府統治之道也極為重要。〔註282〕這一次的購線事前沒有做好，但事後有些收穫。乾隆四十九年閏三月（1784.4）臺灣鎮總兵官柴大紀，奏拏年前諸羅縣泉籍逸匪侯愈。此人在二年前械鬥中擾亂半天厝（嘉義縣鹿草鄉）、咬狗竹、潭仔墘（俱在嘉義縣新港鄉），後被諸羅知縣陳良翼訪拏梟示。〔註283〕乾隆五十三年四月（1788.5）林爽文事件甫過，高宗指示在整頓的工作上，械鬥必為嚴切根究的重點。〔註284〕原來之前臺灣械鬥案件，地方官還是有化大為小的心態；僅將殺人犯照命案擬抵，實為輕縱。廷議決定將械鬥殺人及起意糾約者，俱照光棍例擬斬立決，傷人之犯從重發遣。〔註285〕同年《會典》載入對處理械鬥失職官員的處分，若地方官據報不行查拏，即照諱盜例革職；有心故縱及獲犯不行嚴懲、代犯開脫、改捏情弊，均照故出人罪例治罪。〔註286〕

　　乾隆五十四年（1789）臺灣鎮總兵官奎林，對於防治械鬥案件十分留心。高宗嘉勉他和臺灣道萬鍾傑加意整頓，或可在一、二十年後，導正臺灣械鬥之風，讓民氣漸馴各知警懼。〔註287〕施以重典消弭械鬥，看來是朝廷普遍的看法與作法，然有沒有效還要觀察。

　　嘉慶十一年二月二十七日（1806.4.15）北路海防理番同知黃嘉訓，為防堵從鹿耳門逃逸的海盜蔡牽，出奇不意地寇擾鹿港。乃檄調漳籍義首率勇數

〔註281〕軍機處錄副奏摺——農民運動類，案卷號：3279，膠片號：135，中國第一歷史檔案館藏；《乾隆朝上諭檔（第十一冊）》，頁 546；《乾隆朝上諭檔（第十七冊）》，頁 852。

〔註282〕臺灣銀行經濟研究室選編，《臺案彙錄癸集》，臺灣銀行文獻叢刊第二二八種，1966 年 5 月，頁 21～23。

〔註283〕國立故宮博物院，《宮中檔乾隆朝奏摺（第五十九輯）》（臺北：故宮博物院，1987 年 3 月），頁 689～690。

〔註284〕《清宮廷寄檔臺灣史料（一）》，頁 273。

〔註285〕臺灣銀行經濟研究室編，《臺案彙錄庚集》，臺灣銀行文獻叢刊第二○○種，1964 年 8 月，頁 155。

〔註286〕臺灣銀行經濟研究室編，《清會典臺灣事例》，臺灣銀行文獻叢刊第二二六種，1965 年 5 月，頁 28～29。

〔註287〕洪安全主編，《清宮諭旨檔臺灣史料（二）》（臺北：故宮博物院，1996 年 10月），頁 1516～1517；《乾隆朝上諭檔（第十六冊）》，頁 164。

百人，前來泉人聚居的鹿港，與水師官兵共同協防。不料勇丁與轎店小夫口角，勇丁憤以鳥鎗傷斃數人，一時騷動不可收拾。最慘者爲沙轆一帶泉人，望風而遁渡海溺斃，或被沿途截殺不可勝計。同年六、七月漳泉紳士出面調處，才逐漸平息各令歸莊。此案《彰化縣志》沒有提到任何元凶，只記載勢熾皆由餘匪煽惑所致，遂將著名賊匪究辦結案。〔註288〕「渠魁」之名史無記載，是這次分類械鬥的遺憾。不過地方官並沒有從中學到教訓，數年後竟有更大規模的械鬥發生。

　　嘉慶十四年四月八日（1809.5.22）淡水廳後壠（苗栗縣後龍鎮）泉民黃紅之妻，與中港（苗栗縣竹南鎮）漳民蔡成通姦事發。黃紅毆打姦夫蔡成，蔡成反邀漳人還毆。黃紅不甘，自將草房焚燬，誣賴受到漳人欺負，冀圖蠱惑聽眾。兩造挾怨未釋。同月十日（5.24）適有白底艘盜船一隻，駛進中港搶劫商船。附近後厝莊（苗栗縣竹南鎮）泉人持械搭救。海盜船發砲傷斃一人、打傷四人，旋起椗逃竄。中港漳莊聽聞砲聲，以爲泉人出莊尋釁持械前往。此時泉人指稱漳人幫助洋匪，互相開罵。未幾有泉人翁聰明寫信給後壠泉人杜明珠，捏稱中港漳人勾結洋匪，約會幫同械鬥。漳人吳愿、林大聞知，亦自中港糾眾防堵。十一日（5.25）兩造隨即鬥殺，釀成大禍。〔註289〕

　　四月十六日（5.30）位於府城的臺灣鎮總兵官武隆阿、臺灣道張志緒，分別收到北路協副將什格、淡水廳同知稟報，始得知械鬥的緣由。由於什格馳往諭止沒有效果，武隆阿決帶兵北上，會同臺灣知府徐汝瀾前往查辦，張志緒留守郡城策應。十七日（5.31）離郡途次接獲彰化、嘉義縣具報，方知事態嚴重。原來械鬥的野火，已南下跨過二縣蔓延開來；漳、泉百姓誤聽謠言紛紛搬徙，隨有無賴匪徒乘機搶奪。武隆阿以笨港緊要，先率兵前往彈壓，分撥兵役交由徐汝瀾，趕往彰化縣查辦。此後十餘日武隆阿皆在嘉義縣他里霧（雲林縣斗南鎮）、彰化縣西螺（雲林縣西螺鎮）撫綏，諭令百姓各歸田業俱已寧貼時；五月一日（6.13）接獲海盜蔡牽搶掠鹿耳門的消息，急忙率隊回郡守禦趕走盜船。〔註290〕

　　福州省垣何時接到械鬥的消息呢？根據署閩浙總督的福建巡撫張師誠奏

〔註288〕周璽，《彰化縣志》，臺灣銀行文獻叢刊第一五六種，1962年11月，頁382。
〔註289〕軍機處錄副奏摺——農民運動類，案卷號：3318，膠片號：136，中國第一歷史檔案館藏。
〔註290〕國立故宮博物院，《宮中檔嘉慶朝奏摺（第二十五／二十六輯）》（臺北：故宮博物院，1994年8月），頁44～45。

報，他在五月已收報徐汝瀾的回稟，但案情描述模糊旋下令撤查。八月一日
（9.10）張師誠才又接到臺灣道張志緒七月五日（8.15）較詳細的回稟，於是
始繕摺回報該械鬥案件。仁宗是何時知道此案呢？從硃批落款的時間來看，
遲至八月十九日（9.28）才得悉。臺灣鎮、道回奏的時間更晚，要在八月十二
日（9.21）才發出第一本奏摺。所以從臺閩官員辦事的心態來看，不排除雙方
有「壓案」的可能。仁宗對此事亦感奇怪，下令於九月十四日（10.22）新接
閩浙總督的方維甸密查。〔註291〕

　　然而從四月到八月之間，發生太多事情，使得械鬥案無法迅速落幕。尤
其還往北延及艋舺（臺北市萬華區）、新莊（新北市新莊區）發展，更顯路途
遙遠鞭長莫及。武隆阿擊退府城的海盜後，隨即馳赴彰化縣城。由於該地先
前讓什格、徐汝瀾撫綏過，所以械鬥已經止息。大隊人馬稍做停留，再馳赴
案發地點中港。出乎意料地中港一帶也已安靜，惟有艋舺、新莊尚在搬移。
再根據艋舺營參將黎炳稟稱，五月十三日（6.25）朱渥分幫匪船八隻，駛入滬
尾港行劫，但被守軍擊退。原本械鬥案件要近尾聲，不料五月十四日（6.26）
淡水廳大甲（臺中市大甲區），有泉人高宰老的僱工，逕自搶割漳人林鉗、曾
嘆的稻穀，兩造發生衝突互有死傷。武隆阿聞訊指派都司熊瓊帶兵前去彈壓，
本身親自前往艋舺、新莊視察。武抵達目的地接據熊瓊回稟得知大甲的騷動
已平息，似覺穩妥孰料知府徐汝瀾報稱，五月二十一日（7.3）有彰化漳籍匪
徒張江，往攻三家春（彰化縣花壇鄉）泉莊並殺死莊勇一名，以致於泉人糾
夥進攻彰邑附近漳莊。〔註292〕

　　六月四日（7.16）武隆阿帶兵折回彰邑與徐汝瀾會合，一面安撫歸莊、一
面捉拏匪犯。詎張江率眾沿八卦山山脈南行，於六月二十一、二十二日（8.2
～3）竄入嘉義縣境焚搶。此舉非同小可除了縣城人心惶惶外，鹽水港、笨港
居民亦浮動。而彰屬百姓渡虎尾溪至嘉義者，不下一、二萬人。臺灣道張志
緒眼見局勢瀕臨失控，於七月一日（8.11）急忙由郡帶兵先往鹽水港（臺南市
鹽水區）彈壓，並計劃與趕往嘉邑的武隆阿會面。不料張志緒甫離開府治後，

〔註291〕洪安全主編，《清宮諭旨檔臺灣史料（四）》（臺北：故宮博物院，1997年10
　　　　月），頁2891；《宮中檔嘉慶朝奏摺（第二十五／二十六輯）》，頁749～750；
　　　　《宮中檔嘉慶朝奏摺（第二十六輯）》，頁426；軍機處錄副奏摺——農民運
　　　　動類，案卷號：3318，膠片號：136，中國第一歷史檔案館藏。
〔註292〕《宮中檔嘉慶朝奏摺（第二十五／二十六輯）》，頁44～45；軍機處錄副奏摺
　　　　——農民運動類，案卷號：3318，膠片號：136，中國第一歷史檔案館藏。

朱渥率領海盜船 40 餘艘駛入鹿耳門。七月四日（8.14）張氏獲悉再急忙從鹽水港、鐵線橋（臺南市新營區）一路安撫回郡。這一帶的械鬥根據私家記載，不乏文武官員袖手旁觀，或以為利。幸虧查畝營（臺南市柳營區）漳人劉日純樂善好施，與店仔口總理吳六秀、番社總理林光義、吉貝耍屯弁段鐸約，躬赴鐵線橋各堡招集鄉眾，曉以大義械鬥乃息。〔註293〕

七月一日（8.11）朱渥一抵鹿耳門就北竄，為防止洋匪蠢動即調知府徐汝瀾，從彰邑到鹿港坐鎮。七月五日（8.15）朱渥抵達鹿港，見無隙可乘而開竄。徐氏以外出已久，刑錢事件急須釐清，遂經斗六門沿途順看回郡。雖然官兵鎮壓欲械鬥的百姓，在事前還算有效果；但官兵離開後散去的百姓又復聚，實有疲於奔命的感覺。再者臺灣綠營官兵多漳泉籍，在彈壓過程中難免因鄉誼而袒護，所以之前武、張急稟調兵支援。〔註294〕

七月十一日（8.21）武隆阿從嘉邑回郡，會同道臺張志緒曉諭府城漳泉百姓毋得聽信謠言，並調派別府班兵 2,000 餘名分守府城人心已定。張氏旋札致浙江定海鎮總兵官林永昌，由安平移駐府城幫同彈壓。二十五日（8.25）武氏再帶漳州兵丁 900 餘名赴北路查拏。現在的情況從茅港尾（臺南市下營區）至下茄冬（臺南市後壁區），原本漳泉分類之徒不敢輕舉妄動。但是也沒有全部歸莊，惟恐日久生事，已傳集各總董分頭曉示。如今還傳出分類械鬥者，只剩嘉、彰交界東螺等莊。八月三日（9.13）武、張二人在嘉邑會面，評估局勢認為現駐臺軍隊不夠敉亂。八月十二日（9.21）聯名的奏摺再請求內地派兵支援。〔註295〕

事實上不等臺灣鎮道請求派兵支援，福州省垣早有此意。八月二日（9.12）閩撫張師誠的奏摺提到，他與藩司景敏、臬司廣玉商議，為趁早消弭此次械鬥除了調派大軍前往別無他法。他們認為陸路提督許文謨熟悉臺事為不二人選，所以計劃從撫標、長福、興化等閩北綠營中，抽調 1,000 名士兵而有別於漳泉的閩南綠營，交付許氏指揮立刻赴臺。許文謨當年照例要進京陛見，然仁宗接受了張師誠等的建議，要許氏暫緩來京先帶兵平亂。另外仁宗亦憂慮海盜從中加入，會讓臺灣械鬥案多添變數。現朱渥可能與其弟朱富在

〔註293〕連橫，《臺灣通史》，臺灣銀行文獻叢刊第一二八種，1962 年 2 月，頁 992。
〔註294〕《宮中檔嘉慶朝奏摺（第二十五／二十六輯）》，頁 44〜46、123〜124；軍機處錄副奏摺——農民運動類，案卷號：3318，膠片號：136，中國第一歷史檔案館藏。
〔註295〕《宮中檔嘉慶朝奏摺（第二十五／二十六輯）》，頁 123〜125。

鹿仔港合流，正開往大雞籠（基隆市）一帶或竄回內地，他諭令守軍皆加意防範。〔註296〕

八月十日（9.19）張師誠馳赴廈門趕辦大軍渡臺事宜。他恐調臺的一千名部隊還不足以平亂，又主張再撥撫標 500 名、延平與建寧府兵 500 名，亦湊足一千名之數交由延平協副將花山保指揮，暫時在泉州蚶江候渡。若臺事復亂則直接對渡鹿港平亂。張氏也質疑此次械鬥是中港民人通姦案引起，之前漳泉兩造並無深仇，會難以善了恐臺灣官員想化大小不成所致。張的說辭正暴露了他想諉過給部屬的心態。蓋因爲從四月案發到現在，他也是在此時才首次具奏，無法解釋三個多月前「壓案」的理由。〔註297〕

八月十九日（9.28）許文謨與寧福道馮鑾、候補知府楊廷理自廈門放洋，在蚶江待命的花山保也率隊渡臺，臺灣一時又湧入 2,000 名大軍。張師誠給他們的任務，則是立刻趕赴嘉義至東螺等處查辦。〔註298〕不過許氏一行候風不順，直到同月二十九日（10.8）才從大担門放洋。又因風汛未順寄椗澎湖，九月七日（10.15）離開澎湖，隔日午時抵達鹿耳門。許文謨接見知府徐汝瀾，詢問狀況得知現械鬥以牛罵頭（臺中市清水區）、白沙坑（苗栗縣通霄鎮）較爲嚴重。臺灣道張志緒現駐箚大埔林（嘉義縣大林鎮），臺灣鎮總兵官武隆阿駐箚虎尾溪（雲林縣虎尾鎮）。前獲吳進等七名重犯已經正法。許氏計劃花山保率領的 1,000 名士兵抵鹿，指揮權轉由定海鎮總兵官林永昌統帶。〔註299〕

九月八日（10.16）許文謨進抵他里霧、土庫（雲林縣土庫鎮）；同日揀東保翁仔社（臺中市豐原區）粵人黃增林、林伯偉，挑米路過沙轆街被漳人誤殺。此舉使得東勢角（臺中市東勢區）、石岡仔（臺中市石岡區）粵莊與泉民互結，於十日（9.18）大舉焚燒附近漳人房舍，並意圖勾結生番下山幫忙。九月九日（10.17）許文謨移駐東螺、三塊厝（彰化縣北斗鎮／埤頭鄉）。十日張志緒由員林仔（彰化縣員林鎮），北上抵達彰化縣城坐鎮。十一日（9.20）張氏派令漳籍義首王松馳往諭止，同日夜晚揀東匪徒約 200 餘人南竄至北投

〔註296〕中國第一歷史檔案館編，《嘉慶道光兩朝上諭檔（十四）》（桂林：廣西師範大學出版社，2000 年 11 月），頁 501～502、515。

〔註297〕《宮中檔嘉慶朝奏摺（第二十五／二十六輯）》，頁 2～6。

〔註298〕《宮中檔嘉慶朝奏摺（第二十五／二十六輯）》，頁 125～127、130～131；軍機處錄副奏摺──農民運動類，案卷號：3318，膠片號：136，中國第一歷史檔案館藏。

〔註299〕軍機處錄副奏摺──農民運動類，案卷號：3318，膠片號：136，中國第一歷史檔案館藏。

（南投縣草屯鎮）欲搶粵人。武隆阿先前獲悉彰縣有事，從虎尾溪北上途中得此情報，急忙翻越八卦山脈捉拏此輩。原來北投這一帶本屬漳莊，但因亂事動盪跑來不少粵人插居。這種插居的現象是張志緒便宜行事的處理，他先令總理、董事、莊耆互保，凡插居者再有挾嫌尋釁，以強欺弱者則採連坐處分。十三日（9.22）彰化知縣陳國麟稟稱，粵民眞的勾出生番 70 餘名，幫忙進攻漳莊。武隆阿聞訊大驚，急調番屯把生番趕回烏牛欄（豐原區）內山。十七日（9.26）武氏移駐大墩（臺中市南屯區）。〔註 300〕

　　許文謨對臺灣分類械鬥觀察很仔細，他認爲臺地民情多疑一經分類，大莊存畛域之心，小莊有自危之慮，而不法莠民樂於有事。挑釁唆誘、東焚西搶、猝不及防。例如：原本是漳泉分類械鬥的案件，除了粵人遭誤殺引發閩粵分類械鬥外，因白沙墩、後壠泉人挑撥，使得貓裡莊（苗栗市）粵人糾眾攻搶中港漳莊，也是一例。對於白沙墩的亂事，許氏派令武隆阿、楊廷理前去辦理。又恐葫蘆墩（臺中市豐原區）一帶接近亂區生變，復派張志緒前往坐鎮。現在已拏獲械鬥源頭關係人黃紅，粵籍首犯鄭祥麟。許氏本人則在彰邑指揮若定，由於淡水廳、彰化縣的械鬥均已止息，只剩嘉義縣內山還有餘匪。因此他通飭廳縣傳集漳泉粵義首、頭人，擇其急公誠實者，令其漳人查漳、泉人查泉、粵人查粵。將匪徒姓名、住址據實開出，不許徇私隱諱或挾怨株累，協同兵役申送。此次掃蕩共拏獲糾鬥、糾搶人犯 110 餘名。〔註 301〕

　　九月二十七日（11.4）許文謨大致已平息各地械鬥，十月初七日（11.14）許氏繕摺回報情況，十二月十六日（1810.1.20）仁宗閱摺表示滿意。然對於臺灣鎮、道的處理態度相當憤怒。同日它立刻降旨要閩浙總督方維甸細查二人居官如何，並指示許文謨事情辦竣馬上回任。二十四日（1810.1.28）諭令革除武隆阿與張志緒的職務，並令方維甸親赴臺灣處理善後事宜。嘉慶十五年正月十一日（1810.2.15）上諭方維甸渡臺後，針對已拏獲的 110 餘名人犯，各按罪名輕重審擬，此案算是做一了結。〔註 302〕

　　做爲第一起橫掃中、北部械鬥，歷經八個多月（1809.5.22～1810.2.15）的時間，有四項重點是值得討論。其一，綠營武力堵禦的問題。若參考嘉慶

〔註 300〕《宮中檔嘉慶朝奏摺（第二十六輯）》，頁 449～452。
〔註 301〕軍機處錄副奏摺——農民運動類，案卷號：3318，膠片號：136，中國第一歷史檔案館藏。
〔註 302〕《清宮諭旨檔臺灣史料（四）》，頁 2966～2976。

十六年（1811）區域人口與駐軍的比例，可以了解爲什麼在官方下令防堵時，只有在臺灣、鳳山縣能有效扼阻（噶瑪蘭在嘉慶十五年才設廳）。因爲臺灣縣的兵民比例維持在 76：1 的水準，能相對有效地堵禦來自北方械鬥的蔓延。所以即便鳳山縣的兵民比例已達 134：1，靠著臺灣縣的阻隔仍免於械鬥波及。但其他的廳、縣可不同。案發地淡水廳中港、後壠，以及隨後被捲入的白沙坑、猫裡莊，該地（桃竹苗）的兵民比例達 156：1。無怪乎亂初僅靠當地駐軍，根本無法扼止械鬥的火苗。至於它鄰近的地區——臺北、臺中，臺北的兵民比例亦達 151：1，也是相當高的地區。所以亂初新莊、艋舺馬上也跟著引發械鬥。不過兵民比例最高者爲臺中的 577：1，械鬥的野火延燒至此實爲關鍵。如果官軍能有效的堵禦，應可以止住繼續往南蔓延的走勢。可惜這對守軍是一項苛求，所以該區的葫蘆墩、牛罵頭、大甲也成爲械鬥的熱點。另外再往南的二個縣——彰化縣、嘉義縣，彰縣兵民比例 132：1，嘉縣爲 228：1。也都是官軍難守的防線，尤其是嘉義縣兵民比例爲全島次高，縣境的笨港、鹽水港、斗六門、他里霧、茅港尾、下茄冬亦相繼成爲械鬥的熱點。

其二，內地綠營援臺的問題。相較於乾隆四十七年黃仕簡帶兵援臺數目無載，這一次的情況就清楚多了。前後二次共 4,000 名大軍，跟平定民變援臺的規模相比也不遑多讓（參閱第四章第一節戴案末期）。爲什麼清廷會如此愼重呢？那是它們一定也意識到臺灣人口快速成長的事實。此時臺灣的人口約有 178 萬之譜（見第一章第二節），僅靠著原駐臺的軍隊是無法敉平的，所以才陸續派遣大軍，分別從鹿耳門、鹿港登陸弭亂。而且這當中還較爲特殊的是，此次赴臺的士兵多刻意從漳泉以外的地區挑選，成爲綠營支援臺灣一個特別的個案。

其三，該械鬥擴大的原因。跟乾隆四十七年械鬥相比，此次作亂的時間長達一倍，其中必有緣故。械鬥時期海盜無預警的騷擾，讓官府相當頭疼。事實上這一波的海盜寇掠，在整個東南追剿海盜的行動中也將近尾聲。前文提到的朱渥就是粵海盜朱濆的弟弟。嘉慶十四年一月（1809.2）朱濆在廣東長山尾洋面遭圍剿時殞命，原本以爲粵籍海盜就此降伏，但餘部仍由朱渥率領做困獸鬥。至於閩海盜蔡牽在五月漂抵鹿耳門，則是他最後一次來臺，同年九月蔡氏在浙江臺州魚山外洋遭圍剿時殞命。〔註303〕朱氏之衰與蔡氏之死，

〔註303〕許毓良，《清代臺灣的海防》（北京：社會科學文獻出版社，2003 年 7 月），

使得清廷在敉平械鬥案時，不會再多添變數。另外漳泉鬥引發成閩粵鬥，也是整起械鬥案遲未落幕的原因。之前道臺張志緒以非同籍插居的方式，在漳泉、閩粵互鬥中顯得無力阻亂。反倒是提臣許文謨，以同籍地方頭人調查同籍械鬥匪徒，反而收事半功倍之效。幸好在混亂之中，中部生番（泰雅族）的介入，沒有使得械鬥案更加惡化。這多虧番屯之力，同時也說明漢移民間的械鬥，未捲入漩渦的熟番可以成為阻亂的幫手。

其四，法律對械鬥的制約。《會典》所記嘉慶十五年（1810）閩浙總督方維甸來臺查辦後，條擬約束械鬥章程。其中提到臺灣鄉治的總董，向在村莊包庇違抗；甚至地方官號令不行，諸多掣肘。隸役也是擅自分保，互相黨互不服拘傳，為最大惡習。現在改弦易轍除嚴禁總董、隸役把持外，僉設約長、族長，責令管束本莊、本族。〔註304〕仁宗把族長（或曰族正）的地位大幅提升有二層意義。一是臺灣的人口結構，大自從乾嘉朝以後多呈現定居的傾向，而有別康雍朝的候鳥式移民。經過多年的生聚，讓清廷意識到可以從「族」的管理，做為另一種控制臺灣社會的方法。二是從整個福建省的統治角度來看，利用宗族來維持治安，早就是自雍正朝以來的手段。鑑於閩省層出不窮的械鬥案件，嘉慶以後福建文人如：陳壽祺等，亦大力疾呼運用族正來控制械鬥的重要性。〔註305〕所以說臺灣此時提升族長的地位，正好是隨著時代腳步所做的調整。

另外嘉慶十四年的械鬥案跟「競墾」有什麼關係？該案並沒有像乾隆四十七年那一次，可以很明確指出大里杙「林姓」實為幕後的推手。不過根據案發後的陳述，「搶割」稻穀行為的出現，或可做為彼此競墾的代表。如此的發展還是持續，直到道光朝。

道光三年（1823）剛卸任的臺灣知縣姚瑩，總評臺灣各地民風情形，提出如右的描述：「鳳山之民狡而狠，嘉義、彰化之民富而悍，淡水之民渙，噶瑪蘭之民貧。惟臺灣附郡幅員短狹，艋舺通商戶多殷實，其民稍為純良易治。然逸則思淫，一唱百和。官有一善，則群相入頌悅服；官一不善，則率詬誶而為姦欺。」〔註306〕看來經過 140 年（1684～1823）的統治，臺灣社會的不

頁 170。

〔註304〕《清會典臺灣事例》，頁 33。

〔註305〕元廷植，〈清中期福建的族正制〉，《清史論叢》，2000 年號，2001 年 1 月，頁 168～180。

〔註306〕姚瑩，《中復堂全集（東溟文外集）》（臺北：文海出版社，1983 年 10 月），

馴仍讓清廷提高警覺。然此點是有必要的，因爲械鬥、民變等動亂考驗著駐軍應變的能力。

　　道光六年四月（1826.5）彰化縣東螺保睦宜莊閩人李通，偷取饒平厝莊（俱在彰化縣田尾鄉）粵人黃文潤的豬隻引發糾紛。隨後兩造招眾爭鬥，粵人再格斃閩人許神助等二人，亂事不可扼止遂蔓延開來。員林（彰化縣員林鎮）一帶的粵人逃入大埔心（彰化縣埔心鄉）、關帝廟街（彰化縣永靖鄉），於是閩粵分類械鬥開始。〔註307〕北京方面是何時知道消息呢？六月五日（7.9）宣宗接獲閩浙總督孫爾準的奏摺，得知此械鬥從彰化爆發又延及嘉義甚怒。福建水師提督許松年亦回奏，他本人剛好在臺巡閱，已檄調海壇鎮閩安協副將邵永福帶兵至艋舺堵禦，金門鎮總兵官陳化成立即赴臺，與臺灣鎮總兵官蔡萬齡三面兜擒。〔註308〕其實這起械鬥會蔓延如此迅速，固然臺灣鎮道有處置上的失誤，但許松年本人也有貽誤。原來許氏知遇於前任閩督趙慎畛，一切均言聽計從；現孫爾準接任二人不相容，反而進退失據。許氏在亂初，想以柔性手段集眾講和。不料械鬥更熾，成爲日後被彈劾的罪狀。〔註309〕

　　在這月餘之間械鬥案有失控的發展，最重要的是也往北蔓延到淡水廳與噶瑪蘭廳。五月蘭廳多瓜山（宜蘭縣多山鄉）粵莊以吳集光、吳烏毛爲首，糾眾數千人向附近的閩莊展開攻擊。該廳通判烏竹芳獲報，旋帶兵役趕往多瓜山，並追擊到馬賽（宜蘭縣蘇澳鎮）。粵匪餘部趁隙搶掠員山之閩莊，並埋伏在打那美莊，等待回援的官軍。由於粵匪均持有鳥銃，官兵中伏不敢前進。烏竹芳身先士卒，粵匪臨陣退卻共被拏獲12人。爾後粵匪改攻鹿埔莊（俱在宜蘭縣多山鄉），烏氏協同員山閩莊義民會剿，並攜帶大砲助陣。五月二十四日（6.29）粵匪又在被擒獲八人後，以局勢窮蹙遂自動解散。〔註310〕

　　　　頁172～176。

〔註307〕陳國瑛，《臺灣采訪冊》，臺灣銀行文獻叢刊第五五種，1959年10月，頁35～37；山根勇藏，《臺灣民俗風物雜記》（臺北：武陵出版有限公司，1989年5月），頁56。

〔註308〕蔣良驥，《十二朝東華錄（同治朝）》（臺北：文海出版社，1968年8月），頁105。

〔註309〕繆全孫編，《續碑傳集（117）》（臺北：明文書局，1985年5月），頁717～720；陳壽祺，《福建通志臺灣府》，臺灣銀行文獻叢刊第八四種，1960年8月，頁1033。

〔註310〕廖風德，《清代之噶瑪蘭》（臺北：正中書局，1994年11月二刷），頁269～

　　六月十二日（7.16）宣宗閱畢鎮臺蔡萬齡的奏摺，認為小小的爭鬥引發大規模的械鬥，無非就是地方文武員弁，平日沒有緝捕勤能，才會讓盜匪們逮到機會就藉機鬧事。他下令趁內地援軍未抵臺前，臺灣道孔昭虔與蔡萬齡分頭堵禦，所請兵勇口糧准予臺灣府庫貯息銀內動支，事竣覆實報銷。〔註311〕十七日（7.21）宣宗發出的廷寄褒獎噶瑪蘭廳義首王雲鼎，以及頭圍縣丞丁嘉植拿獲匪首陳新喜。不過嘉義、彰化縣境遼闊，械鬥匪徒四處流竄不易攔截，諭令內地援軍加緊渡臺。〔註312〕十九日（7.23）宣宗得知官軍的部署做了一些調整：道臺孔昭虔坐鎮府城，蔡萬齡移駐艋舺，提督許松年先抵臺駐防大甲。後檄調陳化成帶兵 500 名渡鹿港，邵永福以及陞補澎湖協副將謝建雍帶兵 300 名渡八里坌。另派興化協副將佟樞、候補副將崇福，帶兵 1,000 名渡鹿港。〔註313〕二十九日（7.2）上諭准杜紹祁陞補淡水廳同知，李廷璧調彰化知縣，隨同臺灣鎮道敉平鬥案。〔註314〕

　　由於本文缺乏第一時間臺閩官員上奏的資料，雖有《廷寄》、《諭旨》可做補充，但在日期的敘事上難免有隔一層之憾。幸好同時期的方志與私家著作，對這一起大械鬥亦有記錄。四月案發後彰化縣的小莊已焚毀過半，惟有白沙坑莊是潮州人與泉混居之處，幸賴恩貢生曾拔萃同各莊紳耆總董保護，安堵如故。迤北葫蘆墩（臺中市豐原區）搶殺頗為嚴重，大甲溪以北的淡水廳境，閩粵互殺也很嚴重。虎尾溪以南的嘉義縣境，械鬥不及淡、彰，然人心動搖危如累卵。〔註315〕時人評論水師提督許松年、臺灣鎮總兵官蔡萬齡處置失當，一直未能拏或首犯，亂事久久無法止息。據估計時至七月械鬥所戕殺不下萬餘人，屍相枕藉於道；室廬既毀民無所歸，不死者又相率為盜。爾後淡水廳靠著陳化成迅速緝捕，彰化縣靠北路海防理番同知鄧傳安撫綏，嘉義縣靠知縣王衍慶辦理得宜才控制住亂局。這場械鬥案本來也有往鳳山縣蔓

271。
〔註311〕不著編人，《清實錄——宣宗成皇帝實錄（三四）》（北京：中華書局，1986年 8 月），頁 616。
〔註312〕洪安全主編，《清宮廷寄檔臺灣史料（二）》（臺北：故宮博物院，1998 年 10月），頁 1078～1079。
〔註313〕中國第一歷史檔案館編，《嘉慶道光兩朝上諭檔（三十一）》（桂林：廣西師範大學出版社，2000 年 11 月），頁 202；繆全孫編，《續碑傳集（114）》（臺北：明文書局，1985 年 5 月），頁 794～802。
〔註314〕《清宮廷寄檔臺灣史料（二）》，頁 1084。
〔註315〕《彰化縣志》，頁 383。

延的趨勢，好在知縣杜紹祈善為安戢，地方晏然。〔註316〕

　　六月底閩浙總督孫爾準決定親自渡臺平亂，他先調派福建陸路提都馬濟勝移駐廈門策應，親率陸路提督麾下的長福營、福寧鎮連江營與羅源營共1,000 名士兵直抵鹿港，駐彰化縣城。〔註317〕七月三日（8.6）宣宗終感不耐，密派前任臺鎮、現任山東巡撫武隆阿，以欽差大臣之職前往督辦。六日（8.9）的廷寄透露出械鬥慘烈的地區，包括：淡水廳的南坎（桃園市蘆竹區）、大甲，彰化縣的葫蘆墩、四張犁（臺中市北屯區），尤以殿仔（苗栗縣竹南鎮）等莊被焚最甚。彰化知縣李振青（李廷璧未到任）派人搭寮招集難民。不過宣宗對現今還未追查出滋事匪徒幾人？受波及村莊多少？何者是主謀？何者是勾結？到底是一股匪徒還是分投滋擾？完全不知而感到震怒。十二日（8.15）巡撫武隆阿受頒欽差大臣關防，由侍衛額勒經額等陪同隨往臺灣，並調韓克均再回任閩撫，負責接濟武隆阿一行所需的物資。〔註318〕

　　然而根據七月二十三、四日（8.26～27）的上諭，事情又出現變化。原來宣宗獲悉閩督孫爾準業已渡臺，遂改變主意諭令武隆阿毋庸前往。八月一日（9.2）的諭旨提到孫爾準抵臺第一件事，就是參劾提臣許松年、鎮臺蔡萬齡、北路協副將趙裕福。而道臺孔昭虔、知府陳俊千是否也有失職，再進一步調查。孫氏參劾這三人最大的理由是，錯誤地讓官兵救亂時祇准彈壓、不能加誅，無形中讓械鬥匪徒有恃無恐，又聚結復鬥。同時內地援軍 2,800 名也全部抵臺，官軍威力掃蕩出現效果。械鬥案件鬧至八月，總算有被止息的跡象。孫氏偵訊人犯供出同黨者，或者由難民指控加害者，已收集到 500 餘人的名單，全交由地方總董按名縛送。〔註319〕

　　道光六年八月二十二日（1826.9.23）的上諭，透露閩督孫爾準綏靖的情況。經過調查此次事件的導火線是李通、黃文潤爭鬥而起，後來匪徒乘機造謠煽惑搶劫，粵民逃至淡水再圖勾結報復，閩人亦集眾復鬥遂成分類械鬥。現李通已被拏獲，嘉義、彰化縣、淡水廳大甲一帶，經過孫氏的曉諭、彈壓，械鬥已經止息，惟有中港一帶被擾甚慘。〔註320〕中港的械鬥又是怎麼回事呢？

〔註316〕《臺灣采訪冊》，頁 35；《碑傳選集（114）》，頁 794～802。
〔註317〕李桓編，《國朝耆獻類徵（156）》（臺北：明文書局，1985 年 5 月），頁 69～94；《碑傳選集（114）》，頁 794～802。
〔註318〕《清宮廷寄檔臺灣史料（二）》，頁 1088～1097。
〔註319〕《嘉慶道光兩朝上諭檔（三十一）》，頁 259～260。
〔註320〕《十二朝東華錄（道光朝）》，頁 109～110。

原來同年五月粵籍移民黃斗奶、黃武二，趁械鬥的機會勾引生番下山幫助，大舉焚殺中港的閩人。〔註321〕地方耆老相傳竹南閩籍張氏，以及粵籍黃氏在地方早相處不睦。這一次械鬥讓南庄十六社總土目樟加禮的女婿——黃斗奶，引導南庄、田尾的生番（俱在苗栗縣南庄鄉／賽夏族）。粵番聯手殺入竹南街、海口莊、鹽館前（俱在苗栗縣竹南鎮），造成當地閩人死傷慘重，罹難者不下千餘人。〔註322〕宣宗認為此次械鬥蔓延甚廣，臺灣鎮總兵官蔡萬齡、臺灣知府陳俊千要負最大的責任，而黃斗奶之亂即刻命令金門鎮總兵陳化成帶兵討平。〔註323〕

中港一帶的械鬥是一個兩極化的個案。因為從官方資料或閩人留傳下來的故事，均嚴指粵人好鬥濫殺。不過當地粵人後代保留下來的資料，剛好是相反的控訴。在這一份由今新竹縣湖口鄉羅氏家族所有的手稿，詳述這一次械鬥的始末。源頭同樣都說四月間嘉彰兩邑的械鬥，但附帶賊匪焚燒粵莊，並聲言滅粵煽及淡境。此時中港閩籍頭人王大令、許得俊、甘騰駒、高謙等，私通匪黨起漳泉兄弟旗號，於五月五～七日（6.10～12）疊攻田寮（苗栗縣頭份鎮）粵莊三日，附近兩張犁（後龍鎮）、香山屋（新竹市香山區）、造橋莊（苗栗縣造橋鄉）、南港仔（頭份鎮）、流水潭均受波及。九、十二日（6.14、17）淡北以上漳泉再度蜂擁，數日間攻破粵人七十餘莊，所存者惟新埔（新竹縣新埔鎮）、九芎林（新竹縣芎林鄉）。而閩人反報官，誣陷粵莊有窺伺廳治之意。五月底水師提督許松年、鎮臺蔡萬齡按臨，雙方遵諭取結和好。一月有餘彼此無事，不料閩匪陳保琳、林東勾引匪黨數千，於六月九～十一日（7.13～15）攻破後壠底（後龍鎮）、兩張犁、柳樹灣（苗栗縣通霄鎮）、頭湖（後龍鎮）、二湖（後龍鎮）、三湖（苗栗縣西湖鎮）、打呢叭、牛蓼埔（西湖鎮）粵莊。然粵莊百姓仍確守法紀，未嘗懷恨攻打後壠街，且兼保躲入粵莊的漳泉民人百餘口等事。〔註324〕

從這一篇訴狀的內容來看，作者相信部分敘事的真實性，但也質疑刻意隱瞞不利於己方的事證，例如：絕口不提黃斗奶事件。針對狀紙的冤由，

〔註321〕鄭用錫，《淡水廳志稿》（南投：臺灣省文獻委員會，1998年3月），頁64。

〔註322〕陳運棟等，《斗葛族人——道卡斯族研究導論》（苗栗：苗栗縣立文化中心，1998年6月），頁87。

〔註323〕《嘉慶道光兩朝上諭檔（三十一）》，頁273～275。

〔註324〕黃榮洛，〈有關清代閩粵械鬥的一件民間古文書〉，《臺灣風物》，第40卷第44，1990年12月，頁139～143。

臺灣官員評論是「家常便飯」之作。原因是狀紙稟報搶竊，必稱賊數十猛，千手雷同，眞僞難分。〔註325〕然不管如何遲至九月二十七日（10.27）全臺械鬥幾乎都已止息，宣宗特別要孫爾準留意義勇倒戈的可能。因爲在他的印象中，義民性情獷悍、素無紀律，甚至故縱兇頑、誣拏孱弱。此次調集義民平亂乃一時權宜，所以事竣酌給獎賞，但仍需責令莊董管束其眾。二十九日（10.29）宣宗始知「番割」之名，這是肇因於淡水廳三灣（苗栗縣三灣鄉）還在搜捕黃斗奶，孫爾準奏報這些常與生番交易貨品的漢人，實爲番界附近治安不穩定的因素。另外查明臺灣道孔昭虔從輕發落，原因是孔氏爲人樸實，臺灣道之職屬最要缺與他不甚相宜，因此揀選內地幹員與他對調。九月底官軍從斗換坪、南港（俱在頭份鎮）、鹽水港（新竹縣香山區）三路進剿，兵勇皆攀葛附藤深入內山，生擒黃斗奶等 21 名戮之。〔註326〕十一月二十七日（12.25）內閣奉上諭，已全臺平定賞孫爾準爲太子太保，拏獲或投首林大蠻等 35 犯分別定擬，義首徐庚三等三名賞賜有差，該械鬥案終告結束。〔註327〕

做爲臺灣史上波及規模最大的械鬥，歷經七個多月（1826.5～1826.12.25）的時間，有四項重點是值得討論。其一，綠營武力堵禦的問題。道光朝以後沒有區域人口的資料，可以討論兵民防衛比例。不過有一點可以確定的是，臺灣總人口持續增加的事實，使得各地兵民比例只有拉大不會降低。如果再以亂事最快、最慢敉平的速度，衡量區域駐軍的反應能力；噶瑪蘭營表現算是最好，負責桃竹苗的北路協右營表現最差。

第二，內地綠營援臺的問題。此次 2,800 名士兵的赴臺，論人數比嘉慶十四年的規模還小。但是面對史無前例的大械鬥，二千多名士兵還是有辦法平亂，可見得有它的長處。其中最重要是軍隊登陸地點的選擇。此次援軍擺脫以往徑渡鹿耳門的傳統，分成二大股從鹿港與八里坌上岸，不管是馳往中港、葫蘆墩、嘉義虎尾溪一帶，都可以很快到達目的地。事實上從道光以後，鹿耳門成爲全臺海防最要口的地位已經降低。其臺江港灣沙淤嚴重不講，多增四個正口與福建對渡，也讓軍隊選擇港口登陸的選項變多。〔註328〕再者跟上一次雷同，除了金門鎮總兵官陳化成率領的 500 名綠營兵，屬於閩

〔註325〕陳盛韶，《問俗錄》（南投：臺灣省文獻委員會，1997 年 11 月），頁 89。
〔註326〕《國朝耆獻類徵（156）》，頁 69～94；《碑傳選集（114）》，頁 794～802。
〔註327〕《嘉慶道光兩朝上諭檔（三十一）》，頁 306～307、311、374～375。
〔註328〕《清代臺灣的海防》，頁 11～20。

南漳、泉籍之外，其餘的部隊全是閩北籍的營兵。這說明了清廷已學得教訓，在平定臺灣械鬥案件時，儘量少用跟移民祖籍相同的軍隊，才能收事半功倍之效。

　　第三，械鬥參與者與受害者人數的問題。之前已述及孫爾準收集到 500餘名匪徒的名單，該數據應就是官方認知中作亂的人數。它雖然不一定是準確的參與者人數，但比羅氏訴狀聲稱閩人匪黨數千，應該還能讓人接受。蓋因於「數千」已是民變初起的規模，不太像是羅漢腳風聞造謠，再趁機劫掠的人數。至於受害者的人數，私家撰述記載爲「不下萬餘人」。該數字可信度頗高。因爲根據中港耆老留傳下的口碑，僅該地就有千餘人的死傷。這一次械鬥被稱爲史上之最，除了蔓延地區最廣之外，死傷人數之鉅也是一點。

　　其四，民番對於械鬥的反應。苦於羅漢腳的生事，以及地方頭人，如：中港的王大令、許得俊、甘騰駒、高謙等中途加入，讓該械鬥變得失控。原本是「局外人」的地方頭人參與分類械鬥，即說明「競墾」的壓力迫使一方透過武力，欲打壓另一方的作爲。這種以武力解決爭端的方式，常會造成更大的爭端。就如同黃斗奶勾引生番助陣一樣，這在清廷的眼中已不是單純械鬥的案件，而是牽涉到番界邊防整飭不力的問題。當然也不是所有的地方頭人，都熱衷參與械鬥。像是彰化縣境的小莊已被焚毀過半，幸賴紳耆之力讓白沙坑莊成爲閩粵避難的場所。

　　這一次械鬥規模雖大，但還沒有讓官府全面檢討地方駐軍，六年之後同一地點，再度引燃械鬥的火苗。道光十二年閏九月（1832.11）嘉義縣爆發張丙豎旗事件，縣境以南一時紛亂洶洶。亂初彰化以北沒有受到波及，正值慶幸之際，同年十二月（1833.2）彰邑迤北至葫蘆墩、淡水廳後壠、中港竟又發生閩粵分類械鬥。根據道光十三年正月二十六日（1833.3.17）諭旨描述，北路協副將葉長春、來臺平張丙之亂的福建陸路提督馬濟勝，接獲消息後分頭前往二處地方彈壓。隔日臺灣鎮總兵官劉廷斌亦前往辦理，據他回奏受害最烈爲銅鑼灣（苗栗縣銅鑼鄉）、桃仔園（桃園市桃園區）。二月十三日（4.2）諭旨有更清楚的描述，在經過月餘的械鬥，閩粵移民分往二處地方搬移。閩籍聚集在艋舺、桃仔園，汀州附粵籍者聚集在中壢新街（桃園市中壢區）；廳南被焚之家難民往後壠、中港、廳治三處遷移。此次械鬥的禍首是公館莊（苗栗縣公館鄉）的吳阿賢、張阿三，現已指派安平水師協右營都司楊武鎮前往圍拏。彰化閩粵相互焚搶業已止息，來臺的興化知府黃綏誥遂進入淡境，來

往舊社（苗栗縣苑裡鎮）、泉州厝（臺中市大安區）、吞霄（苗栗縣通霄鎮）、後壠、中港撫綏難民。二月二十四日（4.13）的諭旨透露閩浙總督程祖洛亦來臺綏輯。現在臺灣道平慶委前任南路海防理番同知王衍慶馳往，會同鎮臺劉廷斌捉拏吳阿長等九名，歷經二個月的械鬥才漸被敉平。〔註329〕

　　道光十三年（1833）北路海防理番同知陳盛韶，對閩粵分類械鬥有深入的觀察。他認爲全臺閩粵移民的分佈，除了鳳山縣下淡水地方粵人多於閩人外，其餘都是閩人多於粵人。但這不代表一經械鬥粵人永居下風。粵人民風詭而和，知道人數眾寡不敵，所以不分邪正都能連絡。閩人蠢而戾，尤以羅漢腳逞志生事，有家室者觀望不前。故閩粵分類械鬥，閩人往往不敵。再加上閩人習於蠻橫，動釀亂階；粵人明於利害，不拒捕不戕官。使得閩人亂發很容易變成叛民，此時粵人再以義民之姿助官平亂，遂趁此大開殺戒。陳氏提出的解決之道，是遴選有才幹、有聲望之人出任總理；並採連坐方法，約束總理與地方頭人，最後加之以兵威求得地方平靜。〔註330〕經過多次慘痛的教訓，官府還是意識到必須回過頭來檢討鄉治，才能對症下藥。道光十六～二十年（1836～1840）淡水廳同知婁雲，鑒於此次塹北桃仔園的閩粵械鬥嚴重，明令頒布〈莊規四則禁約八條〉。〔註331〕往後的發展來看，強化鄉治是非常重要，因爲可以阻止械鬥發生時羅漢腳帶來的燎原。

　　道光二十五年八月六日（1845.9.7）彰化縣葫蘆墩街泉人陳結與漳人孫返，爭賣菁子角。陳結將孫返擄禁屋內，孫返的堂叔孫漢邀同漳人陳照向其索討不放，彼此鬥毆，陳結斃命。於是泉人邀泉，漳人邀漳互相報復；匪徒趁機結黨造謠焚搶，漳泉分類械鬥再度爆發。八月十日（9.11）臺灣知府仝卜年接獲消息，得知械鬥已蔓延到嘉義縣，立即與臺灣道熊一本商議，由仝氏會同臺灣鎮總兵官昌伊蘇、嘉義營參將呂大陸率兵北上彈壓。〔註332〕

　　此次械鬥，之前研究少有人提及。北京中國第一歷史檔案館典藏福建水師提督劉廷斌之奏摺，報告該械鬥後期的發展。九月初署嘉義營參將洪志高赴斗六門，嘉義知縣王德潤、笨港縣丞李清湛赴他里霧堡，會同嘉義營守備

〔註329〕洪安全主編，《清宮諭旨檔臺灣史料（四）》（臺北：故宮博物院，1997年10月），頁3749～3750、3756～3757、3763、3775～3777、3787。

〔註330〕《問俗錄》，頁88。

〔註331〕諸家，《新竹縣志初稿》，臺灣銀行文獻叢刊第六一種，1959年11月，頁235～238。

〔註332〕《臺案彙錄己集》，頁400～402。

曾玉明彈壓，並諭令粵籍候補教職劉捷鰲，約束粵人不許妄動。於是乎嘉義縣的械鬥就被壓制下去。而彰化縣焚殺之事，泉籍匪徒陳拮業已被淡水廳同知曹謹拏獲；然復有漳籍巨匪洪會糾夥造謠恐嚇各莊。署知縣魏一德染疾，被知府仝卜年撤換，檄本任知縣黃開基接任，並兼署北路海防理番同知。

提臣劉廷斌商請鎮臺昌伊蘇移駐嘉義，居中控制。並撥兵 500 名交由參將呂大陞率領，會同知府仝卜年赴彰化辦理；再調水師兵 200 名，筋飭安平水師協左營守備王國忠管帶，赴嘉義聽候差遣。九月十八日（10.18）仝氏一行督帶兵勇，由嘉屬之鰻魚藔（嘉義縣太保市）、月眉潭、舊南港（俱在嘉義縣新港鄉）、北港（雲林縣北港鎮）、塗庫（雲林縣土庫鎮）。彰屬之西螺（雲林縣西螺鎮）、寶斗（彰化縣北斗鎮）查看。所過大莊都被焚毀，居民甚寥。十九日（10.19）抵達彰邑，據報巨匪洪會已被拏獲，各處械鬥已經止息。惟現晚稻收成之際，當有互相搶割、阻截田水之情事。

知府仝卜年會商當地文武，由署北路協副將關桂督帶弁兵赴北投（南投縣草屯鎮），筋委斗六縣丞姚鐘瑞，帶領屯丁（柴裡小屯）赴西螺駐紮。來臺的永春州桃源巡檢冉正富，往近山一帶諭止各莊阻截田水。猫霧捒巡檢胡鈞馳赴葫蘆墩及交界處曉諭彈壓。又責成兩籍總理、董事確查各籍滋事之人緝送究法。詳查彰化縣被燬 500 餘莊，致斃良民 100 餘命，逃入港的難民有 4,000 餘人。以動用庫銀 76,000 餘兩撫卹，由官府暫時搭藔收養。

在械鬥大致辦理完竣時，十一月間他里霧堡（雲林縣斗南鎮）有漳泉民人挖取地瓜彼此爭鬥，匪徒又趁機搶掠，歸莊之民再度逃離。知府仝卜年委令即用知縣王廷幹前往大槺榔（雲林縣北港鎮）、尖山（雲林縣口湖、四湖鄉）、蔦松（雲林縣水林鄉）、塗庫、牛稠山（嘉義縣民雄鄉）、下加冬（臺南市後壁區）等處撫綏。參將洪志高派委弁兵在菁子園（嘉義縣民雄鄉）、大崙腳、苦苓腳（俱在嘉義縣新港鄉）、惠來厝彈壓。十二月二十三日（1846.1.20）知府仝卜年由彰邑回郡，二十五日（1.22）途經嘉邑。二十七日（1.24）臺灣鎮總兵官昌伊蘇由嘉邑回郡，仍筋嘉義營參將呂大陞帶兵 500 名赴彰支援。至此這一次的漳泉械鬥終告結束。

提臣劉廷斌在回奏時，條列相當詳細的數據。包括：彰化被焚 514 莊，共 23,746 戶，計難民 100,619 名口，死亡人數 131 命。嘉義被焚 154 莊，共 6,769 戶，難民 30,019 名口，死亡人數 52 命。共拏獲凌遲斬決人犯 157 名，流犯 17 名，徒犯 64 名。較嚴重受災村莊包括：彰化縣葫蘆墩街、上下溪洲

（泉）、水裏港（臺中市龍井區）、六張犁（臺中市大雅區）、頂圳蓁（漳）、茄投（臺中市龍井區）、竹坑（臺中市龍井區）、福州厝、牛埔仔、楓樹腳（臺中市大雅區）、上員林（臺中市大雅區／漳）、田蓁仔（臺中市清水區／漳）、九張犁（臺中市烏日區／漳）、十塊蓁（臺中市神岡區）、社口街（臺中市清水區／泉）、舊社（臺中市霧峰區）、八角樓（臺中市龍井區）、龍目井（臺中市龍井區）、柳樹湳（臺中市霧峰區／泉）、瓦磘（臺中市大里區／漳）、北投舊街（南投縣草屯鎮）、觀音山（彰化市）、加冬腳、內快莊（彰化市／泉）、三家春（彰化縣花壇鄉）、林厝坑（彰化縣芬園鄉）、楓仔坑、半路厝（泉）、菁仔園（泉）、待人坑（彰化市／漳）、芎蕉腳（彰化縣埔心鄉／泉）、苦苓腳（彰化縣二水鄉）、金瓜蓁（彰化縣二林鎮／泉）、三條圳（彰化縣員林鎮／漳）、饒平厝（彰化縣北斗鎮／泉）、大崙腳（泉）、惠來厝（雲林縣虎尾鎮）、同安蓁（雲林縣東勢鄉／泉）、三塊厝（雲林縣二崙鄉）、北勢外、轆□厝、吳厝（彰化縣員林鎮／泉）、白沙坑（彰化縣花壇鄉／泉）、半治（雲林縣莿桐鄉）、犁頭厝（雲林縣西螺鎮／泉）、崁仔腳（雲林縣虎尾鎮／泉）、孩沙里（雲林縣莿桐鄉／泉）。

　　嘉義縣屬將軍崙（雲林縣斗南鎮／泉）、他里霧（泉）、灣內（泉）、半天厝、計港、上加冬、秀祐、平和厝（雲林縣虎尾鎮）、黃耶間、埔姜崙（雲林縣褒忠鄉／泉）、德興坑（泉）、廉使莊（雲林縣虎尾鎮／泉）、新莊仔（雲林縣虎尾鎮／漳）、大湳莊（漳）、蛇仔崙（漳）、水漆林（雲林縣水林鄉／漳）、加頭（漳）、柯厝（漳）、尖山堡之楅榕後（雲林縣口湖鄉）、厝水井（雲林縣口湖鄉）、坢仔腳、楅榕頂（雲林縣口湖鄉）、下水尾後（雲林縣口湖鄉）、後厝仔（雲林縣口湖鄉）、崙頂仔、三合厝、奄豬厝（雲林縣北港鎮）、竹腳蓁（嘉義縣六腳鄉）、柑宅（嘉義縣竹崎鄉）、馬稠後（嘉義縣鹿草鄉）、崁頭厝、崙仔頂（嘉義縣太保市）、草麻園、新埤（嘉義縣太保市）、春珠厝（嘉義縣太保市）、石碑（嘉義縣中埔鄉）、大溪厝（嘉義市）、坢仔頭（嘉義縣義竹鄉）、濤莊、壩仔、湖仔（嘉義縣大林鎮）、下橷山、菅麻園（嘉義縣太保市）、車水崎、倒廊莊（泉）、過溝仔（嘉義縣水上鄉／漳）、下湖頭（漳）、社興（泉）、山□（泉）、中蓁（泉）、山腳崁（泉）、打馬人莊（泉）、下蔴園（泉）、壩仔街（漳）、頂蔴園（漳）、西莊仔（漳）、車心蓁（漳）、車埔仔（漳）。〔註333〕

〔註333〕軍機處錄副奏摺——農民運動類，案卷號：3324，膠片號：136，中國第一歷

　　由於劉廷斌並沒有提到內地將領帶兵平亂的事情，所以此次為患七個月（1845.6.11～1846.1.24）的械鬥，福建到底有沒有派兵來臺不甚清楚。不過該械鬥沒有照往例，蔓延到淡水廳倒是一件值得討論的事情。當時在祝賀淡水廳同知曹謹的《百壽詩錄》，透露出此亂沒有北延的原因，則是曹氏「躬涖郊關、扼諸境上、徧傳黎庶、自愛身家、仍敦睦鄰之風、無習囂凌之氣」。〔註334〕這一首詩句描寫的就是強化鄉治，扼止械鬥的情形。果然同一時期新竹林家也有同樣的記錄，那是敘述士紳林占梅募勇扼守大甲溪，方能阻止彰、嘉械鬥蔓延的情況。〔註335〕道光二十七年（1847）時任知府全卜年幕友的丁紹儀，對於臺民械鬥習尚的描寫頗為傳神。他說：「臺灣百姓氣性剛強，浮而易動。緣鄭氏初制寓兵於農，暇以戰爭角力為事，一呼並集。幾二百年好勇鬥狠之習未盡除。然有足取者輕財尚義，見有流離窮乏者，振之必使得所。尤重同鄉、同姓，設受陵辱擎家拯援，身罹法網所不卹，頗有朱家、郭解之風。」〔註336〕丁氏把臺灣盛行械鬥之因，溯及鄭經、鄭克塽時代，或許談得太遠。原因是清廷取得臺灣，已把治下百姓遣回原籍，雍乾以後的移民和鄭氏實沒有多大關係。不過他觀察到臺民尤重同鄉、同姓，確實是一個重要的線索。即便已要步入清末，臺灣社會對於祖籍的觀念甚為濃厚；間接做為分類械鬥，區分彼此的重要依據。

　　咸豐朝臺灣仍有械鬥存在，而且短短的十一年中，南、北就發生五次械鬥之多。這當中有史上最後一次跨廳縣的械鬥，即咸豐三、四年（1563～64）彰、嘉、淡械鬥。不過扣除這一次大械鬥，其餘的四次械鬥都被侷限於該廳或該縣中。證明從道光朝以來鄉治被要求是有效果。此時鄉治也不再只是簡單的保甲，新的作法——清莊聯甲普遍地實施，讓區域社會約束羅漢腳的能力增加（見第二章第三節）。例如：咸豐三年（1853）平定鳳山縣林供之亂，事後閩、粵義民在綏靖時，因發生不和而彼此搶掠。然該械鬥終究還是被侷限於該縣境內，沒有往北路發展。臺灣道徐宗幹還頗為滿意地說：「近年稍得

史檔案館藏；中國第一歷史檔案館編，《嘉慶道光兩朝上諭檔（五十一）》（桂林：廣西師範大學出版社，2000年11月），頁98；《嘉慶道光兩朝上諭檔（五十二）》，頁225～227。

〔註334〕陳鏸厚珍藏、王國璠註記，〈百壽詩錄〉，《臺北文獻》，直字第36期，1974年6月，頁4。

〔註335〕黃朝進，《清代竹塹地區的家族與地域社會——以鄭、林兩家為中心》（臺北：國史館，1999年6月二版），頁27。

〔註336〕丁紹儀，《東瀛識略》，臺灣銀行文獻叢刊第二種，1957年9月，頁32。

安輯者，刻刻先事預防。一有蠢動飛速掩捕，如蝗螟不令孳生，稂莠不使萌蘗。」〔註337〕又如：咸豐三年淡水廳三角湧（1853 / 新北市三峽區）、四年（1854）中港、九年枋寮街（1859 / 新北市中和區）、十年南勢矼（1860 / 新北市中和區），但都沒有一次讓械鬥野火延燒至噶瑪蘭廳、彰化縣。〔註338〕

北京中國第一歷史檔案館典藏咸豐六年（1856）臺灣鎮總兵官邵連科、臺灣道裕鐸之奏摺，報告咸豐三、四年淡水廳，以及彰嘉械鬥的始末。由於這是之前研究較少提到的資料，極具參考價值。咸豐三年淡水廳三角湧的械鬥，與稍早在艋舺發生的「頂下郊拼」結合，成爲爲患臺北盆地最大的一次械鬥。對於三角湧漳泉械鬥與頂下郊拼的考證，大陸學者陳孔立有過討論。〔註339〕不過容作者另提不同的看法，其關鍵就在於漳泉械鬥與頂下郊拼，是否爲前後二起不同的械鬥，還是同一起械鬥的連鎖反應。按陳氏的考證應爲同一起才是，但此論點與竹塹士紳鄭用錫所記載矛盾。咸豐三年五月（1853.6）鄭氏自撰〈勸和論〉提到：「顧分類之害甚於臺灣，臺屬尤甚於淡之新艋。」新艋就是新莊、艋舺。鄭用錫還感嘆新艋尤爲菁華所聚之區，自分類興元氣剝削殆盡，未有如去年之甚；並且之前發生的漳泉、閩粵分類械鬥，都不會比這次同府械鬥還來得奇怪。〔註340〕再對照臺北耆老留下來的口述歷史資料，鄭氏所謂械鬥就是指「頂下郊拼」。〔註341〕由於該作品是完成於五月，可見得事件的爆發應在五月以前。

那麼官方如何敉平這一波的動亂呢？邵、裕二人在奏摺提到，爲對付械鬥必須先懾以兵威，把桀驁不馴之徒繩之以法，尤嚴懲造謠糾眾首從匪徒。另外確查被擄、被焚戶口室廬，分別撫卹勸諭歸莊安業。如此程序上的安排，表示官方從多次的教訓中已汲取經驗。二個月之後——咸豐三年七月（1853.8）淡水聽三角湧泉人，假以艱食爲名截搶漳人米石。署同知張啓烜會

〔註337〕徐宗幹，《斯未信齋文編》，臺灣銀行文獻叢刊第八七種，1960 年 8 月，頁 14～15、106。

〔註338〕陳培桂，《淡水廳志》，臺灣銀行文獻叢刊第一七二種，1963 年 8 月，頁 365～366。

〔註339〕《清代臺灣移民社會研究》，頁 271～282。

〔註340〕鄭用錫，《北郭園詩鈔》，臺灣銀行文獻叢刊第四一種，1959 年 6 月，頁 83～84。

〔註341〕吳伯雄監修，王月鏡主修，《臺北市志（卷九人物志賢德篇）》（臺北：臺北市文獻委員會，1988 年 9 月），頁 88～89；金關丈夫原編，林川夫主編，《民俗臺灣（第六輯）》（臺北：武陵出版有限公司，1997 年 4 月），頁 74～75。

營查拏，匪首劉洙必等自知罪重，遂造謠漳人欲與泉人為難，釀成漳泉分類械鬥。而自竹塹（新竹市）以至三貂嶺（新北市貢寮區）十三保地方，攻焚搶擄日尋干戈，殘毀村莊大小 790 餘處。當中又以新莊為最繁盛之區，店舍、民房不下五、六千戶蓋成灰燼（注意竹塹以南此次倖免）。經臺灣鎮總兵官恆裕、臺灣道徐宗幹，檄委北路協副將曾玉明、候補知府朱材哲前往查辦。曾、朱二人在候補縣丞黃體元，以及紳士、義首、頭人的幫助下彈壓有成，數月後克竣。

此時邵連科身任澎湖水師協副將，被調往噶瑪蘭廳敉平吳磋豎旗事件，亦凱旋回程。不料同年十二月四日（1854.1.2）彰化縣四塊厝（溪湖鎮）泉人廖仔漢等，開掘濠溝以資保衛。漳人賴嬰等藉傷地脈向阻互起口角。被無賴之徒所乘，陡造分類謠言四處傳佈，延及嘉義、淡水一帶，署彰化知縣馬慶釗見狀不對急報府城。十二月二十日（1854.1.18）鎮臺恆裕、道臺徐宗幹，檄調邵連科率領官兵、屯番、壯勇北上平亂。大軍行至嘉義縣，分遣知縣呂朝梁、嘉義營參將王國忠兜處彈壓，並傳集各莊總董、衿耆諭令各自約束子弟。二十九日（1854.1.27）行抵彰化縣城，督率地方文武包括：陞任臺灣知府孔昭慈、署北路海防理番同知丁日健、署南投縣丞張傳教、護理澎湖協左營游擊李朝安、護理臺灣水師協右營都司祝延齡等分頭彈壓。並責令總理、頭人出俱不敢再鬥切結，各處溝圳、源河前被截毀等，均委員查勘勒令濬築。查彰化縣屬十三保千有餘莊，騷動已息。被害最慘者有縣南貓羅保快官（彰化市）等 35 莊，東螺保四塊厝等 15 莊，縣北大肚保葫蘆墩與牛罵頭。嘉義縣有土庫、他里霧，淡水廳有大甲、苑裡等莊。

咸豐四年正月二十二日（1854.2.19）正在善後之際，突收到淡水廳急稟。據報中港地方粵人何阿番因失牛隻，竟夥同匪黨藉端擁搶閩人村莊。該亂隨即燎原波及廳南（竹南）一、二、三保，以及廳北（竹北）一、二保（今苗栗縣、新竹縣、桃園市楊梅區）。白沙墩、房裡、苑裡的閩莊皆被粵人焚燬，當地閩人盡逃至鹿港。惟田蔡鄭玉慶雇民丁自守得免。〔註342〕新任臺灣道裕鐸接獲消息，隨即從府城北上彰邑坐鎮。三月十五日（4.12）新任臺灣鎮總兵官邵連科從彰邑出發北上，十九日（4.16）行抵竹塹廳治主持綏靖事宜，其澎協副將關防交由艋舺營參將黃進平署理。由於械鬥的匪徒均已逃入內山，邵氏見局勢較穩，遂在四月八日（5.5）先回府城接任官印，同月二十四日（5.21）

〔註342〕蔡振豐，《苑裡志》，臺灣銀行文獻叢刊第四八種，1959 年 6 月，頁 99。

再回廳治主持圍剿事宜。參與這一次行動者有新任臺灣知府朱材哲、新任淡水廳同知丁曰健、署澎湖協副將黃進平、新陞臺灣水師協右營都司祝延齡。官軍先在獅頭山（今名獅子頭／苗栗縣後龍鎮）集結，之後直指芎菁窩（苗栗縣造橋鄉）山崙，陣斬 11 人、生擒 5 人、鐵銃 2 門、鳥鎗刀械 18 枝，尋回耕牛 41 隻。

五月二日（5.28）官軍探得餘匪復聚老籐藔、沙坑（苗栗縣頭屋鄉），邵連科決定由芎菁窩分三路進剿。知府朱材哲率義首屯勇由右面進入，同知丁曰健率總董義勇由左面入，邵氏與協臺黃進平從中路進發，三路集至沙坑會師兜圍。這一次剿捕仍無一網打盡，餘匪們北逃至魚藤坪（今名藤坪，新竹縣峨眉鄉）、牛鬥山凹負隅頑抗。十七日（6.12）官軍再次進剿。丁曰健帶中港義勇由三石六坑（苗栗縣三灣鄉）出發，與縣丞黃體元帶三灣義勇由大坪林（苗栗縣三灣鄉）出發會合抄至東北。黃進平帶弁兵、義勇由陽梅凹抄至東南。邵連科、朱材哲、祝延齡由老籐藔進匏杓、漳後坪、第藔坪，直抵牛鬥山。在可通生番地的庚藔坪（新竹縣北埔鄉）見有土匪之銃櫃三座、草藔五間，邵氏指揮全軍向前，擊斃賊匪 9 人、生擒 3 人，擄獲火藥 50 餘斤、小砲 3 門、鳥鎗 5 桿、刀矛 13 支。經過三次的圍剿，以及地方總董、頭人捆送脫逃餘匪已盡根絕。六月二十一日（7.16）全軍班師回郡，歷經半年（1854.1.2～7.16）的械鬥案總算落幕，共拏獲首從匪徒計 248 人，花費銀兩 111,433 兩。〔註343〕

咸豐五年（1855）刊刻的《臺灣雜詠合刻》，其內容提到對械鬥的描述。書中也是認爲臺灣械鬥之始於乾隆四十六年（1781），跟前文提到魏秀仁的看法一樣。爾後七、八年一小鬥，十餘年一大鬥。北路則分漳泉，繼分閩粵；彰淡分閩番，且分晉（江）、南（安）、惠（安）、同（安）。南路則惟分閩粵，不分漳泉。以往都是積年一鬥，官軍懲創即平；但今（咸豐朝）乃無年不鬥，無月不鬥矣。〔註344〕從咸豐三、四年彰化、嘉義漳泉分類械鬥的過程來看，兩造對於彼此的破壞，仍以截毀各處溝圳、源河爲最重要。其動機還是不脫「競墾」的身影，欲透過武力讓對方的田業造成嚴重的損失。竹南三、四保（苗栗縣竹南、後龍、通霄、苑裡鎮、臺中市大甲區、大安區）總理頭人鑒

〔註343〕 軍機處錄副奏摺——農民運動類，案卷號：3338，膠片號：137，中國第一歷史檔案館藏。

〔註344〕 諸家，《臺灣雜詠合刻》，臺灣銀行文獻叢刊第二八種，1958 年 9 月，頁 18 ～19。

於每次械鬥，該地不是成爲亂源就是最激烈區域。因此在咸豐八年（1858）於大甲仝立「漳泉械鬪諭示碑」，也是有別於其他地方的特例。〔註345〕

咸豐九年九月（1859.10）淡水廳擺接保、大加臘保、芝蘭一保與二保發生的械鬥，雖沒有達到跨廳的規模，但是作者能找得到清末奏摺中，最後一件關於械鬥方面的資料。該械鬥《淡水廳志》記載時，僅輕描淡寫地說九月七日（10.2）枋寮街（新北市中和區）火災，漳州人與同安人互鬥。〔註346〕然奏摺錄副有更清楚的說明。原來是枋寮漳州許姓、同安呂姓夙有嫌隙，彼此擄人啓釁所引發的械鬥事件。復加上林、陳二姓紳士積不能和，以致漳州、同安人疑懼搬徙，匪徒乘機搶掠，塹北一帶震動。林姓士紳指的就是擺接保板橋（新北市板橋區）漳人林國芳一族，至於陳姓可能是大加臘保同安籍舉人陳霞林一族。不過陳姓在接下來的械鬥中介入不深，反倒是滬尾泉人黃龍安接受艋舺泉人邀請參與械鬥。〔註347〕署淡水廳同知甯長敬一面飭差金廣福職員姜殿邦率隘丁 30 名，身攜鳥鎗赴艋舺供差。〔註348〕一方面急稟府城，遂留臺灣道孔昭慈於郡策應，臺灣鎮總兵官曾玉明、臺灣知府洪毓琛帶屯番兵勇北上平亂。這事由隔年閏三月（1860.4）閩浙總督慶端回奏，北京方面才知道。〔註349〕

同治朝以後臺灣械鬥仍時有所聞，但都是廳、縣級的小區域械鬥。此時鄉治發揮的功效仍不可抹滅。蓋因於在清莊聯甲的要求下，不論是冬防、聯莊、經費的運作都有前例可循，操作上已漸上軌道。並且防範的對象除盜匪、羅漢腳之外，亦有流丐、賭徒（見二章三節）。然即便是小規模的械鬥，對官府統治之道來說仍具威脅。同治六年（1867）卸任的臺灣道丁日健，在自行編纂的臺灣官箴書——《治臺必告錄》，卷二開始就附上從嘉慶朝以降，諸多可以消弭臺灣械鬥，或者漳泉不睦的讜言。〔註350〕到此爲止臺灣械鬥的

〔註345〕臺灣銀行經濟研究室編，《臺灣中部碑文集成》，臺灣銀行文獻叢刊第一五一種，1962 年 9 月，頁 106～107。

〔註346〕陳培桂，《淡水廳志》，臺灣銀行文獻叢刊第一七二種，1963 年 8 月，頁 366。

〔註347〕許雪姬，《板橋林家——林平侯父子傳》（南投：臺灣省文獻委員會，2000 年 11 月），頁 88～89。

〔註348〕吳學明，《金廣福墾隘與新竹東南山區的開發 1834～1895》（臺北：國立臺灣師範大學歷史所，1986 年 2 月），頁 177。

〔註349〕軍機處錄副奏摺——農民運動類（補遺），順序號：補二 142，膠片號：177，中國第一歷史檔案館藏。

〔註350〕丁日健，《治臺必告錄》，臺灣銀行文獻叢刊第一七種，1959 年 7 月，頁 97

現象之一仍不脫「紮厝佔田」，可見得用武力來解決競墾的問題，還是有人所樂用。〔註351〕同年美國駐廈門領事李讓禮（或譯李仙德、李善得／C. W. Le Gendre），因羅妹號船難之事來臺調查。根據他觀察南路的械鬥形態，多因族姓爭強而起釁。〔註352〕不獨南部如此，在北部的噶瑪蘭廳，也可以找到「三字姓叛」的例證；即羅東冬山（宜蘭縣羅東鎭、冬山鄉）陳、李二姓，與林姓因賭博不合引起械鬥。雖蔓延全境，但還是止於該廳。〔註353〕同治十三年（1874）因牡丹社事件來臺的福建陸路提督羅大春，也提到蘭廳械鬥的原因，本於司法訴訟被胥役把持，在公權力不彰的情況下械鬥便容易發生。〔註354〕在第三章第一節已提到，清末臺北未設府以前，全臺積案最多的地方就是淡水廳與噶瑪蘭廳。從咸、同以來北部的械鬥頻傳，正印證了二者的關聯性。

　　光緒元年（1875）欽差大臣沈葆楨建議北京，仿江蘇巡撫分駐蘇州之例，移福建巡撫駐紮臺灣。其上奏的十二條理由，其中之一就是認爲臺灣動亂頻繁，起因於官以吏役爲爪牙，吏役以民爲魚肉，繼則民以官爲仇讎。於是詞訟不清而械鬥、紮厝之端起，奸宄得至而豎旗聚眾之勢成，若有巡撫則能豫拔亂而塞禍源。〔註355〕同時期臺灣府進士施士洁曾作〈械鬥〉樂府詩，中有「……衙蠹見之色喜然，差役訪聞憑一紙，文武親臨雞犬譁，一時十室空九家，男者壯者鋌鹿走，婦者稚者沙蟹爬……。」把械鬥後官員對械鬥地區的「撫綏」，描寫地相當生動。〔註356〕時至清廷治臺的最後階段，臺灣的械鬥原因還是找得到競墾的案例。現在雲林縣的西螺鎭鍾、廖、李三大家族，因土地利用已到飽和。此時「競墾」變成競相開墾到別人的土地上去，於是地界

　　　　～99、102～104、109～113。
〔註351〕黃富三，《霧峰林家的中挫（1861～1865）》（臺北：自立晚報，1992 年 9 月），頁 71。
〔註352〕李仙德（C. W. Le Gendre），《臺灣番事物產與商務》，臺灣銀行文獻叢刊第四六種，1959 年 8 月，頁 3。
〔註353〕陳進傳，《宜蘭傳統漢人家族之研究》（宜蘭：宜蘭縣立文化中心，1995 年 5 月），頁 115～116。
〔註354〕羅大春，《臺灣海防並開山日記》，臺灣銀行文獻叢刊第三〇八種，1971 年 12 月，頁 57。
〔註355〕不著編人，《清史列傳（102）》（臺北：明文書局，1985 年 5 月），頁 501～510。
〔註356〕施士洁，《後蘇龕合集》，臺灣銀行文獻叢刊第二一五種，1965 年 11 月，頁 119。

糾紛頻起械鬥數十次，遂有「鍾廖李，拼生死」的地方俗諺。〔註357〕光緒七年（1881）福建巡撫岑毓英巡視臺灣時，特別指出彰化、嘉義一帶，械鬥、搶殺之案層見疊出，大概就是跟這三大家族有關。〔註358〕在官員的記錄中，臺灣什麼時候械鬥之風漸息呢？光緒十七年（1891）閩浙總督卞寶第在其私著《閩嶠輶軒錄》寫道，由於臺閩已有官方輪船互通消息，加上慎選鎮道守令講求吏治，臺灣鬥風漸息而民亦相安。〔註359〕

　　上述所舉的械鬥實例，由於都是官方檔案所見的描述，所以不乏留下官軍如何英勇敉平亂事的記錄。然實情恐不是那麼簡單。從嘉慶十四年（1809）嘉義縣鐵線橋、查畝營、吉貝耍的例子來看，檔案中最常被輕描淡寫的總理、頭人曉諭，在官方袖手旁觀時益顯重要。不過官、民、番武力在械鬥時扮演什麼樣的角色，則是本文的主題。官方武力不必再強調，它的職責就是平定亂事。因此民、番武力就成為討論的重點。本文的看法是，械鬥有辦法像野火燎原般蔓延各處，有的地方受到波及，有的地方倖免於難。鄉治固然發揮了穩定民情的作用，預防那些藉故生事的羅漢腳造謠搶掠，形成更新一波的械鬥案件。然而這跟區域社會的武力平衡也有關係。會發生械鬥的前題，多是械鬥的兩造，一方的力量有自信超越另一方。如果兩造勢均力敵，彼此在沒有把握的情形下，不一定能發動械鬥。由此就可以說明，為什麼每次北路械鬥，常常在臺灣縣就被堵禦住，不再往南路蔓延。

　　至於械鬥的同時，誰參與械鬥，以及誰加入官軍的行列敉平械鬥，又是另一個重點。對於前者，地方土豪、大姓成為械鬥的中堅，前文多已舉例。「競墾」成為他們考慮是否要加入械鬥，以武力打壓對方的重要考量。不過對生番來說，他們加入械鬥，均是漢人的邀約下才下山相助。漢人的邀約有了指標性的意義，那就是準備參與械鬥的一方，自忖在武力上無法勝及對手，所以才會商請生番幫忙，打破了該區域漢人之間的武力平衡。對於後者，漢人加入官軍敉平械鬥，如同敉平民變一般，看似相同其實有些微的差別。這差異點在於被稱為「義民」的加入的時間。事實上從乾隆朝以後，官方在敉

〔註357〕邱彥貴、吳中杰，《臺灣客家地圖》（臺北：城邦文化事業股份有限公司，2001年5月），頁62。
〔註358〕諸家，《臺灣關係文獻集零》，臺灣銀行文獻叢刊第三○九種，1972年12月，頁115。
〔註359〕諸家，《臺灣輿地彙鈔》，臺灣銀行文獻叢刊第二一六種，1965年9月，頁88。

平械鬥的過程中，才謹慎地使用義民爲己助。然而義民的投入卻與敉平民變不同。按敉平民變的例子，不乏在第一時間，有官軍與義民聯合出擊的實例。但敉平械鬥可不同，總是先由官軍出面定亂，義民的出動一定是在官軍之後，避免義民與械鬥雙方的祖籍認知，而出現抱薪救火的疑慮。當然番屯就沒有此顧慮，所以弁兵屯丁加入平亂，屢見於檔案中。官方巧妙地運用民番武力，不僅用敉平在械鬥；即使用在兩者的矛盾，也是可以成立。

二、官民對番人的用武

在第二章第一節已討論到，清廷對生熟番的統治方法是不同。生番強調的是歸化——羈縻——請調——撫番，熟番則是歸化——收編。只是在第一步欲歸化的過程中，生、熟番若不受撫，甚至自恃武力與清廷相向，那麼彼此大動干戈在所難免。日治學者種村保三郎統計自康熙三十八年，至光緒二十一年之間（1699～1895），官方對生番興兵次數達 26 次之多。〔註360〕金梁利用《清史稿》稿本史料，把康熙六十一年（1722）阿里山水沙連各（生）番社之亂，做爲臺灣有生番作亂之始。繼之有雍正四年（1726）討伐水沙連（生）番社、雍正七年（1729）討伐山豬毛（生）番社、雍正九年（1731）討伐大甲（熟）番社、乾隆二年（1737）討伐眉加臘（生）番社。此後要到光緒朝進行開山撫番時，再與生番爆發大規模的戰爭。〔註361〕這當中的特徵是從十八世紀中葉，至十九世紀末葉這一段時間，沒有官民對番興兵的事件。事實上沒有「興兵」不代表沒有衝突。軍事行動的背後雖有番務政策做指導，但對居住在番界附近的漢人來說，沒有比加強武力來防止生番獵首更重要了。

清治初期未收編的熟番，對清廷來說武力威脅不下於生番。康熙三十八年二月（1699.3）諸羅縣吞霄社（苗栗縣通霄鎮）土官卓个、卓霧亞生，以通事黃申苛斂無度殺之拒捕。臺灣鎮總兵官張玉麒、臺廈道常光裕，檄調北路營參將常泰率領蕭壠、麻豆、目加溜灣、新港四大社熟番與官兵征討。然苦於汛防僅止於牛罵（臺中市清水區），路徑不熟遂招撫岸裏社番（臺中市后里區）隨征。同年五月內北投社（臺北市北投區）土官冰冷，也殺替通事管帳

〔註360〕種村保三郎著、譚繼山譯，《臺灣小史》（臺北：武陵出版有限公司，2000 年 10 月三刷），頁 106。

〔註361〕金梁，《臺灣史料（油印本）》，1955 年，頁 64～66，北京國家圖書館分館藏。

的金賢謀反，並聯絡二卓舉事。冰冷據險而守削竹為籤，偏插於山、人不能前；但一時大意，七月被水師官兵誘斬。八月卓个、卓霧亞生被岸理社番擒獻，斬於府城傳首各社事乃平。〔註362〕

　　從早期官軍平定番亂的過程來看，很顯著就是不徵調漢人的武力，然借助熟番的力量是不可或缺。因此以番攻番的敉平策略逐漸成形。雍正即位之初，臺灣地方官員出於事功上的業績，大搞生番歸化的戲碼。根據柯志明的研究，此文化理想主義終究敵不過實際的族群衝突。於是對於層出不窮的生番出草案件，遂引起世宗的注意。〔註363〕莊吉發利用臺北故宮博物院所藏檔案，統計出從雍正三～十年（1725～1732）生番獵首案達38件之多。〔註364〕看來對於生番假以兵威是免不了。

　　雍正三年十一月（1725.12）福建巡撫毛文銓回奏時，指出生番殺人之案十有九懸，緝拿究抵甚屬寥寥。但又說被殺者悉由自取，因為生番向不出外，只有潛處於番地耕種者才罹禍。今之為計惟有清域，於逼近生番處豎立大碑，嚴禁諸色人等輒入。隔月巡臺御史禪濟布回奏時亦稱，生番性雖嗜殺，不過乘黑夜值雨天潛伏近界草間，窺伺人伴稀少時途出殺人，從不敢探越內地而有剽劫殺掠之患。在多數官員認定生番殺人，係漢人越界咎由自取的同時，有人持不同的看法。雍正四年正月（1726.2）福州將軍署閩浙總督宜兆熊指出，為害於鳳山、諸羅縣的生番是山豬毛等社，為害彰化縣的生番是水沙連等社。尤其水沙連番半年之內焚殺疊見，撫之不可，不得不脅以兵威，為今之計當以番攻番。宜兆熊為漢軍正白旗人，目不識丁，但世宗對他的評論為操守尚優、心術亦正。〔註365〕宜氏的奏言顯然是有高人替他捉刀而成，然而經過毛文銓的附議，竟也成為準備出兵的決策。〔註366〕

　　巡臺御史禪濟布是不贊成出兵，在雍正四年正～四月（1726.2～5）之

〔註362〕黃叔璥，《臺海使槎錄》，臺灣銀行文獻叢刊第四種，1957年11月，頁168；《東瀛識略》，頁86。

〔註363〕柯志明，《番頭家——清代臺灣族群政治與熟番地權》（臺北：中央研究院社會學研究所，2001年3月），頁35～42。

〔註364〕莊吉發，《清史論集（八）》（臺北：文史哲出版社，2000年11月），頁156～160。

〔註365〕李桓編，《國朝耆獻類徵（152）》（臺北：明文書局，1985年5月），頁335～342。

〔註366〕國立故宮博物院，《宮中檔乾隆朝奏摺（第一輯）》（臺北：故宮博物院，1982年5月），頁498～501、526、536～537、545。

間，就是因他文書往返而把軍事行動延後。同年七月斗六東埔（南投縣竹山鎮）地方民人又被獵首，再加上巡臺御史已換成索琳、汪繼燝，這可給了官員出兵的口實。〔註367〕九月在新任閩浙總督高其倬的力主下，飭令臺灣文、武準備興兵。水沙連番以水裏社（南投縣水里鄉）土官骨宗爲首，潛蹤出沒、恣意妄殺。此輩在康熙六十年（1721）朱一貴事件後，即不納餉賦、肆行劫焚。〔註368〕十月（1726.11）閩督高其倬檄令臺灣道吳昌祚總綰兵符，吳氏商請臺灣鎮總兵官林亮坐鎮府城，十一月十六日（12.8）親率弁兵300名、熟番400名北上。北路營參將何勉從駐地諸羅縣城出發，進兵北港（南投縣國姓鄉）協同支援。麾下原本分爲二路：一路由淡水營守備戴日昇率兵200名、熟番400名，從南投崎（南投市）進入；一路由淡水海防同知府王汧率兵200名、熟番400名從竹腳寮（雲林縣土庫鎮）進攻。並調鎮標右營守備張文耀帶兵100名赴羅漢門彈壓，避免彼處生番遙助。再令彰化知縣張縞動碾所存倉穀一千石運給口糧。臺灣知府孫魯撥存貯銀二千兩以備激賞。但十二月三日（12.25）實際作戰時陣容稍有調整，即招募民壯250名隨征，徵調熟番930名，兵丁830名。十二月十四日（1727.1.5）俘獲骨宗等二十二名土官，討平水沙連二十五社。〔註369〕

這一次出擊共調2,010名大軍，成爲自朱案以來最大的軍事行動。這當中最特別的是番壯人數比營兵、民壯還要多，也是有記錄以來的首例。爲什麼會如此呢？這背後當然有「以番攻番」的政策在指導。不過這僅是番務政策的結果，而非原因。原因有二個層面，就純戰術上說，熟番們適合山地戰、小部隊的游擊戰，成爲懲番戰爭中的不二人選。就統治之道來說，避免漢人透過戰事介入番務，可能是清廷的首要考量。雍正五年閏三、四月（1727.5～6）鳳山縣山豬毛、北葉社（屏東縣三地鄉／瑪家鄉）攻擊篤佳莊（屏東縣里港鄉），七齒岸、大文里、山裡留社（屏東縣瑪家鄉／參閱表五十六）攻擊阿猴社熟番，均殺傷民番數人。巡臺御史索琳、尹泰，命港東里通事劉琦

〔註367〕國學文獻館主編，《臺灣研究資料彙編（第一輯·第五冊）》（臺北：聯經出版社，1993年9月），頁1601。

〔註368〕《東瀛識略》，頁87；《清耆獻類徵選編（143）》，頁126～139；《清耆獻類徵選編（167）》，頁501～504。

〔註369〕《宮中檔乾隆朝奏摺（第一輯）》，頁693～695；洪安全主編，《清宮宮中檔奏摺臺灣史料（二）》（臺北：故宮博物院，2001年11月），頁744～751、806、965～976、988～1005。

確查。根據稟稱所謂的港東里傀儡生番，並非每社皆出山馘首。只有被稱為港西「歹番」的十二社才是最須警戒的對象。索琳是主張剿懲，但世宗以剛對水沙連番用兵，諭示閩督高其倬、閩撫毛文銓咨覆，遂採比較保留的態度。〔註370〕

雍正六年十二月（1729.1）臺灣鎮總兵官王郡、臺灣道孫國璽，以山豬毛社番屢出草為患，在面示巡臺御史赫碩色、夏之芳，稟明閩督高其倬、閩撫劉世明，隨即奏准用兵。七年二月十六日（3.15）王郡委鎮標中營游擊靳光瀚、署南路營參將柯連英、海防同知劉浴，率領弁兵 350 名、番壯 200 餘名進討。臺灣知府俞存仁備應糧賞，又飭諸羅知縣劉良璧督率番丁堵截北路，北路營參將何勉入南仔仙山（高雄市杉林區）相機擒剿。孫國璽給他們的指示是，如果生番們畏懼獻出之前獵首的兇番，自願歸順就罷兵而還。

二月十七日（3.16）大軍行抵武洛社（屏東縣里港鄉）相度形勢，隔天往南移營海豐莊（屏東市）。在確定山豬毛番堅不就撫後，於二十一日（3.20）進入內山進攻番社，由於官軍有大砲助威，生番不敵撤退，擄獲木牌 2 面、竹弓 2 張、番刀 2 口。二十三日（3.22）移大營於溪口（屏東縣內埔鄉）。二十五日（3.24）調通事率領內優社番，由後山暗渡埋伏。隔日官軍強襲番社，前後包夾，山豬毛番大敗紛紛逃竄。共擄獲鎗 2 桿、鹿鎗 4 桿、木牌 41 面、竹弓 26 張、箭 79 枝、鏢鎗 9 隻、刀 7 把。三月一日（3.29）官軍偵察到逃逸的生番，現都聚集在八里斗，一個名為山貓洛洛社的地方。三月五日（4.3）暗調兵番埋伏，同時也發現還有五、六百名生番頑抗。此時劉浴指派北葉番往諭山豬毛番，令其獻出兇番再被拒。三月十一日（4.9）守備蔡彬帶領兵丁、鄉勇 160 餘名進剿，劉浴率民壯、熟番 100 名接應，大破其眾。不過考慮到深山厲瘴未便深入，所以於十四日（4.12）就撤兵回郡。四月四日（4.29）山豬毛社土官羅雷三腳塵，率各社男婦齊赴山外歸降，事平。〔註371〕

這一次懲番戰爭，官軍所出動的人數至多 610 名，屬於小規模的戰事。漢人鄉勇隨征人數不明，但本文猜測不會比熟番與兵丁還多。至於番、兵人數何者為多？由於當中又另調數目不詳的內優社番，因此也變得不明朗。若

〔註370〕《清宮宮中檔奏摺臺灣史料（二）》，頁 1052～1053、1070～1075。
〔註371〕國學文獻館主編，《臺灣研究資料彙編（第一輯・第八冊）》（臺北：聯經出版社，1993 年 9 月），頁 3037～3113、3125～3135、3143～3153；王瑛曾，《重修鳳山縣志》，臺灣銀行文獻叢刊第一四六種，1962 年 12 月，頁 278。

漢人民壯人數真的最少,那麼清廷不願他們藉機深入內山的政策可算成形。張士陽認爲臺灣生熟番殺人的原因可分爲三種:一是墾荒者侵入番地,二是基於馘首的習俗,三是通事苛虐。〔註372〕前二種是常發生在生番身上。經過雍正四、七年(1726/1729)官軍對水沙連、山豬毛社番的用武,強迫他們歸化的目的大致完成。這雖然不能保證日後無出草的案件發生,但是對官方想要施以羈縻是足夠的。只是平靜了三十年的熟番,現又有不穩的狀況發生。

　　雍正朝彰化縣爆發了二次熟番舉事事件,相隔的時間僅月餘,成爲史上規模最大的熟番作亂。第一次是在雍正九年十二月二十四日至十年四月(1732.1.21～1732.5)以大甲西社爲首的舉事,第二次是在雍正十年閏五月二日至十一月(1732.6.23～1732.12)以沙轆、牛罵、南大肚社爲首的舉事。爲期一年的叛亂所造成的兵燹,使得沙轆(臺中市沙鹿區)、牛罵(臺中市清水區)、柳樹湳(臺中市霧峰區)、猫霧捒(臺中市南屯區)、彰化縣城(彰化市)、燕霧(彰化縣花壇鄉)、楓樹腳(彰化縣芬園鄉)、馬芝林(彰化縣鹿港鎮)、大武郡(彰化縣社頭鄉)、快官(彰化市牛埔里)、東螺(彰化縣埤頭鄉)等的漢人聚落飽受損失,當然官軍以武力鎮壓的結果也使崩山八社、沙轆社、牛罵社、南大肚社、朴仔籬社、阿束社的熟番慘遭屠戮。〔註373〕

　　對於該案的始末,海峽兩岸典藏的清宮檔案有完整的記錄。雍正九年五月(1731.6)世宗以臺灣鎮總兵官王郡三年任滿,一時找不到人選接任之際,想起之前浙江提督張溥曾力薦呂瑞麟爲水師長才,或可調往臺灣擔當重任。該案由前後任福建總督史貽直、劉世明覆議時,二人均稱呂氏雖熟諳水務,但「氣質粗暴,御下無恩,操守甚平。」不過世宗考慮再三,決定仍給呂氏一個機會。十一月七日(12.5)上諭調王郡爲廣東潮州鎮總兵官,十日(12.8)呂瑞麟抵臺接任印務。然由於王郡還未動身就爆發番亂,此二人就成爲這次平定亂事的主角。〔註374〕

〔註372〕張士陽,鄧孔昭譯,〈雍正九、十年臺灣中部的原住民叛亂〉,《臺灣研究集刊》,總第32期,1991年5月,頁79。

〔註373〕張士陽著,鄧孔昭譯,〈雍正九、十年臺灣中部的原住民叛亂(續)〉,《臺灣研究集刊》,總33期,1991年8月,頁76～84。

〔註374〕中國第一歷史檔案館編,《雍正朝漢文硃批奏摺彙編(第二十冊)》(上海:江蘇古籍出版社,1991年3月),頁736～737;中國第一歷史檔案館編,《雍正朝漢文硃批奏摺彙編(第二十一冊)》(上海:江蘇古籍出版社,1991年3月),頁394～395、504～505。

　　十二月二十四日（1732.1.21）彰化知縣陳同善接到淡水廳同知張弘章急札，聲稱根據牛罵社熟番的稟報，方知大甲西社（臺中市大甲區）熟番林武力率眾造反。張氏在沙轆的臨時廳署，遂急調沙鹿社番、民壯前去抵擋，無奈兇番眾多，所帶鄉勇半皆潰散，適附近粵佃聞訊趕往，犧牲18位義民讓他單騎逃往彰邑。陳同善與北路營參將靳光瀚收到消息，二十五日（1.22）各自帶領兵役前往沙轆查看，以及前赴大甲一帶堵截。二十六日（1.23）臺灣府城才收到消息，巡臺御史奚德慎、高山，查明此亂是由張弘章秉性燥率激變而起，再加上抵擋不住單獨逃脫，於二十八日（1.26）繕摺奏叅此等劣員。〔註375〕

　　福建方面何時知道這個消息呢？雍正十年正月二日（1732.1.29）駐紮於廈門的水師提督許良彬最早獲悉。根據王郡的稟稱，現在分防半線汛（彰化市）的守備王樊，先率126名弁兵北上尚不足以退敵。靳光瀚已從諸羅縣城北上，鎮臺呂瑞麟此時在南路巡閱，據報也正北上趕往該地。由於許良彬不贊成即撥鎮標隨征，因此飛飭臺灣水師協副將祁進忠，先撥協標兵300名北上平亂。〔註376〕

　　大甲西社熟番舉事後，先以千名之眾沿中部海岸線南下攻擊沙轆、牛罵、綏斯寮（今名水師寮／臺中市龍井區），隨後往內陸攻擊貓霧捒各莊。由於署彰化試用知縣路以周協力固守，兇番未抵縣治。正月二日靳光瀚以鎮標左營游擊王臣抵貓霧捒剿捕。三日（1.30）鎮標中營游擊黃貴、海防同知尹士俍，奉總督之命遍查各營軍器、砲臺，剛好從淡水（新北市淡水區）南下返郡，於貓盂（苗栗縣苑裡鎮）碰到這場亂事還受到兇番攻擊。此次大甲西社有辦法倡亂之因，主要是聯絡到朴仔籬（臺中市豐原區）、巴荖苑、獅頭、獅尾等生番社作亂。官方見狀不對先聯絡後壠、阿里史社（臺中市潭子區）熟番助陣。五日（2.1）靳光瀚帶兵駐紮岸裡社溪（大甲溪），六日（2.2）王臣攻入大甲西社，但番眾們早已逃入內山。十二日（2.8）大甲西同朴仔籬三、四百名兇番下山，但被靳光瀚擊退。十四日（2.10）呂瑞麟駐紮彰邑，之後移駐沙轆。從二十三日（2.19）閩督劉世明接據巡臺御史奚德慎、高山，以及臺灣道

〔註375〕洪安全主編，《清宮宮中檔奏摺臺灣史料（四）》（臺北：故宮博物院，2001年11月），頁2662～2672；周璽，《彰化縣志》，臺灣銀行文獻叢刊第一五六種，1962年11月，頁263～264。
〔註376〕軍機處錄副奏摺——民族類，案卷號：625，膠片號：17，中國第一歷史檔案館藏。

府移報來看，亂初一個月，官軍似能控制住情況。〔註377〕

　　二月二日（2.28）守備何期有、蔡棻領兵由烏牛欄（豐原區）小路，進抵朴仔籬後山。靳光瀚率軍直攻山前，兩側包夾番眾大敗再逃入深山。二月三日（3.1）呂瑞麟移駐烏牛欄，並於隔日赴阿里史地方視察。十二日（3.10）靳光瀚率領弁兵至大甲東社（臺中市外埔區）搜捕，並直赴南日南社（臺中市大甲區）堵截。十七日（3.15）何有期往大甲東社山後掃蕩，十九日（3.17）守備洪就帶弁兵、番黎也抵達大甲東社。根據巡臺御史奚、高的回奏，現呂瑞麟麾下共有臺、澎 3,000 名兵丁集結。鬧事的兇番如：大甲東西社、朴仔籬、部分阿里史番均已逃入深山，現計劃深入圍剿。其蓬山、猫盂等社現已就撫。二十三日（3.21）臺灣道倪象愷已到彰邑坐鎮。歷經這二個月的戰事，當地房屋被燒毀 2,500 餘間。〔註378〕

　　整個三月份的戰事，大甲西社番並沒投降，僅有的收穫是被裹脅的阿里史等社下山就撫。四月六日（5.3）革職留任的廣東總督郝玉麟，被世宗開恩調補福建總督。在他的謝恩摺裏提到此役官兵死傷近 500 名，佔全軍的六分之一不可謂不多。郝氏抵閩後訪視素有「臺灣通」之稱，卸任在家的廣東潮陽知縣藍鼎元。藍氏聽聞此亂除了前文提到的各社外，亦有水裡、牛罵、沙轆、猫霧捒社。沒有加入作亂的有岸裡、掃捒、烏牛欄社。他對鎮臺呂瑞麟至今還無法妥善運用熟番之力，深入山谷剿清餘番甚感不解，並建議郝氏要嚴督呂瑞麟通令營伍肅以軍法。原本以爲該亂就要接近尾聲，沒想到四月十日（5.7）道臺倪象愷的表親貪功，逕率壯役襲殺幫助官軍運糧的大肚、南大肚（俱在臺中市大肚區）、水裡社（臺中市龍井區）五名番丁。此事經大肚社土官烏肉，赴彰邑衙鑕投訴後旋被傳開。新任巡臺御史覺羅栢修、高山知道此事處理不好，會如同林武力般釀成巨案，於是飭令地方官須留意安撫。〔註379〕

　　二位御史與藍鼎元的擔心果然成眞。事後的發展呈現峰迴路轉。四月二

〔註377〕《雍正朝漢文硃批奏摺彙編（第二十一冊）》，頁 666～667、726～727、730。

〔註378〕《清宮宮中檔奏摺臺灣史料（四）》，頁 2738、2672；《雍正朝漢文硃批奏摺彙編（第二十一冊）》，頁 926～927；中國第一歷史檔案館編，《雍正朝漢文硃批奏摺彙編（第二十二冊）》（上海：江蘇古籍出版社，1991 年 3 月），頁 27。

〔註379〕軍機處錄副奏摺——民族類，案卷號：625，膠片號：17，中國第一歷史檔案館藏；《雍正朝漢文硃批奏摺彙編（第二十二冊）》，頁 150；藍鼎元，《平臺紀略》，臺灣銀行文獻叢刊第一四種，1958 年 4 月，頁 58。

十二日（5.19）藏匿在山中的大甲西社男婦 419 名出降，官兵把他們安置在岸裡舊社（臺中市后里區）山口等待發落。五月八日（6.3）獅頭、獅尾等社生番也就撫，截至現在好像一切都在掌握之中似的。然而五月十一日（6.9）奇崙社番（桃園市龜山區）酒醉起釁，無異敲出了一記警訊。在持續三天的亂事中，桃仔莊、甘棠溪桃仔園莊（俱在桃園市桃園區）皆被焚燬，北路營參將靳光瀚、淡水營都司蘇鼎元聞訊趕赴彈壓。不料閏五月二日（1732.6.23）以沙轆、牛罵、南大肚社為首的熟番數百人，直抵彰化縣城，圍燒臺灣道倪象愷駐紮房屋，以及知縣、典史衙門冀圖報復。鎮臺呂瑞麟急調官兵圍捕，但追至田洋（彰化縣鹿港鎮）反被伏擊，折損 32 名兵丁。隔日鹿仔港汛把總陳文帶兵來援，甫至縣城外就被眾番圍攻，幸好附近村莊義民二、三百人來救。由於情況轉壞當地千餘百姓，現都蜂擁往彰邑搬遷。坐鎮在府城新任福建陸路提督王郡聞訊，即調 800 名官兵北上馳援，並咨行水師提督立調 3,000 名援軍赴臺。覺羅栢修、高山對呂瑞麟、倪象愷的處置相當不滿。他們認為呂、倪氏坐鎮彰化縣城，統率 3,000 兵馬不能敉平舊亂復引起新亂，遂繕摺奏糸。〔註380〕

　　福建援臺的 3,000 名大軍，分為水師提標 1,000 名，陸路官兵 2,000 名。經閩督郝玉麟委令陸路提督麾下的長福營參將李蔭樾統率渡臺。水師提督許良彬奏准，出於呂瑞麟能力之考量，把他調回臺灣府城，過臺的 3,000 名部隊交由王郡指揮即刻平亂。內閣學士兼禮部侍郎的福建觀風整俗使劉師恕，對此亂有較詳細的奏報。據稱福州省垣閏五月二十、二十三日（7.11／14），才得知奇崙社番與南大肚番舉事。六月九日許良彬接到呂瑞麟的回咨，透過閏五月二十一日南日社官甘仔轄的探報，方知參與作亂的熟番社，除了前述之外亦有水裡、雙藔、貓盂、苑裡社。這些歹番聚集數百，先在半線騷擾後，往中港地方剽掠民船。在這不穩的局勢中，諸羅縣又傳來水沙連番有酗酒作歹的風聲，郝玉麟要王郡加意防範。六月二十六（7.22）呂瑞麟返回府城，七月四日（7.29）王郡偕同巡臺御史覺羅栢修，由府城搭船前去半線（彰化市）軍營，六日（7.31）抵達鹿仔港。〔註381〕

〔註380〕光緒十七年（1891）刊刻的《國朝柔遠記》，僅記載雍正十年閏五月平大甲西番，而無說明續有南大肚番作亂，不論在時間與事件上都不完備。參閱王之春著、趙春晨點校，《清朝柔遠記》（北京：中華書局，2000 年 4 月二刷），頁 84；《雍正朝漢文硃批奏摺彙編（第二十二冊）》，頁 448～449。
〔註381〕《清宮宮中檔奏摺臺灣史料（四）》，頁 2955、2959；《雍正朝漢文硃批奏摺

　　七月十五日（8.9）王郡把援臺的三千兵馬做一分配，以一千名戍守府城與諸羅縣城，二千名隨他平亂。十七日（8.11）出陣攻擊梗阻縣治的阿束社（彰化市），官軍鎗砲齊發很快地掃蕩，同日移營彰邑。二十二日（8.16）王郡勘查彰邑附近情勢，準備渡大肚溪北上進兵。隔日有南北投（南投市／南投縣草屯鎮）、貓羅社（彰化縣芬園鄉）熟番，在通事、土官的率領下赴軍前效力。然礙於臺灣夏季多雨溪河水位高漲，要拖到八月中大軍才發兵北上。八月二十一日（10.9）王郡與覺羅栢修率 3,000 名大軍前進，兩路趁夜渡河夾攻南大肚社。靠著火器建功該社逆番旋被擊潰，鄰近的大肚中、北二社急忙乞降。隔日有岸裡、朴仔籬、阿里史三社土官率男婦 2,100 餘名，以及大甲東、南日南北三社土官率男婦 600 餘名來歸。二十五日再進攻水裡社剿洗。〔註382〕

　　九月二、三日（10.19／20）水裡、大肚南、阿束、吞霄等社共 2,000 餘人，赴軍前投順，並獻出首惡逆番 14 名。不過還有負隅頑抗者，例如：沙轆、牛罵、雙藔、貓盂餘番均逃入太平山（另一摺名大小坪山／今名平山，臺中市潭子區）據險而守。九月二十日（11.6）官軍分三路進兵，入山搜捕焚其巢穴。爾後官軍並沒有再發動新一波的攻擊，因爲各熟番社懾於兵威，均急忙綁縛逆番至軍前投獻。截至十月十三日（12.6）爲止，陸續有吞霄、大甲西、雙藔、貓盂、苑裡、房裡等社熟番 1,400 餘名投順，並綁縛同社至少 73 名逆番投獻。二十六日（12.19）根據王郡的回奏，北路熟番舉事幾已討平，只有先前大甲西社部分逆番還未投首，現已調派弁兵入山追捕。十一月四日（12.18）福建水師提督許良彬奏報總結此役戰果，前後擊斃、斬首、生擒、收禁、招解有 300 餘人，投順歸安者不下數千人事平。〔註383〕

　　針對史上最大規模熟番作亂，有幾點發展是值得討論。其一，雙方動員的人數問題。大甲西社番亂之初，奏摺就明載有千名之眾往南攻擊；南大肚社番亂末期，統計奏摺提到出降熟番人數有 6,100 人之多。可見得前後兩起番亂，當地熟番人數不脫六、七千人之譜，但不是說這些人全都投入戰爭。只

彙編（第二十二冊）》，頁 560～561、672～673；中國第一歷史檔案館編，《雍正朝漢文硃批奏摺彙編（第二十三冊）》（上海：江蘇古籍出版社，1991 年 3月），頁 33、196。

〔註382〕《雍正朝漢文硃批奏摺彙編（第二十三冊）》，頁 33～34、53～54、196、259、311、480。

〔註383〕《雍正朝漢文硃批奏摺彙編（第二十三冊）》，頁 401、446、469、480、517。

有官軍急於搜捕的「逆番」，才是作亂的主角。從檔案提到大甲西等社有三、四百名躲入山中，許良彬奏報敉平南大肚社拿究逆番 300 餘人來看，前後兩次參與作亂的熟番約有六、七百人。至於官軍的人數則較爲清楚。兩次動員有 6,000 名之眾，不過直接投入戰場的有 5,000 人，另外的 1,000 人負責戍守府城與諸邑。官軍約十倍於熟番的兵力，無怪乎雙方對陣的機會不多。人數與低於官軍的熟番，多採打跑戰術或山地游擊戰爲主。

其二，雙方陣容參與的問題。在大甲西社番作亂初期，此輩竟聯絡到獅頭、獅尾等社生番助陣。官方獲悉急忙拉攏後壠、阿里史社幫忙。然有趣的是部分阿里史番最後也被裹脅，加入大甲西社番的陣營。事實上始終站在官軍陣營的，只有岸裡社、烏牛欄社。當然在南大肚社番作亂時期，亦有南北投、猫羅社自動請纓。官軍幸得這些「義番」幫助，在最不擅長的山區掃蕩戰中還能一搏。至於義民呢？就如同前幾次曾對番用兵的經驗，漢人義民不管人數、戰力，在這二次戰事中均沒有發揮決定性的作用。雖然前後都有搭救官員、弁兵的記錄，但都是偏重突發性的救助。因此可以很確定的說，清廷在對番用兵的行動中，只有官番武力的結合，不加入漢人的武力。這樣的政策與操作在此時已完全確立。

其三，官軍力持亂事不讓擴大的問題。值得注意的是大甲西社與南大肚社爲首的作亂，亂事波及的主要區域僅在大安溪以南與虎尾溪以北。它沒有辦法像漢人的械鬥般，號召南、北部的熟番跟著倡亂，這是爲何？最大的原因還在於官軍堵截之功。事實上在亂事進行中，仍有一些插曲出現，若處理不愼還是有可能如野火燎原般，一發不可收拾，那就是北部的奇崙社與水沙連番的騷動。北部的堵截官軍第一時間就進行，即北路營參將直赴南日南社堵截。後來雖有奇崙社番擾亂，但呈現出的是該社個別行動與中部熟番無關。至於南路的堵截更是堅實，五千名官軍堵在熟番們的南邊不說，亦有一千名部隊分別戍防府城與諸邑。

對於善後的處理，臺灣鎮總兵官呂瑞麟以不勝任爲由，改調金門鎮總兵官，遺缺由廣東碣石鎮總兵官蘇明良接任。臺灣道倪象愷以「性情偏執、與人不睦、行事粗率」爲由革職候審，遺缺由漳州知府張嗣昌接任。〔註384〕雍正十二年十二月十四日（1735.1.7）上諭從寬處理臺灣中部熟番，所有正犯眷

〔註384〕臺灣銀行經濟研究室編，《臺案彙錄乙集》，臺灣銀行文獻叢刊第一七三種，1963 年 6 月，頁 60～62。

屬不再根究，也不一一搜查擾累牽連。〔註385〕這個撫綏的手段是很有用，此後熟番就沒有出現反官的事件，眞的敢以武力挑戰清廷的原住民只剩生番。

乾隆元年九月（1736.10）閩浙總督郝玉麟上奏提到，臺灣土番（熟番）射死兵民逃往生番內，土官正設法捉拏歸案。〔註386〕這事情的原委如何呢？巡臺御史白起圖、嚴瑞龍的奏報道出詳情。原來從雍正十年用兵後，今屬番黎無不輸誠向化，惟有淡水廳後壠、中港等處地偏生番。附近莊民多有私越番界輒被殺傷，又或僻處荒村遭其焚劫。雖已立碑嚴禁，但茂林深草時有生番潛出殺人；均賴熟番抗拒，不致肆行逞兇。詎料本年七月九日（8.15）中港汛南海汊塘房一座，竟被（熟）番燒燬，射死塘兵一名。二十五日（8.31）貓里莊被（熟）番射死民人九名。細查之後發現是 10 名新港社番、7 名加志閣社番犯案。這 17 名熟番連同眷屬五十餘人，皆藏匿在內山。北路協副將靳光瀚、淡水廳同知趙奇芳得知，馬上調派兵役入山圍捕，臺灣知府徐治民獲悉立刻趕抵當地撫恤。九月二十五日（10.29）部分逃竄勾結生番，偷襲南庄、後庄燒燬草房 13 座、燒死 1 人、射死 11 人。〔註387〕

由於害怕事情鬧大，新港社土官烏牌欲率眾擒究。此事雖經巡臺御史回奏，但卻不見臺灣鎮總兵官馬驥奏聞，高宗知道他有壓案的嫌疑，傳旨申斥。隔年五月閩督郝玉麟奏准嚴飭通事，對於生番不必誘其來歸；讓他們聽其自便，以免日後啓釁。此政策使得自雍正元年以來，鼓勵生番歸化的行動告終。七月所有犯番全數拏獲，該案了結。〔註388〕乾隆三年（1738）新任臺灣鎮總兵官章隆奏報，再度執行嚴禁私越番界的命令；臺民如有再犯，照潛出外境律法辦。〔註389〕乾隆八年（1743）新任臺鎮張天駿對生番的防備，完全採假想敵的方式對付。他要接近番地的小莊，在秋冬溪水乾涸生番最容易出草的時候，全都搬遷到鄰近的大莊。並在大莊架設望樓，遇有生番窺伺即鳴鑼擊柝互相救援。乾隆十年（1745）福建布政使高山總結歷年來的教訓，指出生番殺人呈報數十案，有一案被馘首十餘人，亦有一處被斃命四十餘人，迄今

〔註385〕中國第一歷史檔案館編，《雍正朝漢文諭旨匯編（八）》（桂林：廣西師範大學出版社，1999 年 3 月），頁 347。
〔註386〕《清實錄──高宗純皇帝實錄（九）》，頁 592。
〔註387〕乾隆朝漢文錄副（軍機處錄副），微縮號：036-1045，中國第一歷史檔案館藏。
〔註388〕《清實錄──高宗純皇帝實錄（九）》，頁 770。
〔註389〕臺灣銀行經濟研究室編，《臺案彙錄丁集》，臺灣銀行文獻叢刊第一七八種，1963 年 9 月，頁 12。

兇手無獲。〔註390〕爲求自保增建望樓將成爲整個乾隆朝，民莊應付生番來襲的重要防禦工事之一。〔註391〕

乾隆十五年二月（1750.3）臺灣鎮總兵官李有用回奏時，提出了一個有趣的建議。他想模仿古代秋圍之事，趁秋收時帶兵一千名至番界處打圍，演放鎗礮對生番以布軍威。高宗以臺灣向無打圍前例，也容易讓生番多生疑慮爲由否決此議。隔年五月李有用與臺灣道金溶，以北路屢有生番戕殺案；逐於通事內擇其熟識生番社目之人，令招撫各社土目到郡示以兵威。這是乾隆朝第一次地方官的招撫，高宗認爲若有必要，招撫是便宜行事之策，但對於把生番送至府城，有了讓漢人與他們接觸的機會感到不滿。看來清廷對於生番的治理，現階段是採「井水不犯河水」的方式處置，尤嚴禁漢人與生番接觸。同時閩浙總督喀爾吉善也奏報，現在正在密切注意漢人二大通事——北部的林秀俊、中部的張達京的一舉一動。地方官認爲他們與熟番往來密切，有勾結民番盤剝致富的嫌疑。由於這次聯絡生番到郡是他倆負責，更讓官方懷疑心大增。〔註392〕

當然清廷的起疑不是沒有道理，其前題就是懼怕民（生）番會結合抗官。但從之前所發生過的案例來看，還未出現漢人勾結生番作亂的情事，倒是熟番前科累累。官方在防範未然上只注意到漢人，沒注意到熟番的疏失，將在另一場大案中浮現。乾隆十六年十一月初（1752.12）南、北投社通事三甲，因爲與漢人番業戶已革監生簡經，有一筆被佔田土四十甲、未還租穀近一千石的糾紛，萌生以武力解決的念頭。三甲與萬丹坑（南投縣名間鄉）隘口生番老茅有熟，透過介紹認識埔裏社（南投縣埔里鎮／布農族）土目吁民。從而引見貓裏眉社土目夕膜，轉糾福骨社、眉加臘（臺中市霧峰區／泰雅族）、哆咯嘓社生番相助。十二月八日（1752.1.23）三甲與聯絡到的生番70餘人在火焰山會合。雖然生番彼此音語不同，但三甲也未曾過問何社何名，任憑老茅率領。當晚即潛行至簡經居住的內凹莊（南投市）。生番以簡經居住在莊中不易深入，向其旁的佃戶賴氏、徐氏、白氏三家下手，共殺斃22人。雙方分

〔註390〕仁和琴川居士，《皇清奏議》（臺北：文海出版社，1967年10月），頁3515～3534。

〔註391〕乾隆朝漢文錄副（軍機處錄副），微縮號：031-1116，中國第一歷史檔案館藏；《清實錄——高宗純皇帝實錄（一二）》，頁458。

〔註392〕《清實錄——高宗純皇帝實錄（一三）》，頁953；《清實錄——高宗純皇帝實錄（一四）》，頁。

手前，三甲為避免簡經起疑，還特別囑咐這群生番，必須擇處另行馘首，刻意製造是生番出草的假象。沒料到生番選擇的，竟是綠營駐防在柳樹湳的汛塘；該汛有七名士兵被獵首而去，遂釀成大案。〔註393〕

十二月十一日（1.26）彰化知縣程運青前去內凹莊相驗，時隨行抬轎的北投社番二名，與當地人士口角鬥毆身死，程氏諱匿不究不報，只在案卷上提到內凹之事。北路協中軍都司聶成德則捏稱，被馘首的士兵是在阿罩露（臺中市霧峰區）出哨遊巡時被害。之後因水沙連通事賴春瑞怕事躲避，程氏旋點也是涉案人之一的葉福擔任其職，並命林秀俊、張達京前去幫辦。〔註394〕當時臺灣鎮總兵官馬負書前往調查此事，或許將要被調往江蘇省狼山鎮，所以辦案置若罔聞。高宗聞訊大怒，傳旨要閩浙總督喀爾吉善、福建巡撫潘思榘詳查，然所得的結果是文、武各報互不相同。文職稱生番、武職稱熟番犯案。隔年年初水師提督李有用，有了較確實的回奏。他坦言二處獵首，全是生番趁隙攻入民莊、擁入營盤之舉。高宗大致了解案情後，對巡臺御史立柱、錢琦沒有能及時查清亦感不滿。同年三月調陳宏謀為福建巡撫，陳未抵任前印務由福州將軍新柱註署理；四月新任臺灣鎮總兵官陳林每抵任，二人都負有再查案情的重任。〔註395〕

從保存迄今的檔案來看，新柱、陳林每的回奏沒有新意。前者是在從粵回閩途中接印，旋在廈門聽聞李有用的說辭也另繕一摺。後者把調查的重任委以北路協副將郭弘基，讓他跟程運青繼續追查。乾隆十七年四月（1752.5）遭革職留任的閩督喀爾吉善，考慮指派道員來臺查案。四月二十日（6.2）巡臺御史立柱、錢琦一面飭令臺灣知府陳玉友前往綏緝，一面仔細調查案情並入山尋回頭顱。然僅能釐清此案是由生番所作，還無法揪出三甲這位藏鏡人。直到同年五月喀爾吉善派遣糧驛道桗穆齊圖來臺，九月同陳林每會辦終於查出元兇就是三甲在背後教唆。〔註396〕

〔註393〕臺灣銀行經濟研究室編，《臺案彙錄己集》，臺灣銀行文獻叢刊第一九一種，1964 年 1 月，頁 215～218。

〔註394〕《臺案彙錄己集》，頁 218～219。

〔註395〕《清實錄──高宗純皇帝實錄（一四）》，頁 90；蔣良驥，《十二朝東華錄（乾隆朝）》（臺北：文海出版社，1968 年 8 月），頁 446。

〔註396〕國立故宮博物院，《宮中檔乾隆朝奏摺（第二輯）》（臺北：故宮博物院，1982 年 6 月），頁 341、411～413、683～684、707～710、850～851；國立故宮博物院，《宮中檔乾隆朝奏摺（第三輯）》（臺北：故宮博物院，1982 年 7 月），頁 847～848；同治朝軍機處月摺包，編號：008230，國立故宮博物院藏。

　　案情明朗後一干人等，除了生番之外全被拏獲。隔年由新任臺灣知府曾日瑛，會同海防同知王文昭、署臺灣知縣劉辰駿、鳳山知縣吳士元訊擬。上報省垣時閩督喀爾吉善、閩撫陳宏謀委福州知府徐景熹、泉州知府高霆覆審。乾隆十九年正月二十四日（1754.2.15）廷寄福建各大員要從嚴辦理。五月刑部定讞，三甲凌遲處死，相關涉案七人斬決或絞決。〔註397〕此案可稱半懸案，因爲作案生番仍逍遙法外。從官方資料來看巡臺御史立柱、錢琦，則是被高宗處罰最嚴屬的官員──交部議處。而且巡臺御史的制度爲此還更張，從以往三年駐臺巡視，變成三年一巡即回京。〔註398〕不過私家記載對錢琦的記錄可不是這樣說，反而大力贊揚錢琦直言的個性。原來按例生番殺人，地方官所受的處分比熟番殺人更重。這一點使得官員在偵辦此案時，有了偷天換日的想法。先前文、武所報各異導源於此。武官爲什麼敢錯報，那是因爲背後有閩督喀爾吉善在撐腰。幸虧錢琦的奏摺直指生番犯案，才不會讓整起案件誤判。〔註399〕

　　三甲的案件不是一個獨立的個案，長期以來熟番通事勾引生番出草，可以說成爲私下用武的模式。只不過此次竟能聯絡到布農、泰雅二個迥異的族群，並且人數多達七十餘名確實特別。乾隆二十年代生番零星下山出草，已不是什麼新鮮事。對於這種案件，若無法偵破通常地方官就以罰俸一年了事。〔註400〕乾隆三十一年三月（1766.4）淡水廳鸚殼莊民被生番出草傷斃多人，北路協副將觀柱、右營守備王祥有捏報的嫌疑。閩浙總督蘇昌指派按察使余文儀來臺調查，得知三湖（苗栗縣西湖鄉）一帶常有漢人偷墾，才會常遭生番襲擊。再進一步調查，知道犯案的生番是攸武乃社，而確定鄰近的屋鰲、獅子社生番不會暗助後，清廷決定出兵討伐。八月二十七日（9.30）官軍從蛤仔口（苗栗縣公館鄉）進剿。雖然官方記載軍隊人數不詳，但據稱戰果顯赫共擒殺番眾三百餘人，爲雍正十年（1732）以來最大規模懲番的行動。〔註401〕

〔註397〕洪安全主編，《清宮廷寄檔臺灣史料（一）》（臺北：故宮博物院，1998年10月），頁21～22；《臺案彙錄己集》，頁220。
〔註398〕《十二朝東華錄（乾隆朝）》，頁446。
〔註399〕《清耆獻類徵選編（155）》，頁203～209；龍顧山人纂，汗孝萱、姚松點校，《十朝詩乘》（福州：福建人民出版社，2000年8月），頁252。
〔註400〕臺灣銀行經濟研究室編，《臺案彙錄乙集》，臺灣銀行文獻叢刊第一七三種，1963年6月，頁371。
〔註401〕《臺案彙錄乙集》，頁407～408；《清實錄──高宗純皇帝實錄（一八）》，頁416、442、459～460。

　　對於生番一再的出草，高宗也感到不耐。這一次的軍事行動他以〈廷寄〉的方式傳諭蘇昌，一定要深入掃蕩燬其社寮積聚，以示懲創。〔註 402〕之後相當注意地方官有無失職讓生番出草成功，或者出草後擒獲生番未到的案件。乾隆四十七年巡臺御史塞岱、雷輪整理出之前懸案的清單，即便是臺屬官員俸滿擢陞也照樣追究。他們包括：前淡水廳同知現陞潮州知府宋應麟，以乾隆三十四年五月（1769.6）水頭厝（苗栗縣頭份鎮）被燬七命未破降一級留任。前鳳山知縣姚谷義，以乾隆三十五年十一月（1770.12）中壇莊（高雄市美濃區）被燬三命未破，連續被三祭罰俸。前理番同知李本楠、彰化貓霧捒巡檢楊四聰，以乾隆三十六年正月（1772.1）安溪藔莊（彰化市）被燬十七命未破均降降一級調用。前同知宋應麟以乾隆三十七年四月（1772.5），麻里莊（苗栗縣公館鄉）被燬十四命未破罰俸三年。前同知宋應麟以乾隆三十七年六月（1772.7），南勢湖（苗栗縣後龍鎮）被燬八命未破罰俸三年。前同知宋應麟以乾隆三十七年十一月（1772.12），大姑陷（桃園市大溪區）被燬二十六命未破罰俸三年。前鳳山知縣劉亨基以乾隆三十八年四月（1773.5），番仔藔莊（高雄市旗山區）被燬十五命未破罰俸一年。前淡水廳同知王右弼以乾隆三十九年九月（1774.10），黃士潭（今名黃泥塘／桃園市龍潭區）被燬十八命未破罰俸三年，再降一級留任。〔註 403〕

　　上述案例幾乎都是十條人命以上未破的大案。當中以淡水廳遇害 73 人最多，由於積案屢次未破，前後任同知宋、王二氏受到處分最嚴厲。其次為鳳山縣的 18 人，也是前後任知縣姚、劉二氏都被處罰。比較特別的彰化縣，由於有理番同知駐紮，所以不罰知縣，反倒處分同知與巡檢。為防堵生番出草殺人，最有效的辦法就是先洞察其出沒，所以添設偵察的建務顯為當務之急。乾隆三十九年（1774）臺灣知府李師敏議建望樓 1,400 餘座，南自谷山（今名古華／屏東縣春日鄉），北抵大小雞籠（基隆市／新北市三芝區）。〔註 404〕不過李氏旋即離任，隔年由後繼的蔣元樞完成。蔣氏在所著《重修臺郡各建築圖說》內有詳細記載營造法式，有了這些望樓全島形式上的防禦就被建立起來。〔註 405〕

〔註 402〕《清宮廷寄檔臺灣史料（一）》，頁 40～41。

〔註 403〕乾隆朝漢文錄副（軍機處錄副），檔號：1459-1417，微縮號：099，中國第一歷史檔案館藏。

〔註 404〕錢儀吉編，《碑傳集（111）》（臺北：明文書局，1985 年 5 月），頁 717～720。

〔註 405〕蔣元樞，《重修臺灣各建築圖說》，臺灣銀行文獻叢刊第二八三種，1970 年 5

　　乾隆四十二年（1777）閩浙總督鍾音回奏時，曾對臺灣這一千多座望樓頗感自豪。他說自釐定界址私越既杜，設立隘口添建望樓以後；文武員弁嚴密防查並無漢奸竄入，亦無生番戕民之事。〔註406〕但這樣的防備在部分地區又破功。乾隆四十六年四月（1781.5）淡水廳月眉莊（臺中市后里區），突被生番出戕殺28命。此事原來是當地漢人入山樵採誤入番界所致。雖事起倉卒，但被殺者人數過多，還是要嚴懲淡水廳同知成履泰。〔註407〕這事也波及到剛卸任閩督，才陞用雲貴總督不久的富綱。富綱以在閩省任內「應辦不辦、諸事廢弛」爲由，被傳旨申斥，成履泰則被革職留任，限期一年之內拏獲生番歸案。〔註408〕此案高宗非常重視，緊盯淡水廳的緝拏行動。隔年六月終於追獲兇番12名，全被解送至福州省垣正法。〔註409〕

　　乾隆四十九年三月（1786.4）淡水廳同知潘凱在樹林口（苗栗縣頭份鎮）設隘。該處原本是民番相安無事的地方，孰料設隘後阻礙了生番狩獵的通道，於是出草案件不斷增加，最後連潘凱也在此送命。〔註410〕同年年底潘凱一行十餘人，在老衢崎（苗栗縣竹南鎮）附近被直加未南、目懷二社生番馘首。此事引起清廷強烈地報復，隔年元月指派福建按察使李永祺來臺調查之餘，還通令福建水師提督黃仕簡、臺灣鎮總兵官柴大紀、臺灣道永福、北路協右營守備李希仁三路進剿。雖然檔案沒有載明共動員部隊多少，但卻是自乾隆三十一年（1766）以來再度對生番用兵。據報乾隆五十一年正月十八、十九、二十六、二十七日（1786.2.16～17／2.24～25）的行動中，共殺死兩社生番三十八名，跌落山崖身死者一百一十人，高宗認爲達到以儆兇頑的效果下令收兵。〔註411〕

　　乾隆五十六年初（1791）檔案所見，首度發生漢人勾引生番出草的事

　　　　月，頁25～34。
〔註406〕《清實錄——高宗純皇帝實錄（二一）》，頁777。
〔註407〕《臺案彙錄乙集》，頁165～166。
〔註408〕《清宮廷寄檔臺灣史料（一）》，頁131～132。
〔註409〕檔案未說明何社生番，但從地緣關係還看應是烏鏖社。參閱《清宮諭旨檔臺灣史料（一）》，頁106～107。
〔註410〕臺灣銀行經濟研究室編，《臺案彙錄丙集》，臺灣銀行文獻叢刊第一七六種，1963年11月，頁327～329。
〔註411〕《清宮廷寄檔臺灣史料（一）》，頁227～240；中國第一歷史檔案館編，《乾隆朝上諭檔（第十三冊）》（北京：檔案出版社，1991年6月），頁24～29、34、41、91。

件。原來淡水廳三角湧（新北市三峽區）民人彭貴生，素與當地泉籍百姓不睦，以致勾引生番加害。以剿捕匪徒而斬立決著稱的臺灣鎮總兵官奎林，竟沒有馬上採取行動，反先請旨詢問是否要入山痛加剿戮。奎林的謹慎換來高宗一頓斥責，不久改調駐藏大臣都統，遺缺暫由福建水師提督哈當阿兼任。〔註412〕該案隨即沒有下文，作者猜測臺灣地方官可能只追究彭貴生了事，未調集軍隊攻入內山。不過彭案凸顯二個問題：一是清廷最擔心的問題——漢（生）番勾結終於發生。由於乾隆末葉以後，漢人守隘的工作漸增，意思是與生番接觸的機會大增（見第二章第三節）。此後漢人若自忖在武力上屈居下風，勾結生番犯案時有所聞（例如上文提到械鬥）。二是由於番界的形成，使得清廷對內、外的統治策略迥異。對外處理這群生番，其大原則仍是以羈縻為主。所以對其征討不似對界內漢人，可以立即出兵彈壓。事實上奎林在對生番用兵前請旨詢問是對的，只不過牽涉到漢人涉案，使得高宗怒責為何不先辦漢人。同年清廷為讓官員更加重視生番出草的案件，大幅度修改《則例》的罰則。日後生番殺人之案，還是以一年為期限期破案，但無拏獲者已不是罰俸或降級留任，而是降級調用。〔註413〕

嘉慶朝的地方志首次出現「番割」。嘉慶二十二年（1817）噶瑪蘭廳通判翟淦提到，沿山一帶有學習番語，貿易番地者名為番割。他們以鐵鍋、鹽布諸貨，與生番以物易物交換鹿茸、鹿筋、鹿脯、鹿角，其利倍蓰。但要是貿易起了糾紛，番割常會欺騙生番，嫁禍附近村莊，指為某人拖欠貨品，遂引發殺機。〔註414〕至此生番出草的機會又變得更大。不過從嘉慶朝以後，截至同治朝為止，官軍就沒有再為生番用兵的記錄，反而是漢人為拓墾的問題，逕自對生番動武。

嘉慶十九年（1814）水沙連隘丁首黃林旺，勾結嘉彰二邑民人陳大用、郭百年，以及臺灣知府門丁黃里仁。誆得臺灣知府熊一本發出的府示，欲進入屬於界外的水沙連開墾。隔年他們再由彰化縣衙門申請到墾照，遂擁眾大舉出界，佔墾屬於社仔、水裡、沈鹿等生番社地。由於社番不服，雙方相持月餘，郭百年等決定以武力解決爭端。先透過番割詐稱罷墾，再趁生番不備

〔註412〕《清宮廷寄檔臺灣史料（一）》，頁319～321。
〔註413〕沈書城，《則例便覽》；摘自四庫未收書輯刊編纂委員會編，《四庫未收書輯刊（貳輯・貳拾柒冊）》（北京：北京出版社，2000年1月），頁322。
〔註414〕陳淑均，《噶瑪蘭廳志》，臺灣銀行文獻叢刊第一六○種，1963年3月，頁236。

後大肆焚殺，倖存者逃依眉社、赤嵌（俱在南投縣埔里鎮）而居。這場名爲
「郭百年事件」的漢番衝突，驚動了臺灣鎮總兵官武隆阿，嚴飭地方審愼辦
理。二十一年（1816）彰化知縣吳性誠驅逐眾佃出山，並拆毀耕佃建築的房
舍、土城，再重新立碑禁入。〔註415〕這種因拓墾的關係，造成漢（生）番的
對立，以致引起大規模的武裝衝突，又在淡水廳上演。道光十四年（1834）
金廣福大隘成立，標示著漢人欲進入新竹內山拓墾的決心。如此就與世居於
此的泰雅、賽夏族生番，展開長達十餘年的纏鬥且互有勝負。漢人先敗後勝
──道光十五年（1835）被出草殺害者達八、九十名之多，十七年（1837）
大撈社出草又被馘首四十餘人。此後漢番在番婆坑（新竹縣北埔鎮）等處，
歷經大小戰鬥十餘次；二十九年中興庄（1849／峨眉鄉中盛村）之役，金廣
福調集手下所有的民壯、隘勇全力進攻。該役生番受創頗重，逐漸退入深山，
要等到三十年之後，雙方才又復燃戰火。〔註416〕

　　除了彰化縣、淡水廳之外，噶瑪蘭廳也受到生番所苦。第二章第三節已
討論過蘭廳隘數之多不下於他處，但是現留下來的記錄，似乎都說明當地漢
人多居於下風。例如：道光二十四年（1844）原居於清水溝（宜蘭縣冬山鄉
的楊氏家族，不堪生番的襲擊逐遷徙到擺厘莊（宜蘭市）。〔註417〕日治學者田
代安定在〈宜蘭概況〉一文，記錄自道光以來，當地漢人爲防範生番一直耗
盡心血，然番害仍然猖獗沒有減少。〔註418〕清廷此時雖無意派兵征討，但卻
訂有臺灣承緝生番專例，督促地方官切實遵守。其規定爲生番突出焚殺者，
該管官扣限六個月查粲，限滿不獲，將專汛官降一級留任（公罪），勒限一年
緝拏。限內拏獲，准其開復；限滿不獲，照所降之級調用。〔註419〕咸豐朝官
方對於生番活動記錄出奇的少，因此很難了解官員的態度。不過當時臺灣道
徐宗幹編纂《兵鑑全集》一書，難得地透露出訊息。徐氏雖然沒在書中主張
大舉再對番用兵，但他條列出雍乾時期疆吏討番的言論，大有認爲解決生番

〔註415〕姚瑩，《東槎紀略》，臺灣銀行文獻叢刊第七種，1957年11月，頁34～35。
〔註416〕吳學明，《金廣福墾隘與新竹東南山區的開發1834～1895》（臺北：國立臺灣
　　　　師範大學歷史所，1986年2月），頁75、123。
〔註417〕陳進傳，《宜蘭傳統漢人家族之研究》（宜蘭：宜蘭縣立文化中心，1995年5
　　　　月），頁66。
〔註418〕伊能嘉矩著、楊南郡譯註，《平埔族調查旅行──伊能嘉矩「臺灣通信」選集》
　　　　（臺北：遠流出版事業股份有限公司，1997年5月初版三刷），頁187。
〔註419〕慶源等纂，《欽定兵部處分則例・緝捕／承緝生番》，道光年間刻本，北京國
　　　　家圖書館分館藏。

出草的問題唯有動武。〔註 420〕

　　同治十三年四月（1874.5）日本出兵琅嶠發生牡丹社事件。該案使得清廷一改對生番羈縻的政策，採以更積極的「撫番」爲主。簡言之不論生番願意與否，只要官方勢力所及一律強迫歸順，不服者皆用武力征討。當時抗拒招撫的生番以被稱爲「兇番」的琅嶠十八社，與「王字兇番」的臺北府阿史等社最爲頑梗（見第二章第二節）。由於琅嶠的生番地處日軍駐紮的現場，所以也是清廷首要招撫並用武的對象。其實當地的漢番衝突時有所聞，起初日軍的到來，反倒讓附近的漢人有乘機報復的機會。在四重溪（屏東縣牡丹鄉）一帶不乏有住民尾隨討番的日軍，跟著「征討」的個案。〔註 421〕同年十一月十三日（1874.12.21）清日達成協議，日本撤出臺灣的軍隊，清廷執行「開山撫番」政策，長達二十年的開山撫番戰爭就此展開。〔註 422〕

　　上琅嶠十八社是清廷第一個征討的對象。這十八社生番包括：內獅頭、外獅頭、內龜紋（內文）、外龜紋（外文）、竹坑、阿栽米息（阿也美薛）、中心崙、嗎梨吧（麻離巴）、草山、干仔（大干子密）、阿養益、中汶（中文）、董底、近阿烟、馬興崤、周武濫社、荅家藔、霧里社（參閱表五十七編號 389～406）。尤以獅頭社在內的前十二社特別不馴，調臺的浙江溫州右營游擊王開俊在招撫時，不幸中伏陣亡，風港、枋藔（屏東縣枋山鄉／枋寮鄉）被擾道路爲之不通。光緒元年二月十三日（1875.3.20），調臺淮軍提督唐定奎率軍進抵枋藔、南勢湖、枋山、莿桐腳（俱在枋山鄉）。由於生番擅長叢林戰，使得這群在內地參加過剿髮、捻，慣打平原戰的部隊一時不敢深入。在先徵調當地土勇千餘人充做長夫、嚮導開路後，同月二十二日（3.29）大軍由南勢湖、莿桐腳入山，先與草山社 500 番丁遭遇，官軍克之收撫。三月十三日（4.18）再克竹坑社，二十三日（4.28）與龜紋社番 200 餘人交戰逐之。四月三日（5.7）與獅頭社番 300 名交戰，雙方互有傷亡；隔日用大砲轟擊大甘仔力、周武濫。〔註 423〕

〔註 420〕徐宗幹，《兵鑑全集》，咸豐二年晚楓書屋刻本，北京國家圖書館分館藏。

〔註 421〕王元穉，《甲戌公牘鈔存》，臺灣銀行文獻叢刊第三九種，1959 年 6 月，頁49。

〔註 422〕張本政主編，《清實錄臺灣史資料專輯》（福州：福建人民出版社，1993 年 12月），頁 1016～1020。

〔註 423〕沈葆楨，《福建臺灣奏摺》，臺灣銀行文獻叢刊第二九種，1959 年 2 月，頁 26～32、40～47、53～54。

　　四月十六日（5.20）唐定奎見入山道路已通，遂親率兵馬進攻獅頭社。清軍分三路前進，先與 200 餘名內獅頭社番丁惡戰，自卯至巳攻破番社，餘番向龜紋社逃竄，擄獲番鎗百餘桿、刀斧千餘柄、火藥百餘斤。同日由記名提督周志本率領攻外獅頭社，也是分三路前進，自卯至辰攻入社內，餘番向大甘仔力社逃竄，擄獲刀鎗二百餘件。五月九、十二日（6.12／15）官軍的出兵有了結果，各生番社番目紛來乞降。包括：率芒社、董的、南片、草山（改名永安）、內龜紋、外龜紋、射不力、中紋、周武濫、本武社（改名永福）、竹坑（改名永平）、獅頭社（改名永化）。十五、十七日（6.18／20）再有中心崙、媽梨也、門栽米息、大籠藕、謝阿閣、龜仔籠藕，清廷並在莿桐腳社招撫局統籌善後。〔註424〕

　　光緒初年的討番戰爭清廷在恆春半島斬獲不少，半年的時間竟讓十餘社生番就撫，可見大軍壓境之強。這當中有一點是值得注意，即官民合作對付生番的問題。該役與官軍作戰的生番至多約有 1,400 人。雖然這他們來自各社，號令並不統一，但無損於擅長游擊戰的特長。光緒元年（1875）俄國人 Paul Ibis 趁著搭乘軍艦 Ustold 號泊錨香港之便，在 1〜2 月間來臺灣旅行，就他認為南路生番 1 名的戰力可抵官軍士兵 10 名。〔註425〕既然這樣為什麼還會被打敗呢？原來他們不止遇到官軍，還遇到漢人的幫忙。清末開山撫番政策與之前番務最大的不同，就是允許漢人可以直接介入。這不僅於徵調千餘名土勇而已，設立招撫局更是一大改變。該役官方沒有記載多少軍加入戰鬥，不過以唐定奎麾下兵馬計算有 5,500 人之眾（見表五十一編號 1），加上千餘名土勇助陣，對生番比例約有 4：1 的人數優勢。然唐定奎的軍隊可不是一般軍隊，它是當時中國裝備最好的淮軍；再有最新式的武器助威，無怪乎半年的時間有不錯的表現。

　　對於這樣的成果，北京方面發出廷寄表示滿意，並對欽差大臣沈葆楨諭示，飭令該提督相機妥辦毋稍疏虞。這些番社經此痛懲果能悔罪輸誠，自應寬其脅從（指獅頭以外各社），倘頑梗如前不能不酌加懲辦。〔註426〕看來用武

〔註424〕洪安全主編，《清宮月摺檔臺灣史料（三）》（臺北：故宮博物院，1994 年 10月），頁 1926〜1936、1957〜1961。

〔註425〕Translated by Christian Buss, Edited by Douglas Fix, Ibis Paul, "Auf Formosa: Enthnographische Wanderungen," *Globus* 31 (1877): 149~152, 167~171, 181~187, 196~200, 214~219, 230~235.

〔註426〕洪安全主編，《清宮廷寄檔臺灣史料（三）》（臺北：故宮博物院，1998 年 10

力對待不服的生番,已是既定的策略,同樣的作法亦被施以中、北部。

在中路清廷原本指派南澳鎮總兵官吳光亮、臺灣道夏獻綸、後補道劉璈負責。然後夏氏回郡兼理營務,劉氏丁憂回籍,因此就由吳光亮總籌全局。光緒元年正月(1875.2)吳氏兵分二路,由林圯埔、社藔(俱在南投縣竹山鎮)入山,至大坪頂合為一路,再開路至大水窟、頂城(俱在南投縣鹿谷鄉)。同年二月七日(3.14)由頂城開工,直抵鳳凰山麓進入茅埔(南投縣鹿谷/信義鄉),迄三月十三日(4.18)共開山路 11,610 丈。再截至五月八日(6.11)為止,官軍由紅魁頭、合水、東埔坑頭(俱在南投縣信義鄉),共開山路 8,470 丈。〔註 427〕官方檔案對吳光亮有無與生番作戰,全然沒有記載。民間流傳吳的部隊在茅埔一帶,與布農族發生激戰。〔註 428〕當然深入內山,會立刻遭遇生番的抵抗。不過程度可能沒有琅嶠與北路嚴重,所以沒有見諸檔案。

北路的開山撫番,最早是在同治十三年九月十八日(1874.10.27)進行,主要是從蘇澳沿海岸線,向南開路至花蓮港。據報路途有大南澳生番(泰雅族)千餘名,不時狙殺兵民。這一段路修築的很快,同年十月十四日(11.20)就完成,總計 9,000 餘丈約二百里有奇,期間噶瑪蘭頭人陳輝煌出力很大。光緒元年正月五日(1875.2.10)福建路陸提督羅大春,親率大軍自蘇澳啟程赴新城(花蓮縣新城鄉)視察,十二日(2.17)抵達花蓮港。正月二十四至二十六日(3.1~3)、二月五至八日(3.12~15)驚傳大魯閣番(太魯閣族/花蓮縣秀林鄉)百餘名,撲攻新城附近的碉堡,但終被擊退。花蓮港以南為秀姑巒之道,此地是木瓜番(太魯閣族)的地盤,陳輝煌充做先鋒開路至吳全城(花蓮縣壽豐鄉)。〔註 429〕

三月十九日(4.25)加禮宛番謀唆使七腳川諸社(花蓮市)蠢動,羅大春聞訊示以兵威遂止,但新城一帶苦於大南澳番的偷襲,或數十、數百乘雨撲碉,防不勝防。幸好秀姑巒有佳音傳來,四月八日(5.12)有木瓜、大吧籠二十九社生番就撫,丁口人數有 17,719 人。花蓮一帶的對番戰爭,攻防形式與琅嶠不同。在琅嶠官軍僅把目標對準獅頭社一隅,在有限的區域內進行攻勢

月),頁 1678。

〔註 427〕《福建臺灣奏摺》,頁 34~35、49。

〔註 428〕鍾義明,《臺灣的文采與泥香》(臺北:武陵出版有限公司,1992 年 11 月),頁 326~327。

〔註 429〕《福建臺灣奏摺》,頁 6~8、33~35。

作戰，因而有不錯的戰果。但在花蓮所開的道路都是交通路線，在長達二百餘里的區域裏，官軍是點放駐兵，並非集結至內山討番，所以採取守勢作戰。清廷對此等劣勢不是不知，四月發出的上諭中，要求沈葆楨密切注意叛服異常的薄薄、理劉二社（花蓮縣吉安鄉）。在九月發出的廷寄中，確切地告訴沈葆楨，先向各番勸導就撫，等到道路開通（八通關、崑崙坳古道），再厚集兵力對付頑梗者。同年十月二十三日（11.20）沈葆楨、閩督李鶴年、閩撫王凱泰聯名具奏，獎勵開山撫番有功的文武官員、弁兵民人等，同光之際最早的開山撫番戰役就算結束了。〔註430〕

　　光緒二年二月（1876.3）新任福建巡撫丁日昌就職。丁氏屬淮系集團對海防一向有興趣，他的上任之後對臺灣極爲重視，想大力推動洋務建設。〔註431〕不過開山撫番的事業恐怕不是一蹴可及，其主要原因是官軍深受瘴癘所苦。三月福建水師提督彭楚漢來臺整頓營伍，才相隔一個月就受瘴急忙回閩調養。七月新任福寧鎮總兵官吳光亮，亦受烟瘴致疾瀕死數回，於中路（可能在林圮埔）調養不能起床。臺灣鎮總兵官張其光、臺灣道夏獻綸皆患病不出。〔註432〕方知這些衣食較麾下弁兵爲佳的大員皆是如此，那麼處在第一線的兵勇境遇可想而知。在這一段時期，採取攻勢對番作戰還不是件困難的事，困難的是如何固守既得的陣地、營盤、碉堡才是問題。他們除了面對生番出草偷襲外，還得應付駭人的熱帶疾病。十一月初（1876.12）丁氏繕摺回奏現嘉禮遠番（加禮宛／花蓮縣新城鄉），串通木瓜、豆欄（花蓮縣秀林／吉安鄉）各社暗夜進攻營壘。他自己以臺灣無人視事爲由準備渡臺，並與閩督文煜先派記名總兵張陞楷帶兵支援北路。同月發出的廷寄提醒丁氏在對付生番之際，也要留心日國（西班牙）對臺灣的窺伺。〔註433〕

　　十一月十五日（1876.12.30）丁日昌自福州搭乘輪船出發，十八日（1877.1.2）抵達基隆。垂詢先抵臺的張陞楷得知二年下來，移防臺灣的勇丁

〔註430〕《福建臺灣奏摺》，頁48～49；《清宮月摺檔臺灣史料（三）》，2092～2198；《清宮廷寄檔臺灣史料（三）》，頁1687；洪安全主編，《清宮諭旨檔臺灣史料（六）》（臺北：故宮博物院，1997年10月），頁4727。

〔註431〕許毓良，《清代臺灣的海防》（北京：社會科學文獻出版社，2003年7月），頁196～199。

〔註432〕《清宮月摺檔臺灣史料（三）》，頁2233～2235、2402～2403；臺灣銀行經濟研究室編，《劉銘傳撫臺前後檔案》，臺灣銀行文獻叢刊第二七六種，1968年6月，頁5～6。

〔註433〕《清宮廷寄檔臺灣史料（三）》，頁1696～1697。

竟病死二、三千人。駐紮蘇澳的福銳左營參將李得陞來稟，該營先前被生番200 餘人圍攻，但防守得宜反擊退番眾。再據同駐紮蘇澳的福靖右營副將陳得勝稟報，他與五品軍功陳輝煌拏獲 2 名生番，現在該處等待丁氏親自偵訊。丁日昌獲悉前往蘇澳，訊問之後生番表示完全不知有「就撫」之說，所以仍按照習俗，秋冬定要出草馘首。丁氏再查明後山有名為「平埔番」者，性極詭詐常慫恿生番殺人居間取利，並且由於住處靠海不時與洋人接觸。他對這群平埔番似乎沒有好感，嚴飭各營可撫則撫，不可撫就痛加剿辦。適吳光亮、夏獻綸前來基隆，丁氏返回與其面商。十二月底發出的廷寄，諭令福建陸路提督孫開華統帶三營赴臺，增援病歿折損的戰力。〔註 434〕

　　光緒三年正月二十二日（1877.3.6）丁日昌回奏聲稱嘉禮遠番，呈送木瓜番首級前來乞降。由於該番忽和忽仇，丁密示張陞楷確切查明意圖再行痛辦。以當時情況來說，中路經吳光亮的撫馭，已歸化者還未發生反叛之事。南路雖較北路稍勝，但時有番情反覆，伏殺弁勇傷斃人命之事。現嚴禁通事、隘丁，不准接濟生番軍火、鹽鐵，私通者以軍法論處。〔註 435〕就在慶幸南路撫番事業稍有進展時，同年因發生率芒番（屏東縣春日鄉）作亂，不得不再發兵征討。

　　早在光緒二年十二月一日（1876.12.4）振字前營副將李光因，以率芒社生番疊次伏殺居民，而率勇上山引發第一次的武裝衝突。由於率芒番屢殺人滋事，復抗官兵追緝，清廷又有了出兵嚴懲的念頭。這一次的行動交由臺灣鎮總兵官張其光、福建候補道方勷（方勷）負責。雖然檔案沒有記載出兵的人數，但從之前麾下規模來看，至多調集 3,500 名勇丁（參閱表五十一編號7、8）。光緒三年三月七日（1877.4.19）大軍在枋寮集結完畢出發，行前丁日昌諄飭該鎮，用兵前先曉諭獅頭、龜紋等脅從番社，意在「以番攻番」。同月九日（4.21）官軍一支從董底社入山，先佔領沙那看、加倫坳社以攻其後。另一支軍隊溯率芒溪（今名士文溪）直攻正面，又另一支軍隊扼紮草山、獅頭社接應。張其光督率人馬攻率芒左翼，方勷右隊攻右翼。在鎗礮齊發火力一面倒的情形下，同日就攻克該社。〔註 436〕十至十七日（4.22～29）官軍在武

〔註 434〕《清宮月摺檔臺灣史料（三）》，頁 2425～2429；《清宮廷寄檔臺灣史料（三）》，頁 1699～1701。
〔註 435〕《清宮月摺檔臺灣史料（三）》，頁 2452～2454。
〔註 436〕《清宮月摺檔臺灣史料（三）》，頁 2466～2467、2612～2614、2652～2660；屠繼善，《恆春縣志》，臺灣銀行文獻叢刊第七五種，1960 年 5 月，頁 287。

吉（屏東縣春日鄉）搜捕餘番，各社不敢收留陸續交出。此役讓包括上琅嶠十八社在內的周邊六十餘社生番畏服，千餘人紛紛歸化薙髮易服。官軍善後特別嚴禁他們赴市買賣不准再帶軍器，並教之耕種移風易俗，再挑選番丁數百名在營充勇。〔註437〕

　　北京以這樣的結果表示滿意，鎮臺張其光特賞黃馬褂、道員方勳加布政使銜，其餘各員賞賜有差分別獎勵。南路的勝利讓清廷信心大增，先前在卑南廳花蓮港擾亂不已的生番，現也要主動用兵對付。光緒三年三月二十五日（1877.5.8）廷寄諭令福寧鎮總兵官吳光亮所部移紮璞石閣、水尾（花蓮縣玉里鎮／瑞穗鄉）居中控馭；蘇澳至新城中間各營移防岐萊（花蓮市）、秀孤巒（花蓮縣豐濱鄉）、卑南亦歸吳節制。至於蘇澳另駐一營增防，就近由戍守在基隆的漳州鎮總兵官現署福建陸陸提督孫開華指揮。〔註438〕

　　光緒三年七月（1877.8）卑南廳的阿棉、納納社（俱在花蓮縣豐濱鄉）聚眾抗官。之前苦於道路未闢、駐軍未齊的官方，現已有足夠的能力對付。不過整個戰局是有驚濤駭浪之感。吳光亮獲悉後立調線槍營至大港口彈壓，結果在烏鴉石（俱在豐濱鄉）中伏敗退至彭存仔（臺東縣長濱鄉）。此時前山方面得知，急忙調軍來援。孫開華調擢勝二營走海道前往，記名總兵沈茂勝率鎮海左營由府城經恆春陸路前往。十一月孫開華先到成廣澳（臺東縣成功鎮），沈的部隊還未抵達；孫氏讓副將林德喜、吳光忠（世貴），各率線槍營與飛虎軍右翼先攻。不料又被打敗，都司羅魁還因此陣亡。十二月各路援軍皆抵，南路撫民理番同知袁聞柝，再率大庄平埔族增援，終於將亂事敉平。〔註439〕從同年十一月發出的廷寄來看，閩浙總督兼署福州將軍何璟總綰其事。原巡撫丁日昌生病開缺，職務暫由山西布政使葆亨署理。而同時間發出的諭旨，則諭飭孫開華、吳光亮要相機剿辦，迅速將阿棉、納納以及鄰近的烏漏社大加懲創。但如果悔罪仍准他們寬其既往，以改過自新酌量安撫。〔註440〕

〔註437〕臺灣銀行經濟研究室編，《清季申報臺灣紀事輯錄》（南投：臺灣省文獻委員會，1994年7月），頁720～723。

〔註438〕《清宮月摺檔臺灣史料（三）》，頁4940～4941；《清宮廷寄檔臺灣史料（三）》，頁1715。

〔註439〕這場戰役始末已有專書詳細探討，參閱潘繼道，《清代臺灣後山平埔族移民之研究》（臺北：稻鄉出版社，2001年4月），頁144～146。

〔註440〕《清宮廷寄檔臺灣史料（三）》，頁1722～1724；《清宮諭旨檔臺灣史料（六）》，頁4962～4964。

　　孫開華在這一次討番戰爭中，立下顯赫的戰功。《清史列傳》對他的描寫更是神勇，記錄他在水母丁（臺東縣長濱鄉）遇悍番千餘名圍攻。然孫氏揮軍鏖戰陣斬其眾，在礮隊、火箭的助威下，先突破納納社，後攻阿棉社。隔年被視爲素不安分的加禮宛番，果眞發動亂事。在當地駐軍無力彈壓之餘，再次勞駕他從臺北率隊來援。〔註441〕光緒四年初（1878）發生的加禮宛之役，導火線有二種說法：一是田野調查的資料，稱同年元月當地漢人陳文禮，因侵墾加禮宛平埔族的土地遂引起衝突；二是清代檔案與報紙的記載，稱同年三、四月五品軍功陳輝煌，指營撞騙、按田勒派、索詐番銀無度，才引起加禮遠番的反抗。〔註442〕但不管是哪一個原因，仍不脫漢移民欺壓原住民的事實。這一點和先前丁日昌提到平埔番性極詭詐，彼此看法大相逕庭。不過這一次事件，也正好可以讓官軍執行「痛加剿辦」的機會。

　　該動亂以竹篙宛社（花蓮縣新城鄉）爲首舉事，其他五個番社跟著響應，番眾約有 2,000 餘名。同年六月副將陳得勝率福瑞營練兵 500 名，自新城鵲子鋪南下彈壓，以過於輕敵復被擊敗。吳光亮聞訊檄調參將張兆連自花蓮港、都司劉風順（劉洪順）自吳全城、吳乾初自六合莊、守備吳孝祿自農兵莊（花蓮市）、劉國志自濁水營北上合剿未成。八月十六日（1878.9.12）從基隆調來的第一批援軍──擢勝營，開抵花蓮港。十九日（9.15）驚傳番丁截殺參將文毓麟與勇丁 9 名，時福建巡撫吳贊誠力主以武力掃蕩。他檄調孫開華帶領親兵，與鎮海中營營官胡德興所部七哨（595 人）、新設海字營四哨（340）人，分坐輪船駛赴花蓮港。八月二十九至九月三日（9.25～28）各部陸續抵達花蓮港。九月五日（9.30）吳贊誠由馬尾，搭乘船政局「威遠」兵輪抵達基隆，接據孫開華與吳光亮的回稟，聲稱於隔日準備進攻巾老耶社（花蓮市）。雖然巾老耶番得加禮宛番數百支援，但被官軍火力壓制戰至三時投降。七、八日（10.2／3）調集大軍環攻加禮宛社大破之，連續四天的戰爭共擊斃番丁 200 人。此時官軍又招撫到七腳川社（花蓮縣吉安鄉），阻絕木瓜番與加禮宛番的聯絡；豆欄、薄薄社番（花蓮縣吉安鄉）答應不受留加禮宛逃番；大魯閣番受撫前來助戰。十五日（10.10）吳贊誠親赴花蓮港主持善後事宜，施以恩威除了將番目姑乳斗玩、劉武歹、底歹洛洛正法外，其餘陸續受撫的 900 餘名逃番既往不咎。至於陳輝煌據報已逃回宜蘭縣山區躲藏，現飭營縣務必捉拏到案。

〔註441〕不著編人，《清史列傳》（臺北：明文書局，1985 年 5 月），頁 365～371。
〔註442〕潘繼道，《清代臺灣後山平埔族移民之研究》，頁 157～171。

總計官兵陣亡幾 200 名，病故 300 餘名。〔註443〕

　　十月三、二十二日（1878.10.28／11.16）從北京發出的廷寄與諭旨，嘉獎吳贊誠與孫開華的勞績。上命吳氏處理善後，特別是分建兵房、廣備醫藥、設局招撫。〔註444〕事後清廷對花蓮港的墾務做一調整，凡荳蘭溪以北官地，以南爲番地，各事開墾互不侵凌。並改加禮宛社爲佳落社，竹篙宛社爲歸化社。吳贊誠以福州船政大臣陞任福建巡撫，該案讓他嶄露頭角。可惜身體欠佳，在辦理完臺事內渡後，竟引發中風半身不遂。〔註445〕吳的去職代表一個階段的結束，那就是從開山撫番的熱度已逐漸消退。由於清廷在駐軍、拓墾方面已耗費許多銀兩，但這些代價很難在四、五年內迅速回收。這使得官方對後山的經營顯得熱情不再，更遑論還要調派大軍進行討番戰役。因此在臺灣建省以前，所謂的對番用兵就在此暫時畫下句點。不過這當中有二點頗值得注意：

　　其一，以番攻番的問題。隨然在光緒元年的征討獅頭社行動中，民壯扮演極重要的助手。但是往後的戰役，官方基本上還是用「以番攻番」的策略。原因當然不是懼怕漢人介入番務，因爲後山早已開放拓墾；主要是著眼於原住民在山地戰、叢林戰方面比漢人堅強。這樣子的認識在光緒三年攻克率芒社後，竟史無前例地徵召生番入營補勇而可見一班。其二，前山官軍增援後山的問題。從卑南廳歷次戰事來看，幾乎都要前山的官軍大舉支援，才能有效鎮壓原住民的舉事。這樣的態勢等於是清初至中葉，臺灣前山在開拓時出現動亂，福建官軍大舉援臺的翻版。換句話說該處軍隊有能力支援他地，就表示駐防的地方是相對穩定的狀態。所以經過二百年（1684～1885）的治理，前山的社會經過官方武力的控制，大致上已趨向穩定。這樣的發展不一定能應付外侮，但在對付島內的動亂上顯然是足夠。

　　光緒十年三月（1884.4）清法戰爭爆發前夕，新竹縣士紳林汝梅在南庄的

〔註443〕連橫，《臺灣通史》，臺灣銀行文獻叢刊第一二八種，1962 年 2 月，頁 449；《清季申報臺灣紀事輯錄》，頁 793；《劉銘傳撫臺前後檔案》，頁 21；吳贊誠，《吳光祿使閩奏稿選錄》，臺灣銀行文獻叢刊第二三一種，1967 年 10 月，頁 19～30；洪安全主編，《清宮月摺檔臺灣史料（四）》（臺北：故宮博物院，1995 年 8 月），頁 3004、3050。

〔註444〕《清宮廷寄檔臺灣史料（三）》，頁 1733～1736；《清宮諭旨檔臺灣史料（六）》，頁 4972。

〔註445〕連橫，《臺灣通史》，頁 449；閔爾昌，《碑傳集補（121）》（臺北：明文書局，1985 年 5 月），頁 3～6。

田厝（苗栗縣南庄鄉）公館，突然遭到生番大舉包圍。在該處的隘丁、佃戶等 80 餘人，一時進退不得情況危急。後靠著客籍墾戶黃南球與黃龍章之力，召集 300 多名壯丁夜襲生番後路才解圍。〔註446〕此案說明二件事，一是雖然開山撫番的墾務官方熱情消退，但在局部地區漢人卻相當有興趣。二是不必單靠官方的武力，若有必要漢人也可以自我號召，進行對生番的作戰。如此的發展，在光緒十一年九月（1886.10）清廷下詔臺灣建省後，有了新的結果。「撫番」再度被首任巡撫劉銘傳列為重點工作之一。但是憑以往的經驗，只靠官軍獨自與番作戰，或者利用「以番攻番」的策略效率不能全面。由於全臺所有的隘丁都被防軍所取代，漢人組成的土勇營在清法戰爭也有不錯的表現（參閱第二章第三節）。所以建省後的開山撫番戰爭，劉銘傳決定施行以前都沒有過的作法，讓漢人的武力直接挑戰生番，形成「官民制番」的態勢。《劉壯肅公奏議・撫番略序》提到，從光緒十二年春至十六年（1886～1890），每年均有討番戰事發生。〔註447〕其實不僅如此，在下詔建省前與邵友濂接任後，討番戰爭就一直持續了，而它的起點又必須從率芒社番談起。

　　光緒十一年四月八日（1885.5.22）根據柴裏屯隊目潘貴生稟報，因率芒與七家彈（俱在屏東縣春日鄉）彼此互殺，當地屯營管帶潘高陞未能妥善處理，以致有屯兵 1 名被殺。之後潘高陞回稟時案情稍異，他說是董底與七家二社互傷。福建巡撫劉銘傳（劉未任臺撫前是閩撫）深覺怪異，命令飛虎前營管帶田豐年前去查辦。不料同月十三日（5.27），潘高陞急稟董底、率芒、大同坳等社百餘番丁，竟於十日（5.24）夜圍攻該營右哨歸化門碉堡。劉銘傳獲悉檄調楚軍記名提督方春發，從旗後率隊支援；記名副將張兆連從卑南往西南馳援。臺防智營、飛虎前營迤東一路堵截；南番屯軍、恆勝營抽調四成部隊抄入番社。

　　劉銘傳派令方春發統籌各營，並密囑董底、率芒早已就撫，如今生事恐有別情須仔細調查。四月二十四日（6.6）方氏以該社恃強反叛，非嚴加剿洗勢難收復，下令全軍分三路進攻。於是官軍討番久熄的戰火復被點燃。該役由於有熟悉山徑土勇 20 名，以及上琅嶠十八社生番 100 餘名助陣，官軍攻擊還算順利。五月三日（6.15）直搗深山，佔領董底、率芒二社。不過劉銘傳覺

〔註446〕黃朝進，《清代竹塹地區的家族與地域社會──以鄭、林兩家為中心》（臺北：國史館，1999 年 6 月二版），頁 48。

〔註447〕劉銘傳，《劉壯肅公奏議》，臺灣銀行文獻叢刊第二七種，1958 年 9 月，頁 17～19。

得把就撫的番社，全行焚殺鋪張戰功畢竟不妥。於是再派候補道員陳鳴志、副將戴秉綱前赴三條崙（屏東縣枋寮鄉）查辦。剛好劉銘傳與臺灣道劉璈正在做激烈地政治鬥爭，前者就以辦理不善釀至激變的罪名嚴参後者。〔註448〕

　　光緒十一年十月（1885.11）根據劉銘傳的回奏，初步的撫番有不錯的成果。之前提到屯營管帶潘高陞在率芒案結束後，竟以副將之職調至臺北府淡水縣山區駐防。然此人虐（生）番太過，該縣屈尺（新北市烏來區）生番就是因為他的關係遲不就撫。不過在劉氏決定参劾後，「馬來八社」800 餘人在頭目馬來的率領下求撫。相似的情況也發生在埔裏社廳。駐紮在當地的副將周鳴聲，聽聞有生番殺人，遂令譯人前往招撫，旋有「沙里興七社」男女 980 餘人就撫。〔註449〕馬來番受撫後，官方立刻從石碇（新北市石碇區）開通山路百餘里直達宜蘭縣，並且只花了二個月就竣工。臺北府山區現僅剩下大料崁（桃園市大溪區）、三角湧（新北市三峽區）、塭菜甕（新竹縣關西鎮），生番出沒騷擾無常。

　　大抵從光緒十一年底至隔年九月，就發生了一連串的討番戰爭，而且是先從中部開始。光緒十一年十月（1885.11）武榮社番（苗栗縣卓蘭鎮），銃殺民夫並截斷灌溉水源，官方決定以林朝棟的棟字營為主力出兵征討。同年十二月林氏調派軍隊，包抄到東勢角、上新莊（臺中市東勢區）武榮社之後，並以火礮猛轟逼得該社就撫。另外臨近的司馬限、馬那邦、屋我等十餘社，亦先後就撫；只有深居於山中的帶目、禾蘆翁等二十餘社仍頑抗，並阻止馬那邦、蘇魯來降（俱在卓蘭鎮）。此時駐防在彰化的陝甘補用總兵柳泰和率隊馳援，但隨後據探報說當地生番「畏威」已盡逃一空。於是林朝棟聲稱罩蘭一帶的生番已全部就撫。

　　罩蘭番務處理完畢後，林朝棟、柳泰和以大湖地方（苗栗縣大湖鄉），持續被生番出草嚴重為由，轉移兵鋒於此。十二月二十六日（1886.1.30）大軍抵達大坪（苗栗縣銅鑼鄉）開路築營，並先招撫到蘇武洛社，再透過該社招撫下樓、八卦力、大木淮等社。光緒十二年正月二十五日（1886.2.28）官軍退至田寮紮營，又招撫到北港、下樓仔等七社來降，但有大南勢、小南勢、武絨菓諸社恃強反抗。林朝棟遂令老屋我少頭目導引武絨菓、打撈淮席二社來

〔註448〕洪安全主編，《清宮月摺檔臺灣史料（五）》（臺北：故宮博物院，1995 年 8 月），頁 4376～4391。

〔註449〕《劉壯肅公奏議》，頁 199～200。

歸;再以打撈淮席社頭目,帶出流明、卑乃、薄伏、大南勢等社來撫。只有小南勢、雪恃、學油叭盖仍不肯就撫。於是林、柳調大軍直入七寮山頂(今名七寮崠/大湖鄉),奪下制高點後發礮猛轟,二月十六日(3.21)副頭目率男婦就撫。林氏見狀大喜,立調都司鄭有勤率勇入山,在獅潭、南浦(苗栗縣獅潭鄉)一帶招撫,並宣稱從塩菜甕到彰化、新竹縣前山番社一律歸化。

就在中部討番的同時,光緒十二年正月十三日(1886.2.16)劉銘傳檄令記名總兵劉朝祜、滬尾水師守備張廣居,各率兵馬開赴大嵙崁相機援剿。十五日(2.18)大軍紮營頭寮(桃園市大溪區),即有大嵙崁十三社前來就撫,但有竹頭角、貓裏翁社(俱在桃園市復興區)恃強梗化。十八日(2.21)雙方在南雅(大溪區)激戰,官軍用大礮遙擊,竹頭角不敵先降,剩下貓裏翁社仍在頑抗。二月三日(3.8)劉銘傳親赴該地督戰,並再派撥三營兵馬往援。五日(3.10)大軍攻入貓裏翁社旁的高山,以大礮猛轟逼其屈服,隔日該社頭目投降。劉氏聞訊立調新竹知縣方祖蔭等,馳赴塩菜甕趁勢招撫;據劉的宣稱從三角湧並塩菜甕以南,毗連大湖一帶生番六十餘社一律就撫。

其實官方一再「宣稱」多少番社就撫,實際情況如何頗值得懷疑。就如同劉銘傳隨後再奏報,在原來已就撫的區域──三角湧紫微坑(三峽區)、屈尺二地,有竹加山、加九岸社生番出草。其實這二社近在咫尺,彼此相隔約五十里。劉氏探得消息得知此地「番社甚多」,且萬山壁立毫無路徑。劉命令記名總兵唐仁元先行開路,行抵竹加山社後,該社頭目自知難敵率同八社生番男女千名,並有白鴨尾社(桃園市復興區)乞降。至於加九岸社,奏摺只有提到唐仁元再開路至加九岸山後就沒有消息。

臺東直隸州的招撫成果較豐,根據後山統領副將張兆連的回稟,該軍分防恆春、卑南、花蓮港一帶,撫得 172 個生番社。剩下深居山中的生番,希望能加派軍隊由嘉義開路直抵卑南兩面夾撫,免得凡事均要繞道恆春曠日費時。劉銘傳深韙其言,於三月初調署臺灣道陳鳴志、記名提督楊金龍、署臺灣鎮總兵官章高元入山,先招撫到上四社(達邦、知母勞、阿拔全、鹿株/嘉義縣阿里山鄉)、下四社(勃仔、簡霧三石瀨、簡霧梯仔、簡霧紅遠/高雄市桃源區)、大南勢社,共有 1,700 餘丁口來歸。三月十八日(4.20)章、楊二人開抵大埔(阿里山鄉),因爲八潼關、雁裏溪(今名陳友蘭溪/俱在南投縣信義鄉)夏季溪水暴漲,無法飛渡所以須等到冬季枯水方能續進。劉銘傳在末尾奏稱,半年以來共招撫生番四百餘社,男女七萬餘人,復墾棄地二萬

餘畝可謂成績卓著。〔註450〕

　　劉銘傳為什麼急著遂行討番戰爭呢？當然生番連年出草傷斃人命，不能再坐視不管。但有一點原因更是重要，他自己在同一份奏摺中也道出；原來臺灣土豪每每藉口防番，斂費養勇抗官以致號令不行。現在可做一石二鳥之策，透過討番也能收編地方土豪的武力。〔註451〕不過劉銘傳太過樂觀了，上述已經「就撫」的生番，許多仍未眞正繳械，還是保有作亂的實力。

　　六月二十二日（7.23）林朝棟急稟已撫之蘇魯番，現又反悔出草殺人，並勾結馬那邦六社（俱在苗栗縣泰安鄉），戕殺馬那邦山（苗栗縣大湖、泰安鄉界山）的腦丁。劉銘傳即刻下令用兵。八月十一日（9.8）林朝棟、柳泰和得令率隊開赴大隙山（今名司令山／苗栗縣卓蘭、泰安鄉界山）。不料這一次官軍太過輕敵，在和千餘名生番交戰時，並無預警到不能太過深入以免身陷重危。十二日來自東勢角的急稟，告知埋鶴坪（臺中市東勢區廣興里）的棟字營後哨被200名生番圍攻，岌岌可危。十五日（9.12）林、柳伐木造橋，繼續深入欲攻蘇魯社；然由於糧道被番截斷，官軍又後撤回大隙山。九月三日（9.30）劉銘傳決定親征，他檄調駐防滬尾的記名提督朱煥明部三個營、澎湖的記名提督吳宏洛部四個營，暫停一切修築礮臺的工作，各帶六成的隊伍搭乘輪船各在後壠、鹿港上岸開赴前線。〔註452〕

　　九月十日（10.7）劉銘傳行抵罩蘭，朱、吳的部隊陸續集結，而過於深入內山的林朝棟部，早被生番團團包圍於大隙山。十三日（10.10）劉氏先到大坪（卓蘭鎮）查勘情勢，由於平常柳泰和治軍不力，以致雖然開通道路，但先後被兇番襲殺有七、八十人之多，可謂易攻難守。劉改派記名提督李定明再開一路，從甕子肚至大隙山。十五日（10.12）劉氏紮大營於大坪，並命吳宏洛的部隊溯房裡溪（大安溪）進至白布棚（今名白布帆／卓蘭鎮）。十七日（10.14）劉銘傳帶隊攻至大隙山，解林朝棟之圍，但見山勢陡峭非再開路不足以進軍。乃令吳宏洛再從白布棚深入，彰化知縣蔡嘉穀挑選屯丁、民伕開

〔註450〕洪安全主編，《清宮月摺檔臺灣史料（六）》（臺北：故宮博物院，1995 年 8 月），頁 4746～4763。

〔註451〕該役根據霧峰林家流傳的故事，林朝棟的夫人楊氏還帶領鄉勇救夫，參閱《清宮月摺檔臺灣史料（六）》，頁 4758；麥斯基爾（J. M. Meskill），王淑琤譯，《霧峰林家——臺灣拓荒之家》（臺北：文鏡文化事業有限公司，1986 年 11 月），頁 213。

〔註452〕《劉壯肅公奏議》，頁 208～210。

路搭橋，並飭老屋峨社番做前導。蘇魯番見官軍梟水前進，均自岸上發鎗伏擊，且鎗法精嚴每發必中，官軍損失不少。二十日（10.17）朱煥明、林朝棟帶部至雪山坑（臺中市和平區）堵截，避免武榮社生番支援蘇魯，二十二日（10.19）官軍終於攻入蘇魯社。雖然馬那邦、武榮社生番來援，但全被擊退。蘇魯之逸番逃竄至出火山。

劉銘傳探得武榮、司馬限社悍番不足七百人，能夠久持皆受附近各社暗助。劉氏隨命老屋峨社番曉示大、小南勢（俱在大湖鄉）十餘社，不准幫助叛番。二十五～二十九日（10.22～26）林朝棟與吳宏洛合攻出火山，死傷弁勇百餘人仍未攻克。十月三日（10.31）林、吳改以火礮威力轟擊，復以勇丁衝入林中攻至山腳。十月五～九日（11.2～6）劉銘傳得章高元三營來援，連日發動猛攻終於讓蘇魯餘番乞降。只是一波未平一波又起，就在大軍全面圍剿蘇魯時，八月白阿歪白番（白鴨尾社）又屢出殺掠。十月十五日（11.12）劉銘傳命章高元前去集集街（南投縣集集鎮），準備再闢一條越嶺道路（關門古道），自己從罩蘭啓程率師北上。

十月十八日（11.15）劉銘傳抵達大料崁，與臺北士紳內閣侍讀學士林維源商議剿番。該地現集結從基隆調來，由候補道方策勛率領的防軍三營，駐紮南雅、義興（桃園市復興區）一帶。林維源密購竹頭腳生番爲嚮導，又募得加走社生番引路，自南雅築路五十里達白阿歪社。二十日（11.17）劉氏親入內山視察，令大軍三路前進；吳宏洛由加飛開路，朱煥明由竹頭角（今名長興／復興鄉）闢道，劉朝祜由義興而入。白阿歪番嚴守加九岸山（今名加九嶺山／新北市新店區、三峽區界山），二十九日（11.26）吳宏洛繞至番社後面，眾番查覺大駭乞降不許。隔日劉銘傳抵達白阿歪山，頭目率桌家山等十七社投降。該役劉氏再宣稱，所有淡、蘭交界，未降之二十餘番社現一律歸化。除此之外南路已由道臺陳鳴志、副將張兆連，續行招撫後山、鳳山 170餘社。中路則由林朝棟、鄭有勤續招獅潭五指山生番 40 餘社，宜蘭生番也由方策勛、蘇得勝剿服溪頭 30 餘社，同時復令記名提督王貴揚，剿服新竹縣境之南河 20 餘社。還未降之「兇番」，僅剩新竹縣境的京孩兒數十社（新竹縣五峰鄉）、猫裏貓二十餘社、宜公蘭後山（今名鵝公髻山／新竹、苗栗縣界山）大埤塘十餘社（苗栗縣南庄鄉），其餘弱小無害治安。〔註453〕

光緒十三年四月（1887.5）之前，生番襲擊兵民事件減少，官府趁此機會

〔註453〕《劉壯肅公奏議》，頁 211～217；《清宮月摺檔臺灣史料（六）》，頁 4884。

趕工開鑿穿越中央山地的道路。其中最重要一條是現名關門古道的山路,負責前山築路者為臺灣鎮總兵官章高元,他從集集街出發;負責後山築路者為副將張兆連,他從水尾(花蓮縣瑞穗鄉)。雙方東西向開鑿並約在丹社嶺(南投、臺東縣界山)貫通,同年三月竣工,總長度 182 里。張氏開路時,一面招撫沿途生番,先後有水尾南北川、丁仔老(花蓮縣豐濱鄉)等二十四社,番丁 4,000 餘人歸化。又招撫較遠的花蓮港至岐萊一帶,他良(花蓮縣萬榮鄉)等十二社番丁 2,000 餘人。現僅剩下大魯閣、木瓜番等恃強抗拒;張氏主張先以武力討伐最強的大魯閣番,其餘各社定望風披靡。果然張兆連調集軍隊,聲言開礮攻剿。頭目廉畫溢暫時受撫,鄰近的大馬鞍、大吧壠(秀林鄉)等五十三社跟進,共得番眾 15,000 餘人。張兆連在處理完臺東直隸州北部的番務後,與同知歐陽駿南下至埤南一帶撫番。呂家望社是當地第一大社,聽聞官軍一到起先謀思反抗,之後還是與鄰近二十六生番暫時受撫,並有八梌南十三社風聞歸化,總共得番眾 13,000 餘人。

前山方面未撫生番鳳山縣以三條崙為大支,恆春縣以牡丹灣為大支。同一時期下淡水營都司藍鳳春等,分道入山招撫三條崙(屏東縣枋寮鄉)等十五社、牡丹灣(屏東縣牡丹鄉)等二十二社、中心等四十二社、大蘭(臺東縣太麻里鄉)等十一社。總共撫得 129 個番社,番丁 3,5000 餘人。另外劉銘傳再檄調副將陶茂森,率兵自牛欄棍(高雄市美濃區)招撫沙摩溪六社;又從山豬門招撫到柏葉十八社(俱在屏東縣三地門鄉),自萬全招撫糞箕四社(屏東縣萬巒/泰武鄉),共得番眾 12,000 餘人。臺灣縣未撫生番由道臺陳鳴志,飭調鎮標中軍守備易豫俊招撫大喃等二十四社,番丁 4,300 餘人。嘉義縣未撫生番又派游擊劉坤智,續撫大武等四社,番丁四百餘人。彰化縣未撫山番由鎮臺章高元招撫北港、萬霧(南投縣埔里鎮、仁愛鄉)等五大社;眉毛納、吻吻等四十四小社,共番丁 9,000 餘人。又於拔埔社通路至丹社時,沿途招撫卓大、意東等十六社(俱在仁愛鄉),共番丁 8,000 餘人。雲林縣未撫生番由縣丞陳世烈,招撫到郡番十六社,蠻番、丹番、樟腳等四十四社,共番丁五千餘人。先前提到的京孩兒、石加祿社,劉銘傳調派林朝棟與鄭有勤往攻。石加祿、哇西(俱在苗栗縣南庄鄉)見狀不對,與京孩兒社暫時歸順。〔註454〕

劉銘傳自豪地表示,自光緒十二年九月至十三年四月(1886.10〜1887.5)

〔註454〕《劉壯肅公奏議》,頁 217〜220;《劉銘傳撫臺前後檔案》,頁 96〜97。

為止。後山已經招撫到 218 社，番丁 50,000 餘人；前山招撫到 260 餘社，歸順者 38,000 餘人。前景看似一片坦然，不過即將爆發的戰爭，又不得不讓雙方干戈相向。光緒十三年五、六月（1887.6～7），臺灣內山疫癘大作，番社被疫嚴重，其俗殺人禳災。於是據都司鄭有勤的稟報，大嵙崁、鹽菜甕、三角湧化番恆出殺人，訪查後得知是尖石社（新竹縣尖石鄉）、竹頭角社、大墈怡磨、墩樂、插角社（後三社俱在新北市三峽區）。八月二十四日（10.10）天氣轉涼，劉氏飭令提督李定明率領四營人馬，隨同太常少卿林維源剿辦。二十六日（10.12）先攻裹懂社，九月一日（10.16）李定明自紫微坑剿大墈西側，進抵牛角坑與生番發生激戰。五日（10.20）大墈七社請降，林維源與劉銘傳商議決定把他們遷下山來，其原居地就由漢人入據開墾。在北路用兵的同時，中路生番裏冷、白茆社（俱在臺中市和平區）也作亂。中路營務處道員林朝棟請調提督朱煥明帶領武毅軍助剿。八月十五日（10.1）林氏攻抵白茆社，該社隨後會同裏冷社番約 500 人反攻。官軍以洋鎗斃敵，於二十日（10.6）攻抵裏冷社。二十三日（10.9）逃逸的生番復聚 300 餘人反攻。此後直到九月一日（10.16），官軍與生番在林中纏鬥；惟生番死傷較大，於二十五日（10.11）請降。〔註 455〕

　　這二起戰爭與先前的教訓都給了劉銘傳一個警惕，即受撫的生番不一定全然安全，或許只是一時窮蹙，或許只是懾於兵威。但等到官方的武力稍弛，或防衛鬆懈時，他們隨時都可以再起。這種疲於奔命的戰爭的確讓官方吃不消。此事若是發生在後山，礙於交通不便調兵遣將會更加費時，當然官軍的死傷也會加大。光緒十四年六月二十五日（1888.8.3）爆發在臺東直隸州的「大庄事件」就是一個例子。大庄事件（花蓮縣富里鄉）又被稱為「呂家望番之亂」，因為有呂家望生番 4,000 餘名加入，燎原之勢全臺大震。〔註 456〕從人數的規模來看，加上大庄民番二千名總數約六千人，它應是僅次於雍正九、十年（1732～1733）中部熟番舉事。〔註 457〕不過該案最特別的是亂初舉事者，則是漢人與遷往後山的熟番共謀而成。其導火線是官府徵收清丈田畝費用不當激變引起。值得注意的這一點在官方文書絕口不提。《臺灣通志》收錄一張難得的公文，是代理同知陳燦回給臺灣鎮總兵官萬國本、臺灣道唐景

〔註 455〕《劉壯肅公奏議》，頁 221～223。

〔註 456〕《劉壯肅公奏議》，頁 224。

〔註 457〕洪安全主編，《清宮洋務始末臺灣史料（四）》（臺北：故宮博物院，1999 年10 月），頁 2326～2327。

崧的急稟。他說近年招安後的土匪，雖屢思蠢動，但「形迹未露」。〔註 458〕果眞是如此嗎？

　　事實上這一次的舉事，漢人通事占有相當重要的地位，爲什麼後期卑南、下勝灣會參與作亂，二社通事俱有關鍵性的影響。不過追溯亂初的起事者，大庄的劉添旺，以及水尾庄張兆輝、陳宗獻才是元兇。由於不堪官府的壓迫，遂決定鼓動迪階、觀音山（俱在花蓮縣玉里鎮）、頭人埔、螺仔坑、石牌、里行（俱在花蓮縣富里鄉）、新開園、里壠、大庄的熟番一起抗官。二十四日夜（8.2）他們聯絡到里壠（臺東縣關山鎮）、新開園（臺東縣池上鄉）、大庄百姓 700 餘人，攻擊清丈委員宿舍、新開園防營，另外 200 餘人攻擊水尾營盤。根據副將張兆連的急稟，他的麾下僅有三營，卻分防六百里的區域，留駐卑南不及 300 人。〔註 459〕由於聽聞民番可能再北上進攻花蓮港，所以包括鎮海左營三哨在內的餘部，全往該地集結準備固守。至於水尾、璞石閣、新開園等後山較大的聚落，因爲應變不及均已陷落。

　　六月二十八日（8.6）卑南屯軍外委畢寶印赴援，行至卑南見呂家望生番、大庄民（熟）番千人，正在圍攻張兆連的大營無法接近。同日前山已接到後山動亂的消息，然不巧運兵船「海鏡」駛往福州維修，所以不能即時運兵從海道支援。拖至七月初鎮臺萬國本才調到輪船「伏波」，趕忙搬運軍裝、火礮馳赴前線；提督李定明亦率隊搭乘兵輪「威定」趕往。另外鎮海中軍從鳳山縣三條崙，走浸水營古道開赴後山；恆春營游擊談炳南率部從八瑤灣（屏東縣滿州鄉），沿海岸線北上至巴塱衛（臺東縣大武鄉）與鎮海中軍會合。

　　七月十四日（8.21）萬國本與李定明同時抵達卑南，激戰三日終於解張兆連之圍。二十二日（8.29）官軍大舉進攻呂家望社，結果雙方兩敗俱傷；此時大庄民番趕來救援，彼此在卑南呈現拉鋸戰的態勢。而先前劉銘傳急電北洋大臣李鴻章請求支援有了結果，二十五日（9.1）水師提督丁汝昌率「致遠」、「靖遠」軍艦駛抵臺灣。八月四日（9.9）澎湖鎮總兵官吳宏洛也率部抵達卑南支援，十四日（9.19）丁汝昌的二艘軍艦駛抵卑南外海，以艦上主砲遙擊呂加望番。隔日清晨官軍拂曉出擊，趁勢攻下邦邦社，該社番眾 2,000 餘人逃入呂家望社避難。十六日（9.21）官軍發動總攻擊與呂家望番等血戰，最後官軍

〔註 458〕蔣師轍，《臺灣通志》，臺灣銀行文獻叢刊第一三○種，1962 年 5 月，頁 891。
〔註 459〕《劉壯肅公奏議》，頁 224。

由西門攻入該社投降，稍遲鄰近的大巴六九社也投降。〔註460〕

　　正當官番在卑南激戰時，最早舉事的大庄民番以救援呂家望不成，改攻花蓮港冀圖牽制官軍。七月十二日（8.19）陳宗獻、張兆輝在花蓮港被購線拏獲，旋送抵營內正法。八月四日（9.9）大庄民番千餘人往攻鯉魚山（花蓮縣壽豐鄉），結果被官軍趁夜襲擊遂敗退。二十六日（10.2）民軍得到璞石閣化番2,000餘人的響應，重整旗鼓從荳蘭、薄薄（花蓮縣吉安鄉）、飽干（花蓮市），分道進攻花蓮港。官軍幸靠火礮猛轟，粉碎民軍最後一波的攻勢；官軍見敵陣混亂，大舉出營衝殺。並有南勢番等配合「清鄉」，所謂大庄事件在八月底落幕。〔註461〕

　　該案有一個相當重要的特點值得討論，即是武器與戰爭的問題。以4,000餘人舉事的規模，若按同治朝以前的舊例，亂事持續的時間至少也要半年左右。結果該案差不多花費二個月的時間就被平定，而且若是「海鏡」兵輪支援夠快的話，或許亂事能更快速殺平。為什麼會有如此大的差別呢？原來臺灣建省以後，得到更多新式西洋武器的支援，並設立史上首座兵工廠（參閱第三章第二節）。更有來自軍艦、輪船的馳援，做了一次成功的海、陸合擊。在所有有利條件的造就下，即便是亂初後山守軍呈現吃緊狀態，但終能化險為夷。同年九月二十六日（10.30）從北京發出的諭旨，大力嘉獎從丁汝昌、吳宏洛、萬國本、張兆連、李定明等有功將弁。〔註462〕

　　在這一波餘威下，光緒十四年底官軍在前山發動數起戰爭，征討那些未降餘番。埔里社廳在通判吳本杰的治理下尚稱平靜。吳氏為有效控制生番，每社精選數人入營補勇。若遇到酗酒滋事的番社，時而斷其食鹽、火藥入山頗為有效。大庄事件過後吳氏調任臺東，接替其位的李春榮、北路協副將林福喜，又把歸化生番番童送入學堂讀書去其暴戾之氣。

　　淡水、新竹縣的情況比較複雜，因為還有不少番社沒有被招撫。北路自大壢社（苗栗縣泰安鄉）剿辦後，惟淡水縣樹木繞、食納社（俱在桃園市復興區）屢出劫殺。都司鄭有勤即刻帶勇剿辦，並牒請宜蘭防軍扼紮林望眼社（新北市烏來區）以為聲援。靠著火礮轟擊，二社生番與部分竹加山諸番分頭出降。同年十一月鄭氏接獲劉銘傳的命令，要他馬上出兵前剿新竹縣的

〔註460〕《清宮月摺檔臺灣史料（六）》，頁5256～5266。
〔註461〕以往的研究成果對該案考證、敘述甚詳，參閱潘繼道，《清代臺灣後山平埔族移民之研究》，頁171～183。
〔註462〕《清宮諭旨檔臺灣史料（六）》，頁5089～5090。

大也甘社（尖石鄉）。該社遠在深山糧道艱阻，鄭氏商派撫墾委員先駐馬武都社（新竹縣關西鎮），然後親率部隊進攻六畜社（關西鎮），再督令麾下進攻木樹仁、內馬裏旺、達都懶社（俱在尖石鄉）。諸勇冒霧宵征，在達都懶社與大也甘等番激戰；後經鄭有勤四面圍攻，諸番始退遂佔領馬來社。之後官軍在攻佔細妹社（尖石鄉），並對大也甘社發動總攻擊，奪獲標槍 110 具之多。約在同時記名提督劉朝帶亦攻破京孩兒、南兩社（新竹縣五峰鄉），其旁打馬等十三社，以及維時、竹角英社（俱在五峰鄉）見狀，紛紛送子乞降，並繳獲土槍百餘桿。

至於在宜蘭縣方面也有捷報傳來，根據統帶鎮海中軍前營總兵陳羅稟報，他的部隊在十二月進逼牛鬥山（宜蘭縣三星鄉），準備進剿內溪頭四社。為求攻擊順利，它招募到外溪番相助，先攻佔下墨社（宜蘭縣大同社），結果內溪諸番四散逃逸。官軍追擊再攻克大馬龍、拜阿暖社。然原本可以凱旋而還，不料回程時過於輕敵在埤蘭社口（俱在大同鄉）中伏，官軍急忙撤回牛鬥山。鄭有勤聞訊從大也甘拔隊分屯樹木繞、竹加山（桃園市復興區），劉朝帶從加拿鶴社（復興區）開路前進，欲從西面夾攻內溪頭番。十二月二十一日（1889.1.22）劉朝帶進抵宜蘭，生擒生番一名得知原來先前陳羅中伏，是本人因故遷怒化番殺戮所致，眾番不服遂銃斃勇丁並非存心反叛。劉銘傳獲悉開革陳羅，再令外溪頭番招撫內溪頭將功折罪，事成又得拾高搖等十四社來撫。〔註463〕

數年來的討番，雖然官軍常有挫折，也有兩敗俱傷的情形，但捲土重來時仍能創敵。只有光緒十五年（1889）討伐宜蘭縣老狗社時，官軍遇到前所未有的失敗——半軍覆沒。九月五日（9.28）臺北府收到宜蘭軍管帶王廷楷的急稟，告知九月一日（9.24）劉朝帶督率弁勇 500 名從蘇澳入山開路。當行抵光立嶺時，他把軍隊分成東、西二營駐紮；孰料老狗社番趁其不備圍攻，包括劉朝帶在內有 273 人陣亡。〔註464〕劉銘傳本想立刻派軍圍剿，但此時加九岸十七社總頭目有敏阿歪，陰結卓家山、樹木繞（復興區）諸社，連殺 40 餘名隘勇作亂。劉氏暫時先調兵救平淡水縣的番亂。他派任澎湖鎮總兵官吳宏洛為總指揮，節制建寧鎮總兵官蘇得勝四營、記名提督李定明三營、浙江處州鎮總兵官竇如田二營，復批准臺北隘勇營游擊鄭有勤就地招募土勇千名。

〔註463〕《劉壯肅公奏議》，頁 229～233。
〔註464〕《清宮諭旨檔臺灣史料（六）》，頁 5120～5121。

十二月初約 4,000 餘名大軍出發,很快就攻抵內、外加輝(桃園市復興區),十二月十四日(1890.1.4)進至白阿山,有敏阿歪率悍番 200 餘人頑抗。吳宏洛以炸礮、火箭轟擊,立刻攻燬白阿歪社。十七日(1.7)再攻克破校椅欄社。二十二日(1.12)再克卓家山、樹木繞社,眾番大懼捆綁有敏阿歪等兇番赴營乞降。官軍在白阿歪山建築礮臺以備屯守,其餘盡數撤兵,準備赴蘭進討南澳番。〔註465〕

光緒十六年正月二十七日(1890.2.16)巡撫劉銘傳親自前往蘇澳督戰,同樣地還是派令吳宏洛為總指揮,下轄宜蘭防軍統帶副將傅德柯、都司銜陳輝煌所部 300 名、竇如田的銘字三營、李定明的定字三營、蘇得勝的健字三營,共約 4,000 餘人。二月三日(2.22)以李定明部開路,竇如田部專顧後防;吳宏洛率宏、健字營自南澳山(今名澳尾山/蘇澳鎮、南澳鄉界山)包抄,傅德柯、李定明溯南澳溪往前進。六日(2.25)傅氏抵達末都納社(宜蘭縣南澳鄉),眾番拼死抵禦,適吳宏洛由山巔抄至,生番棄卡逃逸。傅再趁勝追擊到搭壁罕五社,九日(2.28)傅、吳合攻搭壁罕五社克之。十二日(3.3)官軍進抵外老狗五社,社番自火其社逃逸;然隔日傅德柯督軍前進時,冷不防被生番開槍狙擊身亡。吳宏洛聞訊趕至,揮師急攻內老狗社;突有百名悍番衝出死戰不去,雙方損失頗大。劉銘傳接獲消息親自登武搭山(南澳鄉)視察,深感山勢聳絕、天日不開,實為用兵險處不宜繼續深入。現末都納十八社番男婦數千人都已避入山谷,他旋命左右埋設地雷,欲以圍困的方式逼其就範。此計謀果然奏效,二月二十八日(3.18)以糧食吃盡窮蹙不已出降。閏二月一日(3.20)劉氏命令宜蘭撫墾局善後,總計該役官軍傷亡人數不下 200人。〔註466〕

在同年二月二十二日(3.12)事畢的前夕,從北京發出的廷寄要求臺灣巡撫劉銘傳要加意整頓番務,如有必要可「大加懲創、以儆兇頑」。〔註467〕武力用來對付不馴的生番,此法經過數十年仍未改變。而進伐老狗番也是劉氏在臺灣最後一場討番戰役,隔年四月劉氏去職,布政使沈應奎護理印務幾個月後,光緒十七年十月(1891.11)由邵友濂繼任為臺灣巡撫。在沈氏護理期間,三、四月份淡水縣大料崁、雙溪口(新北市新店區)、三角湧的生番復蠢

〔註465〕洪安全主編,《清宮月摺檔臺灣史料(七)》(臺北:故宮博物院,1995 年 8月),頁 5603〜5607、5645〜5650。
〔註466〕《清宮月摺檔臺灣史料(七)》,頁 5722〜5729、5736〜5737。
〔註467〕《清宮廷寄檔臺灣史料(三)》,頁 2013〜2014。

動。原來是馬速社（新竹縣關西鎮）、大熟、加拉叭、大也甘、加九岸社生番出草殺人。九月間合脗、吶哮、舌擺鶴社（桃園市復興區）生番圍攻碉堡駐軍。沈氏以合脗等番罪行重大先行征討，命林維源親赴大嵙崁督勦；由它節制定海正、副營六成兵力，並准就地募勇千餘名。時竹頭角、吶哮社聞訊前來歸命，其餘番社再勾結內加輝社（復興區）作亂。在十月二十四日至十一月六日（1891.11.25～12.6）的戰鬥中，官軍從竹頭角、吶哮進入深山，番眾不敵潰散。爲擴大戰果另一支官軍從大壩、大窩社深入，瞠眼等社（俱在苗栗縣泰安鄉）相繼歸撫。根據林維源表示，從咸菜甕至五指山（新竹縣關西鎮、五峰鄉）一帶的番社甚爲平靜，加輝各社也已出降，只剩下水流東各社（今名志朗／復興區）頑梗抵抗，現已飭道員林朝棟率勇北上助勦。〔註468〕

光緒十七年十一月（1891.12）中旬，吶哮、大埧、外加輝社復亂，林朝棟部無法及時趕到，邵友濂先派駐防滬尾游擊楊春海率部前來。不料楊氏在外加輝接戰時陣亡，官軍一時勢衰，從大埧南抵枕頭山、大綏、水流東（新北市三峽區／桃園市復興區），盡是生番跳梁。十二月四日（1892.1.3）林朝棟率領的四營兵馬終於抵達大嵙崁，邵友濂命其節制諸軍，林氏遂把大營駐紮於阿母坪（桃園市大溪區）。林朝棟派隘勇新右營把守北面，改定海正副營爲棟字左右營扼其西，以定海右、中營守東面。林朝棟親率棟字正營衛隊直攻夾板山（今名角板山／復興區），陣中還有苗栗縣軍功黃南球率勇相助。吶哮番被礮轟的措手不及，官軍一路進至合脗；但之後攻勢遲滯，要到光緒十八年三月十日（1892.4.6）隘勇前營才進入外加輝。此時領導生番作戰的頭目牙畏阿甕等均戰歿，各社困頓才又出山投降。邵友濂檢討生番歸化復叛的原因，主要是莠民侵欺侮玩、積成仇釁，再加上奸匪從中煽惑終釀戰禍。他要林朝棟與林維源會商，體查民情妥立民番界限，尤嚴禁通事搆煽。此役官軍陣亡者達數百人之多，也算是清末開山撫番戰爭中較爲慘烈的一次。〔註469〕

同年六月在恆春縣攻打射不力等社（屏東縣獅子鄉），則是清末最後一次的討番戰爭。在六月一至四日（1892.6.24～27）楓港（屏東縣枋山鄉）附近

〔註468〕洪安全主編，《清宮月摺檔臺灣史料（八）》（臺北：故宮博物院，1995年8月），頁6362～6365。

〔註469〕《清宮月摺檔臺灣史料（八）》，頁6418～6425。

射不力等番，相率勾結 300 餘人圍攻鄉民聯團。臺灣鎮總兵官萬國本在臺南府接獲消息，於閏六月十八日（8.9）率部勇搭乘輪船前往，隔日抵達。萬氏先在當地雇募屯番百名做為嚮導，而後山防軍統領記名提督張兆連也帶隊巡哨至恆春，於是兩軍合作準備進剿。在所有番社中以巴仕墨、草埔後（俱在獅子鄉）最為兇悍。八月二日（9.22）官軍逼進巴仕墨山，同月五至七日（9.25～27）山番主動出擊；九日官軍分三路出動攻擊，在大礮、火箭的掩護下攻克巴仕墨社。之後張氏飛飭後山各營由巴塱衛（臺東縣大武鄉）進兵，欲夾擊草埔後社。十一、十二日（10.1～2）草埔後社番截擊官軍糧道，十六日（10.6）萬、張二人分督十二營前後夾攻該社，並以大礮、火箭轟擊一晝夜後，全軍衝入終於攻克。該役共擊斃生番 80 餘人，餘番逃往保大社躲藏；並擄獲洋槍 17 桿、鏢刀各百餘件。二十八日（10.18）部分官軍往家新路社追捕逸番，而從九月三至二十日（10.23～11.9）官軍都在大舉搜山緝拏逸番。十月十八日（12.6）官軍才拔營下山，總計該役官兵陣亡 57 名，受傷 51 名；所拏獲的生番全送到恆春縣，交由知縣陳文緯審明後正法。〔註470〕

　　總結清代臺灣近二百年（1699～1892），官民對生熟番用兵的歷史中，有三點是值得深究：其一，雙方使用武器的問題。就如同第三章第二節提到的，雖然臺灣長時期有礦、鐵的管制，但生熟番透過走私還是可以取的武器、火藥。幸而這些數量在怎麼龐大，也從沒有壓倒官方的武力；加上生熟番的作亂，不似漢人有風聞造謠、煽風點火導致燎原的困擾。使得亂初官軍都可以集結大軍，做局部地區的圍剿，較沒有後顧之憂的煩惱。唯一對官方討番較為不利，就是官兵的山地戰、叢林戰、游擊戰的訓練不如生熟番。不過透過熟悉番情的漢人，或者歸降的生熟番，或甚至用「以番攻番」之道，均使官方的劣勢均能扭轉。

　　其二，漢人介入番務的問題。從光緒朝以前的討番戰爭來看，漢人作為戰鬥主力的例子可謂少之又少。唯一一次是在嘉慶十九（1814）水沙連的郭百年事件。然該案是獨特的案例，因為他是漢人越界偷墾造成。光緒朝以後清廷執行「開山撫番」政策，礙於兵力、人力、資金等問題，非得要漢人從旁協助不可。於是在這一段時間，漢人的武力才逐漸成為討番戰爭的主力，尤其在臺灣建省以後更加明顯。不過當漢人介入番務越深時，衍生的問題亦隨之而來，那就是清廷最擔心──民番勾結。光緒十四年（1888）的大庄事

〔註470〕《清宮月摺檔臺灣史料（八）》，頁 6553～6555、6599～6607。

件、十七年（1891）的討伐大料崁番，其實都有通事從中介入，或搆煽、或領導。即便部分個案沒有民番勾結的問題，但在邵友濂的奏摺裏也提到民番交往，番常被民欺成為下次番亂的潛在原因。於是如何拿捏規定，就成為善後一個很重要的工作。不過從光緒十一至十八年（1885～1892），連年征戰、撫而復叛的情況來看，清廷對這問題的解決，還沒找到一個萬全之策。

　　其三，光緒朝撫番成果的問題。從官方檔案記載來看，每次討番戰爭的業績似乎都是戰功彪炳、成果豐碩。然實情真是如此嗎？古今中外任何一件記錄戰爭的官方資料，鮮少會暴露自己短處。於是本文在大量使用清宮檔案之餘，不得不注意這方面的問題。幸而同時期還有一些民間的記錄可以對照。光緒十六年（1890）考中進士的臺南府文人許南英，在其私著《窺園留草》曾記載幾次，官方討番「不利」的戰役。包括：光緒元年（1875）唐定奎討獅頭社番、光緒十二年（1886）劉銘傳親征大料崁（貓裏翁社番）、光緒十五年（1889）劉銘傳親征蘇澳老狗社番。尤其是討伐老狗社番這一次，不止許南英如此記述，到了日治時期臺南文人連橫，在其私著《臺灣詩乘》也提到「劉壯肅頗為瘴毒所苦，相持兩月乃班師」。〔註471〕

　　整體來說清廷對於生、熟番的控制，基本上是採武力為主，不似漢人還能透過科舉、禮教從旁限制。如果以作亂間隔時間，以及參與作亂人數為標準，衡量施政的良窳。至少清廷在對番務的處理上，比起統治漢人稍有成功。因為從雍正九、十年（1732～1733）中部熟番大規模作亂後，要到 155年以後——光緒十四年（1888）東部才又出現相似規模的番亂。然清廷還不能高興的太早，因為除了番亂、民變、械鬥外，列強的叩關又是另一個棘手的問題。

第三節　列強的叩關

一、鴉片戰爭

　　清中葉英國以商務為由，欲用武力強迫中國加開口岸；然這當中又涉及鴉片貿易，使得問題更加複雜。道光十九年元月（1839.2）宣宗命林則徐為欽

〔註471〕許南英，《窺園留草》，臺灣銀行文獻叢刊第一四七種，1962 年 9 月，頁 222
　　　　～225；連橫，《臺灣詩乘》，臺灣銀行文獻叢刊第六四種，1959 年 9 月，頁
　　　　201。

差大臣，至廣東查禁鴉片；同年十一月罷英國互市，兩國瀕臨交戰。〔註472〕道光二十年七月六日（1840.8.3）英艦闖入廈門，攻擊礮臺並傷及居民二千餘人，首度把戰火帶來福建。此舉雖是試探通商的行動，英艦隨後就離開，但足已威脅閩省海防。最重要的是漳、泉二府臺米莫通，糧價昂貴。看來初期臺灣也感受到戰爭的氣息，船隻紛紛停駛。〔註473〕

　　道光二十一年七月十日（8.26）英艦第二次襲擊廈門，隔日攻佔；但旋離開改佔鼓浪嶼，主力北上開赴浙江。八月鼓浪嶼的英艦第三次襲擊廈門，徹底摧毀礮臺。道光二十二年正月（1842.2）革除閩浙總督顏伯燾之職，改以欽差大臣怡良代理。〔註474〕事實上顏氏是極爲昏庸的官員。當時汀漳龍道張集馨曾記錄顏氏主持軍務的過程，以爲是剛愎自用之人。就以廈門礮臺爲例，當時所鑄造六、八千斤的巨礮，竟然以節省軍費爲由不作礮車。屬下進言沒有礮車除了搬運不便外，以礮臺在牆外非用礮車拉回，則士兵不敢冒槍林彈雨的危險裝填火藥。然顏氏言驕氣傲以爲一礮可以斃敵，不須再裝填爲由否決。爾後與英艦接戰時，礮臺官兵不等英艦進入射程就急忙發礮，但礙於第二發裝填火藥之不便，英艦乃趁隙連環轟擊，沿海礮牆應聲齊塌全軍潰散。〔註475〕廈門失守震撼最大的，倒不是福建內地而是臺灣。因爲福建餉、械與百貨無法渡臺，守軍別無選擇、也是第一次嘗試孤島作戰。〔註476〕

　　在戰爭爆發前後，英軍有無注意到臺灣的戰略地位，謀思加以佔領的可能呢？答案是有的。1839 年 9 月 23 日～11 月 4 日英國首相巴麥尊子爵（Viscount Palmerston）致邁爾本勳爵（Lord Melbourne），英商威廉・查甸（William Jardine）致英商詹姆斯・馬地臣（James Matheson），威廉・查甸致巴麥尊，下議院議員拉本德（G. G. de H. Larpent）、下議院議員約翰・阿拜・斯密思（John Abel Smith）等致巴麥尊的信件，均不約而同地考慮攻佔臺灣。他們認爲把臺灣、廈門、舟山比較，佔領臺灣可以附加廈門。不過有時另提

〔註472〕王之春著，趙春晨點校，《清朝柔遠記》（北京：中華書局，2000 年 4 月二刷），頁 186～191。

〔註473〕佚名，《夷匪犯境聞見錄》（北京：中華全國圖書館文獻縮微複製中心，1995年 10 月），頁 35、46、78～79。

〔註474〕《清朝柔遠記》，頁 208～209、216。

〔註475〕張集馨，《道咸宦海見聞錄》（北京：中華書局，1999 年 5 月三刷），頁 59～60。

〔註476〕許毓良，《清代臺灣的海防》（北京：社會科學文獻出版社，2003 年 7 月），頁 224～225。

取代方案，以爲臺灣、金門、廈門可以全部佔領，或僅佔領後兩者以截斷對臺貿易。有時又認爲應該佔領舟山，因爲它最靠近北京。然佔領臺灣的計劃意見紛歧，反對者最大的理由是該島面積太大，並且島的西部缺乏優良的港口，除非島上居民對英國人有「好感」才行。〔註477〕1840年4月7日英國駐印度總督奧克蘭勳爵（Auckland）致巴麥尊的信件中，終於透露出戰爭開打後英軍清楚地戰略方向。他說：

> ……的確，在臺灣島永久建立居留地作爲可以從該地進行貿易的基
> 地，很可能最後被認爲是有益的。有人也許認爲最好是摧毀澎湖群
> 島的礮臺，因爲那些礮臺使對臺灣的貿易，處於被控制的地位。我
> 可以說願極力促使總司令官（海軍少將懿律 Elliot G.），注意該項目
> 並把中國軍隊驅逐出去。那支軍隊控制著臺灣，而且防守這群島嶼
> 中著名的良好港口。我們一些巡洋艦對臺灣的其他港口進行一次友
> 好訪問也許是有益。但將相當多的遠征部隊，背離主要目的將是不
> 恰當。我們可以希望總司令官將大部分的陸軍佔領舟山群島，使它
> 免受敵方的攻擊，並成爲遠征軍必需品的供應倉庫……。〔註478〕

　　由於英軍不把臺灣作爲主要的攻擊目標，使得該島與東南沿海相較免受戰火的蹂躪。不過這是百餘年後英方檔案公開的結果，在當時一片草木皆兵、風聲鶴唳的狀態，臺灣守軍是如何應付這場危局？

　　道光二十年七月八日（1840.8.5）宣宗針對東南海防下達諭示時，首次提到臺灣的防務。內容認爲閩洋緊要之區以廈門、臺灣爲最，而臺灣尤爲英國人歆羨之地不可不防。他要臺灣鎮、道及澎湖等協營準備周防，嚴守口岸勿使稍有疏虞。北京方面爲什麼到了下半年，才對臺防做出反應呢？原來六月的時候，英艦屢至臺、澎外洋游弋；根據廣東傳來的消息，英軍有侵臺的可能。〔註479〕當時臺灣鎮總兵官達洪阿、臺灣道姚瑩分往南北路防禦，在籍前浙江提督王得祿透過姚瑩的稟報，由閩浙總督鄧廷楨奏准協辦臺防。王氏與達洪阿早年有隙，也在姚瑩的勸解下棄嫌，且自募精兵三百出駐澎

〔註477〕嚴中平輯譯，〈英國鴉片販子策劃鴉片戰爭的幕後活動〉，《近代史資料》，總第21號，1958年8月，頁28、33、38～41、44、51～53。

〔註478〕胡濱譯，《英國檔案有關鴉片戰爭資料選譯（下冊）》（北京：中華書局，1993年8月），頁976。

〔註479〕洪安全主編，《清宮洋務始末臺灣史料（一）》（臺北：故宮博物院，1999年10月），頁15、28。

湖。〔註480〕

除了道光二十年六月英艦在鹿耳門外馬鬃隙洋（臺南市將軍區）窺伺被擊走後，整個年度臺灣均無戰事。同年臺防部署的情形，可看九月二十二日（1840.10.17）姚瑩發出的奏摺，但該摺要到隔年正月二十八日（1841.3.9）才送到北京。奏摺中提到一件要事──他和達洪阿分防的情形。肇因於水師戰船都不是英艦的對手，所以他們以嚴防海口為準。臺灣府當為根本重地，安平又為郡城之門戶。於是達洪阿督同護理安平水師協副將江奕喜、臺灣知府熊一本，辦理郡城、安平上下至鳳山縣的防務。八月六日（9.20）姚瑩單獨北上直抵雞籠視察防務，一路上有護理北路協副將關桂、嘉義營參將珊琳、艋舺營參將邱鎮功及各廳縣陪同履勘。在姚瑩主持的防務中，最值得注意的是他下令各莊頭人組織團練，因為該團練是首次由官方主導下成立（見第二章第三節）。各團人數從一、二百名至七、八百名不等，總計二廳四縣共組團練壯勇 13,000 餘人。一旦有警則半數守莊，半出聽候調用。此外還招募鄉勇2,160 名、水勇 520 名，或配戰船、商船防堵海口；或在礮臺、礮墩日夕登陴，做為常川在地之師。〔註481〕

道光二十一年八月一、五日（1841.9.15／19），英艦對臺灣的偵伺變得頻繁。北路的雞籠、中港，南路的小琉球均有敵艘出沒。八月十三日（9.27）有一艘英船在雞籠杙（基隆市基隆嶼）洋面停泊，十五日（9.29）該船駛入近口門之萬人堆（基隆市中山區）洋面，隔日該船進入口門發礮攻擊二沙灣礮臺。參將邱鎮功督率署噶瑪蘭營守備許長明、署艋舺營守備歐陽寶，在二沙灣發礮回擊。另外淡水廳同知曹謹、委駐雞籠協防澎湖廳通判范學恆、艋舺縣丞宓惟慷在三沙灣礮墩（俱在基隆市中正區），亦放礮接應。守軍所使用的大礮可不是普通的大礮，它是自福建新鑄六、八千斤的巨礮（見第三章第二節）；詎料真的在這場戰役立功，轟沉入侵的英船。落水的英軍即遭守軍俘虜，此時義首、鄉勇、屯丁、弁兵紛紛駕駛杉板生擒敵軍。〔註482〕

道光二十一年九月五日（1841.10.19）又有一艘英艦駛入萬人堆，並派軍

〔註480〕梁廷枏著，邵循正點校，《夷氛聞記》（北京：中華書局，1997 年 12 月二刷），頁 86～87。

〔註481〕姚瑩，《東溟奏稿》，臺灣銀行文獻叢刊第四九種，1959 年 6 月，頁 29～32。

〔註482〕第三章第二節提到道光二十年（1840），雞籠原本只佈署一門六千斤大礮，但現在多增一門八千斤大礮，或許是姚瑩日後追加。參閱《東溟奏稿》，頁 33～35。

隊首次登陸臺灣，聲稱要索還之前被俘的英人。守軍先是按兵不動，英軍遲疑許久；十三日（10.27）又闖入二沙灣猛轟礮臺，守軍立刻還擊。許長明在三沙灣之鼻頭山，見有登岸英軍其勢甚兇，開礮攻擊後旋退守至後方要隘。曹謹聞訊，急調總理姜秀鑾帶領精練鳥鎗壯勇 100 名，以及擺接、八芝蘭（新北市中和、永和、板橋、土城區／臺北市士林區）等堡壯勇趕赴前線。十四日（10.28）所有兵勇、屯丁均已集結雞籠，英軍見守軍人眾、山險仰攻不易，於同日自動撤軍向北航去。〔註 483〕

北京對臺灣守軍二次的表現感到滿意。由於東南沿海的戰況不佳，臺灣的捷報是少數在這一段時期的獲勝消息。道光二十一年十、十一月（1841.11／12）發出的廷寄，宣宗除了嘉獎臺灣鎮、道的勞績外，亦令王得祿移駐臺灣，其澎防事宜由閩督顏伯燾派員更替；而臺灣所請三十萬餉銀，也要由省如數撥給。〔註 484〕道光二十二年正月二十四日（1842.3.3）又發現英船在彰化縣五汊港（臺中市梧棲區）外向北航行。姚瑩獲悉後飛飭彰化縣、淡水廳守軍計誘擱淺，不許與之海上爭鋒。三十日（3.9）果有英艦一艘，隨帶杉板四艘欲在淡水廳大安港（臺中市大安區）入口。北路協副將關桂、署北路協右營游擊安定邦，立率兵勇前往堵禦，並分兵前往淡水廳土地公港（臺中市大甲區）埋伏。英艦遙望岸上守軍眾多不敢靠岸，後經猫霧捒巡檢高春如、大甲巡檢謝得琛，募得粵籍船夫與英船上的廣東水手招呼，誘騙至土地公港停泊遂被暗礁擱淺。關桂、安定邦督令兵勇發礮攻擊，船破進水英人紛跳船逃生；謝得琛、竹塹巡檢汪昱，督飭義首、總理帶領兵勇圍擊。〔註 485〕

土地公港戰役後英艦不敢直入口門，僅在外海或無駐軍的港灣偵伺。例如：同年三月份在滬尾、中港、五汊港、番仔挖（彰化縣芳苑鄉）有英船出沒。瑯嶠大秀房（屏東縣恆春鎮）洋面發現有六艘英船停泊，其中一艘航向打鼓港（高雄市鼓山區）洋面，見有駐軍即向西南駛去。黑水外洋（澎湖水道）亦望見英船十艘，甚至還有英船勾結廣東海盜草烏船，進入四草湖（臺南市安南區）、樹苓湖（雲林縣口湖鄉）騷擾。〔註 486〕不過沒有任何一艘英船再被擊沉，直到道光二十二年七月二十四日（1842.8.29）簽訂江寧條約結束

〔註 483〕《東溟奏稿》，頁 41～42。
〔註 484〕洪安全主編，《清宮廷寄檔臺灣史料（二）》（臺北：故宮博物院，1998 年 10月），頁 1258～1260。
〔註 485〕《東溟奏稿》，頁 76～81。
〔註 486〕《夷氛聞記》，頁 108～109。

戰爭。縱觀這一場戰爭，雙方陸上臨陣的機會極少，因此測不出臺灣兵勇眞正的戰力。不從守口的個案來看，臺灣守軍已盡全力發揮；尤其是能在官府的主持下，能組織一萬到四萬餘名團練壯丁（見第二章第三節）。表示出官方已能巧妙善用民氣，朝對外禦侮的方式操作。

二、牡丹社事件

十九世紀末臺灣沿海就頻傳歐美船隻海難的消息，有記錄且顯爲人知的是從道光二十八年（1848）開始，英國商船克爾比號（Kelpie）在臺灣附近失蹤。由於包括美國在內的船隻，常在該島沿海失事，遂引起英、美二國高度的關切，派遣軍艦來臺搜尋。〔註 487〕這些海難者的下場如何，因爲少有人尋獲到，所以常發生受到當地人士監禁、謀殺、搶劫的傳聞。對於這樣故事的流傳，只要稍對當時中國社會了解的人，多半不會感到意外。根據傳教士的觀察，中國人對落水者是不援救的。對於漂流上岸的倖存者，許多人不是伸出援手，而是搶去他身上的衣服。〔註 488〕這樣的民情到了臺灣，因有「生番」的問題遂出現不一樣的發展。

同治十年十一月（1871.12）琉球船遇颶風於海上，漂抵臺灣（琅嶠牡丹社），人爲生番所殺戮者 54 人。隔年三月，日本小田縣民亦遭風被難，爲生番屠害者 4 人。日本乃遣外務卿副島種臣至北京交締條約，別議生番暴殺之事。總理衙門置之未答，故不畢議而還。於是日本遂欲借端興師問罪於生番，乃置蕃地事務局於長崎，準備出兵臺灣。這就是當時著名報人王韜在香港，依據可靠見聞所編纂《臺事紀聞》的前言，它足以代表當時非官方對整起事件的看法。〔註 489〕然實際情況遠比民間了解的複雜，尤其是在清、日彼此的調兵遣將上。

當時日本欲出兵臺灣，國內、外不是沒有阻力的。前者如文部卿並代理內務卿的木戶孝允就相當反對，並不惜以辭職表示抗議；後者如英國駐日公使巴夏禮（Harry S. Parkes）、美國駐日公使平安（John A. Bingham）均表達嚴重關切之意。這使得同治十三年三月三日（1874.4.18）原本要從長崎出發的

〔註 487〕葉振輝，《清季臺灣開埠之研究》（臺北：標準書局，1985 年 5 月），頁 9～13。
〔註 488〕明恩溥（Arthur Henderson Smith, 1845～1942）著、林欣譯，《中國人的素質（Chinese Characteristics）》（北京：京華出版社，2002 年 6 月）。
〔註 489〕王韜，《臺事紀聞》：摘自中國社會科學院近代史研究所近代史資料編輯部編，《近代史資料》，總第 94 號，1998 年 8 月，頁 15～17。

日軍，拖至三月十二日（4.27）才在臺灣蕃地事務都督西鄉從道的堅持下，不顧一切地向臺灣瑯嶠出兵。〔註490〕

也是三月三日當日本按原訂計劃出兵時，英國駐華公使威妥瑪（Sir Thomas Wade）向總理衙門函稱，詢問清廷知道日本正在準備行動與否。主事官員如恭親王等回答不知，但隨後幾天法國、西班牙使臣均陸續前來詢問此事，方知事態嚴重。三月十五日（4.30）日本兵船出現在廈門，福建水師提督李成謀遣員詰問，結果由兩江總督兼南洋大臣李宗羲回奏，稱日兵所答吱唔未能窺其底蘊。三月二十二日（5.7）這群日軍在琅嶠上岸，成為首波的登陸者。二十九日（5.14）恭親王彙整各路消息啟奏，上諭以閩浙總督李鶴年對此等重大事件，至今還未奏報表示詫異。並諭示李氏以公事繁忙不能離開省城，此事就交由船政大臣沈葆楨辦理，以巡閱為名前往臺灣察看，不動聲色相機辦理。〔註491〕

日軍登陸琅嶠後，即刻招撫附近的社藔莊，後紮大營於龜山（俱在屏東縣恆春鎮）。四月七日（5.22）不等西鄉從道抵達，先遣日軍逕自對石門（屏東縣車城鄉）的生番發動攻擊，並擊斃包括牡丹社頭目在內的 12 名生番。〔註492〕巧合的是同日西鄉從道搭乘軍艦「高砂號」，以及首次代表清廷談判的官員——南路海防理番同知袁聞柝搭乘兵輪「揚武號」均抵達。其實袁氏僅來投遞李鶴年的外交照會，抗議日本發兵佔地，這樣的效果甚微，日方自然不理。四月十日（5.25）日方對較無敵意番社的招撫，有了突破性的收穫。重要的番社如：豬朥束社、射蔴利社、蚊率社、龍鑾社、加芝來社、貓仔社頭目（俱在屏東縣滿州鄉），均來營表示投誠之意，現只剩殺害琉球漂民的番社——牡丹、高士滑社準備頑抗到底。〔註493〕

清廷一開始似乎還摸不清楚日軍的意圖，因此所提出的策略看來消極。事實上日本的軍事行動，在未出發前就被外國媒體披露帶有經營臺灣殖民地的野心，然清廷仍以為單純處理年前海難事件的餘波看待。直到四月十四日

〔註490〕藤井志津枝，《近代中日關係史源起 1871～74 年臺灣事件》（臺北：金禾出版社，1994 年 6 月二刷），頁 101～115。

〔註491〕臺灣銀行經濟研究室編，《同治甲戌日兵侵臺始末》，臺灣銀行文獻叢刊第三八種，1959 年 4 月，頁 1～4。

〔註492〕《近代中日關係史源起 1871～74 年臺灣事件》，頁 119。

〔註493〕伊能嘉矩，《臺灣文化志（中譯本・下卷）》（臺中：臺灣省文獻委員會，1991年 6 月），頁 98；沈葆楨，《沈文肅公牘》（南投：臺灣省文獻委員會，1998年 3 月），頁 494～495。

（5.29）恭親王認清時局，知道並非簡單的涉外事件。因此奏准以沈葆楨爲欽差辦理臺灣等處海防兼理各國事務大臣，福建省鎭、道等以下各官全聽其節制，江蘇、廣東沿海各口輪船准其調遣並即刻渡臺。同時恭親王認爲臺灣道夏獻綸，視番界尋釁勢難禁止，有存心推諉不知緩急之圖；亦函達閩督李鶴年，嚴飭臺灣道在沈氏未抵臺前，必須統籌全局毋誤軍機。〔註494〕

　　四月十七日（6.1）集結於琅嶠的日軍約 2,400 餘名，在西鄉從道移大營於統埔（車城鄉）後，以 1,300 餘名分三路入山作戰。第一路由楓港（屏東縣枋山鄉）自西向東直攻女奶社（獅子鄉／牡丹鄉界山），第二路由竹社（車城鄉）自東北入高士滑社（牡丹鄉）。第三路由西鄉親自指揮再攻石門。二十日（6.4）三路會合於牡丹社後，移回大營於龜山；並調重兵駐守於內雙溪口（車城鄉）、楓港、龜仔角社（恆春鎭）。〔註495〕這就是五月一日（6.14）欽差大臣沈葆楨從福州出發前，日軍的兵力、戰果、部署情況。現有一個問題是臺灣不是有駐軍嗎？爲什麼臺灣的駐軍沒辦法阻止日軍的行動？

　　要回答這個問題前，先要了解當時臺灣駐軍的情況爲何。同治八年（1869）的「裁兵加餉」政策，使得臺灣綠營的人數從 12,000 餘名，大幅下降至 6,938 名。這樣的改變是肇因於閩浙總督左宗棠，認爲臺灣綠營員額多、戰力弱，倒不如以精兵策略還能達到戍防的效果。這樣的作法有達到左氏的目的嗎？顯然是沒有。因爲從綠營訓練方式與使用的軍器來看，完全不能應付日新月異的武器與戰法。再者以當時綠營分佈的汛塘而論，琅嶠處於番界外，正是綠營汛防所不及的地方。在臺灣綠營兵力人數遽減之下，臺灣鎭總兵官不可能不顧其他地方的戍防，而把所有的兵馬調集專攻日軍。於是乎仍要依循往例請求內地支援，只是現在要請哪一支軍隊援臺呢？福建綠營已經是不能，因爲在臺灣大力裁軍的同時，福建也跟著縮編員額。更何況臺灣綠營是班兵選調，如果他們戰力出了問題，相對來說福建綠營戰力也呈現滑落（參閱第二章第一節／第三章第二節）。

　　事實上左宗棠會如此計劃，那是著眼於綠營已不再是主力，新崛起的防軍才是官方借重的武力。由於防軍使用比綠營更新式的武器，其訓練也是以洋式操典爲主，所以戰力較強。在牡丹社事件發生當下，臺灣並無防軍駐防。

〔註494〕《同治甲戌日兵侵臺始末》，頁 6～7。
〔註495〕《近代中日關係史源起 1871～74 年臺灣事件》，頁 106；《臺灣文化志（中譯本・下卷）》，頁 98～99。

現可考防軍駐臺的時間是在同治七年（1868），該部的 1,000 名勇丁是隨臺灣鎮總兵劉明燈去留而滯臺。換句話說當時臺灣沒有任何一支軍隊是日軍的對手，甚至於包括福建的軍隊也是（見第二章第一節）。於是這跟以前臺灣發生亂事，福建即刻派兵支援的方式大不相同；即跳過省垣這一關，直接向他省討救兵。

同治十三年五月四日（1874.6.17）沈葆楨偕福建布政使潘霨抵達臺灣，先前日軍分三路進攻牡丹、高士佛社，現在清方也得到消息。此外根據淡水廳同知陳星聚的回稟，一艘日本運兵艦還由臺南繞至後山，經過噶瑪蘭至雞籠買煤。沈氏提三項應變之道——理論、設防、開禁。〔註 496〕在理論方面，五月九日（6.22）指派潘霨、夏獻綸攜帶外交照會給西鄉從道，表明生番的統轄全屬清廷所有，日方示以兵威毫無道理。五月十一、二日（6.24／25）潘霨二次再與西鄉從道展開會談，希望能達到撤兵的協議。〔註 497〕不過這樣的外交折衝其實是緣木求魚，因為日方早就設想將來的外交談判，完全是在內地進行，尤其在七月二十一日（9.1）全權辦理大臣大久保利通出使北京以後。〔註 498〕所以說在彼此陷入僵局之情形下，清廷若不假以兵威看來也不行了。

在設防方面，同治十三年六月八日（1874.7.21）在沈葆楨、李鶴年等的要求下，奏請於北洋大臣借撥洋槍隊 3,000 名，南洋大臣借撥洋槍隊 2,000 名，共 5,000 名部隊援臺。調撥洋槍隊來臺的建議被朝廷所接受，但在直隸總督兼北洋大臣李鴻章的主導下，改調駐防江蘇省徐州的武毅銘軍援臺。該部在記名提督唐定奎的指揮下，統轄十三營共 6,500 名勇丁；六月二十日（8.2）全數拔隊開赴臺灣，八月十六（9.26）陸續在鳳山縣旂後上岸。〔註 499〕這一支部隊屬於淮系劉銘傳麾下，歷經圍剿太平天國、捻亂，整體戰力被評價頗高。來臺後各部不乏有躍躍欲試，一戰驅敵以竟大功的想法。〔註 500〕淮系首腦李鴻章為何在此時，把手下的淮軍精銳調往臺灣；可能欲擴大本身的政治

〔註 496〕洪安全主編，《清宮洋務始末臺灣史料（二）》（臺北：故宮博物院，1999 年 10 月），頁 756、759～769。

〔註 497〕《同治甲戌日兵侵臺始末》，頁 30～32、44～47。

〔註 498〕《近代中日關係史源起 1871～74 年臺灣事件》，頁 125～184。

〔註 499〕洪安全主編，《清宮月摺檔臺灣史料（二）》（臺北：故宮博物院，1994 年 10 月），頁 1630～1636；《沈文肅公牘》，頁 497、500。

〔註 500〕諸家，《海濱大事記》，臺灣銀行文獻叢刊第二一三種，1965 年 6 月，頁 91～95。

影響力，插足這塊屬於南洋大臣辦理洋務的島嶼有關。〔註501〕

　　英國商人 John Thomson 曾在當時赴瑯嶠一遊，根據他的描述他看到 2,000 名日本士兵在此登陸，並說這可能是清、日雙方首次以現代武器對決的一場戰爭。〔註502〕二千名日軍的估計，跟首波赴臺的日軍人數相當，但這不是最後的數目。由於日軍在當地深受熱帶疾病所苦，因此後送與增援部隊調動頻繁。該事件結束後，計算其征臺的人數共有 5,990 之多（不含海軍艦艇兵）。〔註503〕不過提到現代武器，作者倒是對雙方使用的武器感到興趣。調臺淮軍所使用的武器，已在第三章第二節的內容討論過。那麼日軍方面有何史料可以說明嗎？根據清方的探報，當時日軍配備有大銅礮 8 尊、飛輪礮 1 尊、小銅礮 10 餘尊，其他用牛車裝載的槍砲器具若干。〔註504〕然這些武器已經成爲日軍全面性的制式裝備嗎？恐不盡然。同一時期在日本國內出刊並以圖片著稱的《東京日日新聞》，就連載幾期日軍「討蕃」的彩色繪畫。畫中的日本士兵頗爲英勇，但都有一個共同的特色，即手持長矛、腰繫太刀、腳穿草鞋。〔註505〕這跟刻板印象中，嫻熟於新式武器作戰的日軍有很大的出入。因此本文認爲當時雙方軍隊，都處於新、舊武器雜陳的階段；有槍礮、火藥助威，但使用刀矛也不在少數。

　　在開禁方面，其實廣泛地說這也算是設防的一種。爲了搶在日軍之前，能招撫更多的生番社，通常就由軍隊執行該任務。這項工作相當繁瑣，援臺的武毅銘軍要專防日軍，所以暫不派他們負責。於是必須要再找新的部隊擔綱才行。福建綠營練軍成立的時間是在同治十三年五月（1874.6），原因與牡丹社事件有關。在閩督李鶴年的要求下，福建陸路提都羅大春挑選綠營精兵十四營充做防軍。不過這十四營的其中一營，要到同年七月才被調臺，而大部分要到光緒以後才抵臺。由於事情緊急，五月十三日（6.26）羅氏先被命令

〔註501〕 K. E.福爾索姆（Kenneth E. Folsom）著，劉悅斌等譯，《朋友·客人·同事（Friends, Guests, and Colleagues）》（北京：中國社會科學出版社，2002 年 1 月），頁 158～159。

〔註502〕 Thomson John, *The Straits of Malacca, Indo-China and China or Ten years' travel, adventures and residence abroad* (London: Sampson Low, Marston, Low & Searle, 1875).

〔註503〕《近代中日關係史源起 1871～74 年臺灣事件》，頁 192。

〔註504〕《清宮月摺檔臺灣史料（二）》，頁 1768、1796。

〔註505〕 Eskildsen Robert, "Of Civilization and Savages: The Mimetic Imperialism of Japan's 1874 Expedition to Taiwan", *The American Historical Review, Vol.107, No.2* (2002): 387~418.

赴臺，同月二十二日（7.5）抵臺謁見沈葆楨後，七月十七日（8.28）就帶著夏獻綸所招募的土勇 920 人、料匠 158 人，前往蘇澳進行開山工作。九月十七日（10.26）雖然南澳鎮總兵官吳光亮也招粵勇 2,000 餘人抵臺，但五天之後牡丹社事件就訂約結束，因此沒有產生實際地武嚇作用。〔註506〕所以當時與淮軍相輔的武力，就以在臺就地招募的土勇營與鄉團為主。

　　團練早在臺灣行之有年，其興辦就交由臺灣道夏獻綸、現任臺灣鎮總兵官張其光，以及卸任鎮臺曾元福負責，辦理區域在鳳山縣、淡水廳、噶瑪蘭廳。〔註507〕至於土勇營，這種職業式的武力在民間是很新的嘗試。臺灣史上第一支 500 人的洋槍隊，就是由曾元福招募名為「安撫軍」，並委由山東烟臺稅務司博朗操練（見第二章第三節）。另外袁聞柝也自募一營 500 人的土勇營，名為「綏靖營」，駐防在鳳山縣赤山（屏東縣萬巒鄉）。〔註508〕這二支總數 1,000 人的土勇營，再加上武毅銘軍 6,500 人，清廷能夠臨陣的部隊在 7,500 人左右。若再加上人數不詳，但估計至少也在萬人之上的團練（以鴉片戰爭為準），其實清廷是有一戰的實力。

　　日軍亦察覺出局勢有變，六月十三日（7.26）臺灣蕃地事務參軍赤松則良，提交一份作戰報告，即針對雙方開戰的應變之道。文中共列有九項要點，都是環環相扣之教戰守則。包括：第一條、清軍來攻時日軍將把所有餉糈藏於石門、內雙溪，僅留二小隊保護。其餘部隊準備七日份口糧，立刻向北進攻枋藔（屏東縣枋寮鄉），直抵東港（屏東縣東港鎮）、鳳山新城（高雄市鳳山區）、鳳山舊城（高雄市左營區），然後堅守打狗（高雄港）。第二條、若攻下鳳山新、舊城，則戍守雙溪口的部隊北上增援。第三條、全軍在鳳山縣休息數日後，兵分二路夾擊臺灣府；一路沿觀音山（高雄市大社區）通過楠梓坑（今名向南仔／臺南市龍崎區）北上，一路從羅漢門、蕃薯藔（高雄市內門區／旗山區）西進。第四條、海軍攻佔澎湖，切斷臺閩的聯絡，必要時再封鎖福州。第五條、開戰時駐防長崎之一大隊，立刻搭船攻佔雞籠；若登陸成功僅留二小隊固守，其餘部隊沿雞籠河攻佔艋舺。第六條、攻佔艋舺後即刻南下進攻淡水廳治竹塹城（新竹市）、彰化縣。第七條、在打狗、臺灣府、

〔註506〕　羅大春，《臺灣海防並開山日記》，臺灣銀行文獻叢刊第三〇八種，1971 年 12
　　　　　月，頁 6～15；《同治甲戌日兵侵臺始末》，頁 130～131、167。

〔註507〕　王元穉，《甲戌公牘鈔存》，臺灣銀行文獻叢刊第三九種，1959 年 6 月，頁 104、
　　　　　116、118。

〔註508〕　《同治甲戌日兵侵臺始末》，頁 70～71、84～85、87。

雞籠、淡水的海關人員與外僑，一律加以保護與繼續聘用。第八條、如果北京清日談判破裂，須在長崎速調 12,000 名軍隊佯攻臺灣，實開赴天津突擊。第九條、又在鹿兒島新募 3,000 名軍隊，速攻浙江舟山，擾亂上海附近的航運、通商。〔註 509〕

從假設史學的角度討論，只能說幸虧日軍沒有真的對清軍開戰，否則牡丹社事件的結局定有所改變。先不說日軍發兵攻佔天津、舟山的成功機率如何，只憑臺灣陸戰的陣仗，有辦法盡如日軍的盤算讓他們南北夾攻嗎？從兩軍人數與裝備來看，可以想見即便防軍與土勇營不能取勝，至少也是平分秋色式的鏖戰。只是決定開戰與否，軍人並非唯一的定奪者。北洋大臣李鴻章在這場對日談判中，扮演關鍵性的角色。在英國公使威妥瑪強力介入，並替清廷草擬〈中日北京專條〉的主導下，李氏代表的清廷遂有求和之心。〔註 510〕英國為何此時變得如此熱心？其實怕的就是影響它在遠東的商業利益。雖然時論對日開戰的聲浪不斷，甚至還有極力倡言請討日本本土的意見〔註 511〕；但礙於正值用兵西北之際，英國看得出清廷並沒有在臺灣點燃戰火的決心。〔註 512〕

同治十三年九月二十二日（1874.10.31）清廷與日本簽訂條約，中方賠款日方軍費 40 萬兩、撫卹銀 10 萬兩，換得日軍退出臺灣。〔註 513〕光緒朝任職於海關的美籍「中國通」Hosea Ballou Morse，在其大作提到對於這樣的結局，當時威妥瑪受到各方無限的贊揚。日本以逃脫它尚無準備的一次衝突而感慶幸。然清廷是值得憐憫──因為沒想到它會情願被人侵略而付出代價。〔註 514〕清廷除了在軍事上，失去一次與日對決勝算較大的良機外，外交上的處置又不夠慎重，讓日本在事後可以曲解條文，成為併吞琉球的有利條件。

〔註 509〕《臺灣文化志（中譯本‧下卷）》，頁 106～107。

〔註 510〕王慶成，《稀見清世史料並考釋》（武漢：武漢出版社，1998 年 7 月），頁 345～351。

〔註 511〕陳其元，《庸閒齋筆記（摘抄）》；摘自諸家，《悔逸齋筆乘（外十種）》（北京：北京古籍出版社，1999 年 2 月），頁 129～136。

〔註 512〕張建華，〈英國與 1874 年日本侵犯臺灣事件〉，《北大史學》，第 8 期，2001年 12 月，頁 320～345。

〔註 513〕洪安全主編，《清宮洋務始末臺灣史料（二）》（臺北：故宮博物院，1999 年10 月），頁 1074～1086。

〔註 514〕馬士（Hosea Ballou Morse, 1855～1934）著、張匯文等譯，《中華帝國對外關係史‧第二卷 1861～1893 年屈從時期（The International Relations if the Chinese Empire: Volume II）》（上海：上海書店出版社，2000 年 9 月），頁 293～301。

〔註515〕不過臺灣的防衛在該事件過後，得到清廷應有的重視可謂塞翁失馬，這對十年後將要來到的大戰是非常重要。

三、清法戰爭

法國圖謀越南爲時已久，同治元年五月（1862.6）法越簽訂柴棍條約（西貢條約），可說把整個行動表面化。〔註516〕對於該問題清廷不是沒有注意。在清法戰爭爆發前夕——光緒八年三月（1882.4）兩廣總督張樹聲即密奏法、越兵端已起，亟宜通籌邊備以弭後患。〔註517〕北京方面對於張的警語非全然無動於衷，不過從隔年九月（1883.10）翰林院編修朱一新再啓奏，告以法國侵逼日勝，並籲請速定大計的情況來看，朝廷仍徘徊於和、戰二端。〔註518〕

在這一段期間，臺灣受到東南沿海戰雲密佈的影響，在防務的整頓上也顯得急迫。光緒八年十二月（1883.1）福建巡撫張兆棟巡閱臺灣的一段記錄，可讓我們一窺臺防的大概：

> ……查全臺口岸林立防不勝防，而最要者有四處，南則安平、旗後，北則滬（尾）、基隆，均經設有礮臺派勇駐守。……安平、旗後二處礮位俱係明露，……滬尾口外之油車口有礮臺基址一所，……臣順途逐加履勘並督飭操練，礮械均屬精利，演放亦上攔（嫻）熟。……駐紮郡城兵勇調集操演，技藝均屬可觀；其餘扼要分紮，聲勢尚覺聯絡。惟勇丁未能一律精壯，已諄飭統帶各官汰弱留強、認眞訓練，務期勇歸實用，餉不虛糜……。〔註519〕

看來臺灣的防務在當時官員的眼中尚屬持平，而兵力佈防的重點也以臺灣府城（臺南市）爲主。不過觀其四個要口的守備，只有基隆的防務閩撫未再說明，這是否表示清廷對於該港的認識，還停留在「水勢平穩，洋船可隨時出入」的狀態呢？從光緒十年元月四日（1884.1.31）下達的一道諭旨來看，

〔註515〕梁伯華，〈臺灣事件與琉球問題的關係〉，《近代臺灣的社會發展與民族意識》（香港：香港大學校外課程部，1987年12月），頁237～252。

〔註516〕不著編人，《法軍侵臺檔·大事年表》，臺灣銀行文獻叢刊第一九二種，頁1。

〔註517〕中國第一歷史檔案館編，《光緒朝朱批奏摺（第一一九輯）》（北京：中華書局，1996年12月），頁525～526。

〔註518〕洪安全主編，《清宮月摺檔臺灣史料（四）》（臺北：故宮博物院，1995年8月），頁3465～3478。

〔註519〕洪安全主編，《清宮洋務始末臺灣史料（三）》（臺北：故宮博物院，1999年10月），頁1417～1420。

不排除是有這種可能。該論旨內容旨在垂詢臺防二件事情；一為鎮將是否得力，另一為兵勇是否足恃。〔註520〕很顯然地到了清法快要開戰的邊緣，清廷還未察覺到盛產煤炭的基隆其戰略價值何在。

　　至於北京方面為何較偏重人事問題而少談防禦佈署，其實跟臺防的官員彼此失和有關。臺灣鎮總兵吳光亮為當時品秩最高（正二品）的軍事將領，然因在光緒九年十月（1883.11）涉嫌侵吞餉項、勒索規費而被奏辦。〔註521〕爾後吳又與臺灣品秩最高的文官（正四品）——臺灣道劉璈產生嫌怨，其勢如水火還需史科官員奏請冀由閩撫移駐來平息。〔註522〕因此臺灣的人事紛爭，可說是在戰爭未開始即提前引爆〔註523〕；日後它一直困擾著守軍，使之無法一致對外直到戰爭結束。不過即便如此，臺灣的防務還是在清廷的要求下持續進行。閩浙總督何璟是當時專閫海防的地方大員，他在光緒九年十一月至隔年元月（1883.12～1884.2），多次向北京奏報軍情。以他的觀察基隆、安平、旗後已分別建築礮臺，購置洋礮以為守禦，惟滬尾礮臺仍在改築，然已下令剋期竣工。再者臺地防勇裁減1,600餘名，僅留6,700餘名以汰強換弱，不足的兵力著水、陸民團補充。而整個臺灣的防區則劃分為五路：恆春至曾文溪為南路，兵力5,000名；曾文溪至大甲溪為中路，兵力3,000名；大甲溪至宜蘭蘇澳為北路，兵力4,000名；花蓮港至卑南為後路，兵力1,500名；澎湖為前路，兵力3,000名。〔註524〕

　　從兵力佈署的情況來看，前路與南路可謂重兵雲集，這一種臺灣府城與澎湖連成一氣的防衛模式，實際上是臺灣負責海防的官員追索舊經驗的結果。〔註525〕只不過看似縝密的佈防，不一定能切合實際；要是對當時戰爭的打法與戰略一無所知，守軍的偏防反有孤注的危險。光緒十年三月十八日（1884.4.13），法艦哇爾大號（Ie Volta）到基隆購煤啟釁。根據基隆廳通判梁純夫稟報，該事件起因於法艦駛進港口後，隨即有三人上岸登山瞭望。他們除了有繪製地圖的動作外，還想進入二沙灣砲臺「遊玩」，但被該管營官與教

〔註520〕《清宮洋務始末臺灣史料（三）》，頁1500。
〔註521〕《清宮月摺檔臺灣史料（四）》，頁3479。
〔註522〕《清宮月摺檔臺灣史料（四）》，頁3491～3493。
〔註523〕光緒十年三月（1884.4）臺灣道劉璈亦被參劾「肆意貪橫，辦防鬆懈」，並被指稱與吳光亮事不合恐致僨事。參閱臺北故宮博物院編，《清宮廷寄檔臺灣史料（三）》（臺北：故宮博物院，1998年10月），頁1779～1780。
〔註524〕《清宮月摺檔臺灣史料（四）》，頁3483～3490、3494～3503、3506～3510。
〔註525〕《清代臺灣的海防》，頁11～22。

習阻攔。〔註 526〕翌日法方以遭砲臺兵勇詈罵與官方禁售煤炭爲藉口，準備砲轟基隆挑釁生事。此事幸賴英駐淡水領事費里德（Alexander Frater）、英籍基隆關代理稅務司費世等的調處才小事化無。整件事清廷處理尚稱明快，然把它定位爲商務糾紛，則輕視了法艦在此進出的眞正目的。〔註 527〕

砲臺成爲海防守口的利器，則是當時稍諳洋務官員的一種想法。〔註 528〕經過法艦這次在基隆滋事的刺激，清廷也開始提防法方有可能奪踞口岸爲質的詭計，因此密諭閩、粵官員小心行事。〔註 529〕光緒十年四月（1884.5）閩浙總督何璟特別針對法艦的動態，以及臺灣防務的缺失提出報告。他認爲臺灣現存的二萬兵力還不足以應付危局，且調撥該島的萬年青、伏波、永保、琛航四艘兵輪，還遠不及法艦的威力。因此應變之道在於先辦水、陸團練，一旦有警則堅守各砲臺抵禦，待敵艦進入水淺處再出動杉板應戰。〔註 530〕何的戰術在今日看來簡直是以卵擊石，若眞的照章辦理即有全軍覆沒之虞；但這就是當時對海戰的認知，一種以陸戰延伸的手法去操作。

不同於其他官員的想法，屬於淮系集團的前直隸提督劉銘傳，對於戰爭勝負取決於火力的認識，比起他的同僚們還進步許多。劉在同年閏五月二日（1884.6.24）上奏，直言我方須從兵將、器械、砲臺、兵船興革才有機會獲勝。〔註 531〕二天之後，劉即被賞與巡撫銜並命督辦臺灣事務。〔註 532〕前文提到的臺灣官員彼此不和問題，事隔半年仍未止息。因此從北京的觀點來看，除非能簡放統籌戰局的大員，不然實無更好的解決方式。〔註 533〕以淮系首腦

〔註 526〕許毓良，〈清法戰爭中的基隆之役——兼論民族英雄墓的由來〉，《臺灣文獻》，第 54 卷第 1 期，2003 年 3 月，頁 299～302。

〔註 527〕《法軍侵臺檔》，頁 34～36。

〔註 528〕《光緒朝朱批奏摺（第一一九輯）》，頁 541～542。

〔註 529〕事實上早在光緒九年十二月廿二日（1884.1.19），北京的同文館已把法國報紙催逼法軍及早佔領臺灣、瓊州、舟山的訊息給翻譯出來；但過了三個月之後，清廷才正視這項消息。參閱《法軍侵臺檔》，頁 13～15；洪安全主編，《清宮廷寄檔臺灣史料（三）》（臺北：故宮博物院，1998 年 10 月），頁 1781～1782。

〔註 530〕《光緒朝朱批奏摺（第一一九輯）》，頁 546～548。

〔註 531〕《清宮月摺檔臺灣史料（四）》，頁 3568～3588。

〔註 532〕野史謂劉銘傳不喜僅有欽差頭銜，眞正想要得到的職務是督撫之職，於是在李鴻章的奏請下加巡撫銜任命。參閱《清宮廷寄檔臺灣史料（三）》，頁 1790；羅惇曧著，孫安邦、王開學點校，《羅癭公筆記選》（太原：山西古籍出版社，1997 年 7 月），頁 246～247。

〔註 533〕《清宮月摺檔臺灣史料（四）》，頁 3552～3566。

李鴻章的政治實力,再度啓用他手下的強將實不讓人感到意外。〔註534〕劉在接受任命後,旋即在同月十四日(7.6)行抵天津與李會商軍情,四天後與從銘軍舊部挑選的140餘人渡臺;二十四日(7.16)抵達基隆上岸,四天之後移駐臺北府城。〔註535〕

　　劉銘傳對於臺灣當時的防務,以全臺總共四十營,但臺北僅佈署九個營最表不滿。他除了增調舊部記名提督章高元督率二營來臺外,亦下令在基隆趕造社寮與岸鱗墩砲臺(基隆市中山/中正區),並商請兩江總督曾國荃調援「澄慶」、「登瀛洲」、「靖遠」、「開濟」四艘兵輪。〔註536〕劉的擔心是正確,因爲法軍正準備先發制人對基隆展開轟擊。光緒十年六月十四日(1884.8.4),法國遠東艦隊副司令官李士卑斯(S. N. J. Lespés)率領兵船四艘兵船駛近基隆。李氏佯稱清法和議不成,要在次日上午八時砲轟守軍。劉在十五日黎明於臺北府城接到情報後,即火速趕往前線督戰,但行至半途已聽聞法艦轟擊大沙灣砲臺的砲聲。該砲臺營官姜鴻勝本欲還擊,但所配備的五尊洋砲均採固定砲座無法迴旋,因此在法艦的側轟下僅二個小時即傷亡六十餘人。劉銘傳自知我方火力無法匹敵,遂想以誘敵深入的方式進行陸戰。隔日上午九時法軍在艦砲的掩護下,有四、五百人趁隙登陸;以半數直攻從海岸退守至田寮港二重橋的曹志忠部,再以半數紮營於曹部北方的山頭。雙方戰至中午,劉派令章高元與同樣也是記名提督蘇得勝率百餘人由東路抄截,復派已革游擊鄧長安率六十人由西路繞擊,而曹志忠與副將王三星再率領二百餘人出陣,三路夾攻大敗法軍、摧毀山頭營舍並驅趕他們回船。〔註537〕

　　這一場戰役是值得探討,因爲它不是法軍第一次失敗。光緒九年四月十三日(1887.5.19)交趾支那艦隊司令李維業(Riviére)上校,率領二個連的

〔註534〕馬昌華主編,《淮系人物列傳——李鴻章家族成員・武職》(合肥:黃山書社,1995年12月);同前註,《淮系人物列傳——文職・北洋海軍・洋員》。

〔註535〕劉銘傳撰,馬昌華、翁飛點校,《劉銘傳文集》(合肥:黃山書社,1997年7月),頁88~90。

〔註536〕臺北的九個營包括福寧鎮總兵曹志忠的「霆慶營」六營,福建陸路提督孫開華的「擢勝營」三營,隨後又有章高元的「武毅營」二營加入。不過整個計劃僅有章高元部在劉的掌握下完成,參閱《劉銘傳文集》,頁90~93。

〔註537〕洪安全主編,《清宮月摺檔臺灣史料(五)》(臺北:故宮博物院,1995年8月),頁3611~3617;《清宮廷寄檔臺灣史料(三)》,頁1796~1797、1810~1811;蔡慶濤,《基隆地方研究資料》,收入伊能嘉矩文庫微卷編號T0021,捲號6-4(手稿及抄寫部分〔四〕),頁3,國立臺灣大學圖書館所藏;劉璈,《巡臺退思錄》,臺灣銀行文獻叢刊第21種,頁268~269。

海軍步兵、砲兵等約 400 人，進攻駐紮在北越紙橋由劉永福率領的黑旗隊。
〔註 538〕劉氏麾下至少 1,700 名大軍，早設伏誘敵深入。初戰時法軍憑藉優勢
火力，把對陣的劉部右營擊潰；但過於輕敵在無斥侯預警下，全軍竟大膽深
入對手的陣地。於是被劉永福指揮全軍合圍慘敗，李維業本人陣亡，餘部傷
亡約一百名。〔註 539〕沒想到此教訓仍在臺灣上演。法人 E. Garnot 在清法戰爭
結束後，根據自己從軍的經歷寫了一本「遠征史」，書中有不少一手的記載，
自然對此役有一描述。原來法軍稱呼大沙灣砲臺為「新礮臺（Fort Neuf）」，它
對法軍的反擊是不具威脅性。而在被摧毀後，李士卑斯命令 Martin 中校，率
領海軍步兵約 400 人登岸。此時約有 2,000 名清軍向後方撤退，其間他們還
受到法艦 Villars 的砲轟。爾後法軍分成二支，一支由 Martin 中校指揮留守在
高地，一支由 Jacquemier 上尉指揮進入市街偵察。然這二支軍隊，都遭受至
少 2,500 名清軍的合圍，在激戰四小時後退回法艦，共陣亡二名、負傷十一
名。〔註 540〕

　　本文並不打算考證彼此「戰果」的真實性，但臨陣人數可能法方記載可
信度較高。紙橋與基隆戰役的共同點，就是法軍在臨陣前，一定以優勢火力
對敵猛轟，直到確定對手無反擊的能力才繼續進兵。這一步驟是正確的，清
軍在法軍的攻勢下，的確也出現不少傷亡。不過法軍疏於斥侯，遂成為進兵
深入後的致命傷。誘敵深入已成為清軍在火力居於劣勢下，唯一可以選擇的
方法。但敵人中伏後，懾於法軍火力強大，仍必須使用「人海戰術」方能奏
效。所以在紙橋，清、法軍人數比例為 4：1，在基隆為 6：1。

　　該役法軍不得志於基隆，遂把兵鋒指向福州船政局。事實上在光緒十年
閏五月二十二日（1884.7.14），法國遠東艦隊司令官孤拔（A.A.P. Courbet）即
率領數艘兵船駛入閩江窺伺。同年七月三日（8.23）法方以迅速宣戰的手法，
即刻轟擊馬尾造船廠並毀船九艘。〔註 541〕三日後清廷下詔宣戰，清法戰爭正

〔註 538〕「黑旗軍」為一他稱，劉永福本人自稱所部為「黑旗隊」。參閱李世瑜，〈有
　　　　關劉永福晚年活動的一篇文獻──跋「粵省民團總長劉永福之通告」〉，《文
　　　　獻》，第七輯，1981 年 3 月，頁 113～116。
〔註 539〕張壯強，《廣西近代援越抗法戰爭》（廈門：廈門大學出版社，2000 年 7 月），
　　　　頁 32、43～44。
〔註 540〕E. Garnot 著，黎烈文譯，《法軍侵臺始末（L' Expédition française de Formose,
　　　　1884～1885）》，臺灣研究叢刊第 73 種，頁 14～15。
〔註 541〕此役清方參戰兵船共 11 艘，船政大臣何如璋奏報只損失 7 艘；但事實上是包
　　　　括揚武、福星、福勝、建勝、飛雲、濟安、琛航、永保、振威在內 9 艘。參

式展開。〔註542〕七月九日（8.29）又有法艦三艘近泊基隆，並連續二日對守軍發砲猛轟。同月十四、二十日（9.3／9.9.11）淡水亦出現法艦蹤跡，不過在二十八日（9.18）以前，近泊基隆的三艘法艦仍持續滯留，並帶給守軍攻擊上的壓力。〔註543〕清廷此時密諭劉銘傳若有辦法，宜以塞港的方式對付法艦。〔註544〕但這非易事。因爲法艦日以巨砲轟擊，守軍早遠離海岸退入山邊。二個星期之後，又有一場更大規模的陸戰即將爆發。

八月十二日（1884.9.30），法國遠東艦隊司令官孤拔率領軍艦 9 艘、運輸艦 22 艘來襲。隔日（10.1）上午六時，法方以 1,000 餘名之眾登陸港口西岸的仙洞庄。章高元率領駐紮該地的恪靖巡緝營、霆慶中營、武毅營二百餘人邀擊於牛桐港山上。雙方會戰二個小時，法軍從山巔抄截，迫章部退出山口；至下午十時，法軍更猛撲我軍，幸賴副將陳永隆力戰挫敵。然而當夜，劉銘傳卻以滬尾遭法艦 5 艘砲轟，恐陷敵爲由；命令大軍拔營援滬，並撤退至水返腳（新北市汐止區）。僅留曹志忠部 300 人駐獅球嶺。因此基隆港灣之戰即在守軍的撤兵下結束，法軍可謂以極小的代價就有豐碩的戰果。〔註545〕

E. Garnot 對該役法軍的編組有詳細的記載，Bertaux-Levillain 中校爲登陸後法軍最高指揮官，麾下海軍步兵一聯隊共 1,800 人，配備四斤山砲一中隊、配備旋迴砲二小隊、配備 80mm 山砲一小隊，並加上憲兵、輜重等共 600 人。〔註546〕劉銘傳提到一千餘名法軍登陸仙洞庄，與法國海軍步兵人數相當，有一定的真實性。不過該役清、法軍的人數比例卻不尋常。按照劉氏的說法，當時守軍才二百餘人，比例爲 1：9。或許劉銘傳在繕摺上奏時，刻意把守軍人數壓低以避罪也說不定。然不管如何法軍千餘人之數，清軍按照經驗至少也要調撥七千餘名勇丁，才能達到 4：1 的最低要求。但此時在基隆至

閱《法軍侵臺檔》，頁 124～127。
〔註542〕時論馬江之敗以欽差大臣張佩綸爲眾所惡，其次爲閩浙總督何璟。參閱李孟符著、張繼紅點校，《春冰室野乘》（太原：山西古籍出版社，1995 年 9 月），頁 120；胡思敬，《國聞備乘》（上海：上海書店出版社，1997 年 1 月），頁 13。
〔註543〕《劉銘傳文集》，頁 98～99。
〔註544〕《清宮廷寄檔臺灣史料（三）》，頁 1822。
〔註545〕根據劉銘傳的奏報，法艦全數只有 11 艘，這與蔡慶濤的調查略有出入。作者採用蔡的資料原因除了敘事更爲詳盡之外，蔡的報導人想必也親歷這場戰爭。參閱《劉銘傳文集》，頁 100～101；《基隆地方研究資料》，頁 3；《巡臺退思錄》，頁 284。
〔註546〕《法軍侵臺始末》，頁 18～19。

多僅三千名勇丁,無法與法軍正面交鋒。

　　以往評論劉銘傳逕自從基隆撤兵,有出於保存實力考量,有出於戰略援滬考量,現在看來可能二者皆有。對於前者,保存實力應非用於湘、淮鬥爭;他是著眼於大膽的賭博,把兵力全投注到法軍人數可能較少的淡水。再以大吃小的方式贏得小勝。該賭盤也是險局。據事後劉銘傳繕摺辯駁,十三日在與法軍接戰時,忽報淡水有法船五艘直犯口門,他自忖淡水離臺北府城更近,非先馳援不可。〔註547〕劉的說辭現在看來越來越像藉口,因為他根本不知法軍何時會進攻淡水,上岸的兵力有多少。但他還是賭贏了。事實上劉氏若不撤兵,按清法人數比例與雙方火力的懸殊,他想要在基隆獲勝亦極為渺茫。基隆撤兵是他置之死地而後生的最後一招。只是既有撤兵的計劃,當下就要有安排,豈能拔營而不顧?倉卒撤兵的結果,清軍在基隆的重要陣地皆失,不久連最要地獅球嶺也被法軍所奪。

　　淡水之役是劉銘傳起死回生的關鍵。根據劉銘傳的奏摺,光緒十年八月十六日(1884.10.4)法艦八艘轟擊我陣,二十日(10.8)清晨法艦忽散,福建陸路提督孫開華料法軍必登岸,遂親督營官(記名提督)龔占鰲埋伏港中,營官(記名總兵)李定明埋伏油車埠,營官(副將銜閩浙補用游擊)范惠意為後應。記名提督章高元、劉朝祜,率領營官(記名提督)朱煥明埋伏北臺後山。五品軍功張李成率土勇一營埋伏北路山間。頃刻法軍以小輪船,分道撥兵千人登陸猛攻砲臺。孫開華見法軍進逼,親率李、范二人出陣,章、張二人包抄陣斬敵軍 25 名,銃斃 300 餘名,敵軍不及逃避,溺海而死 70 餘名。〔註548〕看來清軍是獲得大勝、非小勝,但實情真是如此嗎?

　　E. Garnot 也提到淡水之役的情況,詳細程度較清方為佳。事實上這一次法軍的總指揮官,就是第一次基隆之役失敗的李士卑斯(S. N. J. Lespés)少將。他命令 Martin 中校為登岸後的指揮官,但此人風溼病復發,改由 Duval 上尉擔任。八月二十日(10.8)共派 600 名海軍步兵登陸,他們的目標有二:一是摧毀新砲臺(油車埠砲臺)與白砲臺(沙崙砲臺)。〔註549〕另一是摧毀引爆航道水雷的點火哨。上午十時法軍登陸完畢,隨即向內陸推進。但此時他

〔註547〕劉銘傳,《劉壯肅公奏議》,臺灣銀行文獻叢刊第二七種,1958 年 9 月,頁 174
　　　　～175。

〔註548〕《劉銘傳文集》,頁 101～103。

〔註549〕周宗賢,〈淡水與淡水砲臺〉,《臺灣文獻》,第 41 卷第 1 期,1990 年 3 月,
　　　　頁 47～48。

們遇到障礙，就是苦於密林所阻。密林不但打散他們隊形，也使彼此聯絡感到困難。而密林的另一頭，清軍早屏息以待欲伏擊他們。約十分鐘的接觸，雙方即爆發激烈的槍戰。根據 Garnot 記載，這一條戰線長達 1,500 公尺，彼此射距僅 100 公尺。清軍利用密林充做掩護，成功地包抄至法軍後方，法軍全陷入危境。約中午法軍因彈藥用罄，乃決定撤退；不巧風浪轉大，小艇無法靠岸。拖至下午一時十分，法軍才踉蹌撤離完畢。該役法軍陣亡 12 名、失蹤 8 名、負傷 49 名。〔註 550〕

　　法方對此次的失敗有所檢討，他們認爲除了登陸兵力過少外，也缺乏戰術經驗；致命處在於沒有斥侯保護前線的推進，以致於受到清軍狙擊手攻擊時便一籌莫展。兵力不足的缺點，李士卑斯少將在未下令登陸前自知，但這些員額是孤拔所能從基隆分撥的最多人數。因此淡水的法軍也只能冒險孤注一擲。〔註 551〕再者，登陸後的法軍火力並不強。據記載 600 名海軍步兵僅配備一門旋迴砲（該砲清軍記爲格林砲 Gatling／它其實是一種美製重型機槍，由十支槍管構成，可裝置在野戰輪架上移動）。若按當時射距臨陣的教戰守則，100 碼以外應是大砲的火力支援區，怎料失去這一層支援，法軍的失敗實有跡可尋。〔註 552〕事實上清軍的成功，還是得利於人海包圍戰術奏效。由於劉銘傳已把原駐守基隆的三千大軍移調，現淡水到臺北府一路，至少有四千之眾駐紮。清軍不管是臨陣，還是預備隊的上補，兵源都極度充裕。劉銘傳因基隆不戰而退，所引發的政治危機稍解。

　　光緒十年八月十五日（1884.10.3）法軍差不多佔領基隆港埠，而住在街肆的百姓相率逃走以致十室九空。法軍看到此情形也感到驚訝，爲避免清軍潛伏狙擊乃縱火燒屋，最後終於確定敵軍已全數撤走。〔註 553〕雖然法軍已攻佔基隆，但礙於輜重兵嚴重不足，使得他無法乘勝追擊攻入臺北府。因此往後的四個月，基本上以固守陣地、待機進攻爲主；尤其在二十日（10.8）入據滬尾失利後，更顯得不得失守的重要。

　　當時法軍的佔領區是由西方、南方、東方三條防線圍繞著。在西方防線方面，法軍有 Clément 與 Thirion 二個砲兵陣地。前者位於球仔山，爲利用清

〔註 550〕《法軍侵臺始末》，頁 26～28。
〔註 551〕《法軍侵臺始末》，頁 26、29。
〔註 552〕Hughes B. P., *Firepower: Weapons effectiveness on the Battlefield, 1630~1850* (New York: Sarpedon Press, 1997), pp. 103~107.
〔註 553〕《基隆地方研究資料》，頁 4。

軍遺留的中央砲臺稍加修葺而成；後者位於石皮瀨山頭，本來是控制著往金山的孔道，但因防守的士兵苦於痢疫不久便棄守。在南方防線方面，法軍以二度易名的 Leverger 與淡水砲臺爲重心（其實就是獅球嶺砲臺），再搭配西北方以及西南方被稱爲「鷹巢」的堡壘。東方防線方面，總共有三個砲兵陣地——即位於今主普壇的 Fort Ber、位於今中正公園的 Fort Gardiol、位於今中正國小的 Fort Bayard。指揮部設在也是被稱爲 A 點（Point A）的 Fort Bayard，它有一條電報線通往位於二沙灣被臨時充做軍醫院的海關關舍。前述提到的所有陣地，在法軍看來都不是最佳的選擇。雖然它們都很接近基隆港灣，但山頭的海拔並不高。在其後方還有更高的山丘可以俯視它們。法軍也有想過攻佔這些更高的山丘，然礙於兵力有限，無法再進一步擴大自己的防線。〔註554〕

在清軍的陣營中，八月二十日（10.8）重挫法軍進攻淡水的行動，算是把從基隆不戰而退的劣勢再扳回一城。〔註555〕至此清、法雙方攻勢停頓，逐漸呈現出一種相持不下的狀態。二天之後清廷一連下了三道密諭，除了命令在滇、黔的清軍伺機進兵，藉以牽掣基隆的法軍之外，亦調前陝甘總督楊岳斌帶勇援臺。不過最讓人感到好奇的是第三道諭令的內容，文中提及法軍佔領基隆後，即雇募當地土勇爲兵。因此北京方面指責劉銘傳爲何讓法方先聲奪人，並要求趁敵喘息未定與臺灣道劉璈聯絡反攻。〔註556〕事實上北京先前冀望調派劉銘傳來臺，以弭鎮、道不合的紛爭現已落空。因爲他引起另一場更大的人事風爆——湘、淮畛域。〔註557〕當時劉銘傳的困境是軍餉、器械、兵源全部不足。對此清廷亦下令東南沿海的督、撫設法接濟，但以當時緊急的狀況仍屬緩不濟急。〔註558〕

在北京的認知中，臺灣銀米不缺，且多富戶；尤其是臺北「林姓」家業

〔註554〕對於該段任何提及法軍砲臺、砲兵陣地的考證，除了南方防線的 Fort Bayard 之外，均參照劉敏耀先生所著一書。參閱《法軍侵臺始末》，頁 18～37；劉敏耀，《基隆砲臺手冊》（基隆：基隆市立文化中心，2000 年 8 月），頁 37～42。

〔註555〕《劉銘傳文集》，頁 101～105。

〔註556〕《清宮廷寄檔臺灣史料（三）》，頁 1850～1852。

〔註557〕許雪姬，〈劉璈與中法戰爭〉，《臺灣風物》，第 35 卷第 2 期，1985 年 6 月，頁 1～28。

〔註558〕吳玫，〈中法戰爭期間大陸對臺灣的支持〉，《臺灣研究集刊》，總第 26 期，1989 年 11 月，頁 53～60。

巨富，可以設法勸輸。實際上這反映著一種對戰場無奈的事實。因為早在戰爭爆發之初，地方官員早有興辦水、陸團練之舉；然而現在還為了籌餉、拉伕而疲於奔命，可見得該方法有它實際的困難。迫不得已清廷也開出一些獎勵，如：紳民募眾逐法者，以五等之爵封賞；所費口糧立功後報明補發；捐餉者減成從優，成功再腴糧一年。〔註559〕從清廷追溯八月十三日（1884.10.1）基隆戰事的記錄來看，我方在清理戰場時，不管是從俘虜的口中，還是從被擊斃的屍體均發現有為數不少「華人」。根據兩江總督兼南洋大臣曾國荃的說法，他們是法方在東南沿海口岸以雇工為名誘騙充軍。雖然曾言之鑿鑿，但從 E. Garnot 的回憶錄來看，完全無提到這類事情，有的只是從東京（越南北圻）、交趾支那（越南南圻）調來的援軍。〔560〕

從清廷的檔案來看，劉銘傳似乎還能領導臺北軍民來抵禦法方，但在淡水關稅務司法來格（E. Farago）眼中卻完全不是這麼一回事。九月二日（10.20）他給總稅務司赫德（Robert Hart）的報告提及：「劉爵帥往日英名今已全失，曾令淡水、基隆二處督兵人退兵，皆抗而不遵。又有自回臺灣府之意，乃為鄉民所禁，不得出衙。」〔註561〕法氏為英國人，當時屬於中立國的官員，他的記錄應有一定的參考價值。有趣的是劉不得出衙形同軟禁的局面，與臺灣馬上就要面臨到的處境相似。也是在同日，孤拔宣佈封鎖臺灣從南岬（恆春半島）迤北至蘇澳的港口、海灣，並且有權檢查第三國的船隻或驅逐他們。〔註562〕這個破天荒的決定可謂臺灣史上的一件大事。因為之前該島雖也面臨過鴉片戰爭的衝擊；但這種壓制式的封鎖還是頭一次，並且是除了花東海岸之外全都算入。〔註563〕

法軍的這個舉動，在進行之初已收到了效果。九月七日（10.25）劉銘傳發出的電報指稱；北京方面一直要求他招募的土勇，現已募集五千人，但因為餉械不足、藥品缺乏、土匪四起、疾病大作，能戰者還不足三千人。〔註564〕

〔註559〕《清宮洋務始末臺灣史料（三）》，頁 1596～1597。

〔註560〕此外還有第三種說法。跟據淡水關稅務司法來格（E. farrago）給總稅務司赫德（Robert Hart）的報告，這些人都是中國的天主教徒。參閱《清宮廷寄檔臺灣史料（三）》，頁 1854～1855；《法軍侵臺始末》，頁 20～21；《法軍侵臺檔》，頁 216～217。

〔註561〕《法軍侵臺檔》，頁 214。

〔註562〕《法軍侵臺始末》，頁 39。

〔註563〕《清代臺灣的海防》，頁 43～44、162～171、220～230。

〔註564〕《清宮洋務始末臺灣史料（三）》，頁 1620～1621。

所以在九月份，法方趁機放出和談空氣試探。十一日（10.29）法國新報館主筆嘎馬，代替總理茹斐禮（Jules Ferry）與清廷駐英公使曾紀澤的翻譯官馬格理（Halliday Macartney）做非正式的接觸。法方提出四點要求：同年四月與北洋大臣李鴻章簽訂的〈天津簡約〉仍屬有效；清軍撤出東京，法艦撤出中國洋面；越南諒山之役法國不索兵費；臺灣由法軍駐守。〔註565〕該協議可說要清方做極大的讓步，一些京官如：禮部侍郎尚賢、光祿寺卿沈源深均上奏朝廷切莫接受。〔註566〕當然事後清廷也沒接受，因為此時它仍相信有把握獲勝，但得先解決眼前的問題。

在對付法艦封鎖的問題上，調派一切可動用的兵輪援臺，則是被認為可行的方法。〔註567〕但不管是北洋大臣還是南洋大臣，總以固守汛地之詞推託。正巧十月十七日（1884.12.4）朝鮮發生「甲申政變」，李鴻章遂有藉口把援臺的兵船全調到朝鮮。如此只剩曾國荃的南洋水師能擔負這個重任。曾在十二月三日（1885.1.18）派出「開濟」、「澄慶」、「馭遠」、「南琛」、「南瑞」五艦援臺。十天之後孤拔親自率法艦六艘邀擊於浙江壇頭洋面。結果前二艘兵輪被擊沉於三門灣石浦港，後三艘則逃往鎮海港，整個馳援行動終告失敗。〔註568〕

在增進我方士氣的問題上，九月十一日（10.29）清廷實授劉銘傳為福建巡撫。〔註569〕此舉象徵著北京對劉的信任與看重，不過實際有助益的還是兵源與餉源的穩定。除了前文提到臺北「林家」——三品卿銜候選道林維源之外，前內閣中書臺北紳士陳霞林、候選知府嘉義紳士陳熙年、郎中彰化霧峰紳士林朝棟、郎中新竹紳士林汝梅俱成為官府眼中的大戶。然而他們出力彼此有所不同。陳霞林、陳熙年、林朝棟、林汝梅辦理團練算是與清廷密切配合，林維源則是以躲避戰火為由內渡廈門，再以分期繳付的方式消極拒絕。〔註570〕

〔註565〕《法軍侵臺檔》，頁298～310。

〔註566〕《清宮月摺檔臺灣史料（五）》，頁3696～3707。

〔註567〕《清宮月摺檔臺灣史料（五）》，頁3690～3691。

〔註568〕姜鳴，《龍旗飄揚的艦隊——中國近代海軍興衰史》（上海：交通大學出版社，1991年7月），頁169～175。

〔註569〕《清宮廷寄檔臺灣史料（三）》，頁1874。

〔註570〕同治七年（1868）未裁兵加餉以前，臺灣綠營每年的經費約二萬兩，以淡水廳0.69兩對1佛銀的比率來計算，約折合佛銀28,912圓，而當時清廷即要以林維源認捐洋圓二十萬。參閱《清宮月摺檔臺灣史料（五）》，頁3692～3695、

　　在軍情處理的問題上，對於劉銘傳不戰而棄守基隆的舉動，使得往後三個月陸續有官員上奏議處。不過他們也都建議最好能讓劉剋期進勦、將功贖罪。〔註571〕事實上從日後的檔案發現，八月十三日的這一場戰役，前線官員過於渲染。最明顯的是李鴻章從上海所得的消息，均是我方斬將搴旗，以及越二日後守軍反攻，擄得軍械無數的虛假戰報。〔註572〕再者，對於孤拔陣亡的訊息，也時常以訛傳訛見於奏報、電稿中〔註573〕；淡水一直在我方控制的情形，也屢被誤傳爲失守陷敵。〔註574〕

　　在兵防調動與佈署的問題上，法軍的東、南、西三個防線成爲清軍急需突破的目標。由於各部見劉銘傳無急攻基隆的計劃，臺北府知府陳星聚乃慫恿曹志忠發動反攻。九月十四日（1884.11.1）上午三時，曹帶隊前往法軍南方防線的獅球嶺砲臺，甫至山下正準備夜襲九弓（弓）坑敵營時就被發現。據E. Garnot的描述，曹部主要是想爭奪Thirion砲臺；清軍在法軍的阻止下暫時放慢攻擊，但在四個小時後又想以包圍戰術環攻「鷹巢」堡壘。不過法軍交叉射擊的火網畢竟厲害，我方共傷亡四十餘人仍徒勞無功。爾後劉銘傳命令曹駐紮五堵水陸要隘不得再輕進，但鑒於麾下六營傷亡、疫病頗大，准其當地招募二營土勇。雖然有時守軍會再趁夜至敵營摸哨，但該攻擊是我方在同年十二月底（1885.2）以前規模最大的一次。〔註575〕因此在這一段期間，清軍均以防守爲主，而各部的駐防地點可參閱表六十二。

　　根據劉銘傳本人在十一、十二月及隔年元月（1885.1～3）的奏報，對於增長的兵力有矛盾之處。前兩個月劉向北京方面報告，臺北的總兵力有13,000人，扣除滬尾不算，基隆附近有曹志忠六營、蘇得勝與林朝棟等土勇五營（其實從表六十二看並不止）。然而在光緒十一年元月六日（1885.2.20）的奏摺竟匯報，統計滬尾、基隆二處僅有兵4,000餘人。其實劉銘傳會如此宣稱，主要是反駁督辦福建軍務欽差大臣左宗棠對其棄守基隆的參劾。不過二人爭辯的焦點有些錯置，劉是解釋因八月份臺北兵力不夠，所以只能選擇比基隆更重

　　　　　3851～3853、4155、4162；《劉銘傳文集》，頁112。

〔註571〕《清宮月摺檔臺灣史料（五）》，頁3933～3977。

〔註572〕李鴻章，《李文忠公全集（六）電稿》（臺北：文海出版社，1970年），頁74～100。

〔註573〕《清宮月摺檔臺灣史料（五）》，頁3680；《法軍侵臺始末》，頁166～168。

〔註574〕《法軍侵臺檔》，頁245、252、254。

〔註575〕《清宮月摺檔臺灣史料（五）》，頁3996；《清宮洋務始末臺灣史料（三）》，頁1910～1915；《劉銘傳文集》，頁67；《法軍侵臺始末》，頁44。

要的滬尾防守；但左是指他在九月份已募集土勇千人，早有足夠的兵力反攻卻未行動。〔註 576〕劉、左二人的說辭均有對錯，前者是避重就輕，後者是沒考慮到餉、械的問題。然而在戰場上清軍一直採取守勢，並提防法軍既即將展開的一連串攻擊。

　　從清軍的前線記錄來看，法軍的所謂東、南、西三個防線，在他們的眼中其實就是暖暖、深澳、四腳亭、桀魚坑、六堵、七堵、八堵、九弓山、獅球（毬）嶺、木瓜嶺、佛祖嶺、牛欄山頂、二重橋山頂、大礮臺後山等幾個據點。〔註 577〕九月二十日（1884.11.7）法軍連攻清軍暖暖陣地三日。據劉銘傳的說法，當時清軍守將是練董周玉謙，由於周率領的土勇皆是當地人，因此頗能據險而守給敵重創。〔註 578〕不過法方的記載可不是如此。首先在出陣的日期上，法軍記錄的時間是二十六日（11.13）清晨而非二十日。其次法軍行動的目的在於偵查，並非攻陷敵陣。再次該行動即在同日下午四時結束，僅一位軍官與二位士兵受了輕傷，還未到「重創」的地步。〔註 579〕事實上法軍準備向內陸挺進的工作一直在進行，其中趕修砲車的道路就是明證。〔註 580〕不過他們陣營內部也有隱憂存在，即持續發生越南傭兵叛逃的事件。據左宗棠收到的消息，九月二十五日（1884.11.12）即有安南人逃至曹志忠營納降。〔註 581〕爾後即便是戰局不利清軍，卻也有投誠潮出現。例如：十一月一日（12.17）暖暖土勇拏獲名叫陳番婆的敵探。劉銘傳趁機利用陳再招降十餘名安南人之外，亦把願意投降的敵探、通事五十餘人再留做敵營反間。〔註 582〕

　　十月下旬法軍攻擊變得緊湊。二十日（12.7）他們出動攻擊清軍一個名叫「齒形高地」的新陣地。該陣地之所以重要，主要是在淡水砲臺、鷹巢堡壘的火網之外，但卻可扼守通往石硬港谷地的道路。法軍先遣部隊有 130 人，支援部隊 200 人，在未有砲火的掩護下直接進行拂曉偷襲。雖然他們沒打算

〔註 576〕《清宮月摺檔臺灣史料（五）》，頁 3996；《劉銘傳文集》，頁 64、114；左宗棠，《左文襄公奏牘》，臺灣銀行文獻叢刊第 88 種，頁 44。
〔註 577〕《清宮月摺檔臺灣史料（五）》，頁 3994；王希隱，《清季外交史料（二）》（臺北：文海出版社，1964 年 12 月再版），頁 371～372。
〔註 578〕《劉銘傳文集》，頁 107。
〔註 579〕《法軍侵臺始末》，頁 45～47。
〔註 580〕《清宮廷寄檔臺灣史料（三）》，頁 1901。
〔註 581〕《清宮月摺檔臺灣史料（五）》，頁 3930。
〔註 582〕《清宮洋務始末臺灣史料（三）》，頁 1914～1915。

久佔，但據法方描述這次行動極爲成功。因爲它造成清軍三百餘人的死傷。
〔註583〕不過往後的攻擊就沒有那麼順遂了。二十三日（12.10）法軍五百餘人
再分成兩路，自深澳坑、月眉山來襲擊清軍，但早被慶字前營記名總兵廖得
勝偵之而預先做了準備。是日夜晚法軍直撲援梅庄，曹志忠飛告林朝棟、
提督銜記名總兵劉朝祐帶兵支援。雙方鏖戰至上午五時，因法軍死傷過多始
行潰退。〔註584〕隔日法軍又在大牛埔一帶偵查，二十五日（12.12）清晨，法
軍在九弓坑、紗帽嶺的砲兵陣地開始對我轟擊。未幾有法兵千人自獅球嶺、
鳥嘴峰、石梯嶺、大水窟殺出，襲擊守軍的鳥觜尖陣地。雖然他們全數遭守
軍擊退，但又有紅衣悍敵五百餘人，改撲林朝棟所駐紮的大牛埔、大水窟
陣地。該役自上午十時戰至下午十時，幸賴曹志忠率兵援救，法軍才遭擊
退；而夜半法軍爲了搶屍，又被幫帶林朝昌率勇伏擊，損失十餘人。二十六
日（12.13）以後法軍不敢再有行動，僅以港灣軍艦上的大砲遙擊鳥觜尖的清
軍。〔註585〕

　　自十一月底至十二月上旬法軍又陸續增兵二千。據劉銘傳的奏報，這一
次法軍的攻擊險些造成守軍全線潰敗。十二月五日（1885.1.20）法軍在暖暖
附近的大武崙偵查頻繁，曹志忠見該地兵力薄弱，旋命王三星與營官陳士貴
各率一營駐防。十日（1.25）清晨，法兵千餘分攻大水窟、圓窗嶺（法軍名「圓
形劇場」）清軍陣地；又有別船載兵四百，自八斗趁隙上岸，抄襲深澳坑後路。
法軍突破該處土勇的防線後，挺進至暖暖對河之月眉山。林朝棟、桂占彪得
知後急忙出陣截擊，營官張仁貴則衝入敵陣實行逆襲；不料法軍人數眾多，
張的部隊反被包圍起來。隔日凌晨林朝棟進行突擊，並得廖得勝、營官葉友
勝各率楚勇三百來援，張部始突圍逃回。但由於法軍已攻下該地區的制高點
——月眉山，所以清軍在暖暖、大水窟的陣地均被擊潰。爾後清軍以廖得勝、
張仁貴部反攻月眉山頂，林朝棟部死守大水窟殘餘的陣地，桂占彪與營官蘇
樹森死守圓窗嶺陣地。當日中午十二時至下午十時的攻擊，法軍把目標放在
圓窗嶺的清軍；此時駐紮於六堵的蘇得勝，急調營官鄧長安率土勇三百與練
兵百餘人馳援。十二日（1.27）黎明曹志忠亦親往前線督戰。雙方戰至隔日下
午，法軍攻勢稍緩，但仍設陣於月眉山、圓窗嶺山腳，與在山頂反攻成功的

〔註583〕《法軍侵臺始末》，頁48～49。
〔註584〕《劉銘傳文集》，頁110～111。
〔註585〕《劉銘傳文集》，頁116～117；《李文忠公全集（六）電稿》，頁98～112；《清
　　　　季外交史料（二）》，頁414。

清軍開槍互擊。十五日（1.30）兩軍都堅守不出，各在自己的陣地內築壘準備長期對峙。十六日（1.31）夜晚，曹志忠、林朝棟夜襲法軍陣地，但不及佔領又退回。二十日（2.4）法軍復犯大武崙，營官陳士貴、林則榮率隊邀擊，法軍在死傷二十餘人後撤退。〔註586〕

十二月十日至二十日（1885.1.25～2.4）的這一場戰事，已讓清軍強烈感受到法軍西、南、東三個防線外擴的壓力。劉銘傳即令曹志忠不惜經費多雇民伕，從大水窟至月眉山一帶十餘里的路程，連夜修濬築牆、挖洞駐兵，期能堵截法軍的攻勢。當然這種被動的防禦，證明在數月之後又面臨到敵人嚴苛的考驗。不過眼前最讓前線守軍最感到不便的是缺乏雨中作戰的用具。前述的十天當中，有五天雙方是在大雨中接戰。法軍裝備齊全，即便是下雨也可身著雨衣戰鬥。反觀清軍遍身淋濕，忍饑冒雨；就算是貴為總兵、練董的曹志忠、林朝棟，也只能跣足督戰，泥淖滿身。〔註587〕如此反映出清軍在火器不如人的情況下，僅能靠旺盛的士氣做為後盾，並做為這場勝負不明戰爭的唯一憑藉。

光緒十一年元月五日（1885.2.19）清廷密諭給劉銘傳，責備為何沒有趁上年十二月十三日（1885.1.28）孤拔前往浙江攔截南洋五艦時趁隙進攻。〔註588〕其實這一段期間即是劉被法軍打的焦頭爛額之際，怎有時間想到「趁隙進攻」。不過上述的大水窟至月眉山的防線，雖然旨在防禦，但完工後反而讓法軍有敵軍進逼的壓力。據 E. Garnot 的記載，法軍稱呼它為 Cramoisy 谷地至「桌形高地」防線。而在上年十一月二十二與十二月六日（1885.1.7 / 1.21），法方的陣營中調來了二支生力軍——由罪犯組成名為「西風」的非洲大隊，以及最負盛名的外籍兵團。〔註589〕這二支部隊在投入戰場之後，即將展現可以改變戰局的驚人表現。〔註590〕

光緒十一年元月十四至十七日（1885.2.28～3.3）統領恪靖等營的營官王詩正、陳鳴志，以及統帶銘字等營的營官聶士成分別從嘉義布袋嘴（嘉義縣

〔註586〕《劉銘傳文集》，頁117～119。
〔註587〕《清季外交史料（二）》，頁425～426。
〔註588〕《清宮廷寄檔臺灣史料（三）》，頁1949～1950；《法軍侵臺檔》，頁343、345～346。
〔註589〕《法軍侵臺始末》，頁56～63。
〔註590〕對於法國外籍兵團的研究可參閱 Timothy J. Kutta, "The French Foreign Legion", *Strategy & Tactics, issue 200, (Nov./Dec., 1999)*, pp. 4~14.

布袋鎮)、卑南(臺東市)上岸並率軍抵達臺北。﹝註591﹞二十一日(1885.3.7)
幫辦福建軍務欽差大臣楊岳斌亦在臺灣後山的卑南登陸。﹝註592﹞此舉顯示法
方對臺的封鎖其實存在著漏洞。清法雙方新一波的援軍既然都已抵達,在攻
守上理應是勢均力敵才對。不過法軍卻以上一年的攻勢爲基礎,準備再發動
更大一波的強襲,欲廓清基隆附近的清軍。

　　元月十八日(3.4)法軍故技重施,以輪船四艘裝兵於八斗登岸,潛行偷
襲月眉山後的清軍。曹志忠、劉朝祜派七百人把守戲臺山,堵戰一日即刻
飛書告急;此時防守六堵的蘇得勝,分五百人守竹枝寮,另外派五百人火
速趕往赴援。隔日上午十時,法軍兵分三路由枕頭山、竹篙山、龍潭堵進
擊;而首當其衝的是防守在此處的曹志忠、蘇得勝二部。由於曹已派三百
人駐紮戲臺山,二營兵力守大武崙,正好中了法軍聲東擊西之計。不得已
曹又急忙把原先駐守月眉山各隘的三百人抽回,集中兵力把守月眉山到深
澳坑的十里長牆。雙方戰至中午十二時,法軍突然由深澳坑直衝長牆之外
並突破戲臺山防線,頓時曹、蘇二部腹背受敵,守軍立刻陣腳大亂並後撤。
法軍亦迅速沿著長牆挺進至月眉山,爾後再分成多路出擊。其中一路配合
東方防線的砲兵,反過來肅清在深澳坑的清軍,其餘圍攻月眉山頂的清軍。
駐紮在此的廖得勝部,大半已被曹志忠調至他處,僅靠劉朝祜及時來援的
三百名土勇抵擋,但仍捱不住敵人猛烈的砲火,紛紛棄守陣地退至山下。
同日曹志忠、蘇得勝、劉朝祜、廖得勝均把殘餘的兵力,暫行駐紮於新煤
廠。﹝註593﹞

　　清軍在深澳坑與月眉山的陣地均已淪陷,表面上由林朝棟駐守的大水
窟,以及由蘇樹森駐守的四腳亭看似無恙。不過法軍早已佔領整個戰場的中
樞要地——獅球嶺,如果他們再從這裏出兵,配合前述的各路軍隊,那殘餘
的清軍就有被各個擊破的危險。劉銘傳在元月十九日(3.5)夜晚,密調聶士
成部赴六堵策應;而在五堵的王詩正部,也於同日調威、良二營前往六堵。
劉的目地在於避免法軍眞的從獅球(頭)嶺下山,斷了大水窟清軍的退路。
然而在獅頭嶺附近的法軍偵查頗嚴,爲避免被敵發現,清軍只能以夜行軍

﹝註591﹞《清季外交史料(二)》,頁446、501~502。
﹝註592﹞野史謂楊岳斌渡臺假扮成客商,並攜一子搭乘漁船以避耳目。參閱《法軍侵
　　　　臺檔》,頁394;汪康年,《汪穰卿筆記》(上海:上海書店出版社,1997年1
　　　　月),頁200~201。
﹝註593﹞《劉銘傳文集》,頁121。

的方式快速穿越。原本劉銘傳要在同月二十一日（3.7）親赴暖暖曹志忠營商討戰守，但前一日下午四時，威、良二營在營官劉見榮、易玉林的帶領下逕自進攻月眉山尾；正值激戰，二營繞至敵後突擊，迫法軍退至山腰而奪回一隘。〔註594〕

　　元月二十一日（3.7）清法雙方再調集大軍血戰於月眉山。由於有前一日的小勝，清軍在當日的攻擊上顯得士氣旺盛。但主力王詩正部畢竟才第一次與敵交鋒，因此採取了最錯誤的戰術——正面猛進。未幾，在敵人的火網下該部死傷慘重；最後撤到月眉山下時，法軍就分成三路追擊。曹志忠、王詩正雖擋住了前面的法軍，但另外從月眉山出暖暖，以及由鳥嘴峰出大水窟的法軍，反以左、右包夾的態勢要合圍他們。迫不得已曹、王又退回暖暖基隆河谷南岸。如此在大水窟、四腳亭的清軍反被三面包夾。於是林朝棟、劉朝祐、蘇樹森協同突圍而出，亦不管西路鳥嘴峰被敵攻破的事實，在接近下午五時與曹、王的殘部撤回到五堵。〔註595〕

　　從十八日連續四天的戰役，以林朝棟、劉朝祐部損失最大；而清軍在基隆附近的陣地可說都淪陷了，同時主要防線還退縮至六堵附近的小坑隘口。劉銘傳把他們再重新編派（參閱表六十三）。不過法軍似乎並沒有再急攻，反而出人意外地在二月十三日（3.29）佔領澎湖。基隆外圍丘陵戰役，從光緒十年八月十三日（1884.10.1），至光緒十一年元月二十一日（1885.3.8），約五個月的時間清軍以失敗收場。檢討這場戰局，清法彼此各有所長。以兵源人數來說，雙方經過增援，清軍約有 15,000 人，法軍約有 4,400 人。若單純計算比例清法 3.5：1 的數字，清方勉能有人數上優勢。但這一次接戰不若以往。先前清軍的得勝，都是以進行遭遇戰的方式，誘敵深入再進行合圍。現在由於法軍準備持久戰，所以在基隆四周丘陵構築堅固的防禦工事，準備進行他們拿手的陣地戰。清軍不善此道，或甚至不明白虛實；貿然發動攻堅，結果全在法軍優勢火力下敗北。

　　既然合圍已經不可能，清軍必須改弦易轍才能扳回劣勢。於是在土勇營、團練熟知地形的協助下，改用騷擾戰、游擊戰對付法軍。法軍雖精於陣地戰，但為擴大戰果與佔領地，亦必須離開陣地進攻敵陣，這給了清軍可趁之機。於是十月下旬開始，清軍利用掌握地形的優勢，以小部隊作戰的方式，均能

〔註594〕《清季外交史料（二）》，頁 501～502。
〔註595〕《清宮月摺檔臺灣史料（五）》，頁 4106～4107。

伏擊法軍得逞。十～十二月的戰鬥中,法方雖有損失,但密集的偵察與斥侯,也已經掌握基隆外圍丘陵地形。所以光緒十一年元月的大攻勢,法方才能一舉奏效,連克清軍所有陣地,把他們趕到五堵。從遭遇戰的誘敵合圍,到騷擾戰、游擊戰,清軍有黔驢技窮之感,但還是盡全力禦敵。法軍在佔領基隆及其周邊後,留下多數軍隊休養整補,而把兵鋒指向澎湖。

清法戰爭的基隆、淡水、澎湖戰役,以基隆爲最重要,因爲直到停戰爲止,它歷時半年。淡水之役僅一天就結束。澎湖之役作戰三天,佔領半個月。如果說這場戰爭,有帶給臺灣什麼好處的話,無疑就是建省。臺灣建省把該島洋務的推動帶入高峰。其次得利者爲淮系首腦李鴻章。因爲福建洋務的標的——馬尾船廠,南洋水師的軍艦均受法軍摧毀。此時洋務的推動,尤其是艦隊的整軍,只有獨尊北洋不然無其他辦法。可惜的是防軍在臺灣戰場上的經驗,不論是陣地戰、遭遇戰、游擊戰、騷擾戰,均不能被北洋淮軍所汲取。十年後該部慘敗於甲午戰爭,亦是有跡可循。

清法戰爭臺灣守軍可謂先勝後敗,其基隆陣地皆失盡被逐到水返腳。雖然法軍表現十分勇猛,但人數畢竟太少;而且苦於部分軍官指揮失當,以及熱帶氣候的折騰。最重要的是這支遠征軍,後來沒有得到國內的支持,堅持對清廷繼續作戰。〔註 596〕所以即便眼看著可以攻入臺北府,然還是在光緒十一年三月一日(4.15)協議停戰,同年四月二十七日(6.9)簽訂條約結束戰爭。〔註 597〕臺灣土勇營在這場禦外戰爭中也初試鶯啼,並以林朝棟率領的部隊表現最爲傑出。若沒有包括林部在內等熟悉地形的土勇幫忙,僅憑防軍單打獨鬥肯定是無法獨撐戰局。事後林部遂被重用,並在臺灣建省成爲輔助中、北部防軍的重要武力。

檢驗清代臺灣官、番、民武力合作的個案,大體來說都能讓清廷得到穩定治臺的結果。然而從統治者的角度出發,以武力保持社會秩序的穩定,對於歷史上任何一個政權來說,又何嘗不是如此呢?因此就要從被統治者的角度討論起,探討這種穩定的環境到底帶來什麼樣的意義。原來它是促進區域開發,一個很重要的前題;擺脫刻板印象中的清代臺灣社會,幾乎都是動亂的認知。以爲開發的過程,都是在每件亂事之間才趁隙展開。在下一章中本

〔註 596〕亨利·諾曼著,鄧海平譯,《龍旗下的臣民——近代中國社會與禮俗》(北京:光明日報出版社,2000 年 6 月),頁 296。
〔註 597〕《法軍侵臺檔》,頁 34～37。

文將修正此觀點，證明即便在「亂世」，只要透過武力保持區域社會的穩定，照樣可以讓人民願意對土地投資。